GRUR Junge Wissenschaft

Hamburg 2020/2021

Linda Kuschel | Sven Asmussen | Sebastian Golla [Hrsg.]

Intelligente Systeme – Intelligentes Recht

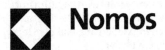

Onlineversion
Nomos eLibrary

Die Deutsche Nationalbibliothek verzeichnet diese Publikation in
der Deutschen Nationalbibliografie; detaillierte bibliografische
Daten sind im Internet über http://dnb.d-nb.de abrufbar.

ISBN 978-3-8487-8142-3 (Print)
ISBN 978-3-7489-2570-5 (ePDF)

1. Auflage 2021
© Nomos Verlagsgesellschaft, Baden-Baden 2021. Gesamtverantwortung für Druck
und Herstellung bei der Nomos Verlagsgesellschaft mbH & Co. KG. Alle Rechte, auch
die des Nachdrucks von Auszügen, der fotomechanischen Wiedergabe und der Übersetzung, vorbehalten. Gedruckt auf alterungsbeständigem Papier.

Vorwort

Dieser Band versammelt die Beiträge zu der 6. Tagung GRUR Junge Wissenschaft 2021 unter dem Generalthema *Intelligente Systeme – Intelligentes Recht*. Wir danken der Deutschen Vereinigung für Gewerblichen Rechtsschutz und Urheberrecht e.V. (GRUR), der Kanzlei Simmons & Simmons und dem Nomos Verlag, die die – ursprünglich schon für das Jahr 2020 geplante und schließlich ins digitale Format überführte – Tagung und diesen Sammelband großzügig gefördert haben.

Lernfähige Technologien fordern traditionelle Konzepte heraus – darunter die Anthropozentrik des Rechts, seine Anwendungsmethoden und Formen. Möglicherweise müssen das Recht und seine Durchsetzung angesichts lernfähiger Technologien selbst verstärkt lernfähig werden. Nachwuchswissenschaftler*innen aus den Bereichen des Immaterialgüter-, Medien-, Wettbewerbs-, Informations- und Datenschutzrechts haben für diesen Band aktuelle Fragen aus ihren Referenzgebieten in diesem Kontext untersucht. Sie haben nach verborgenen Schutzgütern gefahndet, „Moving Targets" ins Visier genommen und neue Regulierungsebenen entdeckt. Sie sind der Schutzfähigkeit von Systemen „künstlicher Intelligenz", sowie deren In- und Output nachgegangen. Sie haben die Möglichkeiten und Grenzen automatisierter Rechtsdurchsetzung ausgeleuchtet und das Haftungsrecht technifiziert.

Ob das Recht dadurch etwas lernt? Jedenfalls haben wir Herausgeber*innen hiervon zahlreiche Erkenntnisse gewonnen und hoffen, dass es Ihnen, liebe Leser*innen, genauso geht. Wir wünschen viel Vergnügen bei der Lektüre.

Inhalt

Inhalt

Hate Speech-Regulierung durch die EU – Entwicklungstendenzen und Herausforderungen

*Sebastian Theß, Nora Wienfort**

Die Regulierung und Bekämpfung von Hate Speech ist Gegenstand reger nationaler und europäischer Debatten. Zwar ist Hate Speech kein neues Phänomen, tritt im Internet aber in neuer Qualität und Quantität auf.[1] Vorfälle wie das Attentat auf Walter Lübcke 2019, der bereits vor seinem Tod Ziel von Morddrohungen und Beschimpfungen im Internet war, oder der französische Skandal um die „Ligue du LOL", in der eine Gruppe von Journalisten systematische Hasskampagnen gegen Frauen organisierte,[2] stoßen auf große Medienresonanz und verdeutlichen die Dringlichkeit des Vorgehens gegen Hate Speech.

Der deutsche Gesetzgeber hat 2017 mit dem Netzwerkdurchsetzungsgesetz (NetzDG) erstmals eine verbindliche bereichsspezifische Regulierung zur Bekämpfung von Hate Speech vorgelegt. Ein französisches Gesetz zur Bekämpfung von Hass im Internet[3] wurde im Mai 2020 verabschiedet, allerdings hat es der Conseil Constitutionnel kurz vor Inkrafttreten zu weiten Teilen für verfassungswidrig erklärt.[4] Für die EU ist das Anlass zum Handeln: Angesichts der unterschiedlichen Ausgestaltung der Verantwortlichkeit von Intermediären in den Nationalstaaten droht eine massive

---

* Sebastian Theß und Nora Wienfort, Wissenschaftliche Mitarbeiter*innen am Lehrstuhl von Prof. Dr. Martin Eifert, LL.M. (Berkeley), Humboldt-Universität zu Berlin. Besonderer Dank für ihre wertvollen Anregungen gilt Prof. Dr. Martin Eifert, Dr. Michael von Landenberg-Roberg und Dr. Alexander Schiff. Der Text wurde bereits im Juli 2020 fertiggestellt, sodass er den umfangreichen Kommissionsvorschlag zum Digital Services Act vom 15.12.2020 nicht mehr berücksichtigen konnte.

1 *B. Pörksen*, Die große Gereiztheit. Wege aus der kollektiven Erregung, München 2018, S. 62 ff.

2 https://www.liberation.fr/checknews/2019/02/08/la-ligue-du-lol-a-t-elle-vraiment-existe-et-harcele-des-feministes-sur-les-reseaux-sociaux_1708185 (alle Internetquellen zul. abgerufen am 30.7.2020).

3 Loi visant à lutter contre les contenus haineux sur internet du 13 mai 2020.

4 Décision n° 2020–801 DC du Conseil Constitutionnel du 18 juin 2020.

Rechtszersplitterung im Binnenmarkt.[5] Um dieser zu begegnen und die 20 Jahre alte E-Commerce-Richtlinie an die modernen Herausforderungen anzupassen, wird gegenwärtig mit dem Digital Services Act an der Schaffung neuer Verantwortungsstrukturen gearbeitet.

Vor diesem Hintergrund geht der Beitrag der Frage nach, wie eine problemangemessene Ausgestaltung der Verantwortlichkeit der Intermediäre für Hate Speech auf Unionsebene aussehen kann. Dazu wird zunächst der Begriff Hate Speech definiert (A.). Teil B nimmt die Entwicklung der Intermediärsverantwortlichkeit auf unionaler Ebene und die bereichsspezifischen Hate-Speech-Regelungen in den Mitgliedstaaten in den Blick, um darauf aufbauend Vor- und Nachteile verschiedener Regulierungsansätze und Leitplanken für eine sinnvolle Hate-Speech-Regelung auf EU-Ebene zu markieren (C.).

A. *Hate Speech als Regulierungsgegenstand*

Der Begriff „Hate Speech" und das deutsche Äquivalent „Hassrede" sind weder feststehende Rechtsbegriffe des europäischen noch des nationalen Rechts. Je nach Kontext unterscheiden sich die gängigen Definitionen erheblich. Dies erschwert insbesondere die transnationale Regulierung. Sowohl im wissenschaftlichen als auch im zivilgesellschaftlichen Bereich gilt Hate Speech als unsachliche Äußerung, die andere Menschen herabwürdigt, herabwürdigen soll oder zur Herabwürdigung – auch in gewalttätiger Form – aufruft oder aufstachelt, wobei der Begriff zumeist voraussetzt, dass die Äußerung an die Zugehörigkeit von Personen zu einer bestimmten (als minderwertig dargestellten) Bevölkerungsgruppe anknüpft.[6] Um dem Regelungsziel einer umfassenden Bekämpfung von Hass und Hetze im Internet gerecht zu werden, versteht dieser Beitrag unter „Hate Speech"

---

5 Siehe (geleaktes) Papier zur Vorbereitung des Digital Services Acts der EU-Kommission (nachfolgend: EU-Kommissionspapier), https://netzpolitik.org/2019/leaked-document-eu-commission-mulls-new-law-to-regulate-online-platforms/, S. 6; Berichtsentwurf des Europäischen Parlaments zum Digital Services Act (nachfolgend: EP-Berichtsentwurf) v. 24.4.2020, 2020/2018(NL), S. 6 (Nr. 22).

6 Vgl. etwa Anhang zur Empfehlung Ministerkomitee Europarat 1997 – EMPFEHLUNG NR. R (97) 20, http://www.egmr.org/minkom/ch/rec1997-20.pdf; Verhaltenskodex der EU (s. Fn. 49) unter Verweis auf Rahmenbeschluss 2008/913/JI des Rates v. 28.11.2008; aus der rechtswissenschaftlichen Literatur *V. Pjechal*, Hate Speech and Human Rights in Eastern Europe, Abingdon/New York 2020, S. 30; *A. K. Struth*, Hassrede und Freiheit der Meinungsäußerung, Heidelberg 2019, S. 23, 33 ff.

auch rechtswidrige Inhalte ohne Gruppenbezug. Entsprechend erfasst etwa das deutsche NetzDG auch nicht-gruppenbezogene Äußerungsdelikte wie die Beleidigung nach § 185 StGB. Im Regulierungskontext meint Hate Speech in der Regel nur rechts*widrige* Hate Speech; dass die zu entfernende Äußerung über ihre Rechtswidrigkeit nach zivilrechtlichen Normen (z.B. wegen Verstoßes gegen das Persönlichkeitsrecht) hinaus auch *strafbar* sein muss, ist dagegen nicht zwingend. Hate Speech meint im Folgenden also alle rechtswidrigen unsachlichen, herabwürdigenden oder zur Herabwürdigung aufrufenden Äußerungen, unabhängig von einer Anknüpfung an bestimmte Bevölkerungsgruppen und unabhängig von ihrer Strafbarkeit.

B. Die Entwicklung der Verantwortlichkeit der Intermediäre auf unionaler Ebene

Um mögliche Ausgestaltungen einer unionalen Hate Speech-Regulierung skizzieren zu können, ist die bisherige Entwicklung der Intermediärshaftung in der EU in den Blick zu nehmen: Von der E-Commerce-Richtlinie (ECRL)[7] mit ihrer weitgehenden Haftungsprivilegierung (I.) über Hate Speech-spezifische Ansätze der Mitgliedstaaten (II.) zur bereichsspezifischen Verantwortungsschärfung durch die EU (III.).

I. Die Anfangsphase: Weitgehende Haftungsbegrenzung für Intermediäre zur Wirtschafts- und Technologieförderung

Die ECRL stellte im Jahr 2000 die Weichen für die Ausgestaltung der Verantwortlichkeit der Intermediäre. Sie zielte primär darauf ab, den sich neu herausbildenden Geschäftszweig elektronischer Dienstleister zur Wirtschafts- und Technologieförderung durch Haftungsprivilegierungen zu fördern.[8] Man befürchtete, dass die Anwendung der bestehenden Haftungsregelungen in den Mitgliedstaaten wegen der praktisch unmöglichen Kontrolle aller über die Intermediäre ausgetauschten Daten zu unüberschaubaren Haftungsrisiken führen und deren Entwicklung damit hindern

---

7 RL 2000/31/EG v. 17.7.2000.
8 *M. Eifert*, Das Netzwerkdurchsetzungsgesetz und Plattformregulierung, in: M. Eifert/T. Gostomzyk, Netzwerkrecht, Baden-Baden 2018, S. 9 (10 ff.).

würde.[9] Zu Beginn standen deshalb eher der Schutz vor proaktiven Pflichten, vor Schadensersatzhaftung und strafrechtlicher Verantwortung im Vordergrund und weniger der Schutz vor einer Inanspruchnahme auf Beseitigung und Unterlassung rechtswidriger Inhalte.[10]

Als Vorreiter dieses Ansatzes galten das US-Recht[11] und das deutsche Teledienstegesetz.[12] In Anlehnung daran sehen die Art. 12 ff. ECRL einen umfassenden Schutz der Intermediäre vor einer Verantwortlichkeit für fremde Inhalte vor. Dieser wird nicht durch eine (positive) unionale Ausgestaltung der Haftungsregelungen erzielt, sondern indem über alle nationalen Haftungsregime eine vollharmonisierende Haftungsbegrenzung als „Filter" gelegt wird.[13] So gebietet Art. 15 ECRL, dass die Mitgliedstaaten Intermediären „keine allgemeine Verpflichtung auf[erlegen], die von ihnen übermittelten oder gespeicherten Informationen zu überwachen." Flankierend sieht Art. 14 ECLR eine Haftungsprivilegierung für die hier allein relevanten „Host-Provider" vor. Diese sind grundsätzlich nicht für rechtswidrige nutzergenerierte Inhalte auf ihren Plattformen verantwortlich, außer sie erhalten von der Rechtsverletzung tatsächliche Kenntnis oder – für eine Schadensersatzhaftung – die Rechtsverletzung ist aufgrund der Umstände offensichtlich (Art. 14 I lit. a) und sie werden daraufhin nicht unverzüglich tätig, um die Information zu sperren (Art. 14 I lit. b).

Demgegenüber blendete man die positive Ausgestaltung der (Rest-)Verantwortlichkeit, insbesondere Maßnahmen, um eine effektive Entfernung rechtswidriger Inhalte sicherzustellen, weitgehend aus: So beinhaltet die ECRL in Art. 14 im Gegensatz zum US-Recht keine näheren Vorgaben für die Ausgestaltung eines problemadäquaten Melde- und Prüfverfahrens (sog. „notice and action"-Verfahren), das zur Kenntnisnahme führen kann. Vielmehr wird dies nur implizit und in rudimentären Grundzügen gere-

---

9   *G. Spindler,* in: G. Spindler/P. Schmitz, TMG, 2. Aufl., München 2018, Vor §§ 7 ff. Rn. 1, § 10 Rn. 1 f.

10 S. *D. Hoffmann/C. Volkmann,* in: G. Spindler/F. Schuster, Recht der elektronischen Medien, 4. Aufl., München 2019, Vor §§ 7 ff. TMG Rn. 1 ff. und *G. Spindler* (Fn. 9), Vor §§ 7 ff. Rn. 2 ff. zu in den 1990er Jahren öffentlichkeitswirksamen zivil- und strafrechtlichen Verfahren gegen Intermediäre, die die Entwicklung maßgeblich prägten; dazu auch *A. Kuczerawy,* Intermediary Liability and Freedom of Expression in the EU: from Concepts to Safeguards, Cambridge 2018, S. 55 ff.

11 S. § 230 Communications Decency Act u. § 512 Digital Millenium Copyright Act; zu diesen Ansätzen und zum Vergleich mit der ECRL s. *A. Kuczerawy,* Liability (Fn. 10), S. 65 ff.

12 *G. Spindler* (Fn. 9), Vor §§ 7 ff. Rn. 3.

13 S. *J. Marly,* in: E. Grabnitz/M. Hilf, Das Recht der Europäischen Union, 40. Aufl., München 2009, ECRL, Vor Art. 12 ff. Rn. 4.

gelt.[14] Die nähere Ausgestaltung bleibt den Mitgliedstaaten vorbehalten.[15] Der EU-Gesetzgeber ging davon aus, dass diese grobmaschigen Vorgaben eine „geeignete Grundlage für die Entwicklung rasch und zuverlässig wirkender Verfahren zur Entfernung unerlaubter Informationen"[16] bilden. Man vertraute also auf eine Marktlösung und die freiwillige Entwicklung angemessener Verfahren durch Intermediäre.[17] Dies sollte durch ein Zusammenwirken von Mitgliedstaaten, Kommission und Intermediären in Form freiwilliger Selbstverpflichtungen („Verhaltenskodizes", Art. 16 ECRL) ergänzt und effektiviert werden.[18]

Bereits früh wurde darauf hingewiesen, dass die Wahl eines Haftungskriteriums, das auf positive Kenntnis abstellt, aber kein Pflichtenprogramm zur Erlangung dieser Kenntnis enthält, keinerlei Anreize zum Herausbilden geeigneter Melde-, Prüf-, und Kontrollverfahren bzgl. rechtswidriger Inhalte setzt, sondern im Gegenteil Passivität fördert.[19] Denn derjenige Intermediär, der von sich heraus z.B. entsprechende Meldeverfahren etabliert, wird leichter und in mehr Fällen Kenntnis von rechtswidrigen Inhalten erlangen und daher schneller einem Haftungsrisiko ausgesetzt. Zudem erhöhen Intermediäre, die proaktive Prüfungen und Kontrollen von Inhalten vornehmen, u.a. auch mangels eines „Good-Samaritan-Privilegs", ihr Haftungsrisiko.[20] Die weitere Entwicklung stellte dies unter Be-

---

14 A. *Kuczerawy*, Liability (Fn. 10), S. 63, S. 99.
15 Vgl. Art. 14 III letzter Hs. u. Erwägungsgrund 46; *J. Marly* (Fn. 13), Art. 14 Rn. 20.
16 Erwägungsgrund 40 ECRL.
17 So auch *J. Marly* (Fn. 13), Art. 14 Rn. 20.
18 S. *A. Kuczerawy*, Liability (Fn. 10), S. 99, die den Selbstregulierungsansatz als ineffizient bezeichnet.
19 So bereits *G. Spindler*, Rechtliche Verantwortlichkeit nach Maßgabe technischer Kontrollmöglichkeiten? Das Beispiel der Verantwortlichkeit von Internet-Providern, in: M. Eifert/W. Hoffmann-Riem, Innovation, Recht und öffentliche Kommunikation, Bd. IV, Berlin 2011, S. 67 (79 f., 91 f.).
20 Dies dürfte zwei Gründe haben. Durch das proaktive Tätigwerden wird der Intermediär typischerweise in mehr Fällen positive Kenntnis eines rechtswidrigen Inhaltes erlangen und so im Falle einer nicht rechtzeitigen Reaktion dem Haftungsregime der Mitgliedstaaten ausgesetzt. Zum anderen geht die Haftungsprivilegierung in Art. 14 ECRL vom Bild eines neutralen, also passiven Diensteanbieters aus, der eine gewisse Distanz zu den Beiträgen seiner Nutzer halten muss (siehe *P. v. Eecke*, CMLR 48 (2011), S. 1455 (1482 ff.) und aus der Rspr. EuGH, Urt. v. 23.03.2010, C-236/08, (Google und Google France) = GRUR 2010, 445, Rn. 114 sowie EuGH, Urt. v. 12.11.2011, C-324/09, (L'Oréal/eBay) = GRUR 2011, 1025, Rn. 113). Je stärker das proaktive Tätigwerden ausfällt, desto höher ist die Gefahr, sich in das Lager des Content-Providers zu begeben und so die Haftungsprivilegierung des Art. 14 ECRL zu verlieren (vgl. *H. Frey*, ZUM 2019, S. 40 (43)).

weis: Die meisten Intermediäre trafen keine nennenswerten Vorkehrungen; die Möglichkeit der Selbstverpflichtung blieb weitgehend ungenutzt. Verschärfend trat hinzu, dass ein Großteil der Mitgliedstaaten von ihrer Möglichkeit zur Ausgestaltung eines „notice and action"-Verfahrens keinen Gebrauch machte.[21]

II. Verantwortungsschärfung in den Mitgliedstaaten – von der Störerhaftung zum NetzDG und zum gescheiterten französischen Entwurf

1. Die Störerhaftung als zentrales Instrument zur Verantwortungsschärfung

Die defizitäre Ausgestaltung der Intermediärs-Verantwortlichkeit in der ECRL veranlasste Anfang bis Mitte der 2000er Jahre maßgeblich die Rechtsprechung in Deutschland und kurz darauf auch andere Mitgliedstaaten dazu, mit Hilfe der negatorischen Haftung, also der Verpflichtung zur Beseitigung erfolgter und zur Unterlassung künftiger Verletzungen (nachfolgend „Störerhaftung"), eine schärfere Verantwortungsstruktur zu etablieren.[22] Auslöser der Störerhaftung ist danach der kausale Beitrag der Intermediäre zur Rechtsverletzung Dritter. Man nutzte die Störerhaftung zunehmend als Instrument zur Entwicklung feinziselierter, auf verschiedene Rechtsgebiete zugeschnittener Prüf- und Kontrollpflichten, die auf sämtliche betroffene Interessen Rücksicht nehmen sollten.[23]

Das Verhältnis dieser Entwicklungen zu den Art. 12 ff. ECRL ist nicht abschließend geklärt. Das grundsätzliche Spannungsverhältnis zwischen der aus der Störerhaftung folgenden Pflicht, einen konkreten rechtswidrigen Inhalt nach der Entfernung auch künftig zu unterlassen (was ein gewisses Maß an Überwachung erfordert) und dem Verbot von Überwachungspflichten allgemeiner Art in Art. 15 ECRL wurde dahingehend aufgelöst, dass Art. 15 ECRL jedenfalls einer anlassbezogenen Überwachungs-

---

21 Siehe *M. Cole/C. Etteldorf/C. Ullrich,* Cross-Border Dissemination of Online Content, Baden-Baden 2020, S. 177 ff. m.w.N.

22 *G. Wagner,* GRUR 2020, S. 329 (333); zum Einfluss der dt. Störerhaftung auf andere Mitgliedstaaten s. *G. Spindler,* Verantwortlichkeit (Fn. 19), S. 67 (79 ff.); ein sehr detaillierter Überblick über die Rechtsgrundlagen zur Störerhaftung und deren Konturierung durch die nationalen Gerichte in zahlreichen Mitgliedstaaten findet sich bei *G. Riccio/T. Verbiest/G. Spindler,* Study on the liability of internet intermediaries, 2007, S. 48 ff., https://ssrn.com/abstract=2575069 und *M. Leistner,* GRUR Int. 2014, S. 75 ff.

23 Umfassend zur Störerhaftung s. *G. Spindler* (Fn. 9), § 7 Rn. 41 ff.

pflicht im Einzelfall und in Bezug auf spezifische Verletzungshandlungen nicht entgegenstehen sollte.[24] Noch nicht abschließend geklärt, aber mit deutlicher Harmonisierungstendenz ist die Reichweite der Unterlassungspflicht.[25] Deutlich offener ist das Verhältnis zwischen der Störerhaftung und Art. 14 I, II ECRL, da die ECRL zur Inanspruchnahme auf Beseitigung und Unterlassung keine explizite Aussage trifft.[26] Allerdings lässt Art. 14 III ECRL die Möglichkeit der Gerichte der Mitgliedstaaten unberührt, das Abstellen oder Verhindern der Rechtsverletzung zu verlangen. Weit überwiegend wurde dies auf den Beseitigungs- und Unterlassungsanspruch bezogen und zusammen mit dem Erwägungsgrund 46 so verstanden, dass Art. 14 ECRL die Störerhaftung nicht erfasst und den Mitgliedstaaten insoweit Freiheit belässt.[27]

2. Gesetzliche Effektivierung der Störerhaftung – NetzDG und französischer Entwurf

Einige Mitgliedstaaten suchen auf nationaler Ebene nach Möglichkeiten, insbesondere soziale Netzwerke stärker in die Verantwortung zu nehmen. Blaupause für eine Ausgestaltung der nationalen Störerhaftung im Bereich Hate Speech ist das deutsche NetzDG von 2017. Mit der *Loi visant à lutter contre les contenus haineux sur internet* hat Frankreich 2020 einen ähnlichen

---

24 *J. Marly* (Fn. 13), Vor Art. 12 ff. Rn. 10; so auch BGHZ 158, 236 ff. und EuGH, Urt. v. 15.9.2016, C-484/14 (McFadden) = GRUR 2016, S. 1146 und Urt. v. 3.10.2019, C-18/18 (Glawischnig Piesczek) = MMR 2019, S. 798.

25 Vgl. die „Kerntheorie" des BGH, obgleich deren Übertragung auf Persönlichkeitsrechtsverletzungen noch offen ist, BGH, Urt. v. 4.12.2018 – VI ZR 128/18-, juris Rn. 17 ff.; zur ähnlichen Entwicklung auf Unionsebene siehe EuGH, Urt. v. 12.11.2011, C-324/09, (L'Oréal/eBay) = GRUR 2011, 1025 und – für Meinungsäußerungen – EuGH MMR 2019, S. 798 (Glawischnig Piesczek); näher dazu unter C. I. 3.

26 Dies schon frühzeitig kritisierend *G. Spindler*, MMR 1999, S. 199 (204).

27 So die frühere Rspr., siehe BGHZ 158, 236 ff., obgleich der BGH nunmehr die i.R.d. Störerhaftung gefundenen Ergebnisse mit der ECRL abgleicht, siehe BGH, Urt. v. 17.8.2011 – I ZR 57/09-, juris Rn. 22; deutlich in diese Richtung EuGH MMR 2019, S. 798 (Glawischnig Piesczek) Rn. 25; so auch *G. Wagner*, GRUR 2020, S. 329 (333); differenzierte a.A. *B. Paal*, in: H. Gersdorf/B. Paal, BeckOK Informations- und Medienrecht, 28. Edition 2020, § 7 TMG Rn. 56.

Vorstoß gewagt. Der Conseil Constitutionnel hat dieses Gesetz im Juni 2020 allerdings weitgehend für verfassungswidrig erklärt.[28]

Diese neuen nationalen Regelungen drängen die EU, zur Vermeidung einer entsprechend wachsenden Rechtszersplitterung im Binnenmarkt nach einer gesamteuropäischen Lösung zu suchen. Hierbei kann sie sich die Erfahrungen und Ideen der mitgliedstaatlichen Ansätze zunutze machen. Das NetzDG und der französische Entwurf werden im Folgenden in Grundzügen vergleichend vorgestellt, um einerseits eine Bewertung einzelner Ansätze zu ermöglichen, andererseits auch nationale Besonderheiten sichtbar zu machen, die bei einem europäischen Ansatz zu berücksichtigen sind. Beide Gesetze haben zum Ziel, bestimmte rechtswidrige Inhalte im Internet zu reduzieren.[29] Um dies zu erreichen, statuieren sie Pflichten zur Ausgestaltung eines Melde- und Prüfverfahrens und Entfernungspflichten.

a. Gegenstand

Gegenstand von Prüf- und Entfernungspflichten sind jeweils bestimmte rechtswidrige, strafbare Inhalte. Die Bandbreite der im französischen Entwurf genannten rechtswidrigen Inhalte ist dabei weiter als nach § 1 III NetzDG; ersteres verweist auch auf terroristische Inhalte (vgl. Art. 1er n° 9). Dagegen ist die einfache Beleidigung (§ 185 StGB/Art. 29 Loi du 29 juillet 1881) nur vom NetzDG, nicht aber vom französischen Entwurf erfasst. Dass die Verwendung verfassungswidriger Symbole i.S.d. § 86a StGB unter die vom NetzDG erfassten rechtswidrigen Inhalte fällt, während Inhalte, die gegen das französische Pendant (Art. R645–1 Code pénal) verstoßen, nicht Gegenstand des französischen Entwurfs sind, zeigt, dass der Bekämpfung bestimmter Inhalte je nach Nationalstaat aus historischen Gründen unterschiedliche Bedeutung beigemessen wird.

b. Meldeverfahren

Beide Gesetze machen Vorgaben zur Ausgestaltung eines Meldeverfahrens. § 3 I 2 NetzDG fordert ein leicht erkennbares, unmittelbar erreichba-

---

28 Décision n° 2020–801 DC (Fn. 4), insb. Rn. 8, 19; vgl. dazu *N. Wienfort*, Blocking Overblocking, Verfassungsblog v. 20.06.2020, https://verfassungsblog.de/blocking -overblocking/.

29 BT-Drs. 18/12356, S. 1 f.; Proposition de loi n° 1785 du 20 mars 2019, S. 4 ff.

res und ständig verfügbares Meldesystem. Dieses kann sich bei einzelnen Netzwerkanbietern jedoch unterscheiden. Die Platzierung eines einheitlichen Meldebuttons unmittelbar bei den Inhalten wird bisher nicht verlangt.[30] Der französische Entwurf sah die Einrichtung eines einheitlichen, unmittelbar erreichbaren und einfach nutzbaren Meldewegs vor (Art. 4 n° 4, 5).

Die Meldeberechtigung ist im NetzDG und seinem französischen Pendant vergleichbar umfassend geregelt: Berechtigt sind jeweils alle natürlichen Personen, in Deutschland daneben auch Beschwerdestellen (vgl. § 2 II Nr. 3 NetzDG), in Frankreich auch bestimmte Vereinigungen und Behörden (Art. 1er n° 17, Art. 2 n° 1). Der französische Entwurf machte anders als das NetzDG genaue Vorgaben dazu, welche persönlichen Angaben der Meldenden und welche Angaben zum rechtswidrigen Inhalt erforderlich sind (Art. 2 n° 1–5). In Deutschland ergibt sich der Umfang der Darlegungslast dagegen nicht aus dem NetzDG, sondern aus den für die Störerhaftung etablierten Vorgaben.[31]

c. Prüf- und Entfernungspflicht

Zu prüfen ist nach beiden Regelungen nur der jeweils an einer bestimmten Stelle aufgefundene konkret gemeldete Inhalt. Eine anlasslose Prüfung ist nicht geboten. In Deutschland umfasst die Störerhaftung zwar die Verpflichtung des Netzwerkanbieters, die Wiederholung der gemeldeten Rechtsverletzung zu verhindern („notice and stay down").[32] Hinsichtlich derjenigen Hate Speech-Inhalte, deren Bewertung besonders kontextabhängig ist, kommt diese Pflicht in der Regel jedoch nicht zum Tragen, weil jede erneute Veröffentlichung eines entfernten Inhalts eine umfassende Neubewertung der Rechtslage erfordert. Die Pflicht zur Bereitstellung eines bestimmten Melde- und Prüfverfahrens und zur Entfernung rechtswidriger Inhalte stellt nach dem Verständnis des deutschen Gesetzgebers keine durch das NetzDG geschaffene neue Rechtspflicht dar, sondern gestaltet die richterrechtlich entwickelte Störerhaftung lediglich aus. In Frankreich hätte sie die in Art. 6 I-2 der Loi pour la confiance dans l'économie numérique[33] normierten Sorgfaltspflichten der Netzwerkanbieter ver-

30 M. *Eifert/M. v. Landenberg-Roberg/S. Theß/N. Wienfort*, Netzwerkdurchsetzungsgesetz in der Bewährung, Baden-Baden 2020, S. 53.
31 M. *Eifert* u.a., NetzDG (Fn. 29), S. 56 f.
32 G. *Wagner*, GRUR 2020, S. 447 (448) m.w.N. aus der BGH-Rechtsprechung.
33 Loi n° 2004–575 du 21 juin 2004.

schärft, also die Anforderungen für die von Art. 6 I-2 garantierte zivilrechtliche Haftungsfreistellung von Netzwerkanbietern erhöht.

Hinsichtlich der Entfernungspflicht unterscheiden sich die beiden nationalen Regelungen in einem wesentlichen Punkt: Nach französischem Entwurf wären nur *offensichtlich* rechtswidrige Inhalte zu entfernen (Art. 1er n° 9; Ausnahme Art. 1er n° 1–4). Nach NetzDG sind dagegen alle rechtswidrigen Inhalte, ob offensichtlich oder nicht, zu entfernen (§ 3 II Nr. 2, 3 NetzDG). Differenziert wird dort lediglich hinsichtlich der Prüf- und Entfernungsfristen. Der Anwendungsbereich des französischen Entwurfs ist insofern deutlich geringer, ebenso damit auch der Prüfaufwand der Netzwerkanbieter, die in komplizierten Fällen keine Entscheidung hätten treffen müssen.

Übereinstimmung herrscht hinsichtlich der Frist zur Entfernung offensichtlich rechtswidriger Inhalte: Diese beträgt in beiden Gesetzen 24 Stunden ab Eingang der Beschwerde (§ 3 II Nr. 2 NetzDG, Art. 1er n° 9 des französischen Entwurfs). In anderen Fällen der Rechtswidrigkeit beträgt die Entfernungspflicht nach NetzDG in der Regel sieben Tage, § 3 II Nr. 3. Im Anschluss sind in Deutschland Beschwerdeführer*in und sich Äußernde*r unverzüglich begründet zu informieren (§ 3 II Nr. 5 NetzDG); nach dem französischen Entwurf wären allein Beschwerdeführer*innen zu informieren gewesen. Wäre ein Inhalt gem. französischem Entwurf entfernt worden, so hätte an dessen Stelle ein entsprechender Hinweis des Netzwerkanbieters erfolgen müssen (Art. 1er n° 14). Eine solche Regelung lässt erkennen, dass an der entsprechenden Stelle überhaupt eine Meinungsäußerung fiel, schafft also Transparenz. Entsprechende Hinweise können Nutzer*innen anregen, weitere rechtswidrige Inhalte insbesondere im direkten Umfeld der entfernten Äußerung zu melden. Es wird zudem transparent, wie häufig eine Entfernung aufgrund der Hate Speech-Gesetze erfolgt.

Die Entscheidung darüber, ob ein Inhalt rechtswidrig ist, erfolgt nach NetzDG durch Menschen (vgl. § 3 IV 3 NetzDG[34]), was den Einsatz technischer Mittel im Prüfverfahren wohl nicht ausschließt. Der französische Entwurf ließ ausdrücklich auch den Einsatz technischer Mittel zu (Art. 4 n° 7). Gemäß dessen Art. 4 n° 8–11 hätten Netzwerkanbieter Verfahren zur internen Überprüfung ihrer Entscheidungen anbieten müssen, und zwar in beide Richtungen: Einerseits für Meldende, wenn der Inhalt nicht entfernt wurde, andererseits für Poster*innen, wenn ihr Inhalt entfernt wurde. Genauere Vorgaben zum Überprüfungsverfahren machte das

---

34 Vgl. auch das Abstellen auf den „Wissensvertreter" in BT-Drs. 18/12356, S. 22 und Verweis auf die „psychisch sehr belastbare Tätigkeit" ebd., S. 24.

Gesetz jedoch nicht. Eine entsprechende Regelung existiert zwar in Deutschland nicht. Aktuell steht jedoch die Einführung eines vergleichbaren Gegenvorstellungsverfahrens zur Debatte.[35]

d. Flankierende Vorschriften

Zentrale flankierende Vorschriften sind die Transparenzpflichten der Netzwerkanbieter, die im NetzDG prominent in § 2 platziert sind. Vielfach kritisiert wird, dass ein einheitliches Veröffentlichungsformat nicht vorgeschrieben ist, was die Vergleichbarkeit erschwert. Art. 5 n° 6 des französischen Entwurfs sah eine Ausgestaltung der Transparenzpflichten durch den Conseil supérieur de l'audiovisuel (CSA) vor.

Sowohl das NetzDG als auch der französische Entwurf treffen Regelungen, nach welchen die Netzwerkanbieter bestimmte Ansprechpersonen für Behörden im Inland zu benennen haben (§ 5 NetzDG; Art. 5 n° 9 französischer Entwurf).

Nach französischem Entwurf sollte auch Personen eine Strafe drohen, die gezielt einen rechtmäßigen Inhalt als rechtswidrig melden, um dessen Entfernung zu erreichen (Art. 1er n° 18). Da die Akteure in Deutschland die Zahl missbräuchlicher Meldungen als gering einstufen,[36] ist fraglich, ob eine solche Regelung, von der starke Abschreckungswirkung auf Meldende ausgeht, nicht eher schadet als nutzt und insoweit ein Underblocking fördert.

e. Überwachung und Durchsetzung

Verstöße gegen die gesetzlichen Vorgaben sind nach beiden Gesetzen mit Bußgeldern[37] bedroht. Die Bußgeldandrohung hinsichtlich der Pflicht, (offensichtlich) rechtswidrige Inhalte zu entfernen, unterscheidet sich jedoch erheblich: Während in Deutschland gem. § 4 I Nr. 2 ff. NetzDG nur

---

35 § 3b NetzDG n.F. nach dem Gesetzentwurf der BReg zur Änderung des NetzDG v. 31.03.2020, https://www.bmjv.de/SharedDocs/Gesetzgebungsverfahren/Dokumente/RegE_Aenderung_NetzDG.pdf;jsessionid=E61A67B062BABBE925797A43F9 2F8A03.2_cid324?__blob=publicationFile&v=2.

36 *M. Eifert* u.a. (Fn. 29), S. 61.

37 Frankreich: „amende"; das französische Recht unterscheidet nicht zwischen Bußgeld und Strafzahlung.

systemische Verstöße ein Bußgeld nach sich ziehen können,[38] sah der französische Entwurf vor, dass schon ein einmaliger Verstoß gegen die Entfernungspflicht mit einem Bußgeld geahndet werden kann. Und während nach überzeugender Ansicht in Deutschland sowohl systematisches Under- als auch systematisches Overblocking bußgeldbewehrt sind,[39] sollte in Frankreich ein Bußgeld nur bei Nichtentfernung eines offensichtlich rechtswidrigen Inhalts, nicht aber im umgekehrten Falle drohen. Diese beiden französischen Spezifika können erhebliche Anreize für ein Overblocking durch die Netzwerkanbieter setzen, was laut Conseil Constitutionnel – neben anderen Aspekten – gegen die verfassungsrechtlich geschützte Meinungsfreiheit verstößt.[40] Diese Entscheidung weist damit auf ein erhebliches Problem hin, dem sich eine vereinheitlichte europäische Regelung gegenübersähe: Die Vereinbarkeit mit den jeweiligen nationalen Grundrechten könnte in den Nationalstaaten umstritten sein und uneinheitlich beurteilt werden. Je nach Ausgestaltung der Regelung fänden nationale Grundrechte zwar aus EU-Sicht keine Anwendung, dies kann aus Sicht nationaler Verfassungsgerichte aber anders sein.[41]

Zusammenfassend weisen NetzDG und französischer Entwurf starke Parallelen auf. Ein entscheidender Unterschied liegt in der Ausgestaltung der Bußgeldvorschriften. Dass der französische Entwurf zu großen Teilen für verfassungswidrig erklärt wurde, während das NetzDG nach überzeugender, aber bestrittener Ansicht grundgesetzkonform ist,[42] ließe sich einerseits mit der unterschiedlichen Ausgestaltung der Regelungen, andererseits aber auch mit divergierenden verfassungsrechtlichen Maßstäben in

---

38 Vgl. Bußgeldleitlinien des BMJV v. 22.3.2018, S. 7: „Dem sozialen Netzwerk droht bei einer Fehlentscheidung im Einzelfall kein Bußgeld. Diese gebotene systemische Betrachtungsweise verhindert, dass es zur vorsorglichen Löschung oder Sperrung […] kommt („Overblocking"). Grundsätzlich folgt somit eine Nichterfüllung der aus § 3 Absatz 1 NetzDG folgenden Pflichten nicht bereits aus einem einzelnen Verstoß gegen die Vorgaben aus § 3 Absatz 2 Nummer 2 und 3 NetzDG […]."

39 *M. Eifert* u.a., NetzDG (Fn. 29), S. 77 f. m.w.N. auch zur Gegenansicht.

40 Décision n° 2020–801 DC (Fn. 4), Rn. 19.

41 Zur Abgrenzung der Grundrechtsräume aus Sicht des BVerfG vgl. BVerfG, Beschl. v. 06.11.2019 – 1 BvR 16/13-, juris Rn. 42 ff (Recht auf Vergessen I) zum unionsrechtlich nicht vollständig determinierten Recht; BVerfG, Beschl. v. 06.11.2019 – 1 BvR 276/17-, juris Rn. 33 ff. (Recht auf Vergessen II) zum unionsrechtlich vollvereinheitlichten Recht.

42 *M. Eifert*, Plattformregulierung (Fn. 9), S. 9 (21 ff.); *A. Schiff*, MMR 2018, S. 366 ff.; a.A. *M. Liesching*, MMR 2018, S. 26 ff.; *J. Wimmers/B. Heymann*, AfP 2017, S. 93 (97 ff.).

den Mitgliedstaaten erklären. Letzteres stellte für eine unionale Vereinheitlichung eine besondere Herausforderung dar.

Ob und inwiefern nationale Regelungen wie das NetzDG mit bestehenden europarechtlichen Vorgaben kompatibel sind, ist umstritten. In Rede stehen dabei insbesondere das Herkunftslandprinzip aus Art. 3 ECRL[43] sowie die Vereinbarkeit mit Art. 14 ECRL.[44] Der Conseil Constitutionnel ließ diese Frage offen.[45] Eindeutigere unionale Regelungen, die die Spielräume der Mitgliedstaaten klar umreißen, ohne eine Verantwortungsschärfung bei Hate Speech zu verunmöglichen, sind daher wünschenswert.

III. Verantwortungsschärfung auf Unionsebene

Auch auf EU-Ebene erfolgt zunehmend eine Abkehr von der bloßen Haftungsfreistellung und hin zur bereichsspezifischen Ausgestaltung und Schärfung der Verantwortungsstruktur. Dieser Beitrag skizziert Entwicklungslinien und -tendenzen, um eine belastbare Einschätzung über den künftigen unionalen Rechtsrahmen bezüglich Hate Speech zu geben und daran anschließend Impulse für dessen Fortentwicklung zu setzen (dazu C.).

1. Von „Soft Regulation" zu „Hard Law"

Gerade in den letzten Jahren wurden auf EU-Ebene die Bemühungen um effektivere Melde-, Prüf- und Löschverfahren durch freiwillige Maßnahmen wie Verhaltenskodizes, Diskussionsplattformen, Empfehlungen und Leitlinien erheblich intensiviert.[46] Exemplarisch sei hier auf zwei Bereiche eingegangen:

Kurz nach den Terroranschlägen in Paris 2015 wurde das EU-Internetforum gegründet, bei dem in gemeinsamen Treffen von Intermediären mit den Innenministern der Mitgliedstaaten und Vertreter*innen der EU u.a.

---

43 Vgl. nur *M. Liesching*, MMR 2018, S. 26 (29); *G. Spindler*, K&R 2017, S. 533 (535 f.); *ders.*, ZUM 2017, S. 473 (475 ff.); *J. Wimmers/B. Heymann*, AfP 2017, S. 93 (96 f.).
44 Vgl. nur *M. Liesching*, MMR 2018, S. 26 (29); *G. Spindler*, ZUM 2017, S. 473 (478 ff.); *J. Wimmers/B. Heymann*, AfP 2017, S. 93 (95 f.).
45 Décision n° 2020–801 DC (Fn. 4), Rn. 9, 19.
46 Für eine Darstellung aller Maßnahmen s. Mitteilung der Kommission zum Umgang mit illegalen Online-Inhalten v. 28.9.2017, COM(2017) 555 final, S. 4.

ein freiwilliges Prüf- und Löschungsverfahren für terroristische Inhalte und der Aufbau einer „Hash-Datenbank" organisiert wurde, in die aufgefundene terroristische Inhalte eingestellt und dadurch von anderen Intermediären schneller aufgefunden und beseitigen werden können.[47] Unter anderem aus diesen Erfahrungen hat die Europäische Kommission in einer Mitteilung grobe Leitlinien[48] und in einer Empfehlung engmaschige Vorschläge[49] für wirksame Maßnahmen im Umgang mit rechtswidrigen Online-Inhalten entwickelt. Neben Maßgaben für die Ausgestaltung eines effektiven „notice and action"-Verfahrens waren Vorschläge zu außergerichtlichen Streitbeilegungsverfahren, stärkerer Transparenz und verbesserter Zusammenarbeit enthalten. Die Mitteilung und Empfehlung weisen in Art und Detailgrad, insbesondere für terroristische Online-Inhalte,[50] bereits erhebliche Ähnlichkeit mit einer gesetzlichen Regelung auf. Gleichwohl vertraute man weitestgehend auf eine freiwillige Umsetzung der Maßgaben.

In unmittelbarem Nachgang zu den Terroranschlägen in Belgien entwickelte die EU-Kommission gemeinsam mit großen IT-Unternehmen einen Verhaltenskodex gegen Hassreden im Internet, der zum 31. Mai 2016 auf Grundlage des Art. 16 ECLR in Kraft trat.[51] Inhaltlich bekräftigen die beteiligten Unternehmen darin ihre Bemühungen um eine effektivere Bekämpfung von Hate Speech i.S.d. Rahmenbeschlusses 2008/913/JI.[52] Be-

---

47 Näher dazu s. https://ec.europa.eu/commission/presscorner/detail/en/IP_17_5105. Im Zuge dessen wurde die bei Europols European Counter Terrorism Centre ansässige Stelle „Europol´s Internet Referral Unit" (IRU) geschaffen, die sich gezielt mit der Bekämpfung von terroristischer Propaganda und damit zusammenhängenden extremistischen Aktivitäten im Internet beschäftigt und eng mit den sozialen Netzwerken zusammenarbeitet.

48 Mitteilung COM(2017) 555 final.

49 Empfehlung der Kommission für wirksame Maßnahmen im Umgang mit illegalen Online-Inhalten v. 1.3.2018, C(2018) 1177 final.

50 Für terroristische Inhalte siehe Kapitel III der Empfehlung C(2018) 1177 final, S. 15. ff., die erhebliche Ähnlichkeiten mit dem Vorschlag der Kommission für eine Verordnung des Europäischen Parlaments und des Rates zur Verhinderung der Verbreitung terroristischer Online-Inhalte, COM(2018) 640 final 2018/0331(COD) (nachfolgend Online-Terror-VO) aufweisen.

51 „Code of conduct on countering illegal hate speech online" v. 31.5.2016, https://ec.europa.eu/info/policies/justice-and-fundamental-rights/combatting-discrimination/racism-and-xenophobia/eu-code-conduct-countering-illegal-hate-speech-online_de.

52 Der Hate Speech-Begriff des Kodex mit seinem Verweis auf den Rahmenbeschluss ist deutlich enger als nach dem im Beitrag unter A. zu Grunde gelegten Begriffsverständnis.

merkenswert ist dabei, dass die einzelnen Vorgaben trotz ihres freiwilligen Charakters stark an die im NetzDG verbindlichen Regelungen erinnern. So verpflichten sich Intermediäre zur Etablierung eines effektiven Melde- und Prüfverfahrens für Hate Speech-Inhalte und sichern die Prüfung durch spezielle und geschulte Überprüfungsteams und die Entfernung der Mehrheit rechtswidriger Inhalte innerhalb von 24 Stunden zu. Zudem werden weitgehende Transparenzversprechen gegenüber Mitgliedstaaten und Öffentlichkeit gemacht.

Allerdings wurden schnell die Grenzen freiwilliger Maßnahmen offenbar: Die beschränkte Anzahl mitwirkender Intermediäre sowie Probleme bei Umfang und Geschwindigkeit der Umsetzung haben die EU-Kommission bereits für terroristische Online-Inhalte zu einem Umdenken bewegt, was sich im Vorschlag einer verbindlichen Online-Terror-VO widerspiegelt.[53] Die Defizite und die Gefahr der Rechtszersplitterung durch nationale Vorstöße sorgen auch im Bereich Hate Speech für ein Umdenken, wie die Justizkommissarin Jourova jüngst verkündete.[54]

2. *Von bereichsspezifischer zu einheitlicher horizontaler Regelung*

Die EU-Kommission hat sich 2016 zunächst dafür entschieden, die Verantwortlichkeit durch bereichs- und problemspezifische Regelungen zu überarbeiten[55] und dies auch durch eine Reform des Urheberrechts (DSM-RL)[56], für audiovisuelle Mediendienste (AVMD-RL)[57] sowie einen Vorschlag für eine Online-Terror-VO umgesetzt. Zunehmend betont die EU-Kommission jedoch, dass zwischen den bereichsspezifischen Regelungen, den Dialogverfahren und der „Soft Regulation" erhebliche Übereinstimmungen bestehen, die durch einen kohärenten bereichsübergreifenden Regulierungsansatz adäquat abbildet werden sollten.[58] Zugleich erkennt sie an, dass bereichsspezifische Besonderheiten – wie z.B. Art, Merkmal und

---

53 Unter expliziter Benennung der Schwächen freiwilliger Maßnahmen s. Online-Terror-VO, S. 3.
54 So im Rahmen einer Videokonferenz am 6.7.20, https://rsw.beck.de/aktuell/daily/meldung/detail/corona-lambrecht-will-aus-einschraenkungen-der-freiheitsrechte-lernen-studie-racial-profiling; allgemeiner zur Notwendigkeit verbindlicher Regelungen siehe EU-Kommissionspapier, S. 1, 5; EP-Berichtsentwurf, S. 6 (Nr. 22).
55 Siehe EU-Kommissionspapier, S. 3.
56 RL 2019/790/EU v. 17.4.2019.
57 RL 2010/13/EU v. 10.3.2010, geändert durch RL 2018/1808/EU v. 14.11.2018.
58 Mitteilung COM(2017) 555 final, S. 5, 7.

Schadpotential der Inhalte – bestehen, die zu berücksichtigen sind.[59] Diese Entwicklung verdichtet sich im Rahmen der Vorarbeiten eines Digital Services Acts (DSA), in denen EU-Kommission und EU-Parlament betonen, künftig eine vollharmonisierende horizontale Verantwortungsschärfung durch die Konkretisierung des „notice and action"-Verfahrens vorzunehmen, bei dem durch eine Abstufung nach Art des Inhalteanbieters und Art der Inhalte auf bereichsspezifische Besonderheiten Rücksicht genommen werden soll.[60]

3. Bereichsspezifische Regelungen und Digital Services Act als iterative Fortentwicklung zur ECRL

Zwar lassen die bisherigen bereichsspezifischen Regelungen sowie die ersten Stellungnahmen zum DSA noch keinen übergreifenden kohärenten Ansatz erkennen. Es bilden sich jedoch zunehmend gemeinsame Elemente und eine Verschärfung der Verantwortungsstruktur für Intermediäre heraus, bei der grundsätzlich die Wertungen der Art. 14, 15 ECRL beibehalten, aber gefahrspezifische Abweichungen vorgenommen werden.[61]

a. Audiovisuelle Mediendienste-RL

Die AVMD-RL,[62] die Regelungen etwa zu Werbung und Jugendschutz trifft, erfasst seit ihrer letzten Revision 2018 auch Video-Sharing-Plattformdienste und damit vom Anwendungsbereich der ECRL erfasste Diensteanbieter. Das Haftungssystem der Art. 12 ff. ECRL bleibt dabei unberührt, wie Art. 28b I AVMD-RL klarstellt. Ex-ante-Maßnahmen sind nicht gewünscht (Art. 28b III UAbs. 2 AVMD-RL). Mit der Revision der Richtlinie hat der Unionsgesetzgeber am Fokus auf die Haftungsprivilegierung im Bereich der Video-Sharing-Plattformen umfassend festgehalten.

---

59 Mitteilung COM(2017) 555 final, S. 5, 7 mit Hinweis auf erhebliche Unterschiede zwischen Hate Speech und Urheberrechtsverletzungen.
60 Siehe EU-Kommissionspapier, S. 5; EP-Berichtsentwurf, S. 13.
61 Mit ähnlichem Befund *M. Eifert* u.a., NetzDG (Fn. 29), S. 26 ff.; vgl. auch *G. Wagner*, GRUR 2020, S. 329 ff. u. 447 ff.
62 Näher dazu *J. Marinello*, Steter Modernisierungsbedarf im Bereich der neuen audiovisuellen Mediendienste und -plattformen - kann der Medienstaatsvertrag Abhilfe schaffen?, in diesem Band, S. 41 ff.

b. Online-Terror-VO

Die Online-Terror-VO enthält Regelungen für vom Anwendungsbereich der ECRL erfasste Hostingdiensteanbieter zur Verhinderung der Verbreitung näher definierter terroristischer Online-Inhalte auf ihren Plattformen. Darin wird zwar mehrfach betont, dass die Wertungen der Art. 14, 15 ECRL im Grundsatz unberührt bleiben sollen.[63] Die rechtlichen Vorgaben deuten jedoch eine partielle Abkehr an. Die Hosting-Diensteanbieter trifft eine allgemeine Sorgfaltspflicht, unabhängig von konkreten Meldungen „geeignete, angemessene und verhältnismäßige Maßnahmen" zu treffen und dabei „mit der gebotenen Sorgfalt, verhältnismäßig und unter gebührender Berücksichtigung der Grundrechte" zu handeln (Art. 2 f.).[64] Zudem trifft Hosting-Diensteanbieter die Pflicht, „gegebenenfalls wirksame, verhältnismäßige proaktive Maßnahmen" vorzusehen (Art. 6 I). Zwar lässt sich diese „gegebenenfalls" bestehende Pflicht mit Blick auf die Begründung so (eng) verstehen, dass sie nur im Falle von bereits rechtskräftig ergangen Entfernungsanordnungen nach Art. 4 ausgelöst wird. Zwingend ist dies jedoch nicht,[65] da sich insbesondere die Berichtspflicht zu proaktiven Maßnahmen in Art. 6 II nicht nur auf das Wiederhochladen von bereits als rechtswidrig festgestellten Inhalten bezieht, sondern weitergehend auch darauf, neue Inhalte „zu erkennen, zu ermitteln und unverzüglich zu entfernen oder zu sperren" (vgl. Art. 6 II lit. b).[66] In einer Gesamtschau stellen diese Regelungen selbst bei einem engen Verständnis jedenfalls eine auf „Ausnahmefälle" beschränkte Abkehr von Art. 15 ECRL dar.[67]

---

63 Vgl. Online-Terror-VO, S. 3 der Begründung und Erwägungsgründe 15, 16.

64 *M. Cole* u.a., Dissemination (Fn. 20), sehen in der durch die Online-Terror-VO begründeten „ex ante-Kontrolle" schärfere Sorgfaltspflichten, die Art. 14 ECRL aber im Grundsatz unberührt lassen, S. 36, 215 ff.

65 So (eng) lässt sich der Wortlaut des Art. 6 und die Begründung zur Online-Terror-VO (S. 6) verstehen; offener allerdings auf S. 12, wo die Entfernungsanordnung nur als ein Beispiel für die Auslösung der Pflicht benannt wird; das Verhältnis zu Art. 15 ECRL als „ambiguous approach" charakterisierend *J. Barata*, New EU Proposal on the Prevention of Terrorist Content Online, white paper, http://cyberlaw .stanford.edu/publications/new-eu-proposal-prevention-terrorist-content-online-i mportant-mutation-e-commerce.

66 Siehe Erwägungsgrund 18 der Online-Terror-VO, der proaktive Maßnahmen auf das Erkennen neuer terroristischer Inhalte bezieht; deutlich auch die Begründung auf S. 8, wo die drei ursprünglich diskutierten Regelungsoptionen verglichen und die Erstreckung proaktiver Maßnahmen auf „neues Material" als ein zentraler Unterschied markiert wird.

67 So die Begründung zur Online-Terror-VO, S. 3.

Bemerkenswert ist auch, dass erstmalig zur Verantwortungsschärfung und zur Einhaltung der vorgeschriebenen Pflichten auf ein dem NetzDG ähnelndes ordnungsrechtlich geprägtes Modell gesetzt wird, bei dem die Nichteinhaltung der Pflichten mit Bußgeldern sanktioniert wird.[68] So kann die zuständige Behörde eine Anordnung zur Löschung oder Sperrung eines Inhaltes treffen (Art. 4 Nr. 1), der innerhalb von einer Stunde Folge zu leisten ist (Art. 4 Nr. 2). Alternativ kann die Behörde sich auf die bloße Meldung eines Inhalts beschränken (Art. 5 Nr. 1), die lediglich eine Prüf-, aber keine unmittelbare Löschpflicht auslöst (Art. 5 Nr. 5). Flankierend werden die Rechte der von Löschungen betroffenen Inhalteanbieter ausgestaltet, indem Informations- und Begründungspflichten (Art. 11) sowie Beschwerdemechanismen vorgeschrieben werden, die im Erfolgsfalle eine Wiederherstellungspflicht auslösen (Art. 12). Weiterhin enthält die Verordnung detaillierte Transparenzpflichten (Art. 8 f.) sowie Vorgaben zur Verbesserung der Zusammenarbeit von Intermediären und Behörden (Art. 12–14), inklusive der Pflicht zur Benennung von Kontaktstellen (Art. 14) und gesetzlichen Vertretern (Art. 16).

c. Urheberrechts-RL

Die 2019 in Kraft getretene Urheberrechts-RL (DSM-RL) gestaltet u.a. die Verantwortlichkeit der Diensteanbieter für die auf ihrer Plattform hochgeladenen urheberrechtlich geschützten Werke und sonstigen Schutzgegenstände aus. Sie nimmt für ihren Geltungsbereich erstmals eine ausdrückliche Abkehr von Art. 14 I ECRL vor, wie sie in Art. 17 III und in Erwägungsgrund 65 ausdrücklich klarstellt.[69] Stattdessen schreibt sie Intermediären aktiv Verantwortung zu. Gem. Erwägungsgrund 66 ist ein spezielles Haftungsverfahren einzurichten, das im Vergleich zu Art. 14 ECRL erhöhte Sorgfaltsanforderungen stellt: Diensteanbieter sollen „nach Maßgabe hoher branchenüblicher Vorschriften für die berufliche Sorgfalt alle Anstrengungen unternehmen, um zu verhindern, dass über ihre Dienste nicht genehmigte (…) Schutzgegenstände verfügbar sind." Das Maß der notwendigen Anstrengungen wird dabei in der Regel proaktive Maßnah-

---

68 M. *Eifert* u.a., NetzDG (Fn. 29), S. 26 ff.; siehe auch *M.Cole* u.a., Dissemination (Fn. 20), S. 150.

69 Zum Haftungsregime des Art. 17 DSM-RL vgl. nur *N. Gielen/M. Tiessen*, EuZW 2019, S. 639 (643 f.); *F. Hofmann*, GRUR 2019, 1219 ff.; *G. Wagner*, GRUR 2020, S. 447 (450 f.); *A.-A. Wandtke* NJW 2019, S. 1841 (1845 f.); *A.-A. Wandtke/ R. Hauck*, ZUM 2019, S. 627.

men der Anbieter umfassen (vgl. Art. 17 IV lit. a und b), also über die bloße Reaktion auf Meldungen hinausgehen. Die für die Haftungsfreistellung aufzubringende Sorgfalt darf jedoch nicht in eine allgemeine Überwachungspflicht münden.[70] Der Haftungsmaßstab bewegt sich also zwischen dem der ECRL und einer vollumfänglichen Haftung für fremde Inhalte, als wären es eigene: Der Dienstanbieter haftet nicht mehr bloß als Störer, sondern als Täter.[71] Das Regel-Ausnahme-Verhältnis der ECRL kehrt sich damit um: Regel ist nicht mehr die Haftungsfreistellung, sondern die Haftung des Intermediärs. Um sich zu exkulpieren, muss er die Vorgaben des Art. 17 DSM-RL erfüllen, also die Erlaubnis des Rechteinhabers einholen (Art. 17 I UAbs. 2) oder den Nachweis erbringen, dass er die in Art. 17 IV ausdifferenzierten Sorgfaltspflichten befolgt hat.[72] Weil die DSM-RL den Intermediären Verantwortung zuschreibt, ist es konsequent, dass sie Schutzmaßnahmen dagegen vorsieht, dass die Anbieter rechtmäßige Inhalte entfernen: Art. 17 VII UAbs. 1 trifft Vorkehrungen gegen Overblocking; UAbs. 2 stellt klar, dass Ausnahmen für Zitate, Kritik, Rezensionen und Satire vorzusehen sind; gem. Art. 17 IX sind Beschwerde- und Rechtsbehelfsverfahren zur Verfügung zu stellen. Erleichtert die DSM-RL insoweit die Rechtsdurchsetzung gegenüber Intermediären, sind ihre Anforderungen an die Meldung eines rechtswidrigen Inhalts vergleichsweise hoch: Damit die Haftung nach Art. 17 greift, ist ein begründeter Hinweis durch die Rechteinhaber*innen selbst nötig, vgl. Art. 17 IV lit. c. Ein Hinweis durch Dritte genügt also nicht.

Wie sich die Haftung nach Art. 17 DSM-RL zur allgemeinen Störerhaftung verhält, ist unklar. Theoretisch ist denkbar, dass sie neben der Haftung nach Art. 17 bestehen bleibt.[73] Der Anwendungsbereich wäre dann gering, denn die Pflichten aus der Störerhaftung sind in Art. 17 IV lit. c DSM-RL zum Großteil enthalten. Da die DSM-RL jedoch keinen Hinweis durch Betroffene vorsieht, bliebe insoweit die Störerhaftung relevant.

---

70 S. Erwägungsgrund 66. Das folgt gem. EuGH, Urt. v. 16.02.2012, Rs C-360/10 (SABAM/Netlog), Rn. 48 ff. unmittelbar aus Art. 8 und 11 der EU-GRCh. Laut *G. Spindler*, GRUR 2020, S. 253 (258 f.) ergibt sich eine primärrechtswidrige allgemeine Überwachungspflicht aber schon aus der Tatsache, dass gem. Art. 17 I, IV lit. a Erlaubnisse einzuholen sind.

71 *F. Hofmann*, GRUR 2019, S. 1219 (1222); *J.B. Nordemann/J. Waiblinger*, GRUR 2020, S. 569 (570 f.); *G. Spindler*, GRUR 2020, S. 253 (254); *G. Wagner*, GRUR 2020, S. 447 (450); *A.-A. Wandtke* NJW 2019, S. 1841 (1846).

72 Ausführlich zur Systematik des Art. 17 DSM-RL *G. Spindler*, GRUR 2020, S. 253 (254 ff.).

73 So auch *A.-A. Wandtke/R. Hauck* (Fn. 66), S. 635.

Auch könnten sich Unterschiede hinsichtlich der Substantiierungslasten für Meldungen und der Reichweite der Unterlassungspflicht ergeben.

Die Haftungsschärfung durch die DSM-RL lässt sich mit wirtschaftlichen Erwägungen erklären: Entsprechende Diensteanbieter können vorab Lizenzen einholen (Art. 17 I UAbs. 2); daneben stehen Anbietern inzwischen relativ kostengünstige technische Möglichkeiten zur Verfügung, um proaktive Maßnahmen zu treffen.[74] Hinzu kommt, dass sich die Fragen, ob eine Lizenz nötig ist und ob diese vorliegt, relativ einfach und damit auch rein automatisiert beantworten lassen. Umfassende, komplexe Abwägungen sind nicht erforderlich. Inhalte i.S.d. Art. 17 VII UAbs. 2 sind absolut geschützt, d.h. es bedarf keiner Abwägung, wenn es sich etwa um ein Zitat oder Satire handelt. Die – kontextabhängige – Einordnung eines Inhalts als Zitat oder Satire kann jedoch eine menschliche Beurteilung erfordern.

d. Digital Services Act

Aus den bisherigen Vorarbeiten zum DSA ergibt sich trotz des vorläufigen Charakters ein konzeptionelles Bild: Deutlich wird, dass für sämtliche illegalen Inhalte auf den Plattformen der Intermediäre eine erhebliche Schärfung der Verantwortlichkeit geplant ist, die weder durch ein an die Online-Terror-VO angelehntes ordnungsrechtliches Modell noch durch eine positive Ausgestaltung des Haftungsrechtes erfolgen soll. Stattdessen wird am tradierten Konzept vollharmonisierender Haftungsprivilegierungen (insb. Art. 14, 15 ECRL) festgehalten. Als zentraler Hebel soll das bisher nur rudimentär in Art. 14 ECRL angelegte „notice and action"-Verfahren zu vollharmonisierenden und verbindlichen „content moderation rules" ausgebaut werden, deren Einhaltung durch den drohenden Verlust der Haftungsprivilegierung sichergestellt wird.[75] Als Herzstück will man Intermediäre verpflichten, auf ihren Plattformen leicht zugängliche, verlässliche und nutzerfreundliche Verfahren zur Abgabe von Meldungen durch Nutzer*innen bereitzustellen. Zur Gewährleistung einer angemessenen Prüfung werden detaillierte Vorgaben an die eingehenden Meldungen gestellt und Schutzmaßnahmen zur Verhinderung missbräuchlicher Meldungen vorgesehen. Die Begriffe „tatsächliche Kenntnis" und „unverzügliches Tätigwerden" in Art. 14 ECRL sollen erstmalig konkretisiert werden. Zusätzlich sind umfassende Betroffenenrechte vorgesehen. So soll den Pos-

---

74 *G. Wagner*, GRUR 2020, S. 447 (450 f.).
75 Vgl. EP-Berichtsentwurf, S. 13 ff. und EU-Kommissionspapier, S. 4 ff.

ter*innen gemeldeter Inhalte Gelegenheit zur Stellungnahme gegeben und allen Beteiligten eine begründete Entscheidung bekanntgegeben werden. Zusätzlich soll ein Widerspruch möglich sein, bei dessen Stattgabe der Inhalt wiederherzustellen ist. Den Beteiligten ist auch Zugang zu außergerichtlichen Streitbeilegungsverfahren zu gewähren. Den Intermediären werden detaillierte Transparenzpflichten auferlegt, die neben allgemeinen Ausführungen auch konkrete Angaben z.B. über die Anzahl eingegangener Meldungen, die Art der gemeldeten Inhalte und den Löschgrund enthalten müssen.

e. Bilanz

In einer Gesamtschau der unionalen Regelungen werden deutliche Tendenzen und Gemeinsamkeiten erkennbar: An die Stelle eines auf Haftungsfreistellungen und freiwillige Maßnahmen ausgerichteten Ansatzes tritt eine gefahren- und bereichsspezifisch ausdifferenzierte Schärfung der Verantwortungsstruktur durch verbindliche Regelungen mit partieller Abkehr von den Wertungen der Art. 12 ff. ECRL. Die Bereitstellung einfach zugänglicher Meldeverfahren, Informations- und Begründungspflichten für getroffene Entscheidungen sowie Widerspruchsmöglichkeiten zur Gewährleistung eines interessenausgleichenden Prüfverfahrens, erhöhte Transparenzanforderungen und die Stärkung des kooperativen Vorgehens zwischen allen Beteiligten bilden sich als gemeinsame Elemente heraus. Gleichzeitig ergeben sich Unterschiede beim Regelungsansatz. Während in den meisten Fällen die Einhaltung der Sorgfaltspflichten primär durch den Verlust von Haftungsprivilegierungen im Falle eines Verstoßes sichergestellt wird, setzt allein die Online-Terror-VO auf ein ordnungsrechtlich geprägtes Modell, bei dem Verstöße gegen das Pflichtenprogramm mit Bußgeldern sanktioniert werden.

C. Hate Speech-Regulierung auf EU-Ebene de lege ferenda

I. Hate Speech-Regulierung unter dem DSA

Da gegenwärtig eine bereichsspezifische EU-Regelung für Hate Speech nicht in Rede steht, wird voraussichtlich der DSA die zentralen Vorgaben setzen. In seiner bisherigen Form kann er jedoch nur sehr bedingt zur effektiven Bekämpfung von Hate-Speech-Inhalten beitragen. So setzt der Regelungsansatz keine ausreichenden Befolgungsanreize (1.). Elementare Schwächen des Art. 14 ECRL werden nur unzureichend kompensiert (2.) und auf die zuletzt bedenkliche Ausweitung von Unterlassungsansprüchen bei Persönlichkeitsrechtsverletzungen nicht angemessen reagiert (3.).

1. *Haftungsrechtlicher Regelungsansatz ungeeignet für Hate Speech*

Die Erweiterung der Pflichten im DSA ist grundsätzlich begrüßenswert. Diese sind jedoch weniger „echte" Rechtspflichten als bloße Obliegenheiten, bei deren Verstoß der Intermediär die Haftungsprivilegierung verliert und damit den mitgliedstaatlichen Haftungsregimen ausgesetzt wird. Letztlich liegt dem Vorschlag daher – wie der ECRL – die Idee zu Grunde, Haftungsprivilegierungen als Anreiz zur Befolgung des Pflichtenprogramms zu nutzen. Die Effektivität hängt damit entscheidend von der Stärke des Anreizes ab. In einigen Rechtsbereichen, wie z.B. dem Urheberrecht, bei dem hohe Schadensersatzforderungen für Rechtsverletzungen drohen und geschädigte Urheber*innen ein hohes (monetäres) Interesse an deren Geltendmachung haben, mag dies funktionieren. Bei Hate Speech ist der Anreiz jedoch äußerst gering. Zum einen steht für Betroffene meist nicht eine finanzielle Entschädigung im Vordergrund, sondern die zügige Entfernung des Inhalts zum Schutz ihrer Persönlichkeitsrechte. Zum anderen können Betroffene in der Regel bei Hate Speech weder materielle Schäden noch Ersatz für immaterielle Schäden geltend machen.[76] Sofern der DSA auch die Störerhaftung erfassen sollte, was grundsätzlich begrüßenswert wäre, bisher in den Vorschlägen aber nicht adressiert wird, stellte sich das Problem mangelnder Befolgungsanreize noch stärker. Denn ein Verstoß gegen die dann auf Unionsebene kodifizierten Pflichten und eine Nichtbeachtung der daraus etwaig folgenden Beseitigungs- und Unterlassungspflicht hätte nur zur Folge, dass der Intermediär im Falle einer gerichtlichen Inanspruchnahme durch Betroffene im Einzelfall – und damit wegen des großen Aufwandes und drohender Kosten eines gerichtlichen

---

76 Nach st. Rspr. in Deutschland ist eine auf Geld gerichtete Schadensersatzhaftung für immaterielle Schäden bei *schwerwiegenden Persönlichkeitsrechtsverletzungen* denkbar, die *nicht anders als durch Geldzahlung angemessen ausgeglichen werden können*, s. BGHZ 128, 1 (12); 132, 13 (27 ff.). Angesichts dieser hohen Anforderungen und da der Unterlassungstitel oft angemessenen Ausgleich bietet, ist ein solcher Anspruch wohl eher die Ausnahme, siehe jüngst BVerfG, Beschl. v. 2.4.2017 – 1 BvR 2194/15.

Prozesses sehr selten – genau zu dieser Rechtsfolge verurteilt würde. Weitere Folgen hätte der Verstoß nicht.

Diese Erkenntnis veranlasste den deutschen und den französischen Gesetzgeber dazu, die Störerhaftung öffentlich-rechtlich zu überlagern und deren Einhaltung durch Bußgeldandrohungen sicherzustellen. Auch der EU ist dieser ordnungsrechtlich geprägte Ansatz seit dem Vorschlag zur Online-Terror-VO nicht fremd.

2. *Ungenügende Behebung von Fehlanreizen und nicht ausreichende Adressierung Hate Speech-spezifischer Besonderheiten*

Wie bereits skizziert, setzt der Ansatz der ECRL einen Anreiz zur Passivität. Mangels expliziter Vorgaben kann der Intermediär sich einer tatsächlichen Kenntnisnahme des Inhaltes und damit auch weiterer Prüf- und ggf. Löschpflichten bereits dadurch weitestgehend entziehen, dass er Nutzer*innen keine Möglichkeit zur Meldung eines Inhaltes zur Verfügung stellt oder diese durch gezieltes Design nur schwer auffindbar macht. Zudem privilegiert auch die (hohe) Anforderung der „tatsächlichen Kenntnisnahme" von einem rechtswidrigen Inhalt zu weitgehend. Überwiegend wird diese so verstanden, dass der Intermediär *positive Kenntnis* von dem rechtswidrigen Inhalt haben muss, wobei ein „bewusstes Augenverschließen" vor einer leicht möglichen Kenntnisnahme als zulässig erachtet wird.[77] Weiterhin sind die Anforderungen an eine die Kenntnisnahme ggf. auslösende Meldung äußerst hoch. Für die Umsetzung des Art. 14 I lit. a ECRL in § 10 Telemediengesetz wird überwiegend in Anlehnung an die Störerhaftung gefordert,[78] dass der „Rechtsverstoß auf der Grundlage der Behauptungen des Betroffenen unschwer – das heißt ohne eingehende rechtliche und tatsächliche Überprüfung bejaht werden kann."[79] Auch der EuGH geht vom Erfordernis spezifischer Angaben aus.[80] Schließlich muss sich nach überwiegender Ansicht die Kenntnisnahme und damit die sub-

---

77 G. *Spindler* (Fn. 9), § 10 Rn. 23; nach EuGH GRUR 2011, 1025 (L'Oréal/eBay), Rn. 120 ff. genügt bereits die Kenntnis von Tatsachen, bei denen ein sorgfältiger Wirtschaftsteilnehmer die Rechtswidrigkeit hätte feststellen können. Dies bezieht sich allerdings nicht auf die hier relevanten Fälle des Art. 14 I lit. a Var. 1 (Unterlassungsansprüche), wo weiterhin positive Kenntnis erforderlich ist; ebenso G. *Spindler* ZUM 2017, 473 (482).
78 S. G. *Spindler* (Fn. 9), § 10 Rn. 24.
79 BGHZ 191, 219, Rn. 26 – Blogeintrag.
80 Vgl. EuGH GRUR 2011, 1025 (L'Oréal/eBay), Rn. 120 ff.

stantiierte Meldung nicht nur auf die maßgeblichen Tatsachen (Sachverhalt), sondern auch auf die rechtliche Würdigung beziehen.[81]

Entsprechend ist zwar zu begrüßen, dass der DSA diese Defizite mit der Ausgestaltung eines „notice and action"-Verfahrens teilweise beheben könnte. Durch die Pflicht, leicht zugängliche Meldeverfahren unionsweit für Betroffene und Akteure der Öffentlichkeit vorzuhalten, kann Hate Speech erstmalig den Intermediären in großer Zahl zur Kenntnis gebracht werden. Ebenso positiv wäre die erstmalige Kodifikation von Anhörungs- und Begründungspflichten, Widerspruchsmöglichkeiten und Wiederherstellungsansprüchen. Diese dienen der umfassenden Absicherung der grundrechtlich geschützten Betroffeneninteressen, ermöglichen dem Anbieter eine bessere Beurteilung der Rechtmäßigkeit und können die Akzeptanz getroffener Entscheidungen fördern.

Allerdings besteht erhebliches Verbesserungspotential: So sollte die hohe Schwelle der positiven Kenntnisnahme abgeschwächt werden, auch wenn die damit einhergehende Einflussnahme auf nationale Haftungsregime politisch schwierig sein mag. Dem Intermediär ist eine nähere Prüfung des gemeldeten Inhaltes auch dann zumutbar, wenn er die Möglichkeit der Kenntnisnahme hat. Es ist weder verhaltensökonomisch noch rechtlich einsichtig, warum ein gezieltes Augenverschließen zu einer Haftungsfreistellung führen sollte. Der Bezugspunkt der Kenntnisnahme sollte jedenfalls bei Hate Speech auf die für die Beurteilung relevanten Tatsachen beschränkt werden. Aufgrund der oft erforderlichen rechtlichen Abwägung liefe die Regelung sonst leer und privilegierte Intermediäre, die gezielt keine juristische Kompetenz aufbauen. Außerdem sollte die Substantiierungslast für Meldungen abgeschwächt und auf Tatsachen beschränkt werden. Den Betroffenen wird andernfalls eine unangemessen hohe Mitwirkungslast auferlegt, die sie am wenigsten leisten können. Wegen der erheblichen Auswirkungen von Hate Speech auf Betroffene und den öffentlichen Diskurs sollte das „unverzügliche Tätigwerden" durch Bearbeitungs- und Entscheidungsfristen konkretisiert werden. Um der oft grundrechtssensiblen Prüfung Rechnung zu tragen, sollten diese Fristen angemessen lang sein. Um eine kritische Überprüfung durch die Öffentlichkeit zu ermöglichen, sollten die Transparenzpflichten besonders detailliert sein. Dazu könnten insbesondere Transparenzberichte dienen, wie sie das NetzDG in § 2 vorsieht.

---

81 So *G. Spindler* (Fn. 9), § 10 Rn. 27 ff., offener bei EuGH GRUR 2011, 1025 (L'Oréal/eBay), Rn. 120 ff.

Da viele Intermediäre ihren Hauptsitz in den USA und Niederlassungen oft nur in einzelnen Mitgliedstaaten haben, sollte der DSA die Intermediäre dazu verpflichten, zur Erleichterung der Rechtsdurchsetzung eine zustellungsbevollmächtigte Person und zur Verbesserung der Strafverfolgung eine*n Ansprechpartner*in für Strafverfolgungsbehörden im Inland zu benennen. Entsprechende Regelungen des NetzDG oder der Online-Terror-VO können als Vorbilder dienen. Abschließend sei bemerkt, dass der DSA das bislang unklare Verhältnis zwischen Art. 14 ECRL und der Störerhaftung näher adressieren sollte.

3. Zu weitgehende Unterlassungspflichten nicht adressiert

Für den Bereich Hate Speech ist das Spannungsverhältnis zwischen dem Verbot allgemeiner Kontroll- und Überwachungspflichten in Art. 15 ECRL und der zum Schutz Betroffener gebotenen Reichweite von Unterlassungspflichten besonders schwer aufzulösen. Der jüngste Versuch des EuGHs, dieses Spannungsverhältnis aufzulösen, weist bedenkliche Tendenzen auf, die der DSA korrigieren sollte.

In dem der *Glawischnig-Piesczek*-Entscheidung[82] zu Grunde liegenden Verfahren verlangte eine österreichische Abgeordnete von Facebook per einstweiliger Verfügung die Unterlassung der Veröffentlichung eines ehrverletzenden Postings sowie wort- und sinngleicher Postings. Zur Bestimmung der mit Art. 15 ECRL vereinbarenden Reichweite der Unterlassungspflicht nahm der EuGH einen Interessenausgleich vor. Einerseits müssten die Betroffenen vor der Gefahr geschützt werden, dass der rechtswidrige Inhalt von Dritten wortgleich geteilt oder von Poster*innen in leicht abgewandelter Form erneut veröffentlicht wird. Andererseits dürfe dem Intermediär keine übermäßige Überwachungspflicht auferlegt werden. Die unweigerlich mitbetroffene Meinungsfreiheit der Poster*innen ignorierte der EuGH dagegen völlig. Daher überrascht auch die extensive Auslegung nicht: Der EuGH sieht eine Erstreckung der Unterlassungspflicht auf wortgleiche Postings – unabhängig davon, wer diese veröffentlicht – und auf *sinngleiche* Postings als zulässig an. Sinngleiche Postings seien solche, die „zwar leicht unterschiedlich formuliert [sind], aber im Wesentlichen die gleiche Aussage vermittel[n]", was durch das Gericht in der Verfügung konkretisieren werden solle.[83] Noch bedenklicher ist die Ausle-

---

82 EuGH MMR 2019, S. 798 (Glawischnig Piesczek).
83 Ebd. Rn. 41.

gung, dass Art. 15 ECRL einer Verpflichtung des Intermediärs zur *autonomen Beurteilung* der Sinngleichheit entgegensteht und nur eine Feststellung durch „automatisierte Techniken und Mittel zur Nachforschung" gestattet.[84]

Diese extensive Auslegung mag zwar für Bereiche wie das Urheberrecht seine Berechtigung haben: Die Entscheidung über die Urheberrechtswidrigkeit eines Inhalts ist meist wenig kontextsensibel (Ausnahme: Art. 17 VII UAbs. 2 DSM-RL), sodass gleiche Inhalte in der Regel rechtlich gleich zu bewerten sind und automatisierte Verfahren eingesetzt werden können. Bei Hate Speech führt eine so weitreichende Unterlassungspflicht aber zu einer erheblichen Gefährdung der Meinungsfreiheit der Poster*innen.[85] Um der Meinungsfreiheit Rechnung zu tragen, darf die Beurteilung der Rechtswidrigkeit gerade nicht allein an die Verwendung gewisser Begriffe anknüpfen, sondern muss den damit verbundenen kontextabhängigen Aussagegehalt berücksichtigen. So kann ein als rechtswidrig eingestuftes Posting trotz wortgleicher Wiederholung durch einen Dritten u.U. rechtmäßig sein, wenn es z.B. im Zuge einer kritischen oder satirischen Auseinandersetzung mit dem Posting erfolgt. Noch eklatanter wird dies bei „sinngleichen" Äußerungen. Die kontextangemessene Beurteilung eines Postings kann nach dem aktuellen Stand der Technik jedenfalls nicht allein durch automatisierte Techniken erfolgen, was der EuGH aber für allein zulässig erachtet. Die Kombination aus weitreichender Unterlassungspflicht und gleichzeitigem Verbot autonomer Beurteilung führt de facto dazu, dass Intermediäre Wortlautfilter einsetzen können und müssen.[86] Die Gefahr des Overblockings ist dadurch vorprogrammiert.[87]

Stattdessen sollte die Reichweite der Unterlassungspflicht unter Berücksichtigung *aller Interessen*, insbesondere der Meinungsfreiheit, bestimmt und restriktiver gefasst werden und nicht auf rein automatisierte Prüf- und Beurteilungsverfahren setzen. Die für den Schutz der Betroffenen erforder-

---

84 Ebd. Rn. 45 f; siehe zu einem anderen Verständnis der Entscheidung *J. Pierer*, Grenzen automatisierter Rechtsdurchsetzung bei Verletzung von Persönlichkeitsrechten nach EuGH C-18/18, in diesem Band, S. 133 ff., der sie folgendermaßen versteht: „Die vom EuGH für unzulässig befundene autonome Beurteilung bezieht sich auf die allgemeine Überwachung, nicht aber auf konkrete Fälle, deren Ähnlichkeit mit der ursprünglichen Information einen Fall spezifischer Überwachungspflichten bildet." (S. 145, ähnlich bereits auf S. 142 ff.). In der Folge scheint er die Kombination aus automatisiert-technischem Wortfilter und (menschlich) autonomer Nachkontrolle als zulässig zu erachten (S. 146 f.).
85 So auch *A. Heldt*, EuR 2020, S. 238 (245).
86 So *L. Specht-Riemenschneider*, MMR 2019, S. 798 (802).
87 Ähnlich *T. Hoeren*, LMK 2020, 425949; *A. Heldt*, EuR 2020, S. 238 (244).

liche Reichweite der Unterlassungspflicht kann in dem Maße zurückgefahren werden, wie ihnen durch einfache Meldeverfahren die Meldung wort- und sinngleicher Inhalte in zumutbarer Weise ermöglicht und ihr Interesse durch verbindliche Prüf- und Löschvorgaben angemessen berücksichtigt wird.

II. Eine bereichsspezifische EU-Regelung für Hate Speech als Alternative?

1. Vorteile einer bereichsspezifischen EU-Regelung

Stellt eine bereichsspezifische EU-Hate-Speech-Regelung eine Alternative zum horizontalen Ansatz des DSA dar? Wie dargestellt, geht eine Regulierung, die Anreize allein durch den drohenden Verlust von Haftungsprivilegierungen setzt, jedenfalls für den Bereich Hate Speech weitgehend ins Leere. Ein „ordnungsrechtlicher" Ansatz, der Pflichten der Netzwerkanbieter positiv festschreibt und Verstöße gegen diese Pflichten mit Bußgeldern sanktioniert, ist demgegenüber deutlich effektiver.[88] Dies zeigt auch der vergleichsweise große Erfolg des NetzDG-Regulierungsansatzes in Deutschland.[89] Dass in anderen vom DSA adressierten Bereichen der Verlust von Haftungsprivilegien als Anreiz ausreichen wird, spricht bereits für eine bereichsspezifische Lösung. Zudem würde eine horizontale, alle rechtswidrigen Inhalte adressierende Plattformregulierung den aufgezeigten Spezifika von Hate Speech nur schwer gerecht. Zwar könnten Vorgaben zu Melde- und Prüfverfahren und flankierende Pflichten der Netzwerkanbieter wie etwa Transparenzpflichten unabhängig vom Anreizsystem der Regelung auch zentral in einem horizontalen DSA geregelt werden. Hinsichtlich Hate Speech sind dabei jedoch so viele Besonderheiten zu beachten (vgl. oben C. I. 2.), dass eine bereichsspezifische, kohärente Lösung naheliegt.

---

88 S. zu den Gründen unter C. I. 1.

89 Entgegen anfänglicher Bedenken hat sich das NetzDG als ein zwar verbesserungswürdiger, aber im Ansatz erfolgreicher Versuch bewährt, Hass und Hetze im Internet zu bekämpfen, vgl. *M. Eifert* u.a., NetzDG (Fn. 29), S. 194. Kritische Stimmen stellten das NetzDG zuletzt nur noch selten gänzlich in Frage, vgl. ebd., S. 37.

2. Vorbehalte gegenüber einer bereichsspezifischen EU-Regelung

Einer EU-Hate-Speech-Regelung stünden allerdings zahlreiche Bedenken entgegen, die hier nur teilweise skizziert werden können. Unabhängig davon, wie die EU Hate Speech im Internet in Zukunft regulieren wird, muss sie sich mit diesen Bedenken auseinandersetzen.

a. Tatsächliche Herausforderungen

Eine unional einheitliche Bestimmung rechtswidriger Hate Speech-Inhalte, auf die sich die Entfernungspflicht der Regelung bezöge, ist kaum möglich. Der Begriff „Hate Speech" wird ganz unterschiedlich verstanden. Es läge nahe, allein strafbare Inhalte zu adressieren, weil diese besonders stark in Rechte Dritter eingreifen. Ob Inhalte strafbar sind, unterscheidet sich jedoch in den Mitgliedstaaten. Einerseits unterscheidet sich das einschlägige materielle Strafrecht. Andererseits ist die Entscheidung darüber, ob Tatbestand und Rechtswidrigkeit eines Äußerungsdeliktes gegeben sind, stark grundrechtlich determiniert. Mit welchem Gewicht die jeweiligen Grundrechte in die Abwägung einzustellen sind, kann sich je nach verfassungsdogmatischer Tradition der Mitgliedstaaten unterscheiden. Damit kann derselbe Inhalt in einem Mitgliedstaat als Beleidigung, in einem anderen als noch von der Meinungsfreiheit gedeckt anzusehen sein.

Eine unionale Hate-Speech-Regelung sollte die Frage danach, welche Inhalte rechtswidrig sind, daher den Mitgliedstaaten überlassen. Sie könnte lediglich Mindestinhalte vorgeben[90] und sich dabei etwa am Rahmenbeschluss 2008/913/JI orientieren. Die Netzwerkanbieter müssten dann weiterhin in jedem Mitgliedstaat für das jeweilige nationale Recht geschulte Prüfteams einsetzen. Dies wiederum würde hinsichtlich der Prüfung gemeldeter Inhalte nichts an der Zersplitterung des Binnenmarktes ändern. Zudem bestünde eine gewisse Missbrauchsgefahr der Regelung: Mitgliedstaaten könnten als rechtswidrig im Sinne der EU-Regelung auch solche Inhalte erklären, die Ausdruck notwendiger politischer Opposition sind. Dies stünde ihnen allerdings auch nach dem *status quo* frei. Inhalte wären dann wohl auch nicht EU-weit, sondern nur im jeweiligen Mitgliedstaat

---

90 Kompetenzrechtlich wäre das wohl unproblematisch, weil an die Festlegung der Mindestinhalte keine unmittelbaren strafrechtlichen Folgen geknüpft werden, sondern nur Infrastrukturverpflichtungen der Netzwerke als Regelungen für den Binnenmarkt.

zu entfernen. Da Diskussionen in sozialen Netzwerken schon aufgrund der Sprachgrenzen weitgehend national verlaufen, tangierte dies die Effektivität einer EU-Regelung aber nur wenig.

Die größte Herausforderung einer bereichsspezifischen EU-Regelung läge in der Abgrenzung der Grundrechtsräume – zwischen unionalen Grundrechten einerseits und nationalen Grundrechten andererseits. Welche Grundrechte Anwendung fänden, hinge von der konkreten Ausgestaltung und Rechtsform des Unionsrechtsaktes ab. Angesichts etwa der feinziselierten und in der Öffentlichkeit immer wieder debattierten deutschen Dogmatik zur Herstellung praktischer Konkordanz zwischen Meinungsfreiheit und Persönlichkeitsrechten sähe sich eine Regelung, die zur umfassenden Anwendung von Unionsgrundrechten führte, erheblichen Akzeptanzproblemen gegenüber. Überließe man die Definition der adressierten rechtswidrigen Hate Speech-Inhalte den nationalen Gesetzgebern, kämen hinsichtlich der Frage, ob ein entsprechender Straftatbestand vorliegt, nationale Grundrechte zur Anwendung.

b. Vermeintliche Schwierigkeiten

Gerade weil abwertende und diskriminierende Inhalte teilweise von der Meinungsfreiheit gedeckt sind und die Abgrenzung zwischen rechtswidrigen und rechtmäßigen Inhalten einzelfallabhängig und häufig schwierig zu treffen ist, liegt die Befürchtung, bußgeldbewehrte Prüf- und Entfernungspflichten verleiteten Netzwerkanbieter zu einem Overblocking, nahe. Diese Gefahr kann durch eine sensible Ausgestaltung der Bußgeldregelungen deutlich gemindert werden. Unerheblich ist dabei, ob die Verhängung von Bußgeldern nationalen Behörden überantwortet wird oder durch EU-Behörden wahrzunehmen ist. Zu beachten ist jedoch, dass jedenfalls in Deutschland das Gebot der Staatsferne verbietet, dass der Staat bestimmenden Einfluss auf Inhalte nimmt.[91]

Zwei entscheidende Weichenstellungen sind bei der Ausgestaltung des Bußgeldregimes zu beachten: Erstens sollten Bußgelder nicht schon bei einzelnen Fehlentscheidungen drohen, sondern erst bei systemischen Fehlern im Prüfverfahren. Netzwerkanbieter werden dann in einzelnen, be-

---

91 BVerfGE 121, 30 (53, 67); *J. Kühling*, in: Beck-OK (Fn. 26), Art. 5 GG Rn. 87; differenzierend zum Gebot der Staatsferne *M. Cornils*, Behördliche Kontrolle sozialer Netzwerke: Netzkommunikation und das Gebot der Staatsferne, in: Netzwerkrecht (Fn. 8), S. 201 ff.

sonders schwierigen Zweifelsfällen nicht von der unmittelbaren Drohung eines Bußgeldes unter Druck gesetzt. Das Abstellen auf systemische Fehler stellt auch sicher, dass in Grenzfällen kein Bußgeld droht, wenn die zuständige Behörde anderer Auffassung ist als der Netzwerkanbieter.

Zweitens darf nicht allein die Nichtentfernung rechtswidriger Inhalte sanktionsbewehrt sein, sondern muss auch der umgekehrte Fall Bußgelder nach sich ziehen können: die Entfernung rechtmäßiger Inhalte, also sog. Overblocking.[92] Für die Netzwerkanbieter liegt es in Zweifelsfällen dann nicht näher, den Inhalt zu entfernen, als ihn nicht zu entfernen. Dabei ist zu beachten, dass Netzwerkanbieter grundsätzlich auch Inhalte entfernen dürfen, die zwar nicht gegen nationale oder europäische Hate Speech-Regulierungen verstoßen, aber gegen die plattformeigenen Gemeinschaftsstandards (AGB).[93] Ein Overblocking dürfte also nur dann bußgeldbewehrt sein, wenn auch ein Verstoß gegen wirksam vereinbarte Gemeinschaftsstandards nicht ersichtlich ist. Beide Weichenstellungen nahm der französische Entwurf für ein Hate Speech-Gesetz nicht vor. Insoweit ist nachvollziehbar, dass der Conseil Constitutionnel die Meinungsfreiheit durch einseitige Anreize zum Overblocking durch die Regelung als bedroht ansah.[94]

Neben der durch Sanktionen vermittelten Anreizstruktur dienen auch verfahrensrechtliche Absicherungen wie Anhörungsrechte und interne Überprüfungsverfahren, ausreichend lange Fristen zur gründlichen, kontextbezogenen Prüfung jedes Einzelfalls und die Eröffnung eines Rechtswegs zu den staatlichen Gerichten der Vorbeugung von Overblocking. Eine gut konstruierte bereichsspezifische Regelung kann durch entsprechende Vorgaben das Overblocking sogar verringern, das derzeit häufig aus falscher Anwendung der netzwerkeigenen Gemeinschaftsstandards[95] und aus außerrechtlichen Anreizen – etwa dem ökonomischen Interesse,

---

92 Für eine entsprechende Auslegung der §§ 3 I 1, 4 I Nr. 2 NetzDG *M. Eifert*, Netzwerkrecht (Fn. 8), S. 9 (35); *A. Schiff*, MMR 2018, S. 366 (369); a.A. *A. Lang* AöR 143 (2018), S. 220 (234).

93 Zu Gemeinschaftsstandards allg. vgl. *C. König*, AcP 219 (2019), S. 611 ff.; *G. Spindler*, CR 2019, S. 238 (240 ff.); zu deren grundrechtlicher Überformung s. nur *M. Eifert*, in: Netzwerkrecht (Fn. 8), S. 9 (27 ff.); *L. Elsaß/J.-H. Labusga/R. Tichy*, CR 2017, S. 234 (237 ff.); *S. V. Knebel*, Die Drittwirkung der Grundrechte und -freiheiten gegenüber Privaten, Baden-Baden 2018, S. 173 ff.; *C. König*, AcP 219 (2019), S. 611 (628 ff.); *J. Lüdemann*, MMR 2019, S. 279 ff.; *G. Spindler*, CR 2019, S. 238 (242 ff.).

94 Décision n° 2020–801 DC (Fn. 4), Rn. 18 f.

95 Vgl. etwa OLG München, Beschl. v. 24.08.2018 – 18 W 1294/18-, juris Rn. 32 ff.

die Plattform attraktiv und sicher für Nutzer*innen und damit frei von Hate Speech zu halten[96] – folgt.

Der Ausgestaltung der Pflichten von Netzwerkanbietern – sei sie national oder unional – wird daneben entgegengehalten, sie privatisiere die Rechtsdurchsetzung, die eigentlich dem Staat obliege.[97] Dieser Vorwurf richtet sich gegen alle Regelungsregime, die Netzwerkanbieter auf Meldung von Nutzer*innen hin zu einer Prüfung und etwaigen Entfernung von Inhalten gleich welcher Art verpflichten. Er träfe also nicht nur eine bereichsspezifische Regulierung, sondern auch eine horizontale Regelung, sofern diese nicht nur Prüf-, sondern auch Entfernungspflichten statuierte. Worauf genau der Vorwurf zielt, bleibt dabei unklar: Eine Entfernungspflicht für rechtswidrige Inhalte, von denen der Netzwerkanbieter Kenntnis hat, besteht nach allgemeinen zivilrechtlichen Grundsätzen und unabhängig davon, ob diese gerichtlich durchgesetzt wird.[98] Die staatliche Strafverfolgung bliebe von einer bußgeldbewehrten Hate Speech-Regulierung unberührt. Gegen Entscheidungen der Netzwerkanbieter könnten weiterhin die staatlichen Zivilgerichte angerufen werden. Am Ausmaß der staatlichen Rechtsdurchsetzung ändert sich also nichts; diese wird lediglich zugunsten Betroffener um weitere Möglichkeiten, rechtswidrige Inhalte zu melden und einer Prüfung zu unterziehen, ergänzt. Hinter dem Vorwurf einer vermeintlichen Privatisierung der Rechtsdurchsetzung scheint sich die Angst vor einem unkontrollierbaren Machtzuwachs privater Netzwerkanbieter gegenüber staatlichen Institutionen zu verbergen.[99] Nicht Netzwerkanbieter, sondern allein der Staat solle nach diesem Verständnis die *Macht* haben, zu entscheiden, welche Inhalte rechtswidrig sind. Diese Ansicht verkennt völlig, dass die Macht der Netzwerkanbieter über Inhalte desto größer ist, je weniger staatliche Vorgaben existieren. Sie subsumieren dann nicht nur unter staatliche Vorschriften, sondern definieren selbst, welche Inhalte zu entfernen sind. Solche Entscheidungen, etwa nach netzwerkeigenen Gemeinschaftsstandards, unterliegen einer viel geringeren Prüfdichte durch staatliche Gerichte (die mittelbare Drittwirkung der Grundrechte setzt im Rahmen der AGB-Kontrolle lediglich äußere Grenzen) als Entscheidungen auf Grundlage etwa des NetzDG.

---

96 Es gibt aber auch außerrechtliche Anreize *gegen* ein Overblocking, vgl. dazu *M. Eifert*, in: Netzwerkrecht (Fn. 8), S. 9 (34); *A. Lang* AöR 143 (2018), S. 220 (235 f.).
97 Dies klingt in Décision n° 2020–801 DC (Fn. 4), Rn. 14 an; aus der deutschen Literatur vgl. etwa *N. Guggenberger*, ZRP 2017, S. 98 (100); *G. Spindler*, ZUM 2017, S. 473 (487); *J. Wimmers/B. Heymann*, AfP 2017, S. 93 (97 f.).
98 *B. Raue*, JZ 2018, S. 961 (962).
99 Dieselbe Lesart auch bei *M. Eifert*, NJW 2017, S. 1450 (1451).

D. Fazit

Die ECRL hat zwei Jahrzehnte die Verantwortungsstruktur von Intermediären maßgeblich geprägt. Mit dem Machtzuwachs der Intermediäre wuchs auch die Zahl rechtswidriger Inhalte und offenbarte die Schwächen der ECRL bei deren effektiver Bekämpfung. Auf Unionsebene ist daher das Bewusstsein für die Notwendigkeit einer neuen und problemangemessenen Ausgestaltung der Verantwortlichkeit gewachsen und hat sich in zahlreichen bereichsspezifischen Regelungen niedergeschlagen, die Hate Speech jedoch nicht erfassen. Wegen der Vielzahl und Schädlichkeit von Hate Speech für Betroffene und für den öffentlichen Diskurs sowie wegen zunehmender mitgliedstaatlicher Vorstöße ist ein effektive Unionsregelung dringend erforderlich, die den Besonderheiten hinreichend Rechnung trägt.

Die bisherigen Vorarbeiten für einen DSA leisten dies nur bedingt. Ein Hate Speech-spezifischer Unionsrechtsakt mit Bußgeldbewehrung sieht sich zwar einigen Herausforderungen gegenüber, böte demgegenüber aber auch die Möglichkeit, die Entfernung von Hate Speech zu effektivieren, die Spezifika angemessen zu adressieren und so einen möglichst weitgehenden Grundrechtsschutz aller Beteiligten zu garantieren. Dass eine derartig weitgehende bereichsspezifische Abkehr vom bisherigen Regelungsansatz der ECRL politisch möglich sein kann, zeigen die neue DSM-RL und der Entwurf für eine Terror-VO.

Steter Modernisierungsbedarf im Bereich der neuen audiovisuellen Mediendienste und -plattformen – kann der Medienstaatsvertrag Abhilfe schaffen?

Janine Marinello[*], [**]

A. Rechtlicher Umgang mit den modernen Medien

Am 5. Dezember 2019 wurde der Entwurf des Staatsvertrags zur Modernisierung der Medienordnung (im Folgenden „MStV" oder „Medienstaatsvertrag") veröffentlicht, welcher in erster Linie der Umsetzung der Richtlinie (EU) 2018/1808 des Europäischen Parlaments und des Rates vom 14. November 2018 zur Änderung der Richtlinie 2010/13/EU zur Koordinierung bestimmter Rechts- und Verwaltungsvorschriften der Mitgliedstaaten über die Bereitstellung audiovisueller Mediendienste im Hinblick auf sich verändernde Marktgegebenheiten (im Folgenden „AVMD-Richtlinie") dient und des Weiteren den seit mehr als 28 Jahren geltenden Staatsvertrag für Rundfunk und Telemedien ablöst[1] (im Folgenden „RStV" oder „Rundfunkstaatsvertrag"). Der MStV wurde gemäß der Richtlinie (EU) 2015/1535 des Europäischen Parlaments und des Rates vom 9. September 2015 über ein Informationsverfahren auf dem Gebiet der technischen Vorschriften für Dienste der Informationsgesellschaft notifiziert[2] und ist zwischenzeitlich am 7. November 2020 in Kraft getreten[3].

Für Unternehmen, die erstmalig Adressaten des MStV sind, bedeutet dies allerdings, dass sie bereits mit großer Vorlaufzeit ihre Produktion anpassen und umstellen müssen; betroffen sind insbesondere Produkte und Software mit langer Vorlauf- und Produktionszeit. Allerdings kann diese Kalkulation lediglich basierend auf einer Rechtsauslegung erfolgen, die sich zunächst auf die Entwurfsversionen des MStV und gegebenenfalls spä-

---

[*] Die Autorin ist Rechtsanwältin bei Simmons & Simmons.
[**] Alle angegebenen Internetquellen wurden zuletzt abgerufen am 15. Juli 2020; die Internetquelle aus Fn. 3 wurde zuletzt am 11. November 2020 abgerufen.
1 LT-Drucks. BY 18/7640, S. 78.
2 Vgl. Fn. 1.
3 Vgl. zum aktuellen Stand der Umsetzung https://www.rlp.de/de/aktuelles/einzelansicht/news/News/detail/medienstaatsvertrag-tritt-am-7-november-2020-in-kraft-1/.

ter auf die von einzelnen Bundesländern veröffentlichte Begründung sowie die zwischenzeitlich teilweise überarbeitete[4] und aktualisierte Fassung des MStV stützen konnte. Rechtsunsicherheit und Auslegungsschwierigkeiten sind hierbei vorprogrammiert.

Wie reagiert man als Gesetzgeber bzw. Regelsetzer jedoch am besten auf eine sich ständig ändernde und lernende Branche – einem sog. „Moving Target" – deren Regelungswerk sinngemäß laufend angepasst werden sollte?

Neben dieser Frage soll dieser Beitrag den MStV sowohl aus Sicht der Unternehmen als Adressaten, als auch aus der Regelsetzungsperspektive, der sich mit ständigen Weiterentwicklungen konfrontiert sieht, beleuchten. Hierzu werden nicht nur relevante Änderungen des Medienstaatsvertrags vorgestellt, sondern insbesondere mögliche Probleme und ihr Umgang hiermit aufgezeigt, die durch den schnellen Wandel und sich rasant ändernder Technologien entstehen können. Weiter wird dieser Beitrag auch darstellen, welche inkludierenden und neuartigen Maßnahmen die traditionell federführende Staatskanzlei Rheinland-Pfalz im Entwicklungsprozess ergriffen hat.

Letztlich soll die Frage beleuchtet werden, ob nicht der Zeitrahmen der Umsetzung der Reform hätte verbessert werden können. Hierbei wird der Gesetzgebungsweg auf EU- und nationaler Ebene beleuchtet.

B. Wesentliche Änderungen und Modernisierungen

I. Neuer Adressatenkreis

Nicht nur dient der MStV der Umsetzung der AVMD-Richtlinie; gleichzeitig soll der bisherige RStV grundlegend modernisiert werden. Der neue Medienstaatsvertrag wird sich daher nicht mehr primär nur an Fernseh- und Hörfunkanbieter richten, sondern gerade auch an Medienintermediäre, Medienplattformen, Benutzeroberflächen und Video-Sharing-Dienste. Hierunter fallen insbesondere Anbieter von Social Media, Smart TVs und Apps.

„Die technischen Entwicklungen haben neue Arten von Diensten und neue Benutzererfahrungen ermöglicht. Zudem haben sich die Sehgewohnheiten, insbesondere die der jüngeren Generationen, erheblich geändert. Der Haupt-

---

4 LT-Drucks. NI 18/6414, S. 82.

bildschirm des Fernsehgerätes ist zwar nach wie vor ein wichtiges Instrument des gemeinsamen audiovisuellen Erlebens, viele Zuschauer benutzen aber auch andere, tragbare Geräte, um audiovisuelle Inhalte anzusehen. Herkömmliche Fernsehinhalte machen noch immer den Hauptteil der durchschnittlichen täglichen Nutzungsdauer aus.

Allerdings haben neue Arten von Inhalten wie Videoclips oder nutzergenerierte Inhalte zunehmend an Bedeutung gewonnen, und es haben sich neue Anbieter, darunter auch Anbieter von Videoabrufdiensten und Video-Sharing-Plattformen, fest etabliert. Diese Konvergenz der Medien macht einen aktualisierten Rechtsrahmen erforderlich, um den Entwicklungen des Marktes Rechnung zu tragen und ein Gleichgewicht zwischen dem Zugang zu Online-Inhalte-Diensten, dem Verbraucherschutz und der Wettbewerbsfähigkeit zu schaffen."[5]

Aus Erwägungsgrund (1) der AVMD-Richtlinie wird deutlich, dass die Notwendigkeit erkannt wurde, auf Grund der Entwicklung und Herausforderungen im Bereich der Medien, insbesondere über das Internet, und der dadurch immer vielfältigeren Angebote für Nutzer, neue Adressaten für das Regelungswerk zu schaffen. Eine wesentliche Rolle spielt hierbei auch, dass journalistisch-redaktionelle Angebote mit user-generated-content konkurrieren, was zur Folge hat, dass der Nutzer nicht nur klassisch Empfänger, sondern auch selbst zum Inhalteanbieter wird.[6]

Der MStV differenziert daher – anders als der noch in Kraft befindliche RStV – zwischen mehr Adressaten und regulierten Anwendungen, sowie eindeutig zwischen dem Anwendungsbereich des Rundfunks *oder* der Telemedien[7].

---

5 Richtlinie (EU) 2018/1808 des europäischen Parlaments und des Rates vom 14. November 2018 zur Änderung der Richtlinie 2010/13/EU zur Koordinierung bestimmter Rechts- und Verwaltungsvorschriften der Mitgliedstaaten über die Bereitstellung audiovisueller Mediendienste (Richtlinie über audiovisuelle Mediendienste) im Hinblick auf sich verändernde Marktgegebenheiten, in: ABl. L 303 vom 28. November 2018, S. 69.

6 *A. Zimmer*, Smart Regulation: Welche Antworten gibt der Medienstaatsvertrag auf die Regulierungsherausforderungen des 21. Jahrhunderts? – Ein Blick aus der Regulierungspraxis, ZUM 2019, S. 126 (126).

7 LT-Drucks. BY 18/7640, S. 79.

Mit dem MStV wurden sogenannte „Gatekeeper", sowie der Begriff des Video-Sharing-Dienstes neu eingeführt:

1. Medienplattform

Eine Medienplattform im Sinne des § 2 Abs. 2 Nr. 14 MStV ist jedes Telemedium, soweit es Rundfunk, rundfunkähnliche Telemedien oder Telemedien nach § 19 Abs. 1 MStV zu einem vom Anbieter bestimmten Gesamtangebot zusammenfasst.

Damit gemeint sind Kabelnetze als infrastrukturgebundene Medienplattformen (z.B. Fernsehkabelnetze), aber auch über das Internet verbreitete Dienste in geschlossenen Netzen und OTT-Angebote.[8]

Nicht umfasst sind, auf Grund des entscheidenden Merkmals „vom Anbieter bestimmten Gesamtangebots", Plattformen, die ohne spezifische Eingrenzung Dritter die Möglichkeit der Präsentation von Angeboten bieten. Zum Beispiel nicht erfasst wären Suchmaschinen, über deren Inhaltsauwahl keine Entscheidung zugrunde liegt, sondern bei denen vorab eine bloße Funktionskontrolle erfolgt.[9]

Die Länder haben ferner beachtet, dass es auch Mischangebote an Plattformen bestehend aus Medienplattform sowie -intermediär geben kann und hat dies über den Zusatz von „soweit" in § 2 Abs. 2 Nr. 14 MStV deutlich gemacht.[10]

2. Benutzeroberfläche

Nach § 2 Nr. 15 MStV ist eine Benutzeroberfläche die textlich, bildlich oder akustisch vermittelte Übersicht über Angebote oder Inhalte einzelner oder mehrerer Medienplattformen, die der Orientierung dient und unmittelbar die Auswahl von Angeboten, Inhalten oder softwarebasierten Anwendungen, welche im Wesentlichen der unmittelbaren Ansteuerung von Rundfunk, rundfunkähnlichen Telemedien oder Telemedien nach § 19 Abs. 1 MStV dienen, ermöglicht. Benutzeroberflächen sind insbesondere

---

8 *S. Ory*, Der Medienstaatsvertrag – Neuer Wein in neuen Schläuchen?, ZUM 2019, S. 139 (143).

9 LT-Drucks. BY 18/7640, S. 84.

10 Vgl. Fn. 9.

- Angebots- oder Programmübersichten einer Medienplattform,
- Angebots- oder Programmübersichten, die nicht zugleich Teil einer Medienplattform sind,
- visuelle oder akustische Präsentationen auch gerätegebundener Medienplattformen, sofern sie die Funktion nach § 19 Abs. 1 S. 1 MStV erfüllen.

Adressiert sind damit Darstellungen auf Endgeräten, die der Angebotsauswahl dienen. Damit gemeint ist z.B. die Oberfläche, die beim Einschalten eines Smart TVs erscheint, oder auch eine Mediathek.[11] Ebenso umfasst sind akustische Steuerungssysteme, wie etwa Sprachassistenten.[12]

Hingegen nicht erfasst sind Übersichten über Inhalte, die im Internet frei verfügbar oder in offenen Angeboten wie sozialen Medien oder Suchdiensten enthalten sind, sowie Bedienoberflächen von Mediatheken die nicht der Regulierung als Medienplattformen unterfallen.[13]

3. Medienintermediär

Ein Medienintermediär nach § 2 Abs. 2 Nr. 16 MStV ist jedes Telemedium, das auch journalistisch-redaktionelle Angebote Dritter aggregiert, selektiert und allgemein zugänglich präsentiert, ohne diese zu einem Gesamtangebot zusammenzufassen. Die Trias aus aggregieren, selektieren und präsentieren muss in der Regel kumulativ vorliegen, während die Ausnahme der Zusammenfassung eines Gesamtangebots den Medienintermediär von der Medienplattform abgrenzt.[14]

Der Begriff zielt insbesondere auf soziale Medien und soziale Netzwerke ab, sofern das Kriterium der allgemeinen Zugänglichkeit erfüllt ist (z.B. auch bei öffentlich einsehbaren Facebook Accounts).[15] Ebenfalls erfasst sind Suchmaschinen, App-, User Generated Content- und Blogging-Portale, News Aggregatoren sowie unter Umständen auch Sprachassistenten und App-Portale.[16] Überwiegend keine Anwendung finden die Vorschriften jedoch gem. § 91 Abs. 2 Nr. 1 MStV auf Medienintermediäre, die weniger als eine Million Nutzer pro Monat erreichen.

---

11 *Ory*, Der Medienstaatsvertrag (Fn. 8), S. 144.
12 Vgl Fn. 9.
13 Vgl Fn. 9.
14 LT-Drucks. BY 18/7640, S. 85.
15 *Ory*, Der Medienstaatsvertrag (Fn. 8), S. 145.
16 Vgl. Fn. 14.

4. Video-Sharing-Dienst

Gem. § 2 Abs. 2 Nr. 22 MStV ist ein Video-Sharing-Dienst ein Telemedium, bei dem der Hauptzweck des Dienstes oder eines trennbaren Teils des Dienstes oder eine wesentliche Funktion des Dienstes darin besteht, Sendungen mit bewegten Bildern oder nutzergenerierte Videos, für die der Diensteanbieter keine redaktionelle Verantwortung trägt, der Allgemeinheit bereitzustellen, wobei der Diensteanbieter die Organisation der Sendungen oder der nutzergenerierten Videos, auch mit automatischen Mitteln oder Algorithmen, bestimmt.

II. Pflichten für die neuen Adressaten

1. Transparenzgebot

Ein wesentliches Thema für Medienplattformen und Benutzeroberflächen (§ 85 MStV) sowie Medienintermediäre (§ 93 MStV) ist das Transparenzgebot. Gem. § 93 Abs. 1 Nr. 2 MStV haben die Anbieter zur Sicherung der Meinungsvielfalt Informationen zu den zentralen Kriterien einer Aggregation, Selektion und Präsentation von Inhalten und ihre Gewichtung, einschließlich Informationen über die Funktionsweise der eingesetzten Algorithmen, in verständlicher Sprache leicht wahrnehmbar, unmittelbar erreichbar und ständig verfügbar zu halten. Denn nach Ansicht der Länder besteht die Gefahr, dass:

> *„auch mit Hilfe von Algorithmen – Inhalte gezielt auf Interessen und Neigungen der Nutzerinnen und Nutzer zugeschnitten werden, was wiederum zur Verstärkung gleichgerichteter Meinungen führt. Solche Angebote sind nicht auf Meinungsvielfalt gerichtet, sondern werden durch einseitige Interessen oder die wirtschaftliche Rationalität eines Geschäftsmodells bestimmt, nämlich die Verweildauer der Nutzer auf den Seiten möglichst zu maximieren und dadurch den Werbewert der Plattform für die Kunden zu erhöhen. Insoweit sind auch Ergebnisse in Suchmaschinen vorgefiltert und teils werbefinanziert, teils von ‚Klickzahlen‘ abhängig. Zudem treten verstärkt nichtpublizistische Anbieter ohne journalistische Zwischenaufbereitung auf. (BVerfG, Urteil des Ersten Senats vom 18. Juli 2018 – 1 BvR 1675/16 –, Rn. 79)“.*[17]

---

17 Vgl Fn. 7.

Kritisch äußerte sich im Vorfeld Google zum Transparenzgebot in Bezug auf Algorithmen und ging zu gegebenem Zeitpunkt davon aus, dass das Transparenzgebot eine Offenlegung gegenüber dem Nutzer selbst bedeutete:

> *„Besonders problematisch wäre die Vorgabe, nach der jedwede Algorithmusänderung kenntlich gemacht werden soll. Bei der Google-Suche müssten möglicherweise mehrere tausend Änderungen pro Jahr angezeigt werden. Dies würde die Nutzer mit für sie nicht relevanten Informationen belasten, anstatt Transparenz zu schaffen. Ein großer Teil der Änderungen dient nämlich der Bekämpfung von sog. Web-Spam und zielt nicht auf die Grundfunktionen. Eine Veröffentlichung darauf bezogener Informationen würde Manipulationsversuche erleichtern und damit den Nutzern schaden."*[18]

Die Länder haben sich nicht von der Kritik der Suchmaschinenanbieter beeindrucken lassen und weiterhin darauf bestanden, eine Transparenzpflicht auch in Bezug auf Algorithmen einzuführen. Den Medienintermediären kam allerdings das immer noch relativ neue Geschäftsgeheimnisgesetz (im Folgenden „GeschGehG") und das hierzu frische Bewusstsein zu Gute, dass der von den Medienintermediären verwendete Algorithmus möglicherweise auch ein Betriebs- oder Geschäftsgeheimnis im Sinne des § 2 GeschGehG darstelle.

Aus der Begründung zu § 93 MStV ergibt sich daher, dass zwar ausdrücklich Informationen über die grundsätzliche Funktionsweise der eingesetzten Algorithmen transparent zu machen sind, wie z.B. der Standort des Nutzers oder dessen Sprache. Allerdings begründet dies keine Pflicht, den Algorithmus selbst offenzulegen, da dieser ein ausdrücklich ausgenommenes Betriebs- oder Geschäftsgeheimnis darstellt. Die Ausnahme von der Offenlegungspflicht gilt insbesondere für Informationen, die mit hinreichender Sicherheit dazu führen würden, dass Dritten durch die transparent gemachten Informationen eine gezielte Täuschung oder Schädigung von Nutzern durch die Manipulation von Suchergebnissen ermöglicht wird.[19]

Als Lösung wurde in der Begründung des § 93 MStV klargestellt, dass die Unterlagen, die von den Anbietern von Medienintermediären bei der zuständigen Landesmedienanstalt eingereicht werden müssen, gem. §§ 56 und 58 MStV der Vertraulichkeit unterliegen. Zwar führt kein Weg daran

---

18 *Google*, Stellungnahme zum Diskussionsentwurf zu den Bereichen Rundfunkbegriff, Plattformregulierung und Intermediäre – „Medienstaatsvertrag", 2018, S. 5.
19 LT-Drucks. BY 18/7640, S. 108.

vorbei, dass Medienintermediäre ihre Algorithmen offenlegen müssen, dies jedoch nur gegenüber der zuständigen Landesmedienanstalt, die ihrerseits nicht unbefugt Betriebs- und Geschäftsgeheimnisse einschließlich der Algorithmen offenbaren darf.[20] Sollte die Landesmedienanstalt die Expertise einer dritten Partei zur beispielsweise technischen Prüfung der Funktionsweise einholen wollen, müsste sie sicher stellen, dass betroffene Betriebs- und Geschäftsgeheimnisse im Sinne des GeschGehG in gleicher Art und Weise im Verhältnis zu der dritten Partei gesichert werden.

2. Diskriminierungsfreiheit und Pluralismus

Anbieter von Medienplattformen haben die Vorgaben des § 82 MStV zur Auffindbarkeit und Diskriminierungsfreiheit zu beachten. Sie haben demnach zu gewährleisten, dass die eingesetzte Technik ein vielfältiges Angebot ermöglicht und gerade keine technischen Restriktionen in Bezug auf die Integrationsmöglichkeit der Inhalte Dritter bestehen. Dies bedeutet, dass die Anbieter von Medienplattformen, beispielsweise in Form eines Smart TVs, Angeboten Dritter grundsätzlich die gleichen und vor allem ungestörte Zugangsbedingungen gewähren müssen. So müssen sie beispielsweise ihren Smart TV technisch derart ausgestalten, dass Restriktionen in Bezug auf die Integrationsmöglichkeit der Inhalte Dritter nicht bestehen. Unterschiedliche Behandlungen sind nur dann zulässig, wenn diese durch einen Sachgrund, z.B. technischer Art, gerechtfertigt sind.

Eine vergleichbare Ausgestaltung zum Diskriminierungsverbot für Medienintermediäre findet sich in § 94 MStV in Bezug auf journalistisch-redaktionell gestaltete Angebote.

3. Gleichbehandlungsgebot

Auch Anbieter von Benutzeroberflächen haben gem. § 84 MStV dafür Sorge zu tragen, dass gleichartige Angebote oder Inhalte im Hinblick auf Auffindbarkeit, Sortierung, Anordnung oder Präsentation nicht ohne sachliche Rechtfertigung unterschiedlich behandelt oder die Auffindbarkeit unbillig behindert wird. Zulässige Kriterien für eine Sortierung der Anordnung sind insbesondere die alphabetische Sortierung, die Unterteilung in Genres oder Nutzungsreichweite. Für Smart TV-Anbieter wird beispiels-

---

20 Vgl. Fn. 19.

weise die Umsetzung in Bezug auf die Darstellung des Angebots von Fernseh- sowie Pay-TV Programmen künftig eine Herausforderung darstellen. Denn insbesondere beim Operieren mit begrenzt darstellbarer Bedienoberfläche wird der Spagat zwischen Vorschriften des MStV und nutzerfreundlicher Bedienung noch schwieriger zu schaffen sein. Gleiches gilt beispielsweise für die Anordnung und Belegung der Tasten auf einer TV-Fernbedienung.

4. Werbung und Signalintegrität

Die Integrität der Sendungen und audiovisuellen Mediendienste soll sichergestellt werden, in dem Sendungen und audiovisuelle Mediendienste ohne Kürzung, Veränderung oder Unterbrechung oder ohne Überblendung für kommerzielle Zwecke übertragen werden dürfen, es sei denn, dass die betreffenden Medienanbieter dem ausdrücklich zugestimmt haben.[21] Daher dürfen Medienplattformen und Benutzeroberflächen gem. § 80 Abs. 1 MStV ohne Einwilligung des jeweiligen Rundfunkveranstalters oder Anbieters rundfunkähnlicher Telemedien dessen Rundfunkprogramme, einschließlich des HbbTV-Signals, rundfunkähnliche Telemedien oder Teile davon inhaltlich oder technisch nicht verändern oder mit Werbung überlagern, sowie nicht entgeltlich oder unentgeltlich in Angebotspakete aufnehmen. Dies bedeutet insbesondere für Smart TV Anbieter, dass sie mit Ausnahme von reinen Programmhinweisen nicht ohne Zustimmung der Rundfunkanbieter oder Anbieter audiovisueller Mediendienste, wie bisher oftmals üblich, Werbung über sogenannte überblendende Ad-Tiles schalten können.

5. Anzeigepflicht

Der zuständigen Landesmedienanstalt ist gem. § 79 MStV mindestens einen Monat vor Inbetriebnahme anzuzeigen, dass eine Medienplattform oder Benutzeroberfläche angeboten werden soll. Daneben hat die Anzeige Angaben zur Zuverlässigkeit des Geschäftsführers oder Bevollmächtigten gem. §§ 79, 53 MStV sowie zur technischen und voraussichtlichen Nutzungsreichweite zu enthalten. Anbieter von Medienplattformen oder Benutzeroberflächen, die bei Inkrafttreten des MStV bereits in Betrieb, aber

---

21 Vgl. Fn. 5, Erwägungsgrund (26).

nicht angezeigt sind, haben die Anzeige nach § 90 Abs. 2 MStV spätestens sechs Monate nach Inkrafttreten des MStV nachzuholen.

C. Umgang mit einem „Moving Target"

Die Länder erhoffen sich vom Medienstaatsvertrag, im Wettlauf mit der Technologie rechtlich mithalten zu können. Auffallend positiv hierbei war, dass die Rundfunkkommissionen der Länder offen in Dialog mit der Öffentlichkeit und vor allem den Anbietern der Rundfunk- und Telemedienanbieter traten.

Das Arbeiten an einem „Moving Target" versuchten die Länder zudem zu lösen, indem sie die Terminologie bewusst weit fassten und die konkrete Umsetzung den Landesmedienanstalten über die praxisnähere Ausgestaltung einer Satzung überließen.

I. Offener Diskurs mit neuen Adressaten

Die federführende Staatskanzlei Rheinland-Pfalz hat den innovativen – bzw. bis dato jedenfalls unüblichen – Ansatz verfolgt, Anhörungen nicht nur, wie dies oft im Legislativverfahren geschieht, aus reiner Formsache durchzuführen, sondern sich über einen langen Zeitraum und vor allem sehr ausführlich mit Stimmen aus der Fachbranche sowie allgemeiner Kritik auseinanderzusetzen, und diese letztlich vielfach auch zu berücksichtigen.

Über die Online-Plattform zum Medienstaatsvertrag, die von der Staatskanzlei Rheinland-Pfalz eingerichtet wurde[22], konnte die Entwicklung des MStV transparent und im sozusagen „offenen Maschinenraum" für alle nachverfolgt werden.

Auf Grundlage eines Arbeitsentwurfs der Länder für einen Medienstaatsvertrag rief die Staatskanzlei Rheinland-Pfalz im Sommer 2018 zum ersten Mal öffentlich-rechtliche Rundfunkanstalten, Verbände, Unternehmen und Personen aus der Medienwirtschaft, sowie die Bürger dazu auf, über diese Online Online-Plattform Ideen und Vorschläge für eine reformierte Medienordnung in Deutschland einzureichen. Über die erste Run-

---

22 Abrufbar unter https://www.rlp.de/de/regierung/staatskanzlei/medienpolitik/med ienstaatsvertrag/.

de gingen ca. 1.200 Eingaben ein, die anschließend von Fachleuten in den Staats- und Senatskanzleien der Länder ausgewertet wurden.[23]

Eine zweite Eingaberunde erfolgte im Sommer 2019, bei der ca. 70 weitere Eingaben von Rundfunkveranstaltern, Kabelnetzbetreibern, Pressehäusern, Behindertenverbänden, Filmwirtschaft, Neue Medien, Jugendschutzeinrichtungen, Sport- und Journalistenverbänden sowie Gesundheitseinrichtungen eingereicht wurden.[24] Von großer Gewichtung waren hierbei nicht nur die Eingaben von altbekannten Rundfunkplayern, wie dem ZDF, sondern insbesondere auch der neuen Adressaten, nämlich von Medienintermediären wie Google oder Facebook.

Wie aus der Synopse zum Diskussionsentwurf für einen „Medienstaatsvertrag" der Rundfunkkommission der Länder von Juli 2019 ersichtlich, erfolgte eine Überarbeitung nach der ersten Eingabe aus Sommer 2018[25]. Eine weitere Überarbeitung nach der zweiten Eingabe erfolgte über die Beschlussfassung des Entwurfs des MStV vom 5. Dezember 2019, der an vielen Stellen auch die Vorschläge der Medienanstalten aufgreift, wie z.B. im Bereich der Regulierung von Smart-TV-Benutzeroberflächen oder virtuellen TV- und Radioplattformen.[26]

Unüblich an dem Vorgehen der Staatskanzlei war darüber hinaus, dass im Zuge dieses transparenten Prozesses Texte veröffentlicht wurden und der breiten Öffentlichkeit zum Diskurs zur Verfügung standen, die – anders als beispielsweise ein Referentenentwurf des Bundesjustizministeriums – noch keine bestimmte Reife hatten und zum Teil auch lediglich Überlegungen der Länder enthielten. Dadurch, dass die Länder nicht davor zurückschreckten, sich über diese Plattform auch angreifbar zu machen, führte dies zu einem Lern- und Umsetzungsprozess, von dem sicherlich beide Seiten nach regem Austausch profitierten.

Ein klarer Vorteil an dieser Vorgehensweise war, dass die Länder in ganz anderer Konzentration Zugang zu technischem und wirtschaftlichem Fachwissen aus einer sehr schnelllebigen Branche gewonnen haben, die naturgemäß am nächsten zu ihrem eigenen Angebot steht und auch Bedenken in Bezug auf das geplante Regelungswerk sowie die Hintergründe,

---

23 Sämtliche Eingaben aus dem Jahr 2018 sind hierunter abrufbar: https://www.rlp.d e/de/regierung/staatskanzlei/medienpolitik/medienstaatsvertrag/onlinebeteiligung -2018/.

24 Sämtliche Eingaben aus dem Jahr 2019 sind hierunter abrufbar: https://www.rlp.d e/index.php?id=32713.

25 Die Synopse ist hierunter abrufbar: https://www.rlp.de/fileadmin/rlp-stk/pdf-Date ien/Medienpolitik/MStV-E_Synopse_2019-07_Online_.pdf.

26 *A. Zimmer*, Smart Regulation (Fn. 6), S. 127.

Ziele und geplanten Entwicklungen schildern konnten. Auf diesem Weg konnten Überlegungen der Länder zu den neuen Medien bereits in einem sehr frühen Stadium (mehrfach) überprüft und vorausschauend an die künftigen Bedürfnisse der neuen Medien angepasst werden.

II. Wahl der Terminologie

Die Wahl und Ausgestaltung der Terminologie spielte eine tragende Rolle für den präventiven Umgang gegenüber einer möglichen inhaltlichen Überholung des MStV.

Hierfür wurden einerseits die Terminologie grundlegend modernisiert und Begriffe aus der analogen Welt auf die neuen Online-Medien angepasst, so beispielsweise in Bezug auf das in § 2 Abs. 1 Satz 1 des Rundfunkstaatsvertrages enthaltene Tatbestandsmerkmal „unter Benutzung elektromagnetischer Schwingungen", welches durch die technologieneutralere Begriffsbestimmung „mittels Telekommunikation"[27] ersetzt wurde. Andererseits hat man sich einiger generischer Begriffe bedient, um dem „Moving Target" gerecht zu werden.

1. Funktionsorientierter Regelungsansatz auf Tatbestandebene

Im Gegensatz zur Ausgestaltung in der AVMD-Richtlinie, haben sich die Länder auf Tatbestandsseite bewusst dagegen entschieden, konkrete Produkte mit einem bestimmten Namen zu beschreiben (z.B. mit „Smart TV") und daran Regeln zu knüpfen, sondern wählten vielmehr den Weg der Beschreibung der Produkte ihrer Funktion nach.

So wird beispielsweise aus der Begründung des MStV in Bezug auf die Medienplattform deutlich, dass bewusst weite Begriffe gewählt wurden, um den Anwendungsbereich möglichst nicht zu verengen: *„Der Begriff der 'Anwendung' ist gestaltungsoffen und erfasst perspektivisch jede Anwendung, die vergleichbar mit Apps den Zugriff auf relevante Inhalte vermittelt."*[28]

---

27 LT-Drucks. BY 18/7640, S. 81.
28 Vgl. Fn. 9.

a. Auslegung aus Sicht des Adressaten

Der Adressat muss sich also fragen, was für eine Leistung er konkret anbietet und nicht, wie er selbst oder sein Produkt bezeichnet werden. Am Beispiel der Benutzeroberflächen hat sich der potentielle Adressat daher zu fragen, ob sich sein Angebot oder Produkt unter die Bestimmungen des § 2 Abs. 1 Nr. 15 MStV subsumieren lässt. So sind beispielsweise intelligente, per Sprachsteuerung geführte Lautsprecher nicht wörtlich von § 2 Abs. 1 Nr. 15 MStV umfasst. Amazon z.B. wird sich aber genau fragen müssen, was Alexa leisten soll und ob sich dies nicht unter die Definition einer Benutzeroberfläche i.S.d. MStV subsumieren lässt. Eine Benutzeroberfläche kann Teil einer Medienplattform, aber auch ein selbständiges Telemedienangebot sein, das im Hintergrund auf eine fremde Medienplattform zugreift. Benutzeroberflächen sind ferner regelmäßig textlich oder bildlich dargestellte Angebots- oder Programmübersichten, die aber auch akustische Steuerungssysteme, wie bspw. Sprachassistenten erfassen.[29] Bei Aktivierung von Amazons Alexa über sogenannte Aktivierungswörter wird die Sprachsteuerung eingeleitet. Daraufhin werden die über die Sprachsteuerung eingegebenen Befehle von Alexa über das Internet zum Hersteller übermittelt. Im weiteren Schritt wird versucht, die Befehle gegebenenfalls über ein sogenanntes „Skill" umzusetzen. Musik wird dann beispielsweise über Streaming-Dienste abgespielt.[30] Somit stellt Amazons Alexa eine Benutzeroberfläche i.S.d. Medienstaatsvertrags dar.

Auch die Anwendbarkeit des MStV auf mobile Endgeräte wie Smart Phones oder Tablets wurde aus den gleichen Gründen nicht wörtlich im MStV aufgenommen. Als Auslegungshilfe lässt sich hier jedoch auch die zugrundeliegende AVMD-Richtlinie heranziehen, welche in Erwägungsgrund (1) darauf eingeht, dass der *„Hauptbildschirm des Fernsehgerätes zwar nach wie vor ein wichtiges Instrument des gemeinsamen audiovisuellen Erlebens (ist), viele Zuschauer aber auch andere, tragbare Geräte (benutzen), um audiovisuelle Inhalte anzusehen."* Dies zeigt, dass die zugrundeliegende AVMD-Richtlinie und der MStV durchaus auch andere Darstellungsformen als TV-Geräte im Blick haben und legt nahe, dass der Regelungsbereich auch mobile Endgeräte erfasst.

Zudem ist der MStV durch Technologieneutralität gekennzeichnet und erfasst grundsätzlich (und im Vergleich zum bisherigen RStV erstmals)

---

29 Vgl. Fn. 9.
30 Erläuterungen zu Amazon Fire abrufbar unter: https://www.amazon.de/gp/help/customer/display.html?nodeId=GVJ7368ZJGFBDQHW.

auch TV-Streaming-Angebote oder App-Stores. Benutzeroberflächen mobiler Endgeräte sind auch bereits deshalb vom MStV umfasst.

Hätten die Länder sich dafür entschieden, die genaue Bezeichnung Smart Phone, Smart Watch aufzunehmen – sei es auch beispielhaft –, bestünde die Gefahr, dass innerhalb kürzester Zeit diese Begriffe obsolet sind und neue Produkte, wie z.B. „Smart Glasses", möglicherweise bei einer wortlautnahen Auslegung gar nicht mehr vom Anwendungsbereich umfasst wären.

Aus diesem Grund wurde der Diskussionsentwurf „Medienstaatsvertrag" aus dem Jahr 2018 auch in Hinsicht auf § 2 Nr. 15 MStV überarbeitet. Der damalige Entwurf sah noch die ausdrückliche Aufnahme von a) Suchmaschinen, b) Sozialen Netzwerken, c) App Portalen, d) user generated content Portalen, e) Blogging Portalen und f) News Aggregatoren vor, welche jedoch allesamt im Entwurf des MStV aus dem Jahr 2019 gestrichen wurden.[31] Der MStV bietet damit durch die Regelung auf Tatbestandsebene eine zukunftsfestere Regelung als bei Wahl einer konkret bezeichnenden Terminologie, welche die Gefahr der Überholung birgt.

b. Gegenbeispiel

Ein überraschendes „Gegenbeispiel" für die Verwendung generischer Begriffe ist die explizite Aufnahme von HbbTV (Hybrid broadcast broadband TV)[32] in den MStV.[33] Die Länder haben damit dem Wunsch der Rundfunkanbieter zu insbesondere Signalüberlagerungen entsprochen und erkannten mit Aufnahme des Begriffs „HbbTV" in § 80 Abs. 1 MStV an, dass auch das HbbTV-Signal ausdrücklich dem Veränderungsverbot unterliegt.[34]

Die Klarstellung wurde eingefügt, damit die Zielsetzung des § 80 MStV *„auch mit Blick auf den Einsatz neuerer Techniken, wie bspw. HbbTV nicht umgangen werden"*[35] kann. Hintergrund dessen war, dass die Hersteller ihre

---

31 *Rundfunkkommission der Länder*, Diskussionsentwurf für einen „Medienstaatsvertrag", Stand Juli 2019, S. 10.
32 Erläuterungen zu HbbTV abrufbar unter: https://www.hbbtv.org/.
33 Vgl. Fn. 31, S. 47.
34 *VAUNET (Verband Privater Medien)*, Stellungnahme zum „Medienstaatsvertrag-Entwurf", 3. Juli 2019, S. 2; so auch *Die Medienanstalten*, Stellungnahme der Medienanstalten zum überarbeiteten Diskussionsentwurf der Rundfunkkommission der Länder für einen „Medienstaatsvertrag", S. 7.
35 LT-Drucks. BY. 18/7640, S. 88, S. 103.

Produkte seit dem letzten Jahrzehnt überwiegend mit HbbTV ausstatten, einem Standard, der die Verbindung von Fernsehen und Internetinhalten regelt. Private wie öffentlich-rechtliche Fernsehsender nutzen HbbTV in Deutschland bereits seit Ende der letzten Dekade.[36] Als Konkurrenz zum HbbTV treten u.a. Hersteller mit eigenen Smart-TV oder Smart-Hub-System auf.

In der Vergangenheit wandten sich die öffentlich-rechtlichen Rundfunkveranstalter gegen die von beispielsweise der Kabel Deutschland GmbH gelebte Praxis, bei einigen Programmen das HbbTV-Signal (auch sog. Red-Button-Signal) auszufiltern. Dies war jedoch nicht erfolgreich, da nach damaliger Auffassung der Kommission für Zulassung und Aufsicht der Medienanstalten (ZAK), das HbbTV-Signal weder technisch noch inhaltlich als Teil des Transportstroms des Programmsignals i.S.v. § 52a Abs. 3 RStV anzusehen war. Es handelte sich beim HbbTV nach damaliger Ansicht schon nicht um sog. Programmbegleitende Dienste gem. § 52b Abs. 1 S. 1 Nr. 1 lit. a RStV.[37] Nunmehr wird die Entscheidung der Länder, das HbbTV-Signal ausdrücklich in § 80 MStV zu integrieren, nicht nur von der ARD[38], sondern auch von den Medienanstalten begrüßt.[39]

Ob sich durch die explizite Aufnahme des Begriffs HbbTV in naher Zukunft tatsächlich die Gefahr der begrifflichen Überholung des MStV verwirklicht, bleibt abzuwarten.

c. Kritik

Die bewusste teilweise Abkehr der Legislative von den in der AVMD-Richtlinie verwendeten Begriffen ist jedoch nicht nur positiv zu bewerten.

So zeigte sich Facebook dahingehend besorgt, dass einige Definitionen, die sich aus der Umsetzung der AVMD-Richtlinie ergäben, mit Definitionen und Anwendungsbereichen der Regelungen im MStV überschneiden würden. Als Beispiel hierfür nannte Facebook den sich möglicherweise

---

36 https://www.hbbtv.org/overview/, s. auch https://www.medienanstalt-nrw.de/zum-nachlesen/recht-und-aufsicht/fernsehen/hybrid-fernsehen-hbbtv.html.

37 vgl. *Wagner* in Binder/Vesting, Beck'scher Kommentar zum Rundfunkrecht, 4. Auflage 2018, § 52a RStV Rn. 17 a.

38 *ARD*, Stellungnahme der ARD zum aktuellen Diskussionsentwurf für einen Medienstaatsvertrag, S. 62.

39 *Die Medienanstalten*, Stellungnahme der Medienanstalten zum überarbeiteten Diskussionsentwurf der Rundfunkkommission der Länder für einen „Medienstaatsvertrag", S. 7.

überschneidenden Anwendungsbereich der Vorgaben für Video-Sharing-Plattformen, der auch in den Anwendungsbereich der Regeln für Intermediäre fallen könnte. Zur Vermeidung von Rechtsunsicherheit wäre eine unionsweite Harmonisierung von Online-Diensten erforderlich.[40]

Dem trugen die Länder Rechnung, indem sie in der Begründung zu § 2 Nr. 22 MStV klarstellten, dass auf den in der Richtlinie enthaltenen Wortbestandteil „Plattform" zur Vermeidung von nicht notwendigen Überschneidungen mit den Regelungen zu Medienplattformen und Benutzeroberflächen verzichtet werde, sowie dass Anbieter von Medienplattformen wie Kabelnetzbetreiber nicht von der Definition in § 2 Nr. 22 MStV erfasst seien.[41]

Weiterer Kritikpunkt bei gegebenenfalls zu weit gefasster Terminologie ist die Gefahr des Ausnutzens möglicher Schlupflöcher. So ließ das ZDF in Bezug auf den Begriff „Medienplattform" gem. § 2 Nr. 14 MStV die Bedenken verlauten, dass beispielsweise Plattformen wie Amazon Fire TV als App-basierte Medienplattformen nicht vom Wortlaut der Medienplattformen umfasst wären. So fürchtete das ZDF durch die terminologische Eingrenzung auf ein vom Anbieter erstelltes „Gesamtangebot" erhebliche Regelungslücken beim Adressatenkreis, da der Nutzer und nicht der Anbieter über seine Konfigurationsmöglichkeit letztlich darüber entscheidet, ob der Amazon Fire TV als Spielekonsole oder als Zusammenfassung für Rundfunk genutzt wird.[42]

Die Verwendung von generischer Terminologie ist grundsätzlich der richtige Ansatzpunkt für ein möglichst langanhaltend aktuelles oder leicht aktualisierbares Regelungswerk. Die Länder hätten jedoch konsequenter sein und die generische Terminologie strikt einheitlich durchsetzen sollen, anstatt vereinzelt Ausnahmen – wie z.B. für HbbTV – zuzulassen. Die fehlende Stringenz verstärkt wiederum möglicherweise das Risiko der uneinheitlichen Auslegung, da die meisten Begriffe weit gefasst und andere wiederum genau benannt sind. Dies kann gerade zu der von Google und Facebook kritisierten Rechtsunsicherheit und der Gefahr des Ausnutzens von möglichen Regelungslücken führen.

---

40 Vgl. hierzu *Facebook*, Positionspapier zum Diskussionsentwurf für einen „Medienstaatsvertrag", 2019, S. 2.
41 Vgl. Fn. 14, S. 86.
42 *ZDF*, Stellungnahme zur Online-Konsultation Rundfunkkommission der Länder zum Entwurf eines Medienstaatsvertrags, S. 6 und 7.

2. Abstraktion auf Rechtsfolgenseite

Den zweiten Ansatzpunkt, den die Länder für ein möglichst langlebiges Regelwerk gewählt haben, ist das Belassen verschiedener Rechtsfolgen auf Abstraktionshöhe.

a. Am Beispiel der leichten Auffindbarkeit

Hier wurde beispielsweise der Begriff „leichte Auffindbarkeit" im Sinne des § 84 Abs. 3 und 4 MStV bewusst nicht definiert. § 84 Abs. 3 S. 2 MStV regelt, dass innerhalb der Kategorie des „Rundfunks" bestimmte Angebote einer Benutzerfläche leicht auffindbar zu machen sind. § 84 Abs. 4 MStV statuiert Vergleichbares für Angebote innerhalb der Kategorie der rundfunkähnlichen Angebote bzw. Medienplattformen. Was genau auffindbar ist und wie man dies ausführt, beantwortet der MStV jedoch bewusst nicht.

Ebenso wird absichtlich der Bestandteil „nicht diskriminieren" in § 94 MStV nicht näher definiert. Nach der Diskriminierungsfreiheit dürfen gem. § 94 Abs. 1 MStV zur Sicherung der Meinungsvielfalt Medienintermediäre journalistisch-redaktionell gestaltete Angebote, auf deren Wahrnehmbarkeit sie besonders hohen Einfluss haben, nicht diskriminieren.

Dabei unterscheidet sich § 94 MStV in seiner Konzeptionierung deutlich von den Vorschlägen in den Diskussionsentwürfen. Der Diskriminierungstatbestand von § 53 Abs. 1 des Diskussionsentwurfs wurde mit einem Regelbeispiel in Abs. 2 verdeutlicht: *„Eine Diskriminierung im Sinne des Absatzes 1 liegt insbesondere vor, wenn von den allgemeinen Regeln der Aggregation, Selektion und Präsentation im Sinne des § 53 d* [nunmehr § 93 MStV] *zugunsten oder zulasten eines bestimmten Inhaltes bewusst und zielgerichtet abgewichen wird"*.

Der aktuelle § 94 Abs. 2 MStV enthält nunmehr zwei abschließend definierte Diskriminierungstatbestände und verzichtet damit auf Regelbeispiele. Des Weiteren konzentriert sich § 94 MStV bei der Beurteilung von Diskriminierungen auf Systemversagen und verabschiedet sich vom noch im Diskussionsentwurf verfolgten Konzept der Einzelfallprüfungen.[43]

Die Entscheidung der Länder für eine Abstraktionshöhe auf Rechtsfolgenseite wird damit zu begründen sein, dass bei einer anderenfalls zu de-

---

43 *K. Liesem*, Neulandvermessung – Die Regulierung von Medienintermediären im neuen Medienstaatsvertrag, ZUM 2020, 377 (381).

taillierten Beschreibung oder Definition das Problem entstünde, dass ein festes Bild für die Nutzung, technischen Möglichkeiten oder Personalisierbarkeit vorherrsche.

b. Kritik

Nachteil einer fehlenden klaren Definition auch auf Rechtsfolgenseite ist eine gegebenenfalls bestehende Rechtsunsicherheit. Insbesondere aus Sicht der Unternehmen, die idealerweise bereits in der Vergangenheit ihre Produktion umstellen mussten, und dies aus Gründen der zeitigen Planung anhand der Diskussionsentwürfe sowie dem Entwurf des MStV vom 5. Dezember 2019 vornahmen, wäre mehr Rechtsklarheit sicherlich wünschenswert gewesen.[44]

Zwar ist nicht außer Acht zu lassen, dass der MStV gerade nicht isoliert zu betrachten ist, sondern in Konzeption mit den (teilweise wohl noch zu erlassenden) Satzungen.

Die bewusst weit gehaltenen Begriffe auf Tatbestands- und Rechtsfolgenebene sollen von den Landesmedienanstalten, welche die Satzungshoheit zur Konkretisierung der sie betreffenden Bestimmungen der Unterabschnitte des MStV haben (vgl. z.B. § 88 MStV), weiter ausgestaltet und geregelt werden.

Es ist richtig, dass Satzungen die zumeist praktischeren Ausgestaltungen darstellen und zudem deutlich dynamischer als staatsvertragliche Regelungen sind. Die Satzungen der Landesmedienanstalten werden jedoch frühestens Ende des Jahres 2020 erwartet, was zur Folge hat, dass der MStV voraussichtlich im September 2020 in Kraft treten wird, ohne dass es die konkretisierenden Satzungen gibt.

Ob es gelingt, eine Brücke zwischen Rechtsunsicherheit und Rechtsklarheit über die Ausgestaltung der Satzungen und Richtlinien der Landesmedienanstalten schlagen zu können, bleibt demnach abzuwarten.

D. Hinterfragung der AVMD-Richtlinie in Bezug auf den Zeitrahmen

Gerade wenn es um den Regelungsbedarf einer sich derart schnell ändernden Branche geht, drängt sich angesichts des langen Zeitrahmens von ca. zehn Jahren ab Erlass der ersten AVMD-Richtlinie bis hin zur Umsetzung

---

44 Vgl. auch Fn. 40.

in den jeweiligen Mitgliedstaaten die Frage auf, ob nicht vielmehr dieser Prozess reformbedürftig ist.

I. Umsetzung der AVMD-Richtlinie

Der Zeitrahmen der EU-Gesetzgebung macht einen leidlich trägen Eindruck. So ergibt sich aus Erwägungsgrund (1) der AMVD-Richtlinie, dass die letzte inhaltliche Änderung der Richtlinie 89/552/EWG des Rates, die später durch die Richtlinie 2010/13/EU des Europäischen Parlaments und des Rates kodifiziert wurde, im Jahr 2007 mit dem Erlass der Richtlinie 2007/65/EG des Europäischen Parlaments und des Rates erfolgte. Wie es in der AVMD-Richtlinie richtigerweise heißt, hat sich jedoch der Markt für audiovisuelle Mediendienste durch die zunehmende Konvergenz von Fernseh- und Internetdiensten beträchtlich und schnell weiterentwickelt. Am 6. Mai 2015 wurde daher die Reform zur Richtlinie 2010/13/EU angekündigt.[45]

Eine solch langsame Überarbeitung allein AVMD-Richtlinie innerhalb von insgesamt acht Jahren, ganz zu schweigen von der noch jeweils zu erfolgenden nationalen Umsetzung, erscheint nicht nur als zu langsam, sondern auch als bedenklich, vor allem in Anbetracht der schnellen Entwicklung der audiovisuellen Medien.

II. Deutschland als Vorreiter innerhalb der EU

Dass Deutschland einer der ersten Mitgliedstaaten ist, welcher die AVMD-Richtlinie umsetzt, zeigt seine Vorreiterposition innerhalb Europas[46], sowie dass Deutschland offensichtlich auch gut auf eine bereits seit Jahren geplante Reform vorbereitet war.

Deutschland war als Mitgliedstaat der EU jedoch selbstverständlich nicht völlig „frei" in Bezug auf eine Reform des Rundfunk- bzw. Medienstaatsvertrag, sondern musste als Adressat verbindlich das Ziel der AVMD-Richtlinie umsetzen, Art. 288 Abs. 3 AEUV.

Auf allein nationaler Ebene wären die Länder zwar möglicherweise freier in der Realisierung einer Reform gewesen. Dies gilt insbesondere noch

---

45 Vgl. Fn. 5, S. 69.
46 Nachrichten hierzu abrufbar unter: https://www.rlp.de/de/aktuelles/einzelansicht/
    news/News/detail/medienstaatsvertrag-ist-ein-medienpolitischer-meilenstein/.

stärker für die Auswahl der Terminologie. Wie eingangs diskutiert, ist die AVMD-Richtlinie produktbezogen gestaltet und sah bei der nationalen Umsetzung ausdrücklich die Einbringung von Video-Sharing-Plattformen vor, welche damit auch im MStV aufgenommen werden musste.[47] Ferner hätte man sich auf nationaler Ebene auch vom möglicherweise nicht mehr zeitgemäßen Unterscheidungsmerkmal der Linearität des Rundfunks verabschieden können, an der die AVMD-Richtlinie jedoch weiterhin festhält.[48]

Die Option einer nationalen Reform bleibt aber eine rein theoretische, da Deutschland die AVMD-Richtlinie ohnehin gem. Art. 2 Abs. 1 der AMVD-Richtlinie in nationales Recht umsetzen musste. Ein 24. Rundfunkänderungsstaatsvertrag hätte insofern möglicherweise wiederum selbst reformiert werden müssen, um den Vorgaben der AVMD-Richtlinie zu entsprechen.

III. Umgang mit einem „Moving Target" in anderen Branchen

Fällt der Blick auf andere schnelllebige Branchen, die auf Unionsebene geregelt wurden, so stellt sich die Frage, ob nicht eine unmittelbar wirkende Verordnung die bessere Möglichkeit gewesen wäre.

Den Rahmen für diese hat die EU einheitlich über die Rahmenverordnung zur Energieverbrauchskennzeichnung (EU) 2017/1369 festgelegt. National wurde die EU-Rahmenverordnung mit der Neufassung des Energieverbrauchskennzeichnungsgesetzes (EnVKG) und mit der Novellierung der Energieverbrauchskennzeichnungsverordnung (EnVKV) ergänzt. Weiter werden jeweils auf Basis der EU-Rahmenverordnung produktspezifische EU-Verordnungen erlassen. Diese Verordnungen der Europäischen Kommission sind gem. Art. 288 Abs. 2 AEUV unmittelbar gültig und für die jeweiligen Händler und Hersteller in der EU verbindlich. Derzeit sind Verordnungen für 16 Produktgruppen von klassischen Haushaltsgeräten über Fernseher bis hin zu Heizkesseln in Kraft und werden laufend angepasst.[49] Effizienzfortschritte in einigen Produktgruppen (zum Beispiel bei

---

47 Vgl. Synopse (Fn. 25); sowie Fn. 5, Erwägungsgründe (1), (3) – (6), (33), (44) – (49), sowie Art. 28a und b AVMD-Richtlinie.
48 Vgl. Fn. 5, Erwägungsgrunde (9) und (32).
49 Einen Überblick über diese, sowie die Gesamtzahl der im Verfahren der Europäischen Kommission befindlichen Produktgruppen kann auf der Seite der Bundesanstalt für Materialforschung und -prüfung (BAM) abgerufen werden unter: https://netzwerke.bam.de/Netzwerke/Navigation/DE/Evpg/evpg.html.

Waschmaschinen, Geschirrspülern und Kühl-/Gefriergeräten) hatten auch jüngst eine Reform der EU-Energielabel-Verordnung notwendig gemacht.[50] Der Vorteil einer reformierten Verordnung ist dabei die unmittelbare Gültigkeit in den jeweiligen Mitgliedstaaten ohne aufwendigen nationalen Umsetzungsprozess.

IV. Reform des Primärrechts?

Gem. Art. 296 Abs. 1 AEUV können die Organe der EU nach dem Grundsatz der Verhältnismäßigkeit frei entscheiden, welcher Art des zu erlassenden Rechtsaktes sie sich bedienen, es sei denn, dass die Art von den Verträgen vorgegeben ist. Die AVMD-Richtlinie ist insbesondere gestützt auf Art. 53 Abs. 1 und Art. 62 AEUV. Nach Art. 53 AEUV dürfen nur Richtlinien erlassen werden; den Erlass von Verordnungen trägt diese Kompetenzgrundlage ausweislich ihres Wortlauts nicht.[51]

Nach derzeitigem Primärrecht hätte es damit keine Möglichkeit für die Organe gegeben, die AVMD-Richtlinie auch als Verordnung auszugestalten. Es ist daher eine müßige Überlegung, ob es einer Änderung des Primärrechts Bedarf, damit auch eine gegebenenfalls schnellere Reform über eine den Rechtsakt der Verordnung möglich gewesen wäre.

Es ist jedoch zu beachten, dass im Gegensatz zu einem relativ „neutralen" Thema wie die Energieeffizienz, der Umgang mit Medien und Online-Medien ganz andere kulturelle und wirtschaftliche nationalen Besonderheiten mit sich bringt. Mitgliedstaaten wie Spanien, Deutschland oder Ungarn gehen kulturell bedingt ganz anders mit beispielsweise Public Value um. Weiter ist zu beachten, dass auf Grund der nationalen Besonderheiten erforderlich war, auch nationale oder regionale, praxisnahe Ansprechpartner und Verfahren zu schaffen waren, die auf die jeweiligen Bedürfnisse sachgerecht eingehen können.

---

50 Mehr hierzu abrufbar unter: https://www.bmwi.de/Redaktion/DE/Artikel/Energie /energieverbrauchskennzeichnung-von-produkten-01-rahmenverordnung.html#:~ :text=Novellierung%20der%20EU%20%2DEnergielabel%2DVerordnung&text=V iele%20Produktgruppen%20haben%20bereits%20die,von%20%22A%2B%2B%2B %22%20erreicht.&text=Mit%20der%20neuen%20Label%2DVerordnung,A%2DG %2DLabel%20erreicht%20werden%20kann.
51 *Korte* in Calliess/Ruffert, 5. Aufl. 2016, Art. 53 AEUV Rn. 19.

E. Fazit

An der Umsetzung der AVMD-Richtlinie war unzweifelhaft die ausführliche Beteiligung der alten und neuen Adressaten, sowie der Bevölkerung positiv. Auch wenn sicherlich weiterhin einige Kritikpunkte bestehen bleiben mögen, führt eine solche Vorgehensweise zu einer Inklusion bzw. zumindest einem Bewusstsein der branchenspezifischen Anliegen. Dies wiederum führt letztlich zu mehr Akzeptanz eines neuen Regelungswerks. Dieses Vorgehen möge hoffentlich in Zukunft auch in Bezug auf andere Branchen und Regelungswerke kopiert werden.

Die Wahl einer möglichst abstrakten und „zeitlosen" Terminologie gibt dem MStV das richtige Werkzeug an die Hand, im Wettlauf mit der Technologie mithalten zu können; ob dies tatsächlich der Fall sein wird, wird sich erst mit der Zeit zeigen können. Nachteil der Wahl der Terminologie ist hingegen die Rechtsunsicherheit oder -unklarheit auf Adressatenseite; jedenfalls so lange auch die zugehörigen Satzungen noch nicht ausgestaltet sind.

Verbesserungswürdig bleibt nichtsdestotrotz der Zeitrahmen, in dem die Reform erfolgt ist. Dass im unionsweiten Vergleich Deutschland Vorreiter ist, spiegelt sich auch wiederum in den bereits jetzt geplanten Überholungen des MStV über die Bildung von Arbeitsgemeinschaften durch die Staatskanzleien der Länder wider. So soll in Zukunft auch eine Reform des Medienkonzentrationsrechts erfolgen, sowie Themen wie die Barrierefreiheit der Medien, Jugendschutz sowie zur regionalen Vielfalt erfolgen. Insbesondere zu letzterem Punkt ist erfreulicherweise die Beteiligung von großen Playern wie Google oder Facebook bereits fest eingeplant.

Die Technology Judgement Rule

Michael Denga[*]

Technologieunternehmen navigieren nicht nur durch dynamische Märkte, sondern auch durch zunehmend rechtsunsicheres Terrain. Schon die allgemeine Compliance ist eine wachsende Herausforderung – herausfordernd sind allerdings immer mehr auch die besonderen Verhaltensregeln des Technologierechts. Denn immer öfter gibt der Gesetzgeber ihre Ausgestaltung an private Dritte ab. So kann zwar dezentral ein größerer technischer Sachverstand wirken. Kehrseitig entstehen allerdings erhebliche Unschärfen, insbesondere wo die Regelsetzungskompetenz *ad incertas personas* an den ganzen Markt und eine technische Logik delegiert wird. So liegt es insbesondere bei der Referenzierung auf *„branchenübliche Standards"*. Aktuelle Beispiele finden sich im Sachbereich der Datenverarbeitung und sind hier Anlass zur Systematisierung. Eine Technology Judgement Rule könnte die Nachteile dezentraler Technikregulierung durch Haftungsfreistellung kompensieren. Deshalb sollen hier ihre Voraussetzungen und mögliche Wirkweise betrachtet werden.

A. Die Problemlage unscharfer Technikregulierung

Eine besondere, immer häufiger anzutreffende Art der Regulierung technologiebezogener Sachverhalte weist besondere Unschärfen auf. Gemeint ist eine Technikregulierung mittels doppelter Delegation – zum einen an Private und zum anderen in eine außerrechtliche Disziplin.[1]

---

[*] Dr. Michael Denga, LL.M. (London), Maître en Droit (Paris), Wissenschaftlicher Mitarbeiter am Lehrstuhl von Prof. Dr. Dr. Stefan Grundmann, LL.M. (Berkeley), Humboldt-Universität zu Berlin. Besonderer Dank für fachlichen den Austausch gilt Jörg Pohle und Julian Hölzel vom Alexander von Humboldt Institut für Internet und Gesellschaft, Berlin.
[1] Siehe umfassend zu dem Konzept, *M. Denga/J. Pohle/J. Hölzel*, RW 10 (2020), 420-449.

I. Drei Fälle besonders unscharfer Regulierung

Drei Beispiele besonders unscharfer Regulierung technologiebezogener Sachverhalte finden sich bei neueren Vorschriften über die Datenverarbeitung.

1. Technologiereferenzen in der DSGVO

a. Datenschutz durch technische und organisatorische Maßnahmen, Art. 25 DSGVO

Art. 25 DSGVO verpflichtet für wirksamen Datenschutz zu technischen und organisatorischen Maßnahmen („*TOMs*"). Die Erfüllung dieser juristischen Verordnungsvorgabe erfolgt in zwei nichtjuristischen Disziplinen, von denen hier vor allem die technische hervorgehoben sein soll.[2] Die „*geeigneten technischen Maßnahmen*" für wirksamen Datenschutz sind nach dem Verordnungswortlaut insbesondere aus dem „*Stand der Technik*" zu gewinnen. Dieser Verweis ist zeitlich und inhaltlich dynamisch. Dies ist problematisch, denn inhaltlich hat der technische Diskurs zur Umsetzung des Datenschutzes ganz eigene Kategorien und wird von einem Datenschutzkonzept beherrscht, das nur teilweise kongruent mit jenem der DSGVO ist.[3] Zu den im technischen Diskurs verbreiteten Grundparadigmen gehört etwa eine starke Fixierung auf Geheimhaltung und Vertraulichkeit, welche die Datenverarbeitungsgründe von Art. 6 Abs. 1 DSGVO nicht vollständig abbildet.[4] Sehr verbreitet ist auch die Annahme, dass dezentrale Systeme den Datensubjekten mehr Schutz bieten oder vollständig

---

2 Zur Differenzierung *B. Joerges*, Technische Normen – Soziale Normen?, Soziale Welt 40 (1989), S. 242 (247 f.).

3 *E. Yu/L. M. Cysneiros*, Designing for Privacy and Other Competing Requirements, Proceedings of the 3rd Symposium on Requirements Engineering for Information Security (2002), 5:1–5:15. *A. Massey* et al., Evaluating existing security and privacy requirements for legal compliance, Requirements engineering 2010, S. 119. Vgl. die Kritik von *N. Kiyavitskaya/A. Krausová/N. Zannone*, Why Eliciting and Managing Legal Requirements Is Hard, Requirements Engineering and Law 2008, S. 26.

4 Vgl. *M. Hansen*, Top 10 Mistakes in System Design from a Privacy Perspective and Privacy Protection Goals, in: *J. Camenisch./S. Fischer-Hübner/K. Rannenberg* (Hrsg.), Privacy and Identity Management for Life, Heidelberg 2011, 2012, S. 14.

aus dem Anwendungsbereich des Datenschutzrechts fallen würden.[5] Durch den Normverweis auf den Stand der Technik werden dem technischen Diskurs immanente Missverständnisse in den rechtlichen Bereich transportiert. Hinzu kommen voraussetzungsvolle technische Begrifflichkeiten und Konzepte, deren Umsetzung dem Verordnungsadressaten per se erhebliche Anstrengungen abverlangt.

b. Identifizierbarkeit, Art. 4 Nr. 1 DSGVO

Zentrales Konzept für die Bestimmung personenbezogener Daten ist die Identifizierbarkeit natürlicher Personen. Über Erwägungsgrund 6, S. 4 DSGVO werden für die Frage der Identifizierbarkeit alle Mittel berücksichtigt, die auf Grund der *„zum Zeitpunkt der Verarbeitung verfügbare(n) Technologie und technologische(r) Entwicklungen"* einsetzbar sind. Damit ist wie bei Art. 25 DSGVO eine zeitlich und auch materiell dynamische Verweisung in technische Disziplinen angeordnet, die erhebliche Ermittlungsanstrengungen mit unbegrenztem Umfang und Ziel impliziert. Auch hier ist das Konzept der Identifizierung im technischen Diskurs nicht mit dem der DSGVO identisch, da das technische Konzept lediglich die von einer Akteurin (*„Angreiferin"*) hergestellte Relation zwischen Datensätzen bezeichnet.[6] Das Problem der Identität zwischen realweltlicher Entität und Datensatz ist damit nicht angesprochen, sondern eine in diesem Forschungsfeld allenfalls implizit vorausgesetzte Annahme.[7] Dies wirkt sich unmittelbar auf die Gestaltung von Anonymisierungsmitteln aus, die Identifizierbarkeit gegebenenfalls nur im technischen, nicht aber rechtlichen Sinn beseitigen. Der informatisch-statistische und der juristische Diskurs sind methodisch nicht aufeinander bezogen. Untersuchungen, die aus juristischer Perspektive die zahlreichen Angebote der Anonymitätsbegriffe, -maße und -techniken aus der Informatik einer normativen Anforderungs-

---

5 Vgl. etwa *G. Zyskind* et al., Enigma: Decentralized Computation Platform with Guaranteed Privacy, arXiv:1506.03471, 2015.

6 Dazu m.w.N. *J. Hölzel*, Anonymisierungstechniken und das Datenschutzrecht, DuD 2018, S. 502 (503 ff.); *ders.*, Differential Privacy and the GDPR, EDPL 2019, S. 184 (186 ff.).

7 Kurz anreißend etwa *L. Willenborg/T. de Waal*, Elements of Statistical Disclosure Control, Springer-Verlag New York 2001, S. 40 ff.; sowie *G. Duncan* et al, Statistical Confidentiality – Principles and Practice, Springer-Verlag New York 2011, S. 30.

analyse unterziehen, liegen kaum vor.[8] Auf welche davon Unternehmen setzen dürfen ist damit nicht klar.

2. Art. 17 Urheberrechtsrichtlinie

Das dritte Beispiel besonders unklarer Technikregulierung enthält Art. 17 Abs. 4 DSM-RL. Diese Regelung dient dem Schutz geistigen Eigentums und ändert die zuvor umstrittene Störer- und Verantwortlichkeitsfrage für Inhalteplattformen als Nutzungs-Intermediäre.[9] Sie haften nun für Rechtsverletzungen ihrer Nutzer, es sei denn sie können nachweisen, dass sie u.a. *„nach Maßgabe hoher branchenüblicher Standards für die berufliche Sorgfalt alle Anstrengungen unternommen (haben), um sicherzustellen, dass bestimmte Werke und sonstige Schutzgegenstände, zu denen die Rechteinhaber den Anbietern dieser Dienste einschlägige und notwendige Informationen bereitgestellt haben, nicht verfügbar sind"*. Konkretisierungsbefugt ist also *„die Branche"*, maßgeblich ist *„das Übliche"*. Für den Rechtsunterworfenen bleibt allerdings weitestgehend im Dunkeln, welche Branche gemeint ist und wie das Maß des Üblichen bestimmt sein soll.[10] Die offenen Fragen haben ganz überwiegend Technologiebezug: Müssen sich Inhalteplattformen zwingend an die marktmächtigsten Anbieter von Filtersoftware wenden,[11] können sie noch eigene Entwicklungen vornehmen oder gar auf einen automatisierten Filter verzichten und auf *„Content-Moderation"*[12] setzen? Und

---

8 Siehe allerdings *K. Nissim* et al, Bridging the Gap between Computer Science and Legal Approaches to Privacy, Harvard Journal of Law & Technology 2018, S. 687; s. auch die Nachweise in Fn. 6.

9 *A. Wandtke/R. Hauck*, Art. 17 DSM-Richtlinie – Ein neues Haftungssystem im Urheberrecht, ZUM 2019, S. 627; *K. Peifer*, Sharing-Plattformbetreiberhaftung im Urheberrecht (Artikel 17 DSM-RL), GRUR-Prax 2019, S. 403 (404 f.); *D. Wielsch*, Funktion und Verantwortung. Zur Haftung im Netzwerk, RW 9 (2019), S. 84; *G. Spindler*, Artikel 17 DSM-RL und dessen Vereinbarkeit mit primärem Europarecht, GRUR 2020, S. 253 (255 f.); *G. Wagner*, Haftung von Plattformen für Rechtsverletzungen, GRUR 2020, S. 329 und S. 447. Zum Geschäftsmodell digitaler Handelsplattformen allgemein *M. Denga*, Genossenschaften in der digitalen Plattformökonomie. Selbstverantwortung als Mittel europäischer Plattformregulierung?, ZGE 1/12 (2020), S. 1 (4–11).

10 Kritisch *Peifer*, Sharing-Plattformbetreiberhaftung (Fn. 9), S. 405.

11 Die Herausbildung technischer Oligopole befürchtet etwa der *Bundesbeauftragte für Datenschutz und die Informationsfreiheit*, Pressemitteilung vom 26. Februar 2019.

12 Dazu *K. Klonick*, The New Governors: The People, Rules and Processes Governing Online Speech, Harvard Law Review 131 (2018), S. 1598 (1639).

wie ist mit dem Fall umzugehen, in dem die angebotenen Filter untauglich sind (etwa weil sie zu ungenau arbeiten oder die Schrankenregelungen des Urheberrechts nicht abbilden), also der Markt schlicht versagt? Die Richtlinie ist an dieser Stelle hochgradig unklar, was zu Lasten der Plattformen geht.

II. Technikregulierung durch doppelte Delegation

Diese drei Fälle besonders unscharfer Regulierung weisen strukturelle Gemeinsamkeiten auf, welche regulierungssystematisch als doppelte Delegation zu begreifen sind.[13] Der Gesetzgeber hat dabei die Regelfestsetzung bei den betrachteten Normen nicht nur an Private delegiert (1.), sondern daneben auch in eine außerrechtliche Disziplin (2.). Dies dient schnelleren und sachnähren Ergebnissen. Es soll gezeigt sein, dass diese Regulierungstechnik keineswegs zufällig im Technologierecht zu finden ist und besondere Unschärferisiken dabei in Kauf genommen werden.

1. Dezentrale Regulierung

Eine personelle Delegation der Regulierung technischer Sachverhalte findet bereits seit Mitte des 19. Jahrhunderts statt.[14] Diese Delegation zeichnet sich dadurch aus, dass der Gesetzgeber seine originäre Gesetzgebungsbefugnis und seinen Gesetzgebungsauftrag in Technologiefragen an private Dritte überträgt. Es handelt sich nicht um eine Delegation an die Verwaltung i.S.d. Art. 80 GG, sondern um *„legislatives outsourcing"*.[15] Diese personelle Delegation erfolgt teilweise an Expertengremien, immer häufi-

---

13 Zu diesem Konzept umfassend, *M. Denga/J. Pohle/J. Hölzel*, RW 10 (2020), 420-449.

14 Dazu *P. Marburger*, Die Regeln der Technik im Recht, Köln 1979, S. 53 ff. Im juristischen Diskurs ist die Bewältigung von Technik im Recht erst seit Ende der 1950er Jahre adressiert, vgl. *M. Dommann*, Rechtsinstrumente. Die Übersetzung von Technik in Recht, SZG/RSH/RSS 55 2005, S. 17 (29). Zum *verwaltungsrechtlichen* Begriff der Delegation, *H. Triepel*, Delegation und Mandat im öffentlichen Recht, Stuttgart/Berlin 1942, S. 23; *F. Kirchhof*, Private Rechtssetzung, Berlin 1987, S. 159 ff.

15 Vgl. *A. Röthel*, Normkonkretisierung im Privatrecht, Tübingen 2004, S. 48 ff.; *dies.*, Steuern und Gerechtigkeit: Das Freiheits- und Gleichheitsgebot im Steuerrecht, JZ 2007, S. 755 (758); *F. Becker*, Kooperative und konsensuale Strukturen der Normsetzung, Tübingen 2005, § 7.

ger indes auch *ad incertas personas* an den Markt, immer dann etwa, wenn auf abstrakte Standards verwiesen wird. Diese Verweisung hat zunächst bedeutsame Vorzüge.

Qualitativ beruht der Vorteil von Delegation auf einer Zuweisung der Problemlösung an eine kompetente Stelle, die der Staat nicht erst schaffen muss. In einer komplexen Gesellschaft besteht Wissen über ihre Abläufe nicht zentral, sondern dezentralisiert sich mit jeder Steigerung von Komplexität. Wissen umfassend zentral zu *simulieren* beinhaltet eine immense Herausforderung für Gesetzgeber und Richter, die nicht immer zu optimalen Steuerungs- und Effizienzergebnissen führt. *"Self-Restraint"* ist deshalb geboten und den Privaten muss der Raum für Lösungen komplexer Probleme zugestanden sein.[16] Dies ist Ausdruck einer gesellschaftlichen Gewaltenteilung, die anerkennt, dass Private die Grundgewalt im Staat sind.[17] Im Bereich besonderer Risiken für hochrangige Schutzgüter bleibt freilich der Staat weiterhin zu einer eigenen Entscheidung verpflichtet.[18] Wo dabei die Wissensspiegelung an staatlichen Stellen noch nicht vollendet ist, können Verbote gelten.

2. Transdisziplinäre Regulierung

Neben der personellen Delegation erfolgt in den behandelten kritischen Fällen auch eine disziplinäre Delegation. Sie ist im rechtlichen Diskurs bis-

---

16 Zum Problem der Anmaßung von Wissen grundlegend *F. A. Hayek*, Die Anmaßung von Wissen, in: ORDO 26, Stuttgart 1975, S. 12; zum Wissen in vernetzten Gesellschaften vgl. auch *M. Castells*, The Rise of the Network Society, Black Well Publishers Hoboken 1996, S. 92 ff.; zu den besondere Herausforderungen der Regulierung in der Informationsgesellschaft vgl. auch *G. Spindler/C. Thorun*, Eckpunkte einer digitalen Ordnungspolitik, 2015, S. 18 ff. Zum Konzept des „Self Restraint", welches für richterliche Befugnisse entwickelt wurde, *R. M. Cover*, The Supreme Court 1982. Foreword: Nomos and Narrative, Harvard Law Review 97 (1983), S. 4. Siehe auch den OECD-Report: Alternatives to Traditional Regulation, 2002.

17 Dazu *Mestmäcker*, Macht – Recht – Wirtschaftsverfassung, ZHR 173 (1973), 104; grundlegend *F. Böhm*, Privatrechtsgesellschaft und Marktwirtschaft, in ORDO 17, Stuttgart 1966, S. 75.

18 Dazu *U. Di Fabio*, Risikoentscheidungen im Rechtsstaat, Tübingen 1994; zum Grundrecht auf Sicherheit, das gleichzeitig eine Schutzpflicht des Staates bedeutet, vgl. *J. Isensee*, Das Grundrecht auf Sicherheit, Berlin 1983. Zur Wesentlichkeitstheorie vgl. unten, Fn. 153.

lang selten berücksichtigt.[19] Die eingeschalteten Privaten greifen als *„Technikregulierer"* nicht durch in Text gegossene Ver- und Gebote verhaltenssteuernd ein, sondern nach der spezifischen Logik des in Bezug genommenen technischen Bereichs, teilweise auch lediglich faktisch und implizit. Letzteres ist wie oben gezeigt dann der Fall, wenn der Gesetzgeber den *„Stand der Technik"* für verbindlich erklärt.[20]

Wechsel und Kommunikation zwischen den Funktionslogiken von Recht und Technologie als grundsätzlich verschiedenen Systemen bedingen eine *„Übersetzung"*.[21] Dem Technikrecht wird zwar verbreitet zugeschrieben die *„Eigengesetzlichkeit der Technik"* anzuerkennen;[22] wenn auch der technische Diskurs in vielfältiger Weise an den rechtlichen Diskurs anknüpft, kann er allerdings dem Recht widersprechende Lösungen hervor-

---

19 Vgl. dazu etwa *G. Teubner*, Globale Zivilverfassungen: Alternativen zur staatszentrierten Verfassungstheorie, ZaöRV 63 (2003), S. 1 (26 f.). Die Rechtsinformatik befasst sich grundsätzlich mit den „Voraussetzungen, Anwendungen und Folgen des Computereinsatzes" zur juristischen Problemlösung, weniger freilich mit der Regulierung *von* (Computer-)Technik, vgl. *W. Kilian*, Idee und Wirklichkeit der Rechtsinformatik in Deutschland, CR 2017, S. 202 (203), der auch die Schmälerung der Grundlagenforschung in Deutschland beklagt (S. 205).

20 Zu verstehen als *„normkonkretisierende Verweisung"*, vgl. m. w. N. *A. Röthel*, Steuern und Gerechtigkeit (Fn. 15), S. 759, Fn. 67. Der Stand der Wissenschaft und Technik soll nach der *Kalkar*-Entscheidung des BVerfG der strengste, weil am stärksten an der Innovation des Sachgebiets orientierte, Maßstab sein, gefolgt vom Stand der Technik und den anerkannten Regeln der Technik, BVerfG, NJW 1979, S. 359 (362), unter Anschluss an die Meinung von *R. Breuer*, Direkte und indirekte Rezeption technischer Regeln durch die Rechtsordnung, AöR 101 (1976), S. 46 (67 f.); A.A.: *U. Battis/C. Gusy*, Einführung in das Staatsrecht, 6. Aufl., Berlin 2018, Rn. 277 ff., v.a. Rn. 293 ff. (Zwei-Stufen-Theorie) und *F. Nicklisch*, Funktion und Bedeutung technischer Standards in der Rechtsordnung, BB 1983, S. 261 (Einheitstheorie); dazu *M. Seibel*, Abgrenzung der "allgemein anerkannten Regeln der Technik" vom "Stand der Technik", NJW 2013, S. 3000 (3003). Zum Begriff technischer Normen allgemein *Joerges*, Technische Normen (Fn. 2), S. 247 ff. Vgl. *R. Carnap*, Philosophical Foundations of Physics: An Introduction to the Philosophy of Science, New York: Basic Books 1966, S. 100.

21 *K. Oftinger*, Punktationen für eine Konfrontation der Technik mit dem Recht, in: Schweizerischer Juristenverein, Die Rechtsordnung im technischen Zeitalter – Festschrift der Rechts- und Staatswissenschaftlichen Fakultät der Universität Zürich zum Zentenarium des Schweizerischen Juristenvereins 1861–1961, Zürich 1961, S. 1. *H. Brinckmann/S. Kuhlmann*, Computerbürokratie: Ergebnisse von 30 Jahren öffentlicher Verwaltung mit Informationstechnik, Wiesbaden 1990, S. 32. Allgemein zur Systemtheorie *N. Luhmann*, Die Gesellschaft der Gesellschaft, Berlin 1997; *ders.*, Das Recht der Gesellschaft, Berlin 1995.

22 Etwa *U. Di Fabio*, Technikrecht – Entwicklung und kritische Analyse, in: K. Vieweg, Techniksteuerung und Recht, Köln 2000, S. 9 (15).

bringen, insbesondere weil er dem rechtlichen Diskurs historisch in Teilen vorgeht.[23] Bearbeitung und Verständnis der Funktionslogik technischer Diskurse bedeutet keine Unterwerfung des Rechts unter die Vorgaben der Technologie, sondern bedingt geradezu sein Primat.[24] Die essentielle Frage dabei ist freilich, ob der Staat selbst den Sachverstand erwerben soll, indem er Kompetenzzentren einrichtet oder ob er an Private mit besonderer Sachnähe delegiert. In letzterem Fall ist die Sicherstellung der Übersetzungsleistung für die Effektivität der Regulierung entscheidend – denn die gezeigten Divergenzen zwischen technologischem und rechtlichem Diskurs können zu Ergebnissen führen, die den gesetzgeberischen Zielen gar völlig entgegenstehen.

Regulierungsbezogene Rationalitätsverschiebung wird bisher vor allem dahingehend problematisiert, dass im Zuge der Privatisierung der Regulierung nicht mehr nach rechtlichen, sondern zentral nach ökonomischen Kriterien entschieden werde.[25] Dies würde zu kurz greifen. Bei der „*Übersetzung*" zwischen den Funktionslogiken von Recht und Technologie handelt es sich nicht um eine Neubeschreibung eines Weltausschnittes, also eine Übersetzung im klassischen Sinne, sondern um dessen Neukonstitution in einer anderen Logik. Damit einher geht eine Zuweisung neuer und eine Beseitigung alter Bedeutungen,[26] selbst wenn die Bezeichner gleich bleiben. Daher stellt die transdisziplinäre Delegation andere Fragen als die nach der Interpretationsbefugnis der Judikative und Exekutive bei unbestimmten Rechtsbegriffen.[27] Sie wirft nicht allein juristische Subsumtions- oder Auslegungsprobleme auf, sondern spezifische Probleme der Technologie. Die Übersetzungsprobleme fallen auf die Regelungsunterworfenen zurück, wenn der Staat sich nicht selbst auf ein Regulierungsmittel festlegt. Dies führt zu den oben thematisierten besonders kritischen Fällen von Technikregulierung.

---

23 Sie dazu auch *J. Pohle*, Privacy and Data Protection by Design: A Critical Perspective, in: R. S. Milch et al. (Hrsg.), Building Common Approaches for Cybersecurity and Privacy in a Globalized World. New York: NYU Center for Cybersecurity, 2019, S. 134.

24 Zur Forderung des Primats von Recht über Technik *Oftinger*, Punktationen (Fn. 21), a.a.O., S. 3 ff.; vgl. auch *L. Lessig*, Code Version 2.0, New York: Basic Books 2006, S. 325 ff.

25 So schon früh *P. Marburger*, Regeln der Technik (Fn. 14), S. 138 f.

26 Dazu für den Prozess der Quantifizierung *T. M. Porter*, Making Things Quantitative, Science in Context 7 (1994), S. 389.

27 Die juristische Normkonkretisierung trägt ebenfalls ein Moment der Delegation in sich, vgl. dazu *A. Röthel*, Normkonkretisierung (Fn. 15), S. 20 ff., 37 ff.

Sie können dadurch gerechtfertigt sein, dass auf Probleme aus dem Gebrauch von Technologie noch schneller reagiert werden kann. Gerade im Technologieumfeld, das von hoher Innovationsgeschwindigkeit geprägt ist und variierenden Nutzererwartungen unterliegt, ist gesteigerte normative Flexibilität vorteilhaft.[28] Die doppelte Delegation kann *„technologieneutral"* sein, wenn nicht auf konkrete Standards hingewiesen wird. So muss der Gesetzgeber seine Normen nicht laufend an die wissenschaftliche und technische Entwicklung anpassen.[29] Durch die Verwendung von Standards öffnet der Gesetzgeber das Recht dynamisch für technische Erkenntnisse.

3. Systematischer Kontext

a. Besondere Unsicherheiten

Im juristischen Diskurs steht disziplinäre Delegation ganz im Schatten der personellen. Hier sind bislang kaum Ansätze zu finden, die das *„Übersetzungsproblem"* mit seinen spezifischen Unschärfen adressieren.[30] Prominent diskutiert wurde zwar, dass auch technologischer *„Code"* verhaltenssteuernd wirkt.[31] Dabei geht es freilich um die *faktische* Steuerungswirkung technologischer Architektur. Die Regulierung mittels doppelter Delegation hingegen bedeutet immer noch eine *normative* Steuerungswir-

---

28 Mit diesem Befund und empirischen Belegen *G. Spindler/C. Thorun*, Ordnungspolitik (Fn. 16), S. 18 ff.; zur besonderen Rolle der Nutzererwartungen für eine "responsive Rechtswissenschaft" *M. Grünberger*, Verträge über digitale Güter, AcP 218 (2018), S. 213 (insbes. 241 ff.). Zu einem „more technological approach" im Kartellrecht *ders./R. Podszun*, Ein more technological approach für das Immaterialgüterrecht?, ZGE 6 (2014), S. 269. Kritisch *K. Riesenhuber*, Neue Methode und Dogmatik eines Rechts der Digitalisierung?, AcP 219 (2019), S. 892.

29 S. a. BVerfGE 49, 89 (135 f.).

30 Für die rechtliche Bedeutung des robo.txt-Standards exemplarisch *A. Conrad/T. Schubert*,
    How to Do Things with Code. Zur Erklärung urheberrechtlicher Einwilligungen durch robots.txt, GRUR 2018, S. 350; für das Problem der Übersetzung ethischer Werte in den Code intelligenter Agenten bereits *M. Denga*, Deliktische Haftung für künstliche Intelligenz, CR 2018, S. 69 (77).

31 Vgl. *Lessig*, Code 2.0 (Fn. 24), S. 83 ff.; *M. Hildebrandt*, Legal and Technological Normativity: more than twin sisters, Techné: Research in Philosophy and Technology 12:3 2008, S. 169; zuletzt kritisch *A. Roßnagel*, Technik, Recht und Macht. Aufgabe des Freiheitsschutzes in Rechtsetzung und -anwendung im Technikrecht, MMR 2020, S. 222.

kung gegenüber Technologie, per Sollenssatz, der durch eine außerrechtliche Disziplin ausgefüllt wird.

Die Übersetzungsschwierigkeiten zwischen den Disziplinen bedeuten besondere Unsicherheiten für die Rechtsunterworfenen. Dies betrifft sowohl die Auslegung als auch die Anwendung der technischen Standards und verdoppelt damit die Rechtsfindungsprobleme auf dem Weg von Technologie über das Recht in die betriebswirtschaftliche Entscheidung. Technologiebasierte Geschäftsmodelle und Organisationen sehen sich so dreifach unklaren Verhaltensanforderungen gegenüber: technische Standards können per se schwer verständlich sein, da sie einer anderen Semantik als Recht und Wirtschaft folgen, bei Abstellen auf Marktstandards sind zusätzlich ihre Quelle und Form unklar. Hinzu kommen die allgemeinen Probleme komplexer Rechtssätze und ihrer Umsetzung in eine Verhaltensentscheidung.

b. Regulierungstechnische Alternativen

Die exemplarische Einordnung der doppelten Delegation in ein Spektrum von Rechtssätzen zur Haftungsproblematik von Inhalte-Plattformen (wie in Art. 17 DSM-RL gegenständlich) soll im Folgenden die Herausforderungen der Regulierung durch doppelte Delegation verdeutlichen:

	Plattformen haben...	Personelle Legitimität	Bestimmtheit der Norm	Effektivität der Regulierung
1.	...Urheberrechtsverletzungen ihrer Nutzer zu verhindern	Positiv	negativ	positiv, maximale Prävention durch hohe Haftungsrisiken
2.	...den Upload-Filter XYZ einzusetzen	positiv	positiv	negativ, da unflexibel
3.	...den vom BMJV konkretisierten Upload-Filter einzusetzen	positiv	positiv	neutral, umfassende Spiegelung technischen Sachverstands erforderlich
4.	... den von TÜV-Nord konkretisierten Upload-Filter einzusetzen	negativ, Delegation an Private	positiv	neutral, umfassende Spiegelung technischen Sachverstands erforderlich
5.	... den branchenüblichen Upload-Filter einzusetzen	negativ, Delegation *ad incertas personas*	negativ	positiv, wenn sich eindeutiger Marktstandard durchsetzt *und* der technische Diskurs die Ziele des rechtlichen verwirklicht

Der Grad an Unbestimmtheit bei der doppelten Delegation (5.) gleicht auf den ersten Blick jenem bei der Festsetzung einer allgemeinen Überwachungspflicht für das Verhalten von Plattformnutzern (1.) – der Unterschied liegt jedoch in einem wesentlichen Punkt: während die allgemeine Überwachungspflicht eine allgemeine deliktische Verkehrssicherungspflicht bestätigen würde, beschränkt die doppelte Delegation das Mittel zur Erfüllung der Überwachungspflicht auf die branchenübliche Filtertechnologie. Das Verhältnis der doppelten Delegation zu den allgemeinen Verkehrssicherungspflichten ist damit zentral.

c. Verhältnis zu Verkehrssicherungspflichten

Verkehrssicherungspflichten treffen (Technologie-)Akteure als Beherrscher von Gefahrenquellen und sollen insbesondere mittelbar durch Produkte verursachte Schäden verhindern und ausgleichen.[32] Sie werden durch die Sicherheitserwartungen des Verkehrs bestimmt, reichen indes nur bis zur Grenze zumutbaren Aufwands, die im Einzelfall durch Güter- und Interessenabwägung zu bestimmen ist.[33] Auch bei den Verkehrssicherungspflichten sind technische Standards von Bedeutung, da alle zum Zeitpunkt der erforderlichen Gefahrenabwehr verfügbaren Erkenntnisse maßgeblich sind.[34] Referenzpunkte sind öffentlich-rechtliche Vorschriften, wie das BImSchG samt Anlagen, zudem Regelwerke privater Sachverständigengre-

---

32 Allgemein zu Verkehrssicherungspflichten vgl. *G. Wagner*, in: MüKo BGB, Bd. 7, 7. Aufl., München 2017, § 823 Rn. 380 ff.; zur Verhaltenssteuerung im Recht, insb. durch das Deliktsrecht grundlegend, *G. Calabresi/A. D. Melamed*, Property Rules, Liability Rules, and Inalienability: One View of the Cathedral, Harvard Law Review 85 (1972), S. 1089; *H. Kötz*, Das Transparenzgebot als Kontrollmaßstab Allgemeiner Geschäftsbedingungen in: J. F. Baur/K. J. Hopt/P. Mailänder (Hrsg.), Festschrift für Erich Steindorff, Berlin 1990, S. 643; *J. Arlen/R. Kraakmann*, Controlling Corporate Misconduct: An Analysis of Corporate Liability Regimes, NYU Law Review 72: 1 (1997), S. 687; *H. Schäfer/ C. Ott*, Lehrbuch der ökonomischen Analyse des Zivilrechts, 5. Aufl., Heidelberg 2013, S. 192 ff.
33 BGHZ 104, 323 (329); *M. Libertus*, Zivilrechtliche Haftung und strafrechtliche Verantwortlichkeit bei unbeabsichtigter Weiterverbreitung von Computerviren, MMR 2005, S. 507 (509); w. N. bei *G. Spindler* in G. Bamberger/H. Roth/W. Hau/R. Poseck (Hrsg.), BGB, 4. Aufl., München 2019, § 823 BGB Rn. 532; vgl. zu dem Ganzen im Kontext der IT-Sicherheit *ders.*, Verantwortlichkeit von IT-Herstellern, Nutzern und Intermediären, Studie im Auftrag des Bundesamts für Sicherheit in der Informationstechnik, 2007, S. 14–18. Zur Interessenabwägung: BGHZ 80, 186 (192); vgl. BGHZ 104, 323 (329); *G. Wagner*, in MüKo BGB, Bd. 7, 7. Aufl., München 2017, § 823 BGB Rn. 591.
34 BGHZ 80, 186 (192).

mien, wie ISO / COSO / DIN / VDE / VDI / IDW-Normen.[35] Die Einhaltung der Normwerke wirkt allerdings nicht exkulpierend, sondern indiziert allein einen Mindeststandard der Verkehrssicherung.[36] Die gebotene Verkehrssicherung kann ein höheres Maß an Sicherheit oder neuere Mittel erfordern.[37]

Wird ein technischer Standard in einer Norm hingegen ausdrücklich in Bezug genommen, so kann in Abhängigkeit von der Intensität der Regulierung des Sachbereichs eine abschließende Regelung anzunehmen sein, die die allgemeinen Verkehrssicherungspflichten verdrängt. Denn würde der Gesetzgeber den Verweis auf einen technischen Standard wie bei den Verkehrssicherungspflichten lediglich als Mindestmaß verstehen, so müsste er das deutlich kenntlich machen. Die Umsetzung des Standards wäre anderenfalls bloße – und aufwändige – Förmelei für den Regelungsadressaten, da er ohnehin mehr leisten müsste. Die praktische Rechtfertigung spezifischer Technikregulierung entfiele ansonsten und der Gesetzgeber könnte sich auf eine Technikregulierung durch die allgemeinen Verkehrssicherungspflichten zurückziehen. Es gilt daher auch für Verhaltensregeln im Technologierecht *lex specialis derogat legi generali*.

d. Grenzen der Delegation

Technikregulierung kann nicht unbegrenzt delegiert werden.[38] Im Unterschied zu privatautonomer Vertragsgestaltung, dem Setzen von Vereinsregeln, der *lex mercatoria* oder der *lex sportiva*, ist die Legitimität delegierter Normen nicht auf Einwilligung der Betroffenen zurückzuführen. Die Delegationsentscheidung muss besonders gerechtfertigt werden und ist insbe-

---

35 Dazu *Seibel*, Abgrenzung (Fn. 20), S. 3000; *J. Köndgen*, Privatisierung des Rechts. Private Governance zwischen Deregulierung und Rekonstitutionalisierung, AcP 206 (2006), S. 477 (483 ff).

36 BGH VersR 1972, S. 149; *G. Wagner*, Das neue Produktsicherheitsgesetz: öffentlich–rechtliche Produktverantwortung und zivilrechtliche Folgen, BB 1997, S. 2541 (2541 f.); vgl. auch *P. Buck-Heeb/A. Dieckmann*, Selbstregulierung im Privatrecht, Tübingen 2010, S. 160 ff.

37 BGH NJW 1998, S. 2814 (2815); BGH NJW 1994, S. 3349 (3350); LG Berlin MDR 1997, S. 246 (247); *G. Wagner*, in: MüKo BGB, Bd. 7, 7. Aufl., München 2017, § 823 Rn. 447 f.; *J. Hager*, in: Staudinger, BGB, 15. Aufl., Berlin 2015, § 823, Kap. F Rn. 10; *H. Kullmann*, Die Rechtsprechung des BGH zum Produkthaftpflichtrecht in den Jahren 1994–1995, NJW 1996, S. 18 (22).

38 Umfassend *E. Denninger*, Verfassungsrechtliche Anforderungen an die Normsetzung im Umwelt- und Technikrecht, Baden-Baden 1990.

sondere an den verfassungsrechtlichen Vorgaben des Bestimmtheitsgrundsatzes und des Wesentlichkeitsvorbehalts zu messen.[39] Auch auf europäischer Ebene wird die *„Verlagerung von Rechtsetzungsmacht"* auf Private als Legitimationsproblem diskutiert.[40] Einhellig wird ein Delegationsdefizit festgestellt und zugleich die Frage nach seiner *Kompensation* aufgeworfen. Allgemein wird angemahnt, dass der Gesetzgeber, in Anlehnung an die europäische *Meroni*-Doktrin des EuGH zur Kompetenzdelegation an Agenturen, verpflichtet sein sollte, in einer *"aktiven Rolle"* zu bleiben und stets nachzuvollziehen, welche Lösungen zum Einsatz kommen.[41] Spezifischer wird eine staatliche Inhalts- oder eine Verfahrenskontrolle vorgeschlagen.[42] Eine Inhaltskontrolle soll durch eine inhaltliche Determinierung des Regelungsauftrags *ex ante* erfolgen oder *ex post* durch eine inhaltliche Kontrolle der Ergebnisse der Normungsarbeit. Eingewandt wird hiergegen freilich die fehlende außerrechtliche Expertise der staatlichen Stellen und die erhebliche Verzögerung des Normierungsverfahrens.[43] Eine Verfahrenskontrolle könnte sich auf die Transparenz der Normung oder die Sicherung einer ausgewogenen Interessenrepräsentation im Normungsprozess beziehen. Hier scheint allerdings die Verfahrenskontrolle nur vordergründig auf Ebene der abgelaufenen und dokumentierten Verfahrensschritte gut verifizierbar. Die Frage nach der tatsächlichen Effektivität der Verfahrenskontrolle bleibt im Dunkeln.[44] In Blick zu nehmen sind daher alternative Kompensationsmittel, wie insbesondere eine Haftungslösung

---

39 Früh schon *P. Marburger*, Regeln der Technik (Fn. 14), S. 281; *A. Röthel*, Steuern und Gerechtigkeit (Fn. 15), S. 755 (759 f.).; zur verfassungsrechtlichen Möglichkeit von Delegation *dies.*, Normkonkretisierung (Fn. 15), S. 60 ff., allerdings ohne die inzwischen maßgebliche europarechtliche Komponente. Umfassend zur Legitimation privater Strukturen *G. Bachmann*, Private Ordnung, Tübingen 2006; siehe auch *F. Möslein* (Hrsg.), Private Macht, Tübingen 2016.

40 *G. Lübbe-Wolff*, VVDStRL 60 (2000), S. 246 (249 ff.); *A. Röthel*, Steuern und Gerechtigkeit (Fn. 15), S. 755 (760).

41 Eindringlich auf die Risiken zu weitgehender Delegation einer Regulierung durch Algorithmen hinweisend *G. Spindler*, Kurzgutachten: Regulierung durch Technik, Sachverständigenrat für Verbraucherfragen, 2016, II. B. 7. Vgl. auch *G. Spindler/C. Thorun*, Ordnungspolitik (Fn. 16),, S. 41 ff. Vgl. auch EuGH, C-9/56 u. C-10/56, ECLI:EU:C:1958:7 S. 25 ff. = BeckRS 2004, 73861 – *Meroni*.

42 MwN *A. Röthel*, Steuern und Gerechtigkeit (Fn. 15), S. 755 (761).

43 *A. Röthel*, Steuern und Gerechtigkeit (Fn. 15), S. 755 (761).

44 *H. Voelzkow*, Private Regierungen in der Techniksteuerung: eine sozialwissenschaftliche Analyse der technischen Normung, Frankfurt a.M. 1996, S. 219 ff.; vgl. zur Prozeduralisierung im Recht auch *K. Ladeur*, Subjektive Rechte und Theorie der Prozeduralisierung, KJ 1994, S. 42 (47 ff.).

für die Rechtsunterworfenen – in Form einer Technology Judgement Rule.

B. *Möglichkeiten einer Technology Judgement Rule*

Aus den erörterten Beispielen und ihrer systematischen Einordnung folgt, dass neben dem Legitimationsdefizit delegierter Technikregulierung eine ganz erhebliche Transparenzproblematik steht, die bislang nicht zureichend gewürdigt ist. Für Unternehmen und deren Leitungsorgane stellt sich die Frage richtigen Verhaltens vor dem Hintergrund ihrer Legalitätspflicht indes mit aller Dringlichkeit. Eine Haftungsprivilegierung, die bei gesetzgeberischem Rekurs auf die doppelte Delegation bei der Ausgestaltung von Verhaltenspflichten in technologiebezogenen Sachverhalten greift, kann ihren Status unmittelbar verbessern. Naheliegendes, freilich nur modifiziert übertragbares, Vorbild ist die Business Judgement Rule.

I. *Voraussetzungen und Ratio der Business Judgement Rule*

Die Business Judgement Rule betrifft das Innenverhältnis von Gesellschaft und Entscheidungsorganen. Für unternehmerische Entscheidungen regelt sie den Haftungsumfang der Entscheidungsorgane gegenüber der Gesellschaft. Der Sorgfaltsmaßstab eines ordentlichen und gewissenhaften Geschäftsleiters ist dabei Ausgangspunkt für die Bewertung des Verhaltens dieser Organe. Sobald eine *unternehmerische* Entscheidung getroffen wird, ist der spezifische Anwendungsbereich der Business Judgement Rule eröffnet.[45] Unternehmerische Entscheidungen sind dann nicht sorgfaltswidrig, wenn das Organ vernünftigerweise annehmen durfte, auf der Grundlage angemessener Informationen zum Wohle der Gesellschaft zu handeln. Erforderlich ist eine hinreichende Informationsgrundlage. In der konkreten Entscheidungssituation müssen alle verfügbaren Informationsquellen tatsächlicher und rechtlicher Art ausgeschöpft und auf dieser Grundlage die

---

45 Sie gilt bei allen juristischen Personen, für einige ist sie ausdrücklich kodifiziert, vgl. §§ 93 Abs. 1 S. 2, 116 S. 1 AktG, sowie § 34 GenG, wo dies nicht der Fall ist, wird sie analog angewendet. Zur GmbH: *H. Fleischer*, in: MüKo GmbHG, 3. Aufl., München 2019, § 43 Rn 71; zum Verein: *L. Leuschner*, in: MüKo BGB, 8. Aufl., München 2018, § 27 Rn 69 ff.; zu internationalen Tendenzen, *H. Merkt*, Rechtliche Grundlagen der Business Judgment Rule im internationalen Vergleich zwischen Divergenz und Konvergen, ZGR 2017, S. 129.

Vor- und Nachteile der bestehenden Handlungsoptionen sorgfältig abgeschätzt werden. Den erkennbaren Risiken muss angemessen Rechnung getragen sein.[46] Hier wird auch der Einsatz von Algorithmen diskutiert, wobei weiterhin die Letztentscheidungskompetenz beim Unternehmensorgans liegen soll.[47]

Die Business Judgement Rule soll Rückschaufehler (sog. *hindsight bias*) bei der nachträglichen Beurteilung der unternehmerischen Entscheidung ausschließen und damit das Haftungsrisiko für die Entscheidungsträger auf ein akzeptables Niveau bringen. Unternehmerisches Risiko soll so ermöglicht bleiben und das überlegene Sachwissen des Entscheidungsorgans in der konkreten Unternehmenssituation anerkannt sein.[48]

II. Haftungserleichterung bei technologiebezogenen Entscheidungen

1. Besseres Wissen als Privilegierungsgrund

Die Ratio der Business Judgement Rule passt grundsätzlich auch auf technologische Sachverhalte: Organisationseigenes Risiko soll dort erlaubt sein, wo organisationseigene Expertise zum Tragen kommt. Unternehmerische und organisatorische Expertise kann marktspezifisch intensiv auch auf Technologiefragen bezogen sein. In spezialisierten Technologiemärkten und -segmenten entwickeln sich technische Branchenstandards, die von außen, insbesondere aus der Perspektive des Gesetzgebers, schwer zu

---

46 St. Rspr., vgl. BGH NZG 2008, S. 751 (752); BGHZ 197, 304.

47 Vgl. dazu *L. Strohn*, Zur Zuständigkeit der Hauptversammlung bei Zusammenschlussvorhaben unter Gleichen, ZHR 182 (2018), S. 371; *F. Möslein*, Digitalisierung im Gesellschaftsrecht: Unternehmensleitung durch Algorithmen und künstliche Intelligenz?, ZIP 2018, S. 204 (206) m.w.N. und *R. Weber/A. Kiefner/S. Jobst* Künstliche Intelligenz und Unternehmensführung, NZG 2018, S. 1131 (1136); *D. Zetzsche* Corporate Technologies – Zur Digitalisierung im Aktienrecht, AG 2019, S. 1 (9 f.); *V. Hoch*, Anwendung Künstlicher Intelligenz zur Beurteilung von Rechtsfragen im unternehmerischen Bereich, AcP 219 (2019), S. 646 (670); *G. Wagner*, Legal Tech und Legal Robots in Unternehmen und die sie beratenden Kanzleien, BB 2018, S. 1097 (1098); *U. Noack*, Organisationspflichten und -strukturen kraft Digitalisierung, ZHR 183 (2019), S. 105.

48 *J. Armour/L. Enriques/H. Hansmann/R. Kraakman*, in R. Kraakmann u.a. (Hrsg.), Anatomy of Corporate Law, 3. Aufl., Oxford: Oxford University Press 2016, S. 69 f.; vgl. auch *P. Kindler*, Unternehmerisches Ermessen und Pflichtenbindung, ZHR 162 (1998), S. 101; zu Rückschaufehlern allgemein *U. Falk*, Rückschaufehler und Fahrlässigkeit – Zivilrechtliche Perspektive, RW 10 (2019), S. 204.

beurteilen sind. Dies ist gerade auch der Grund für die doppelte Delegation – der Versuch sämtliche technologiebasierte Tätigkeiten und Unternehmensmodelle selbst zu regulieren wäre für den Gesetzgeber höchst voraussetzungsreich und dürfte vorerst eine Ausnahmeerscheinung nur in vitalen Lebensbereichen bleiben.[49]

2. *Technologiefragen vs. Rechtsfragen*

Eine analoge Anwendung der Business Judgement Rule wird nur beschränkt für möglich gehalten. Eine Erweiterung von unternehmerischen Risiken auf Konstellationen der Rechtsunsicherheit wird abgelehnt, da der Gesetzgeber zwischen unternehmerischen und sonstigen Pflichten differenziere.[50] Für illegales Verhalten dürfe kein „*Safe Harbour*" eröffnet werden,[51] die Gesellschaftsorgane sollen streng an die Einhaltung der Gesetze gebunden sein (*Legalitätsprinzip*).[52] In der Literatur werden allerdings auch abweichende Ansätze vertreten. So soll bei erheblicher Rechtsunsicherheit, der unternehmerische Entscheidungen zu Grunde liegen, die Business Judgement Rule doch greifen.[53] Die exakte Abgrenzung unternehmerischer

---

49 Vgl. oben A. II 1.; B. I. 2.
50 Weitere Nachweise, *G. Spindler*, in: MüKo AktG, 5. Aufl., München 2019, § 93 Rn. 88.
51 Begr. RegE UMAG BT-Drs. 15/5092, 11; vgl. auch *E. Bicker* Legalitätspflicht des Vorstands – ohne Wenn und Aber?, AG 2014, S. 8 (9).
52 *H. Wiedemann*, Verantwortung in der Gesellschaft – Gedanken zur Haftung der Geschäftsleiter und der Gesellschafter in der Kapitalgesellschaft, ZGR 2011, S. 183 (193); *J. Binder* Mittelbare Einbringung eigener Aktien als Sacheinlage und Informationsgrundlagen von Finanzierungsentscheidungen in Vorstand und Aufsichtsrat, ZGR 2012, S. 757 (769); *L. Strohn* Pflichtenmaßstab und Verschulden bei der Haftung von Organen einer Kapitalgesellschaft, CCZ 2013, S. 177 (178); *G. Krieger*, Wie viele Rechtsberater braucht ein Geschäftsleiter?, ZGR 2012, S. 496 (497); *J. Redeke* Zur gesellschaftsrechtlichen Gremienberatung durch die Rechtsabteilung, AG 2017, S. 289 (290); ausführlich zum Legalitätsprinzip *C. Thole*, Managerhaftung für Gesetzesverstöße, ZHR 173 (2009), S. 504; BGHSt 55, 266; *N. Ott*, Anwendungsbereich der Business Judgment Rule aus Sicht der Praxis – Unternehmerische Entscheidungen und Organisationsermessen des Vorstands, ZGR 2017, S. 149 (159 f.); *D. Verse*, Organhaftung bei unklarer Rechtslage – Raum für eine Legal Judgment Rule?, ZGR 2017, S. 194.
53 *G. Spindler*, in: MüKo AktG, 5. Aufl., München 2019, § 93 Rn. 89; *N. Ott*, Anwendungsbereich (Fn. 52), S. 149, (161 f.).

von rein rechtlichen Entscheidungen kann freilich allenfalls für den Einzelfall geklärt werden.[54]

Fraglos ist eine Umgehung der Legalitätspflicht der Entscheidungsorgane auch in technologieintensiven Sachverhalten nicht zulässig. Wo allerdings schon bei der Business Judgement Rule Rechtsunsicherheiten auf Grund unternehmensbezogener Entscheidungen als vom Schutzbereich der Privilegierung erfasst angesehen werden, muss dies erst recht für Tatbestände mit Technologiebezug gelten, die der Gesetzgeber nicht selbst beurteilen wollte oder konnte. Bei technologieintensiven Geschäftsmodellen und Tätigkeiten ist jede Entscheidung mit Technologiebezug auch eine unternehmerische Entscheidung. Dies gilt auch für die Erfüllung von Verhaltenspflichten, die durch die doppelte Delegation ausgefüllt werden. Die rechtliche Dimension der unternehmerischen Pflichten ist dabei durch die Verschiebung der Entscheidungslogik vom Recht in eine technische Disziplin soweit reduziert, dass die Legalitätspflicht nicht als Einwand gegen eine Haftungsprivilegierung taugt. Auf die Graubereiche der Vermengung von rechtlichen und unternehmerischen Fragen kommt es damit im Falle der doppelten Delegation gar nicht mehr an.

3. Einschätzungsprärogative von Markt und Marktteilnehmer

Erfolgt die doppelte Delegation an „den Markt", „die Branche", mithin *ad incertas personas*, setzt sich der Markt immer noch aus einzelnen Marktteilnehmern zusammen, die einzeln nicht das leisten können, was ihr anonymer Verbund zu leisten vermag.[55] Wenn der Regelungsadressat gleichzeitig Teil der anonymen Gruppe der Regelgeber ist, dahingehend also eine

---

54 So führen *C. Junker/J. Biederbick*, Die Unabhängigkeit des Unternehmensjuristen, Dürfen Organmitglieder auf den Rat der Rechtsabteilung hören?, AG 2012, S. 898 (904) den Fall des Unternehmenskaufs an, der zwar dem Grunde nach eine unternehmerische Entscheidung ist, jedoch durch eine Vielzahl rechtlicher Fragestellungen wie insbesondere Haftungsrisiken geprägt wird; ähnlich auch *P. Buck-Heeb* Die Plausibilitätsprüfung bei Vorliegen eines Rechtsrats – zur Enthaftung von Vorstand, Geschäftsführer und Aufsichtsrat, BB 2016, S. 1347 (1347).

55 Zum Mehrwert der Kooperation, die über die Summe der Einzelleistungen hinaus Früchte trägt, vgl. *A. A. Alchian/H. Demsetz*, Production, Information Costs and Economic Organization, American Economic Review 62:5 1972, S. 777. Zur Maßgeblichkeit des Konkretisierungsgrades der einzelnen Verpflichtung, vgl. *N. Ott*, Anwendungsbereich (Fn. 52), S. 149 (160 f.); vgl. auch *M. Nietsch*, Geschäftsleiterermessen und Unternehmensorganisation bei der AG, ZGR 2015, S. 631 (645 ff.).

Personalunion erlebt, muss er einen Teil ihres Regelungsprivilegs genießen. Dies folgt auch aus einer öffentlich-rechtlichen Betrachtung der Delegation von Pflichtenausgestaltung vom Gesetzgeber an Private – die Einschätzungsprärogative des Gesetzgebers kann nicht von der Entscheidungsbefugnis getrennt sein und wird als untrennbarer Annex an den Markt und die Unternehmer als seine einzelnen Elemente mitdelegiert. Überprüfbar sind analog zur Einschätzungsprärogative des Gesetzgebers über die Geeignetheit und Erforderlichkeit einer Regelsetzung mithin nur offensichtliche Verstöße gegen den Standard oder die Branchenübung.[56]

4. Informationspflichten des Regelungsadressaten

Der Regelungsadressat einer auf technische Marktstandards verweisenden Norm ist folglich mindestens zu einem Vergleich mit den Lösungen in sachnahen Märkten oder Lebensbereichen verpflichtet. Wie bei der Business Judgement Rule auch, müssen die Informationsanstrengungen den Gefahren des Verhaltens angemessen sein. Ein Anbieter medizinischer Teledienstleistungen muss den Markt umfassender analysieren als der Anbieter einer Wetter-App. Wie dieser Vergleich branchenüblicher technischer Lösungen unter Wahrung von Geschäftsgeheimnissen erfolgen soll ist offen. In der Praxis dürften IT-Berater und das eigene Branchennetzwerk die Erkenntnismedien der Wahl sein.[57] Die Einholung von Rechtsrat scheint angesichts der disziplinären Komponente der Delegationslösung *inhaltlich* nicht weiterführend. Allerdings bleibt vor allem die Frage, *ob* eine Verhaltensregulierung durch doppele Delegation vorliegt und auch die der Gewichtung der Schutzgüter, genuin rechtlich und damit Rechtsrat hierzu maßgeblich.

5. Externe Wirkung einer Haftungsprivilegierung

Die Business Judgement Rule legitimiert Risikoentscheidungen des Entscheidungsträgers allein intern gegenüber der Gesellschaft und dies auch nur wenn diese in deren Interesse getroffen werden, als notwendige Kehrseite des möglichen Gesellschaftsnutzens aus dem eingegangenen unter-

---

56 Vgl. dazu etwa BVerfG, Beschluss vom 27. 1. 2011 – 1 BvR 3222/09.
57 Vgl. dazu *L. Strohn*, Beratung der Geschäftsleitung durch Spezialisten als Ausweg aus der Haftung?, ZHR 176 (2012), S. 137.

nehmerischen Risiko. Eine Wirkung der Business Judgement Rule gegenüber Dritten wird daher von der h.M. zu Recht abgelehnt.[58]

Technikregulierung auf Grundlage doppelter Delegation hat allerdings, schon um grundrechtlich und grundfreiheitlich angemessen zu sein, eine externe, auf Dritte bezogene Schutzrichtung.[59] Wenn also die Ermessensausübung unter dem Pflichtenprogramm einer Norm mit doppelter Delegation *„zum Wohle"* der externen Schutzgutträger ausgeübt wird, so sollte sich der Regelungsadressat bei Entscheidungen auf Grund einer angemessen Informationsgrundlage diesen gegenüber auch auf seinen quasi-gesetzgeberischen Ermessensspielraum berufen können. Sein Handeln muss von dem Willen geleitet sein, die Schutzgüter der Technikregulierung zu bewahren. Dafür ist Kenntnis von den Schutzgütern und eine technologische Methodenkompetenz zu fordern, die eine Abwägung erst ermöglicht.

Für eine Außenwirkung der Technical Judgement Rule ist nicht hinderlich, dass sowohl im Leistungsstörungs- als auch im Deliktsrecht der strenge Grundsatz besteht, dass Rechtsirrtümer gegenüber Dritten grundsätzlich nur entschuldigt werden können, wenn der Schuldner oder Schädiger nach sorgfältiger Prüfung der Rechtslage *„mit einer anderen Beurteilung durch die Gerichte nicht zu rechnen brauchte"*.[60] Denn es handelt sich bei falscher Erfassung des technischen Branchenstandards auf welche eine Verhaltensregulierung verweist gerade nicht um Rechtsirrtümer, sondern um Fehlvorstellungen über technologische Fragen. Wie gezeigt sind die echten Rechtsfragen bei der doppelten Delegation sehr beschränkt. Eine *ex post*-Substitution des Entscheidenden durch ein Gericht macht in technischen Fragen ebenso wenig Sinn wie in unternehmerischen, zumal schon der Gesetzgeber nicht selbst über den konkreten Pflichteninhalt entscheiden wollte und auch darauf verzichtet hat, Sachverständigenexpertise in Anspruch zu nehmen. Mit der doppelten Delegation ist vielmehr eine Er-

---

58 M.w.N. *D. Verse*, Organhaftung (Fn. 52), S. 174 (181 f.).
59 Zum allgemeinen Regulierungserfordernis des legitimen Zwecks m.w.N. *B. Grzeszick*, in: T. Maunz/G. Dürig, Grundgesetz-Kommentar, 89. EL Oktober 2019, München 2019, Art. 20 Rn. 111.
60 St. Rechtsprechung; für den Schuldnerverzug etwa BGH NJW 1951, S. 398; BGH NJW 1983, S. 2318 (2321); BGH NJW-RR 2014, S. 733 Rdn. 19; BGH NJW 2014, S. 2720 Rdn. 23; für die Verletzung vertraglicher und vorvertraglicher Pflichten BGHZ 89, 296 (303); BGH NJW 2014, S. 2717 Ls. 3, Rdn. 35 f; BGH NJW 2014, S. 2951 Rdn. 14 f; für das Deliktsrecht und Sonderdeliktsrecht BGH GRUR 1987, S. 564 (565); BGH NJW 1990, S. 1531 (1533); BGH NJW 1998, S. 2144 (2144 f.); der Sache nach auch BGH NJW 1982, S. 635 (637).

mächtigung zur Risikoeinschätzung gegeben – und damit auch dazu, das Risiko einer Fehleinschätzung dem Rechtsverkehr aufzubürden.[61]

C. Zusammenfassung

In Fällen der Verhaltensregulierung durch doppelte Delegation an den Markt und in eine technologische Disziplin kann eine Haftungsfreistellung *erga omnes* Normunklarheit und Legitimitätsdefizite kompensieren. Anderenfalls drohen die Vorzüge der Pflichtenkonkretisierung durch den sachnahen Markt durch die starken Einschränkungen vor allem unternehmerischer Spielräume überwogen zu werden. Denn unklare Verhaltensanforderungen führen zur defensiven Geschäftsgestaltung, wenn nicht sogar zur Einstellung von Unternehmenstätigkeit. Es würde dann im Zweifel für das Verbot, und gegen die Freiheit entschieden, mit allen Schäden für die Gemeinwohlfahrt.[62] So wird beispielshaft bei der Umsetzung der Filterverpflichtung unter Art. 17 DSM-RL das *Overblocking* noch legitimer Inhalte als reale Gefahr betrachtet, welche kollateral die Meinungsfreiheit und den Prozess freier Meinungsbildung schädigen kann.[63] Innovationshemmung wäre die Folge, vor allem für jene Unternehmen, die keine kostspielige Expertisen einholen können. Dies scheint gesellschaftlich und ökonomisch nicht wünschenswert.

Dem Gesetzgeber steht, wohl um den Preis der Flexibilität und Schnelligkeit, frei, ohne die doppelte Delegation selbst, mithilfe von Experten zu

---

61 Vgl. zum Gedanken der Risikoabwälzung bei der Business Judgement Rule BGH NJW 1972, S. 1045 (1046); BGH GRUR 1987, S. 564 (565 u. 566); BGH NJW 1990, S. 1531 (1533); BGH NJW 2014, S. 2717 Ls. 3, Rdn. 36; BGH NJW 2014, S. 2720 Rdn. 24; dazu auch *D. Verse*, Organhaftung (Fn. 52), S. 174 (181).

62 Vgl. zu den Folgen eines zu strengen Haftungsmaßstabs, *D. Verse*, Organhaftung (Fn. 52), S. 174 (187).

63 Dazu etwa *B. Holznagel*, Verfassungsrechtliche Fragen der Umsetzung von Artikel 17 DSM-RL, ZUM 2020, S. 1 (4 f.); *G. Spindler*, Die neue Urheberrechts-Richtlinie der EU, insbesondere „Upload-Filter" – Bittersweet?, CR 2019, S. 277 (288 f.); *N. Gielen/M. Tiessen*, Die neue Plattformhaftung nach der Richtlinie über das Urheberrecht im digitalen Binnenmarkt, EuZW 2019, 639; allgemein *M. Eifert*, in: M. Eifert/T. Gostomzyk (Hrsg.), Netzwerkrecht, Baden-Baden 2018, S. 25 ff.; weniger kritisch *F. Hofmann*, Fünfzehn Thesen zur Plattformhaftung nach Artikel 17 DSM-RL, GRUR 2019, S. 1219.

regeln[64] oder beratende Fachbehörden zu bilden. Gerade bei Risiken, die neue Technologien bieten, sollte die Abwägung zwischen delegierter und eigener Regelsetzung sorgfältig getroffen sein, wie vor allem die aktuelle Diskussion der Haftung für Künstliche Intelligenz zeigt.[65]

Verweisungen auf Marktstandards für Technikregulierung können allerdings *„besseres Wissen"* der Märkte zur Behebung von Technologiegefahren fruchtbar machen und es sollte nicht kategorisch auf sie verzichtet werden. Die sich stellenden Transparenz- und Legitimationsfragen rücken zwar auch die *„Flucht des Gesetzgebers aus seiner Verantwortung"* wieder in den Fokus.[66] Die Effizienzvorteile der doppelten Delegation dürften die Anspannung von Bestimmtheits- und Wesentlichkeitsgrundsatz freilich grundsätzlich kompensieren,[67] wenn Rechtsunsicherheit anderweitig ausgeglichen wird. Die Haftungsfreistellung der Regelungsadressaten bei gehöriger Informationsanstrengung bietet sich hierfür an – sie wurde vorliegend als Technology Judgement Rule und Teil einer modernen, dezentralen und an effizienzgesichtspunkten orientierten Gesetzgebung skizziert. Ihre Weiterentwicklung wird umso bedeutsamer, je ausdifferenzierter und technischer Wertschöpfung und Alltagsleben unserer Gesellschaft werden.

---

64 Vgl. etwa zu delegierten Rechtsakten in der EU, die freilich auf nicht-wesentliche Aspekte beschränkt sind, vormals „Komitologie", etwa *M. Ruffert*, in C. Callies/M. Ruffert (Hrsg.), EUV/AEUV, 5. Aufl., München 2016, Art. 290 Rn. 1 ff. Zum Wesentlichkeitsvorbehalt als absolute Grenze der Delegation, BverfGE 77, 1 (40 f.); dazu im Zusammenhang mit Art. 80 GG *H. Bauer*, in: H. Dreier (Hrsg.), Grundgesetz, 3. Aufl., Tübingen 2015, Art. 80 Rn. 21.

65 Dazu *G. Wagner*, Produkthaftung für autonome Systeme, AcP 217 (2017), S. 707; *Denga*, Deliktische Haftung (Fn. 30), S. 69; *P. Hacker*, Verhaltens- und Wissenszurechnung beim Einsatz von Künstlicher Intelligenz, RW 8 (2018), S. 243; *H. Zech*, Künstliche Intelligenz und Haftungsfragen, ZfPW 2019, S. 198.

66 So *U. Diederichsen*, Die Flucht des Gesetzgebers aus der politischen Verantwortung im Zivilrecht, Karlsruhe 1974, S. 21; *J. W. Hedemann*, Die Flucht in die Generalklauseln, Tübingen 1933.

67 Vgl. dazu *A. Röthel*, Normkonkretisierung (Fn. 15), S. 71 ff.

Ein „KI-TÜV" für Europa? Eckpunkte einer horizontalen Regulierung algorithmischer Entscheidungssysteme

*Ferdinand Müller, Elsa Kirchner, Martin Schüßler**

Die Diskussion um einen Rechtsrahmen für KI-Anwendungen läuft auf Hochtouren. Allerorts werden Strategien, Leitlinien und Empfehlungen veröffentlicht. Doch was macht die Technik in ihrem Wesenskern aus? Was ist ihr spezielles Risiko? In diesem Beitrag soll erörtert werden, wie eine innovationsoffene, aber dennoch Sicherheit schaffende Bestimmung gefunden werden kann.

A. KI-Technik auf dem Prüfstand

I. Technologie des täglichen Lebens

Automatisierte und teilautomatisierte *Algorithmische Entscheidungssysteme* (AES) werden mit steigender Tendenz zu einer Technik, die uns ständig umgibt und mit der wir auch im Alltag immer häufiger interagieren. Neben dem Einsatz der Systeme durch Unternehmen kommen diese zunehmend auch bei Hoheitsträgern zur Anwendung.[1] Dabei können sie in bestimmten Lebensbereichen enorme Auswirkungen haben.

Ob dabei auch neue Risiken für immaterielle oder materielle Rechtsgüter entstehen, die eine Regulierung erforderlich machen, ist Gegenstand

---

* Ferdinand Müller arbeitet am interdisziplinären *Weizenbaum-Institut für die vernetzte Gesellschaft* und beschäftigt sich mit den Grundlagen des Einsatzes künstlicher Intelligenz im Rechtsverkehr. Martin Schüßler, ebenfalls vom *Weizenbaum*, ist Informatiker und Mensch-Maschine-Interaktions-Forscher im Bereich *explainable AI*. Dr. Elsa Kirchner vom *Deutschen Forschungszentrum für Künstliche Intelligenz* (DFKI) ist Biologin und hat in der Informatik im Bereich der Mensch-Maschine-Interaktion promoviert. Sie arbeitet an Methoden des *Interactive Machine Learning*.

1 Überblick über laufende Projekte von AlgorithmWatch: "Automating Society", abrufbar unter: https://kurzelinks.de/jl15.

zahlreicher aktueller Debatten.[2] Eine repräsentative Umfrage des TÜV-Verbandes in Deutschland kam zu dem Schluss, dass eine Mehrheit der Befragten die Einrichtung einer besonderen Prüfstelle und eine damit einhergehende staatliche Regulierung befürwortet.[3] Brauchen wir einen KI-TÜV? Was könnten die Rahmenbedingungen einer auf AES bezogenen "Hauptuntersuchung" sein? Dieser Beitrag versucht die Besonderheiten dieser Systeme herauszuarbeiten, ihre Risiken zu bestimmen und schließlich die Eckpunkte einer geeigneten Regulierung vorzustellen.

II. Eine Definition

Über die technischen Eigenschaften und die daraus erwachsenden rechtlichen Risiken von AES treten immer wieder Unklarheiten auf. Dies resultiert auch aus der übermäßigen Verwendung des Schlagwortes „Künstliche Intelligenz" und den mit diesem Begriff verbundenen, teilweise stark überzogenen Erwartungen.[4] Die Bezeichnung entstand in einer Zeit, in der man von den Hürden der Erschaffung eines „maschinellen Denkens" noch keine konkrete Vorstellung hatte und man davon ausging, dass letztlich je-

---

2 *L. Käde/S. von Maltzan*, Die Erklärbarkeit von Künstlicher Intelligenz (KI), CR 2020, S. 66 ff.; *A. Allar*, Rechtliche Herausforderungen Künstlicher Intelligenz, ZUM 2020, S. 325 ff.; *H. Zech*, Risiken Digitaler Systeme: Robotik, Lernfähigkeit und Vernetzung als aktuelle Herausforderungen für das Recht, Weizenbaum Insights 2020, abrufbar unter: https://kurzelinks.de/i2sq; *B. Jakl*, Das Recht der Künstlichen Intelligenz – Möglichkeiten und Grenzen zivilrechtlicher Regulierung, MMR 2019, S. 711 ff.; *S. Meyer*, Künstliche Intelligenz und die Rolle des Rechts für Innovation, ZRP 2018, S. 233 ff.; *G. Borges*, Rechtliche Rahmenbedingungen für autonome Systeme, NJW 2018, S. 977 ff.; *T. Burri*, Künstliche Intelligenz und internationales Recht, DuD 2018, S. 603 ff.; *M. Herberger*, "Künstliche Intelligenz" und Recht, NJW 2018, S. 2825 ff.; *M. Martini*, Algorithmen als Herausforderung für die Rechtsordnung, JZ 2017, S. 1017 ff.; zur Diskussion in USA siehe *A. Tutt*, An FDA For Algorithms, Administrative Law Review 69 (2017), S. 83 ff.
3 "Sicherheit und Künstliche Intelligenz", Studie des VdTÜV vom Januar 2020, abrufbar unter: https://kurzelinks.de/fm13.
4 Zu den schwierigen begrifflichen Fahrwassern siehe *Herberger*, Künstliche Intelligenz (Fn. 2), S. 2825 (2826 f.) oder auch *N. Braun Binder*, Künstliche Intelligenz und automatisierte Entscheidungen in der öffentlichen Verwaltung, SJZ 2019, S. 467 (469); vgl. dazu auch *G. Marcus/E. Davis*, Rebooting AI: Building Artificial Intelligence We Can Trust, New York: Pantheon 2019, S. 4 f.

de Tätigkeit von einem automatisierten Computer lösbar sein müsste.[5] Dass dies zu bewerkstelligen ungleich schwieriger ist, als ursprünglich angenommen, zeigt sich nicht zuletzt an der ambivalenten Entwicklung, welche von teilweise jahrelanger Stagnation gekennzeichnet ist.[6] Mit der Zeit gab man (vorerst) die Utopie einer „starken" künstlichen Intelligenz, die umfassend auf ihre Umgebung einwirken kann, zugunsten der Entwicklung anwendungsorientierter „schwacher" KI-Technologien auf.[7] Hier zeichnen sich seit einigen Jahren deutliche Fortschritte ab, die neben den Steigerungen in der verwendeten Computertechnik vor allem auch auf die massive Nutzung personenbezogener Daten rückführbar sind.[8]

Algorithmische Entscheidungssysteme (AES) sind dabei als eine Ausprägung schwacher KI-Technologie einzuordnen.[9] Die zugrundeliegende Idee ist hier, dass durch das System eine Entscheidung oder eine Entscheidungsempfehlung erstellt wird, welche durch die maschinelle bzw. algorithmische Auswertung einer bestimmten Datenmenge schnellere und gesichertere Annahmen ermöglichen soll, als eine allein händisch getroffene Entscheidung. AES basieren grundsätzlich auf denselben technischen Prämissen, die für die gesamte elektronische Datenverarbeitung gelten: digitale Algorithmen (1) verarbeiten digital und/oder analog (bspw. durch Sensoren) aufgenommene (2), maschinell lesbare Informationen (Daten[10]) (3), was zu einem sich digital oder analog (bspw. Bewegung mittels Aktuatoren) manifestierenden Ergebnis führt (4). Mehrere Besonderheiten unterscheiden AES jedoch von herkömmlicher Computertechnik: Die bei ihnen

---

5 *J. McCarthy/M. L. Minsky/N. Rochester/E. Shannon*, A Proposal For The Darthmouth Summer Research Project On Artificial Intelligence, 31.08.1955, abrufbar unter: https://kurzelinks.de/zfnp.

6 Vgl. die Situation im sog. "KI-Winter", Begriff geprägt von *D. Crevier*, AI: The Tumultuous History Of The Search For Artificial Intelligence, New York, Basic Books 1993.

7 Vgl. Darstellung in der KI-Strategie der Bundesregierung vom November 2018, abrufbar unter: https://kurzelinks.de/h00f, S. 4 f.

8 *M. Martini*, Blackbox Algorithmus – Grundfragen einer Regulierung künstlicher Intelligenz, Berlin/Heidelberg 2019, S. 14.

9 Nach dem englischen Begriff *algorithmic decision making systems*, bspw. verwendet bei Unterstanding algorithmic decision-making: Opportunities and challenges, Gutachten des Wissenschaftlichen Dienstes des Europäischen Parlaments, vom März 2019, abrufbar unter: https://kurzelinks.de/z43t; im Deutschen verwendet bei *K. A. Zweig*, Algorithmische Entscheidungen: Transparenz und Kontrolle, Gutachten der KAS von 01/19, abrufbar unter: https://kurzelinks.de/l42v.

10 Zu den verschiedenen Ebenen des Datenbegriffs siehe *H. Zech*, "Industrie 4.0" – Rechtsrahmen für eine Datenwirtschaft im digitalen Binnenmarkt, GRUR 2015, S. 1151 (1153 f.).

verwendeten Modelle setzen sich, je nach Komplexität des Anwendungs-falls, aus einer umfangreichen Datengrundlage (vgl. „Big Data") zusam-men (5). Ihre Modellierung erfolgt durch algorithmische Optimierungs-verfahren und unter Einbringung spezifischen Domänenwissens (6). Des Weiteren agieren diese Systeme bei der Informationsgewinnung, -verarbei-tung und -ausgabe in einem höheren Maße selbstständig (7), sodass durch die Entkoppelung von menschlicher Mithilfe auch die Bearbeitung äußerst großer Datenmengen in relativ kurzer Zeit möglich wird. Weiterhin wer-den bei bestimmten AES zur Informationsverarbeitung sehr komplexe Mo-delle eingesetzt, wie bspw. künstliche neuronale Netze (8), für welche bio-logische neuronale Netze (wie bspw. im Gehirn) als Inspiration dienten.[11] Die Informationsverarbeitung erfolgt hier mittels gewichteter und häufig nicht-linearer Signalweitergabe entlang zahlreicher Entscheidungsschich-ten. Dies ermöglicht die Modellierung komplexerer Sachverhalte, stellt aber auch eine große Hürde für die Nachvollziehbarkeit dieser Modelle dar. Manche AES sind zudem nicht statisch, sondern passen die eigenen Parameter im Laufe des Einsatzes und/oder im Vorfeld an (9).

In den meisten Fällen ist ein Mensch als Supervisor und Letztentschei-der Bestandteil des Systems, der die erstellte Entscheidungsempfehlung endgültig formuliert und/oder umsetzt, sodass von *teilautomatisierten* AES gesprochen werden sollte (10). Systeme, die in hohem Maße selbständig agieren und dabei gänzlich ohne menschlichen Operator für ihren Kernbe-triebsablauf auskommen, kann man hingegen als *(voll-)automatisierte* AES beschreiben (11). Letztere werden bspw. im Hochfrequenzhandel an der Börse eingesetzt, wo sie zur selbstständigen Konzeption, Formulierung und Ausführung von tausenden Orders pro Sekunde fähig sind.[12]

Die technischen Spezifikationen ermöglichen einerseits, dass der Ein-satz von AES bei dafür geeigneten Tätigkeiten zu einer enormen Effizienz-steigerung führen kann. Dies sind vor allem Bereiche, bei denen die Ent-scheidungsgrundlage aus einer erheblichen Datenmenge besteht oder wo Entscheidungen in Sekundenbruchteilen notwendig sind.[13] Andererseits führen diese Eigenschaften auch zu bestimmten neuartigen Risiken, bei denen fraglich ist, ob sie durch die bestehende Rechtsmaterie abgedeckt werden. Diese Risiken können sich aus den Eigenschaften des Systems

---

11 *Zech*, Risiken (Fn. 2), S. 14 ff.

12 Zu den Grundlagen des algorithmenbasierten Wertpapierhandels siehe *H.-P. Koll-mann*, Autonome und intelligente Wertpapierhandelssysteme, Tübingen 2019, S. 52 ff.

13 *Martini*, Algorithmus (Fn. 8), S. 13.

selbst ergeben, aber auch aus ihrer (sektor-)spezifischen Anwendung.[14] Aus der Strukturierung der Risiken (Teil B.) und aus ihrer gegenseitigen Koppelung (Teil C.) ergeben sich letztlich die für AES entscheidenden regulatorischen Implikationen, welche am Ende des Beitrages behandelt werden sollen.

III. Suche nach einem Prüfprogramm

Fast jedes große Industrieland hat mittlerweile eine eigene Strategie zum Umgang mit der neuartigen Technik vorgelegt, wo oft betont wird, einen geeigneten Ansatz für die Regulierung finden zu wollen.[15] Während viele dieser Papiere lediglich Analysen eines Regulierungsbedarfes angekündigt haben, hat man bspw. in den USA auf lokaler Ebene schon zu entsprechenden Maßnahmen gegriffen.[16]

In Europa ist insbesondere die EU der Treiber einer Regulierung. Ein gesamteuropäischer Ansatz erscheint am sinnvollsten, da mögliche Regulierungsvorhaben auf nationalstaatlicher Ebene in den Binnenmarkt eingreifen könnten.[17] Die Kommission kündigte im April 2018 an, über eine Erweiterung des bisher geltenden Rechtsrahmens nachzudenken.[18] In den

---

14 Vgl. *Martini*, Algorithmus (Fn. 8), S. 115, "doppelte Ungewissheit" beim Einsatz von AES.

15 Bspw. USA, vom 11.02.19, abrufbar unter: https://kurzelinks.de/9n5q; China, vom 08.07.2017, abrufbar unter https://kurzelinks.de/of2z, Frankreich, vom 29.03.2018, abrufbar unter https://kurzelinks.de/992h und Deutschland, vom Dezember 2018, abrufbar unter: https://kurzelinks.de/mxy4; für einen Überblick siehe *K. Walch*, "AI Laws Are Coming", Forbes vom 20.02.20, abrufbar unter: https://kurzelinks.de/xjx0.

16 Zum Gesetzesvorhaben der Stadt New York siehe *Martini*, Algorithmus (Fn. 8), S. 87; für die Ergebnisse der Arbeitsgruppe siehe https://kurzelinks.de/le1t; die Ergebnisse wurden jedoch gespalten aufgenommen, siehe *C. Lecher*, "NYC's algorithm task force was 'a waste'", The Verge vom 20.11.2019, abrufbar unter: https://kurzelinks.de/ogry.

17 So auch Gutachten der Datenethikkommission, vom 23.10.19, die den Erlass einer "EU-Verordnung für Algorithmische Systeme" empfiehlt, abrufbar unter: https://kurzelinks.de/bmbt, S. 181 ff.; wohl auch Auffassung der Kommission; vgl. "Weißbuch zur Künstlichen Intelligenz", vom 19.02.2020, abrufbar unter: https://kurzelinks.de/e5uu, S. 17; ebenfalls befürwortend *R. H. Weber/S. Henseler*, Regulierung von Algorithmen in der EU und in der Schweiz, EuZ 2020, S. 28 (42).

18 Europäische Kommission, Mitteilung vom 25.04.2018, abrufbar unter: https://kurzelinks.de/lwm6, S. 17 f.

Mitteilungen vom Dezember 2018[19] und April 2019[20] stellte sie ihr Konzept vor, die Entwicklung und Anwendung von AES innerhalb des europäischen Wertekanons stattfinden zu lassen („menschenzentrierte KI"). Im Rahmen ihrer Initiative hatte die Kommission auch die sog. *High Level Expert Group* eingerichtet, die aus Sachverständigen der Wirtschaft und Wissenschaft besteht.[21] Die Gruppe hat bis dato zwei Dokumente vorgelegt: zum einen die „Ethik-Leitlinien für eine vertrauenswürdige KI", in welchen die sich aus der Grundrechtecharta ergebenden Rahmenbedingungen einer ethischen KI-Technologie dargelegt wurden.[22] Konkrete rechtliche Vorschläge enthalten die „Leitlinien" jedoch nicht; auch wurde kritisiert, dass die Aufteilung in sich teilweise wiederholende und unstrukturierte Einzelanforderungen verwirrend sei.[23] Zum anderen wurden im Juni 2019 die „Policy and Investment Recommendations" veröffentlicht, in der auch auf eine Überprüfung des „legal framework" hingewiesen wird.[24] Im Mitte Februar 2020 veröffentlichten „KI-Weißbuch" hat die Kommission die Ergebnisse der bisherigen Bestrebungen zusammengefasst und zu Anmerkungen für mögliche Veränderungen des Rechtsrahmens zu einer bis Ende Mai 2020 laufenden öffentlichen Konsultation aufgerufen.[25] Kritisiert wurde, dass kaum handfeste Maßnahmen im Weißbuch enthalten sind und sich die aufgestellte Risikobewertung als vage und konturlos erweist.[26]

Was wohl alle bisher vorgestellten Gutachten, Mitteilungen und Strategien vereint, ist das Streben nach einer strukturierten Risikobewertung für AES, bei der die Kritikalität von damit operierenden Anwendungen anhand eines übergreifenden Modells bestimmt werden kann.[27] Ein mögli-

---

19 Europäische Kommission, Mitteilung vom 07.12.2018, abrufbar unter: https://kur zelinks.de/dlo3.

20 Europäische Kommission, Mitteilung vom 08.04.2019, abrufbar unter: https://kur zelinks.de/li5d.

21 Zur Agenda und Zusammensetzung siehe Website der Europäische Kommission, abrufbar unter: https://kurzelinks.de/50ro.

22 Dokument abrufbar unter: https://kurzelinks.de/l5me.

23 *H.-U. Dettling/S. Krüger,* Erste Schritte im Recht der Künstlichen Intelligenz: Entwurf der "Ethik-Leitlinien für eine vertrauenswürdige KI", MMR 2019, S. 211 (213 f.).

24 Dokument abrufbar unter: https://kurzelinks.de/aiwo.

25 Dokument abrufbar unter: https://kurzelinks.de/e5uu, die Ergebnisse der Konsultation lagen zum Zeitpunkt der Erstellung des Beitrags noch nicht vor.

26 *Y. Borutta/M. Haag/H. Hoffmann/J. Kevekordes/V. Vogt,* "Fundamentalkritik" des White Papers, abrufbar unter: https://kurzelinks.de/nhi7, S. 3 f.

27 Gutachten der Datenethikkommission (Fn. 17), S. 177; Weißbuch (Fn. 17), S. 19 f.; Policy and Investment Recommendations (Fn. 24), S. 37 f.

ches Beispiel eines solchen Modells soll am Ende dieses Beitrages erörtert werden (Teil C.). Zu erwähnen für Deutschland ist noch, dass auch die Entwicklung von industriellen Standards[28] und Zertifizierungen[29] in Angriff genommen wird.

IV. *DSGVO als Lösung?*

Von einigen Beteiligten des Diskurses wird vorgetragen, eine entsprechende Anwendung der DSGVO würde für die Handhabung zumindest mancher der mit AES verbundenen Risiken ausreichen. Es geht dabei unter anderem um die Frage, ob sich aus der DSGVO bzw. aus dem Auskunftsrecht in Art. 15 Abs. 1 lit. h, Art. 22 DSGVO Anforderungen an die Transparenz von AES herleiten lassen.[30] Aus dem „Recht auf Erklärbarkeit" („right to explanation") datenverarbeitender Prozesse soll die Erklärbarkeit des ganzen Systems folgen.

Gegen diesen „Umweg" der Regulierung von AES können mehrere Einwände erhoben werden: Zum einen richtet sich die DSGVO an alle möglichen Formen der Datenverarbeitung – sei es nun händisch mit „Zettel und Stift" oder komplett digital mittels eines AES. Die DSGVO will damit kein bestimmtes Technologierisiko regulieren, sondern konzentriert sich technologieneutral nur auf den Teil des Prozesses, in dem personenbezogene Daten verarbeitet werden.[31] Nach ihrem Regelungskonzept erfasst die DSGVO also nur die Risiken, die für die persönlichkeitsrechtliche Ebene der Datenverarbeitung und die damit verbundenen Rechte bestehen und nicht auch alle anderen Rechtsgüter, die durch den Einsatz von AES gefährdet sein können.[32] So kann es möglich sein, dass ein AES datenschutzrechtlich auf keine Bedenken stößt, aber andere Rechtsgüter in un-

---

28 Projektübersicht des DIN, abrufbar unter: https://kurzelinks.de/sw2m.

29 *J. Heesen/J. Müller-Quade/S. Wrobel*, "Zertifizierung von KI-Systemen – Impulspapier", Plattform Lernende Systeme, abrufbar unter: https://kurzelinks.de/w2fm, S. 7 ff. mit Aufzählung weiterer Projekte.

30 Siehe *S. Wachter/B. Mittelstadt/C. Russell*, Counterfactual Explanations Without Opening The Black Box: Automated Decisions And The GDPR, Harvard Journal of Law & Technology 31 (2018), S. 841 (861 ff.).; oder auch *L. Franck*, in: P. Gola (Hrsg.), Datenschutz-Grundverordnung, 2. Auflage, München 2018, Art. 15 Rn. 19; *L. K. Kumkar/D. Roth-Isigkeit*, Erklärungspflichten bei automatisierten Datenverarbeitungen nach der DSGVO, JZ 2020, S. 277 ff. jeweils m.w.N.

31 Bspw. Erwägungsgrund 15 DSGVO.

32 So auch *Martini*, Algorithmus (Fn. 8), S. 80 f.; zu den im Zusammenhang mit dem Schutz personenbezogener Daten betroffenen Grundrechte s. *S. Ernst*, in: B.

zulässiger Weise beeinträchtigt. Nimmt man etwa den aktuellen Anwendungsbereich von Art. 22 DSGVO ernst, kann die Einhaltung der Vorschrift sogar zur Gefährdung von Rechtsgütern aktiv beitragen: Droht etwa ein autonomes Fahrzeug mit einer Person zu kollidieren, dürfte es nicht die personenbezogenen (Standort-)Daten desjenigen verarbeiten, dem es ausweichen möchte.[33]

Zum anderen bezieht sich Art. 22 DSGVO, wenn, dann nur auf die Datenverarbeitung *vollautomatisierter* AES, wobei *teilautomatisierte* AES von der Anwendung der Vorschrift ausgenommen sein sollen.[34] Wie weiter oben schon dargestellt, fallen deshalb die Mehrzahl an AES, welche auf einer Kombination von maschineller Entscheidungsempfehlung und menschlicher Umsetzung beruhen, aus dem Anwendungsbereich der Vorschrift heraus. Dieser Umstand und generell der starre Verbotscharakter der Norm lassen auch für die DSGVO selbst an dieser Stelle gesetzgeberischen Anpassungsbedarf erkennen.[35] Die Reichweite des oben angesprochenen Auskunftsrechts – also welche Inhalte der involvierten Verarbeitungslogiken dem „right to explanation" unterliegen sollen – ist auch nach der „Schufa"-Rechtsprechung des BGH nur mit Unsicherheiten bestimmbar.[36] § 31 BDSG hilft hier für die Regulierung von AES-spezifischen Risiken letztlich genauso wenig weiter; dem Gesetzgeber ging es wohl nur darum, Scoring von Wirtschaftskarteien trotz Datenschutzes zu ermöglichen.[37] Auch sollte man angesichts einer zurzeit eher europarechtskriti-

---

P. Paal/D. A. Pauly (Hrsg.), DSGVO/BDSG, 2. Auflage, München 2018, Art. 1 Rn. 11.

33 *M. Kroker*, Art. 22 DSGVO – ein Schuss in den Ofen?, PinG 2020, S. 255 ff. (257).
34 Siehe Erwägungsgrund 71 DSGVO; siehe *S. Schulz*, in: P. Gola (Hrsg.), DSGVO, 2. Auflage, München 2018, Art. 22 Rn. 1; *R. B. Abel*, Automatisierte Entscheidungen im Einzelfall, ZD 2018, S. 304 (305).
35 *M. Martini*, in: B. P. Paal/D. A. Pauly (Hrsg.), DSGVO/BDSG, 2. Auflage, München 2018, Art. 22 Rn. 46; auch kann daran gezweifelt werden, ob eine aus den 1970er Jahren stammende Vorschrift zur Regelung moderner KI-Technik noch passend ist, vgl. *S. Golla*, In Würde vor Ampel und Algorithmus, DÖV, S. 673 ff. (679 f.).
36 *F. Schmidt-Wudy*, in: H. A. Wolff/S. Brink (Hrsg.), BeckOK: Datenschutzrecht, 31. Edition, München 2020, Stand 01.05.20, Art. 15 DSGVO Rn. 78.3; vgl. *W. Krämer*, Die Rechtmäßigkeit der Nutzung von Scorewerten, NJW 2020, S. 497 ff.; siehe auch "OpenSCHUFA"-Kampagne der Open Knowledge Foundation Deutschland und AlgorithmWatch, abrufbar unter: https://openschufa.de/.
37 *E. M. Frenzel*, in: B. P. Paal/D. A. Pauly (Hrsg.), DSGVO/BDSG, 2. Auflage, München 2018, § 31 BDSG Rn. 10, der am Überblick des Gesetzgebers zweifelt.

schen Rechtsprechung von einer extensiven Auslegung europäischer Normen absehen.[38]

Gelegentlich wird auch hervorgebracht, dass bereits die Datenschutzgrundsätze in Art. 5 DSGVO einen operationalisierbaren Anforderungskatalog an die technischen Gegebenheiten von AES bereitstellen würden.[39] Ein genauer Vollzug der Grundsätze oder auch eine Sanktionierung bei deren Nichteinhaltung gestaltet sich aber aufgrund des bestimmungs- und abwägungsbedürftigen Inhalts dieser Norm als eher schwierig.[40] Zusammenfassend lässt sich damit sagen, dass eine ausdrückliche Neuregelung für das spezielle AES-Risiko auch trotz Geltung der DSGVO erforderlich sein wird.[41]

B. Risikobereiche von AES

I. Systembezogene Risiken

Nachfolgend werden systembezogene Risiken aufgeführt, die anwendungsunabhängig auftreten können. Diese betreffen die Komponenten des AES – bspw. das Modell, den verwendeten Algorithmus, die (Trainings-)Daten, die operationale Datenbasis oder den menschlichen Umgang mit dem System. Die folgende Darstellung versteht sich als ein möglicher Annäherungsversuch an die Risiken dieser Systeme. Es existieren bereits andere Modelle, die die Risikofelder verschieden interpretieren und abgrenzen.[42] Dieser Beitrag plädiert für die generelle Anerkennung von drei systembezogenen Risikobereichen, die anwendungsunabhängig bei AES zu berücksichtigen sind: die (unbewussten) Verzerrungen von Parametern („Biased AI"), die Intransparenz der Systemarchitektur („Black Box AI") und die nachträgliche Veränderung von AES durch maschinelles Lernen.

---

38 BVerfG NJW 2020, S. 1647 ff.
39 Vgl. *M. Rost*, Künstliche Intelligenz – Normative und operative Anforderungen des Datenschutzes, DuD 2018, S. 558 ff. (559).
40 *A. Roßnagel*, in: Simitis/Hornung/Spiecker gen. Döhmann (Hrsg.), Datenschutzrecht, 1. Auflage, Baden-Baden 2019, Art. 5 Rn.: 22.
41 Auch *Martini*, Algorithmus (Fn. 8), S. 339.
42 Vgl. etwa *Zech*, Risiken (Fn. 2), ("Robotik", "Lernfähigkeit" und "Vernetzung") oder *G. Teubner*, Digitale Rechtssubjekte, AcP 2018, S. 155 ff. ("Autonomierisiko", "Verbundrisiko", "Vernetzungsrisiko").

1. Unbewusste Verzerrungen – „Biased AI"

Als Begründung für die Einführung von AES wird oftmals deren Objektivität und Neutralität hervorgehoben. Die Entscheidungen der Maschine seien unbeeinflussbar und daher nicht korrumpierbar, die „nackten Zahlen scheinen frei von jedem ideologischen Makel".[43] Die Gefährlichkeit solcher Annahmen beschrieb als einer der Ersten *Joseph Weizenbaum*, ein Pionier der kritischen Informatik. Gleich dem alten Witz über den Betrunkenen, der nur im Lichtkegel der Laterne seine verlorenen Schlüssel sucht, weil es „dort heller ist", beschränke die gewählte Herangehensweise an ein Problem immer die dafür entwickelte Lösung. Die „Macht der Computer" sei ein gutes Beispiel für das Risiko, welches „allen [...] sich selbst bestätigenden Denksystemen innewohnt".[44]

Diese Ambivalenz zeigt bspw. die Kontroverse um die von der US-Justiz eingesetzten AES auf. In vielen Bundesstaaten werden mittlerweile in bestimmten Phasen des Strafverfahrens AES benutzt, um die Rückfallwahrscheinlichkeit mutmaßlicher Straftäter*innen für die Festlegung der Bewährung oder Kaution zu berechnen. Bereits 2014 hatte der Generalbundesanwalt der USA die Vermutung geäußert, dass der Einsatz solcher Systeme aufgrund ihrer Berechnungsgrundlage, welche u.a. auf verschiedenen statischen Faktoren über den Bildungsstand, sozioökonomischen Hintergrund und die Nachbarschaft des Angeklagten beruht, eher zur Verschärfung von Ungleichbehandlungen führen könnte.[45] Tatsächlich zeigte eine Untersuchung im Jahr 2016, dass die Wahrscheinlichkeit eines „false positives" – also eine fälschlicherweise zu hoch angenommene Rückfallwahrscheinlichkeit – für People of Colour signifikant höher sein kann.[46] Der Einsatz solcher Systeme – gerade für hoheitliche Tätigkeiten – würde damit zu nicht hinnehmbaren Diskriminierungen führen. Im Fall der auch zu diesen Zwecken eingesetzten Software *COMPAS* konnten Wissenschaftler*Innen 2018 zeigen, dass die Bewertungen des Systems kaum besser wa-

---

43 *D. L. Burk*, Algorithmic Legal Metrics, Notre Dame Law Review, Forthcoming, abrufbar unter: https://kurzelinks.de/ywz8, S. 14.
44 *J. Weizenbaum*, Die Macht der Computer und die Ohnmacht der Vernunft, 14. Auflage, Berlin 1978, S. 178 ff.
45 *E. Holder*, Rede am 01.08.2014, abrufbar unter: https://kurzelinks.de/2xme.
46 *J. Angwin/J. Larson/S. Mattu/L. Kirchner*, "Machine Bias", ProPublica vom 23.06.2016, abrufbar unter: https://kurzelinks.de/kw4p; siehe auch "Der Algorithmus ist Rassist", Beitrag von Spiegel.de vom 09.09.2016, abrufbar unter: https://kurzelinks.de/8zz0.

ren, als die von Testpersonen ohne juristische Vorkenntnisse.[47] Des Weiteren gelang es ihnen, ein vollständig interpretierbares Modell unter Nutzung von nur 7 statt 137 (!) Parametern zu gestalten, welches sogar eine leicht verbesserte Genauigkeit erzielte.

Zwar entsteht das eigentliche Problem – die vorurteilsbehaftete Einstufung eines Menschen aufgrund zugeschriebener Eigenschaften – nicht erst durch den Einsatz von AES. Es setzt sich aber in der Technik fort und kann sich dabei verstärken.[48] Die sich aufdrängenden Fragen, die sich beim nachträglichen Bekanntwerden solcher „Biases" stellen, sind in der Praxis aktuell schwierig bis teilweise gar nicht zu beantworten: Wo befindet sich die Verzerrung genau? Ist bereits die Abbildung des zu lösenden realen Problems auf ein informationstechnisches Modell verzerrt? Oder entsteht die Verzerrung erst durch das Training bzw. die verwendeten Trainingsdaten oder dann später im Einsatz?

Die Wissenschaft steht hier bei vielem noch am Anfang.[49] Das „AI Now Institute", welches sich der Bekämpfung des Phänomens verschrieben hat, empfiehlt u. a. die Herstellung der Transparenz der entsprechenden Systeme, rigorose Testläufe während des gesamten Einsatzes von AES und fortwährende Beobachtung auf diskriminierende Faktoren, die interdisziplinäre Einbeziehung sozialwissenschaftlicher Erkenntnisse über den Kontext des Einsatzes und eine ausführliche Risikobewertung im Vorfeld.[50]

2. *Intransparenz maschineller Prozesse – „Blackbox AI"*

Mit dem Begriff „Blackbox AI" bezeichnet man ein AES, dessen Ergebnisausgabe sich nicht durch einen Menschen nachvollziehen lässt. Zu unterscheiden ist hierbei zwischen zwei weit verbreiteten Ursachen.

---

47 *J. Dressel/H. Farid*, The accuracy, fairness and limits of predicting recidivism, Science Advances 4 (2018), abrufbar unter: https://kurzelinks.de/e0ap.

48 Über die Probleme der Quantifizierung sozialer Faktoren siehe *Burk*, Metrics (Fn. 43), S. 6 f.

49 Für eine Übersicht siehe *A. Olteanu/C. Castillo/F. Diaz/E. Kıcıman*, "Social Data: Biases, Methodological Pitfalls, and Ethical Boundaries", Front. Big Data, Beitrag vom 11.07.2019, abrufbar unter: https://kurzelinks.de/axeg.

50 *S. M. West/ M. Whittaker/K. Crawford*, Discriminating Systems – Gender, Race, and Power in AI, AI Now Institute, April 2019, abrufbar unter: https://kurzelinks. de/u5ur.

a. Intransparenz aufgrund technischer Ursachen

Die erste mögliche Ursache ist technischer Natur. Es gibt AES, die Modelle verwenden, welche sich aufgrund ihrer internen Komplexität der Interpretierbarkeit durch den Menschen entziehen. Bspw. können im Falle von künstlichen neuronalen Netzen Parameter in unüberschaubarer, nicht linearer Weise zusammenwirken, was ein großes Hindernis für die Verständlichkeit darstellen kann. Des Weiteren kann schon allein die pure Anzahl der in einem Modell verwendeten Parameter so groß sein, dass die Vorhersagbarkeit von Ergebnissen nicht mehr gegeben ist. Als aktuelles Beispiel sei hier das Turing-NLG Sprachmodell von Microsoft genannt, welches aus 17 Milliarden Parametern besteht.[51] Fortschritte bei der informationstechnischen Lösung von besonders vielschichtigen Problemstellungen (wie der menschlichen Sprache oder dem maschinellen Sehen) gehen aktuell fast immer mit einer enormen Steigerung technischer Komplexität einher, wenngleich auch Ansätze existieren, die versuchen, zumindest die Anzahl der Parameter so gering wie möglich zu halten.[52]

Zumindest für manche Anwendungsszenarien von AES besteht die Möglichkeit, interpretierbare Modelle einzusetzen. Deren Einsatz ist aber zum Teil mit erheblichem Mehraufwand verbunden. Für zahlreiche andere Szenarien gibt es nach aktuellem Stand kaum interpretierbare Modelle, deren Einsatz nicht einen erheblichen Genauigkeits- und somit auch Effizienzverlust mit sich bringen würde. Aus diesem Grund ist der Einsatz von hochkomplexen und nicht nachvollziehbaren Modellen weit verbreitet.

Trotz umfangreicher Forschung im Bereich „Interpretable Machine Learning" und „Explainable Artifical Intelligence" (XAI) gibt es zum Zeitpunkt der Veröffentlichung dieses Beitrages kaum Ansätze, die die Verständlichkeit solcher Modelle im Einsatz zuverlässig und in empirisch nachweisbarer Form steigern würden. Hier steckt die Forschung noch in den Anfängen. Erschwerend kommt hinzu, dass viele der vorgestellten Ansätze keine modellgetreuen und meist auch unvollständige Erklärungen

---

51 *C. Rosset*, "Turing-NLG: A 17-billion-parameter language model by Microsoft", Microsoft Research Blog vom 13.02.2020, abrufbar unter: https://kurzelinks.de/1c dq.
52 Vgl. *J. Ba/R. Caruana*, Do Deep Nets Really Need to Be Deep?, Advances in Neural Information Processing Systems 27 (2014), abrufbar unter: https://kurzelinks.d e/ex85.

generieren.[53] Folglich besteht keine Sicherheit, dass die Erklärungen ein Modell wirklich wahrheitsgetreu beschreiben.

b. Intransparenz aufgrund wirtschaftlich-organisatorischer Ursachen

Die zweite Ursache für Intransparenz ist wirtschaftlicher Natur. AES-Modelle enthalten nicht selten Informationen, die Gegenstand von Urheber- oder Schutzrechten nach der Geschäftsgeheimnisrichtlinie sind.[54] Auch im Schufa-Urteil wurde argumentiert, dass eine Offenlegung der Berechnungsformel schützenswerte Interessen der Auskunftei verletzen würde.[55] Das Wissen über die Modellierung und Konstruktion eines AES ist von enormen wirtschaftlichen Wert. Ein erklärbares Modell kann potentiell von der Konkurrenz nachgebaut werden. Auch aus diesem Grund werden zahlreiche AES (bspw. von Google, Amazon, Microsoft und IBM) ausschließlich als Dienstleistung über eine Schnittstelle angeboten, die keine weiteren Informationen über die dahinterliegenden Algorithmen und Modelle preisgeben. Für Unternehmen kann es daher lohnend sein, sich hinter dem Argument der technisch geschuldeten Intransparenz zu verstecken, um größeren wirtschaftlichen Erfolg zu erzielen. Es bedarf deshalb einer genauen Prüfung, ob für einen vorgesehenen Anwendungsfall wirklich ein Modell hoher Komplexität und darauffolgender technisch begründeter Intransparenz zum Einsatz kommen muss, oder ob nicht ein transparenteres Modell geschaffen werden kann.[56]

3. *Veränderungsfähigkeit*

Das dritte systembezogene Risiko stellt die Veränderungsfähigkeit von AES dar. Durch einen sich permanent wiederholenden Prozess kann erreicht werden, dass eine Abbildung, also ein Modell eines Prozesses, einer Datenlage oder auch kognitiver Phänomene auf Maschinen sich Schritt für

---

53 C. *Rudin*, Stop Explaining Black Box Machine Learning Models for High Stakes Decisions and Use Interpretable Models Instead, Nature Machine Intelligence 1 (2019), S. 206, abrufbar unter: https://kurzelinks.de/ze9e.

54 Vgl. *S. Hetmank/A. Lauber-Rönsberg*, Künstliche Intelligenz – Herausforderungen für das Immaterialgüterrecht, GRUR 2018, S. 574 (575); *A. Rosenkötter/S. Seeger*, Das neue Geschäftsgeheimnisgesetz, NZBau 2019, S. 619 ff.

55 BGHZ 200, 38 ff.

56 So auch *Rudin*, Interpretable Models (Fn. 53).

Schritt verbessert.[57] Dieser iterative Prozess wird – als ein Teilbereich von KI – mit dem Begriff des *maschinellen Lernens* bezeichnet. AES können sich dieses Prozesses bedienen, um *vor* ihrem Einsatz ein Modell zu erlernen, auf dessen Basis sie sich verhalten. Maschinelle Lernverfahren können jedoch auch eingesetzt werden, um *während* des Einsatzes eines AES dieses bzw. dessen genutztes Modell zu verändern. Veränderungsfähigkeit meint hier die (nachträgliche) Anpassung des (Ausgangs-)Modells des AES während der Nutzung durch neu aufgezeichnete bzw. gewonnene Daten.

Für viele Anwendungsbereiche kann es starke Vorteile mit sich bringen, wenn das fertig trainierte Modell noch während des Einsatzes angepasst werden kann. So kann es bspw. sinnvoll sein, ein medizinisches Diagnosesystem nachzutrainieren, wenn sich der Datenpool der Patientengruppe erweitert hat. Hierzu werden die neuen Daten genutzt, um das Modell so anzupassen, dass es sowohl die alten als auch die neuen Daten optimal abbildet. In anderen Fällen kann ein Modell, welches für die Anwendung auf eine bestimmte Gruppe von Menschen ausgerichtet ist, durch Neugewichtung auf ein bestimmtes Individuum angepasst werden, sodass es die besonderen Daten der Person gut beschreibt und optimal erklärt.

Die Veränderungsfähigkeit birgt jedoch auch Risiken. Haben wir es mit einem nachlernenden AES zu tun, kann im Prinzip nicht mehr gewährleistet werden, dass die Funktion und Korrektheit, die zu Beginn des Einsatzes attestiert wurde, während der weiteren Verwendung gegeben bleibt. Trotzdem sind nach unserer Auffassung nachlernende AES die relevanteste Form zukünftiger AES, da sie in der Lage sind, sich weiter zu trainieren und zu verbessern (1), sich individuellen Anforderungen anzupassen (2) und sogar ungewünschte Änderungen (wie bspw. Abnutzung) kompensieren können (3). Tatsächlich liegt also eine besondere Herausforderung darin, Regulierungs- und Zertifizierungsmöglichkeiten zu schaffen, die dieser Art von AES und deren Veränderlichkeit gerecht werden. Die Integration von Lernverfahren kann für die Gesamtfunktionalität und Sicherheitskonzepte von AES eine erhebliche Relevanz aufweisen.

II. Anwendungsbezogene Risiken – Beispiel Exoskelette

Die zweite Risikoebene eines Einsatzes von AES bezieht sich auf deren Anwendungsbereich. Die Bandbreite der durch den Einsatz von AES betroffe-

---

57 Vgl. *A. M. Turing*, Computing Machinery and Intelligence, Mind 59 (1950), S. 433 ff.

nen Rechtsgüter ist aufgrund der Vielzahl von Anwendungsmöglichkeiten groß. Die Risiken können dabei teilweise bereits durch bestehende Normen abgedeckt sein. In den meisten Fällen ergeben sich jedoch aus der Koppelung mit den systembezogenen Risikobereichen neue Risiken, die regulatorischen Bedarf verdeutlichen. Die Einwirkungsmöglichkeiten von AES auf materielle wie immaterielle Rechtsgüter können dabei immens sein – sei es analog durch Robotik oder auch rein digital wie etwa durch die Einstufung der Rückfallwahrscheinlichkeit eines Straftäters. Im Folgenden soll anhand der Entwicklung eines medizinischen Exoskeletts erläutert werden, welche Relevanz die Lernfähigkeit für die Therapie hat, welche Risiken dadurch auftreten können und wie diesen entgegengewirkt werden kann.

Exoskelette[58] sind robotische AES, die direkt am Körper eingesetzt werden. Neben passiven Exoskeletten, die Kräfte umleiten und so das Heben und Tragen vereinfachen sollen, werden etwa zu medizinischen Zwecken auch aktive Exoskelette entwickelt, die über Motoren Kräfte in den Körper des Trägers leiten. So möchte man etwa Gelähmten die Möglichkeit körperlicher Fortbewegung erleichtern oder sogar zurückgeben. Im Folgenden soll anhand der Entwicklung eines solchen medizinischen Exoskeletts erläutert werden, welche Relevanz die Lernfähigkeit für die Therapie hat, welche Risiken dadurch auftreten können und wie diesen entgegengewirkt werden kann.

Der Patient soll bspw. einen Arm mit Hilfe des AES wieder bewegen können. Das System muss also „wissen", wann und wohin sich der Arm bewegen soll. Dazu lernt es, Muster aus biologischen Signalen– wie etwa dem Elektroenzephalogramm (EEG– zu erkennen, welche eine Bewegungsintention ableiten lassen,[59] um im Bedarfsfall durch Krafteinleitung über Motoren gezielte Bewegungen zu ermöglichen. Da sich die EEG-Signale in ihrer Stärke und Struktur je nach individueller Schädigung und Tagesform der Patienten stark unterscheiden, ist es ungleich schwieriger, einen Therapieerfolg mit einem „klassischen" System ohne Lernfähigkeit zu erzielen. Durch kontinuierliche Anpassung des Systems im Vorfeld und während des Einsatzes – auch als „Assist-as-needed"-Methode bezeichnet –

---

58 Altgriechisch etwa für "Außenskelett".
59 Bspw. zur Erkennung von EEG-Signalen siehe *B. Libet/C. A. Gleason/E. W. Wright/D. K. Pearl*, Time Of Conscious Intention To Act In Relation To Onset Of Cerebral Activity (Readiness-Potential): The Unconscious Initiation Of A Freely Voluntary Act, Brain 106 (1983), S. 623 ff.

kann so eine schrittweise Rehabilitation des Patienten ermöglicht werden.[60]

Durch die direkte Anwendung des Systems am Menschen entstehen erhebliche Risiken. Einerseits besteht die Gefahr, dass die durch ein technisches System typischerweise auftretenden Emissionen (Strahlung, Wärme, Vibrationen, Austritt von Betriebsmitteln wie Schmierstoffe, etc.) aufgrund der engen Verbindung intensiver auf den Menschen einwirken können. Andererseits kann auch das Gerät selbst potentiell Körperteile im direkten Kontakt verletzen oder quetschen; deshalb muss die Konstruktion hohen ergonomischen Anforderungen genügen. Für viele dieser Risiken bestehen bereits Anforderungen auf Grundlage der DIN EN ISO 13482.

Jedoch ergeben sich aufgrund der Lernfähigkeit und der autonomen Steuerung des Systems neue Eigenschaften, die nicht durch die Norm abgedeckt sind. Auch ohne die durch die Lernfähigkeit indizierte ständige Veränderung des Systems gibt es spezielle Risiken, die nicht völlig beherrschbar sind. Bspw. sind die verwendeten Biosignale – wie das EEG – aufgrund ihres Rauschens nicht vollständig interpretierbar. Auch können nur schwer berechenbare Restkräfte des Patienten bestehen.

Zur Abwendung dieser Risiken können direkt bei der Konstruktion und beim Betrieb des Systems hard- und softwareseitige Maßnahmen getroffen werden. So können Endanschläge eingebaut werden, die die Einwirkungsmöglichkeiten der Antriebe begrenzen. Auch bewirken Stromlimits, dass die verwendeten Motoren nicht übersteuern. Gleichermaßen können Limits in der Software dafür sorgen, dass der Arbeitsbereich der Aktuatoren eingeschränkt wird und beim Versagen der Sensorik ein Abschalten des Roboters sichergestellt ist. Diese Maßnahmen dienen u.a. dazu, dass eine Fehlfunktion auf der Softwareseite, die autonome Funktionen umsetzt oder Lernen ermöglicht, nicht zu einer Gefährdung des Nutzers führen kann. Durch die Integration des Embedded Brain Reading Ansatzes, der eine sichere Nutzung von unsicheren Ergebnissen aus der Klassifikation der EEG-Signale ermöglicht, kann das Zusammenspiel zwischen

---

60 N. Will/E. A. Kirchner/F. Kirchner, Künstliche Intelligenz und robotergestützte Rehabilitation, in: H. Hanika (Hrsg.), Künstliche Intelligenz, Robotik und autonome Systeme in der Gesundheitsversorgung, Sternenfels 2019, S. 101 ff.; *E. A. Kirchner/N. Will/M. Simnofske/P. Kampmann/L. M. Vaca Benitez/J. de Gea Fernández/F. Kirchner*, Exoskelette und künstliche Intelligenz in der klinischen Rehabilitation, in: M. Pfannstiel/P. Da-Cruz/H. Mehlich (Hrsg.), Digitale Transformation von Dienstleistungen im Gesundheitswesen V, Wiesbaden 2019, S. 413 ff.

lernender Komponente und robotischer Assistenz weiter verbessert werden.[61]

C. Fazit – Eckpunkte einer Regulierung

I. Grundlagen

Nach der Betrachtung möglicher systemischer und anwendungsspezifischer Risiken, die von der Technologie ausgehen können, kehren wir zur Ausgangsfrage des Beitrages zurück: Was könnten die Eckpunkte einer möglichen Regulierung sein?

Wie bei A.III dargestellt, versuchen die beteiligten Akteure einen „risikoadaptierten Regelungsansatz" zu finden. Für die Ermittlung und rechtliche Bewertung eines „Risikos" sind als Maßstäbe weniger feststehende Schadenspotenziale oder Eintrittswahrscheinlichkeiten von Schäden relevant, vielmehr geht es um die Eingrenzung des Ausmaßes einer möglichen Fehleinschätzung.[62] Das Vorhandensein von „Risiken" lässt sich im Gegensatz zu dem Bestehen von „Gefahren" auch nicht völlig verhindern, ergeben sie sich doch fast zwangsläufig aus der Nutzung von Hochtechnologie, will man damit den gesellschaftlichen Reichtum vergrößern.[63] Das Versprechen der Wohlstandsmehrung wird auch beim Einsatz von AES abgegeben.[64] Es wird jedoch nur einzulösen sein, wenn die dargestellten Risiken sich nicht übermäßig zum Nachteil der Betroffenen realisieren und ein möglichst breiter Teil der Gesellschaft in den Genuss der Vorteile der Technik kommt.

Ziel der Regulierung muss es also sein, die Risiken von AES adäquat zu bewerten und durch entsprechende Verpflichtungen dafür Sorge zu tragen, dass Schädigungen möglichst verhindert werden und kontrollierbar bleiben.[65] Jedoch kann auch eine allzu risikoaverse Regulierung zu einem gesamtgesellschaftlichen Schaden führen – und zwar dann, wenn dadurch Chancen zur Förderung von Innovation und Zukunftsfähigkeit ungenutzt

---

61 *E. A. Kirchner/R. Drechsler*, A Formal Model for Embedded Brain Reading, Industrial Robot 40 (2013), S. 530 ff.

62 *A. Scherzberg*, Risiko als Rechtsproblem, VerwArch 1993, S. 484 (497 f.).

63 *U. Beck*, Risikogesellschaft – Auf dem Weg in die andere Moderne, 23. Auflage, Berlin 2016, S. 25 ff.

64 Bspw. Bundesregierung, KI-Strategie (Fn. 7), S. 25.

65 Vgl. *U. Di Fabio*, Risikoentscheidungen im Rechtsstaat, Tübingen 2019, S. 41 ff.

bleiben.[66] Auch der individuelle Schaden kann immens sein, wenn der Einsatz von AES zu stark sanktioniert wird. Betrachten wir nur das Beispiel des Gelähmten, der – wie in Teil B.II dargestellt – durch die Nutzung eines medizinischen Exoskeletts wieder die Möglichkeit auf eine selbstbestimmte Fortbewegung hätte. Das Spannungsverhältnis bei der Regulierung bewegt sich damit zwischen der staatlichen Schutzpflicht einerseits und andererseits der verfassungsrechtlich garantierten Handlungs- und Berufsfreiheit derjenigen Personen und Unternehmen, die AES entwickeln, einsetzen und vertreiben.[67]

II. Dynamische Koppelung der Risikobereiche

Wie bewertet man das spezifische Risiko eines AES? Eine bereits bei A.III in Aussicht gestellte horizontale Regulierung läuft durch ihren universellen Anspruch latent Gefahr, den Nutzen des Einsatzes von AES durch starre Anforderungen zu stark einzuschränken. Ähnlich wurde und wird bei der DSGVO argumentiert.[68] Einige Elemente der bestehenden Technikregulierung eignen sich auch für den Einsatz bei AES.[69]

Dieser Beitrag möchte im Gegenzug dazu einen ganzheitlichen, aber dennoch dynamischen Ansatz vorstellen: die Koppelung der Risikobereiche von AES. Dieses Modell soll auf der „Kritikalitätspyramide" der *Datenethikkommission* (s.u.) aufbauen.[70]

---

66 A. *Scherzberg*, Risikosteuerung durch Verwaltungsrecht? Ermöglichung oder Begrenzung von Innovation?, VVDStRL 2004, S. 214 (233 f.).

67 *Martini*, Algorithmus (Fn. 8), S. 109.

68 Zum Prozess der Evaluation der DSGVO nach 2 Jahren siehe C. *Geminn/C. Leontopoulos*, Stellungnahmen zur DSGVO, ZD-Aktuell 2020, 07024.

69 *Martini*, Algorithmus (Fn. 8), S. 113 ff.

70 Gutachten der Datenethikkommission (Fn. 17), S. 177.

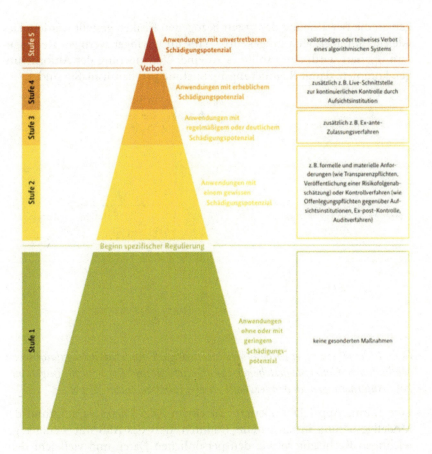

Durch eine Kopplung der anwendungsbezogenen Risiken mit den system-bezogenen Risiken soll die „Pyramide" aber zu einer Matrix werden, inner-halb derer Regulierungsmaßnahmen verortet werden können. Dies folgt aus der Überlegung heraus, dass aufgrund der Vielzahl von Anwendungs-möglichkeiten von AES bei gleichzeitig bestehenden anwendungsunab-hängigen systembezogenen Risiken eine eindimensionale Bewertung („niedriges Risiko – hohes Risiko") zu kurz gegriffen wäre. Das anwen-dungsbezogene Risiko als solches kann ja auch bereits durch andere Tech-niknormen reguliert sein. Zu überprüfen ist daher, ob sich gerade aus der Kombination mit den systembezogenen Risiken ein – möglicherweise hö-heres – AES-spezifisches Risiko ergibt, welches besondere Regulierungs-maßnahmen erforderlich machen könnte. Wenn anwendungsbezogen mit gewichtigen Rechtsgütern operiert wird, sollten auch erhöhte Anforderungen an die Bewältigung der systembezogenen Risiken gestellt werden. Das Gleiche gilt aber auch umgekehrt – falls mit geringer wertigen Rechtsgütern operiert wird, dann sollte es zu einer Verringerung der Anforderungen kommen, damit Regulierungsmaßnahmen verhältnismäßig sind.

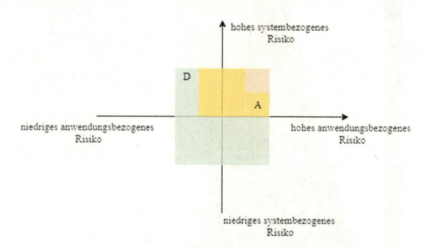

Grün bedeutet ein nicht vorhandenes bis niedriges Erfordernis an regulatorischen Maßnahmen, Gelb eine bestehende Erforderlichkeit und Rot steht für insgesamt hohe Anforderungen an den legalen Betrieb bis hin zu einem Verbot.

Eine Dating-App („D") operiert mit einem AES. Dieses ist aufgrund der Modellgestaltung intransparent. Dadurch, dass das AES mit weniger gewichtigen Rechtsgütern wie den persönlichen Daten und vielleicht dem Vermögen des Benutzers auf vertraglicher Basis interagiert, besteht ein geringes anwendungsbezogenes Risiko, weshalb das hohe systembezogene Risiko hier eher nicht zu einem regulierungsbedürftigen AES-spezifischen Risiko führt.

Ein AES, welches in einem autonomen Fahrzeug eingesetzt wird („A"), operiert regulär mit hohem anwendungsbezogenem Risiko. Höherwertige Rechtsgüter wie Leben, Gesundheit und Eigentum des Nutzers wie auch unbeteiligter Dritter wären potenziell betroffen. Deshalb kann nur ein niedriges systembezogenes Risiko toleriert werden, sonst droht eine Verschiebung in den roten Bereich.

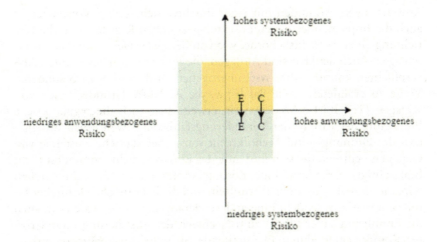

Auch an den Einsatz des medizinischen Exoskeletts aus dem Beispiel oben sind erhöhte Anforderungen zu stellen. Einerseits bestehen anwendungsbezogene Risiken – etwa für die Rechtsgüter körperliche Integrität und Gesundheit, aber auch für die sensiblen Gesundheitsdaten etwaiger Patient*Innen. Andererseits bestehen bspw. durch die Nutzung der schwer interpretierbareren Bio-Signale und die Ermöglichung der Lernfähigkeit auch systembezogene Risiken. Die Herausforderung liegt hier darin sicherzustellen, dass etwa eine „angelernte" Fehlinterpretation des Systems – also die Realisierung der systembezogenen Risiken – nicht auch eine Realisierung anwendungsbezogener Risiken zur Folge hat. Dies könnte bspw. durch die Verwendung bestimmter Hard- oder Softwarekomponenten geschehen, die etwa innerhalb des Systems das durch die Biosignalverarbeitung erhöhte systembezogene Risiko kompensieren können.[71] Dadurch lässt sich insgesamt auch eine Reduzierung des AES-spezifischen Risikos erreichen („E").

Auch am Beispiel der COMPAS-Software (Teil B.I.1) war zu sehen, dass das AES-spezifische Risiko mithilfe der Wissenschaftler*innen verringert werden konnte, indem das systembezogene Risiko verringert wurde (durch die Reduktion der Komplexität des Systems). Auch hier hat sich die Position in der Matrix verändert („C").

Mit dem Ergebnis dieser Risikobewertung können dann regulatorische Maßnahmen verbunden werden. Beispielhaft wäre die Einführung einer verschuldensunabhängigen Gefährdungshaftung für risikointensivere AES-

---

71 s. B. II. am Ende.

Anwendungen verbunden mit einer Pflichtversicherung.[72] Vorstellbar ist auch die Implementierung eines sektorspezifischen Registers und die Einrichtung einer Aufsichtsbehörde, wie von der *Datenethikkommission* vorgeschlagen. Auch denkbar sind Auflagen, die Betreiber von bestimmten AES verpflichten könnten, ihre systembezogenen Risiken in einer besonderen Weise zu evaluieren – wie das bspw. die AI NOW Gründer*Innen vorschlagen (Teil B.I.1). Als schwierig erweist sich auch die regulatorische Einhegung des Risikos der Veränderungsfähigkeit – wenn man bedenkt, dass das Ordnungs- und Technikrecht sonst eher statische Zustände von Objekten beurteilt, die sich im Laufe des Einsatzes nicht (zumindest nicht beabsichtigt) verändern. Eine Lösung könnten hier Live-Schnittstellen sein, die aktuelle Zustände übermitteln und die bei Erreichen kritischer Limits einen Alarm senden. Eine andere Herangehensweise wäre etwa auch die Einführung einer Pflicht zum Nachweis der Absicherung veränderbarer Komponenten durch übergreifende Sicherheitsmaßnahmen, welche ein Gesamtversagen des AES verhindern. Wichtig ist auch die Unterscheidung zwischen *vollautomatisierten* und *teilautomatisierten* AES. Dieser Unterschied könnte Auswirkungen auf das Zertifizierungserfordernis, die Wartungsintervalle, eine veränderte Aufsichts- oder Genehmigungspflicht haben. Möglicherweise lassen sich all diese Maßnahmen für AES-Anwendungen auch in einer einzelnen, europaweit geltenden horizontalen Regulierung kombinieren, an deren Anfang dann tatsächlich ein „KI-TÜV" steht, der das spezifische AES-Risiko ermittelt und entsprechende Verpflichtungen der Betreiber nach sich zieht. Dadurch lässt sich auch Rechtssicherheit für den Einsatz und die weitere Entwicklung von AES gewinnen, so dass ein gesellschaftlicher Mehrwert durch die Technologie entstehen kann.

Die Definition von AES, die Betrachtung und Abgrenzung ihrer Risiken und die Einbettung dieser in die Matrix sind lediglich als die Eckpunkte einer möglichen Regulierung zu verstehen. Offen bleibt bspw. eine exakte Verhältnismäßigkeitsprüfung von regulatorischen Maßnahmen zur Risikoabwägung einer einzelnen AES-Anwendung, die Gegenstand eines Folgebeitrags sein könnte.

---

72 *H. Zech*, Künstliche Intelligenz und Haftungsfragen, ZfPW 2019, S. 198 (215).

Das Erfordernis technikverständlichen Verhaltens im Urheberrecht

*Darius Rostam**

Urheberrecht und Technik sind historisch verbunden.[1] Ihr Verhältnis tritt im Zuge der Digitalisierung noch stärker in den Vordergrund: Einerseits zeichnet es ein umweltsensibles Urheberrecht aus, sich stärker von seiner technischen Umwelt irritieren zu lassen,[2] andererseits darf es dabei aber seinen technikneutralen Steuerungsanspruch nicht aufgeben.[3] In diesem Spannungsfeld bewegen sich Erfordernisse technikverständlichen Verhaltens.[4] Gemeint sind Situationen, in denen Rechtsinhaber zu technischen Mitteln greifen müssen, wenn sie urheberrechtliche Befugnisse ausüben möchten. Der Beitrag vollzieht in einem ersten Schritt die Prozeduralisierung des Urheberrechts nach und unterwirft sie einer funktionellen Analyse (A.). In einem zweiten Schritt werden Erfordernisse technikverständlichen Verhaltens aufgezeigt und auf ihre Wirkung und Legitimation untersucht (B.). Für den Beitrag dienen drei Nutzungsszenarien als Anwendungsfälle: Bildersuchmaschinen, Verlinkungen auf rechtmäßig hochgeladene Schutzgegenstände und Text und Data Mining-Anwendungen.

---

* Darius Rostam, LL.B., Wissenschaftlicher Mitarbeiter an der Juniorprofessur für Bürgerliches Recht, Immaterialgüterrecht sowie Recht und Digitalisierung (Prof. Dr. Linda Kuschel, LL.M. [Harvard]), Bucerius Law School, Hamburg.
1 Vgl. nur *G. Schricker*, in: Schricker (Hrsg.), Urheberrecht auf dem Weg zur Informationsgesellschaft, Baden-Baden 1997, S. 5: „Die Geschichte des Urheberrechts ist weithin ein Prozeß rechtlicher Reaktion auf die Herausforderungen der Technik".
2 *M. Grünberger/R. Podszun*, Ein *more technological approach* für das Immaterialgüterrecht?, ZGE 6 (2014), S. 269; *L. Specht*, Zum Verhältnis von (Urheber-)Recht und Technik, GRUR 2019, S. 253 (259).
3 *F. Hofmann*, Grundsatz der Technikneutralität im Urheberrecht? Zugleich Gedanken zu einem *more technological approach*, ZGE 8 (2016), S. 482.
4 Der Begriff ist angelehnt an *L. Specht*, Diktat der Technik, Baden-Baden 2019, S. 53: „Zwang zu technikverständlichem Verhalten".

A. Prozeduralisierung des Urheberrechts

Immaterialgüterrechte wie das Urheberrecht gewähren Rechtsinhabern Ausschließlichkeitsrechte. Die Befugnisse im Umgang mit einem Gut sind dem Rechtsinhaber originär und exklusiv, also unter Ausschluss aller Übrigen, zugeordnet.[5] Deshalb liegt es grundsätzlich in der Verantwortung der Nutzer, sicherzustellen, dass ihre Nutzung legal ist. Sie müssen im Vorlauf der Nutzung den Status des Schutzgegenstands klären, Rechtsinhaber ausfindig machen, kontaktieren und eine Erlaubnis einholen. Die Rechtsinhaber wiederum können entscheiden, welche der an sie herangetragenen Nutzungswünsche sie zu welchen Konditionen erlauben. Man kann aus Sicht der Rechtsinhaber deshalb von einem Opt-in-System sprechen.[6]

Die im Folgenden vorgestellten Anwendungsfälle zeigen eine Tendenz, von diesem Paradigma für das Urheberrecht[7] abzuweichen. Sie machen die Durchsetzung des Urheberrechts von Mitwirkungsobliegenheiten der Rechtsinhaber abhängig. Danach sind nicht Nutzer in der Verantwortung, sich um eine Erlaubnis zu bemühen, sondern Rechtsinhaber müssen tätig werden, wenn sie mit einer Nutzung nicht einverstanden sind. Die Nutzung ist grundsätzlich zulässig, außer die Rechtsinhaber nehmen eine bestimmte Handlung vor. Diese Entwicklung lässt sich als „prozedurale Restrukturierung des Schutzrechts"[8] begreifen. Zuvor untersagte ein unbedingtes Ausschließlichkeitsrecht jegliche urheberrechtlich relevante Nutzung – nun ist dem vorgeschaltet, dass Rechtsinhaber erst einen bestimmten Prozess durchlaufen müssen, bevor ein Verbotsrecht besteht. Das Opt-in-System kehrt sich damit in ein Opt-out-System um, in welchem Rechtsinhaber aus grundsätzlich erlaubten Nutzungen aktiv herausoptieren müssen.[9] Auf diese Weise können Handlungen standardmäßig legalisiert wer-

---

5   Vgl. allgemein *A. Peukert*, Güterzuordnung als Rechtsprinzip, Tübingen 2008, S. 56 ff.
6   Vgl. für das Urheberrecht etwa *M. Grünberger*, Zugangsregeln bei Verlinkungen auf rechtswidrig zugänglich gemachte Werke, ZUM 2016, S. 905 (911); *D. Wielsch*, Die Zugangsregeln der Intermediäre: Prozeduralisierung von Schutzrechten, GRUR 2011, S. 665 (670); *S. Bechtold*, Optionsmodelle und private Rechtsetzung im Urheberrecht am Beispiel von Google Book Search, GRUR 2010, S. 282 (286).
7   Für das Medienrecht und Patentrecht vgl. *F. Hofmann*, Prozeduralisierung der Haftungsvoraussetzungen im Medienrecht – Vorbild für die Intermediärshaftung im Allgemeinen?, ZUM 2017, S. 102 (104 f.).
8   Begriff von *Wielsch*, Prozeduralisierung von Schutzrechten (Fn. 6), S. 670.
9   Vgl. *Bechtold*, Optionsmodelle (Fn. 6), S. 286; *Grünberger*, Zugangsregeln bei Verlinkungen (Fn. 6), S. 911; *Wielsch*, Prozeduralisierung von Schutzrechten (Fn. 6), S. 670.

den, die anderenfalls grundsätzlich dem Verbotsrecht unterfielen. Die auf Nutzer oder Rechtsinhaber entfallende Verantwortung dafür, dass eine Erlaubnis eingeholt (Nutzer) oder das Verbotsrecht wirksam wird (Rechtsinhaber), beschreibt der Begriff der „Handlungslast".[10] Grundsätzlich tragen Nutzer die Handlungslast, für ihre Nutzung vom Rechtsinhaber eine Erlaubnis einzuholen. Die Prozeduralisierung bewirkt, dass sich die Handlungslast vom Nutzer auf den Rechtsinhaber verlagert. Der Rechtsinhaber muss nunmehr aktiv werden, um ihm ungelegene Nutzungen untersagen zu können. Für das Urheberrecht lässt sich diese Entwicklung an den folgenden Anwendungsfällen veranschaulichen.

I. Anwendungsfälle

1. Bildersuchmaschinen

Das Internet ohne Bildersuchmaschinen ist heute nicht mehr vorstellbar. Sie vereinfachen Suchvorgänge, indem sie automatisiert aufgefundene Bilddateien indexieren und als übersichtliche Vorschaubilder (sog. *thumbnails*) präsentieren. Damit greifen Bildersuchmaschinen allerdings in das Recht der öffentlichen Zugänglichmachung ein.[11] Weil keine Schrankenregelung greift, gilt der Zustimmungsvorbehalt des Ausschließlichkeitsrechts.[12] Suchmaschinenbetreiber tragen deshalb die Verantwortung, Erlaubnisse für ihre Nutzungen im Wege individueller Transaktionen zu erwerben. Das begegnet mit Blick auf die Milliarden von Bildern, die Vielzahl zugehöriger Rechtsinhaber und den sich daraus ergebenden Transaktionskosten Bedenken. Ohne Aufhebung des Zustimmungsvorbehalts lässt sich eine Bildersuchmaschine wirtschaftlich kaum betreiben – das große „allgemeine Interesse an der Tätigkeit von Bildersuchmaschinen"[13] würde nicht realisiert. Die Vorschaubilder-Rechtsprechung des BGH löst diesen Konflikt wie folgt: Wenn Rechtsinhaber eine Abbildung ins Internet stellen, ohne sie von der Nutzung durch Suchmaschinen auszunehmen, müssen sie mit „nach den Umständen üblichen Nutzungshandlungen"[14] rech-

---

10 So bezeichnet bei *H. Schack*, Urheber- und Urhebervertragsrecht, 9. Aufl., Tübingen 2019, Rn. 417a; ähnlich *Wielsch*, Prozeduralisierung von Schutzrechten (Fn. 6), S. 670: „Kooperationslast".
11 Vgl. BGH GRUR 2010, S. 628 (629).
12 Vgl. BGH GRUR 2010, S. 628 (629 f.).
13 BGH GRUR 2010, S. 628 (633).
14 BGH GRUR 2010, S. 628 (632).

nen. Sie willigen deshalb aus objektiver Sicht in die übliche Nutzung durch eine Bildersuchmaschine ein.[15] Suchmaschinen handeln folglich nicht rechtswidrig, wenn sie die Vorschaubilder öffentlich zugänglichmachen.

Nach Ansicht des BGH liegt die Einwilligung darin, dass Rechtsinhaber einen Inhalt ohne Sicherung bereitstellen, obwohl sie mit Nutzungshandlungen rechnen müssen. Das wirkt zunächst befremdlich. Das Urheberrecht soll es Rechtsinhabern gerade ermöglichen, Werke zu veröffentlichen, ohne befürchten zu müssen, sich damit auch jeglicher Kontrolle zu begeben.[16] Die Rechtsprechung erreicht auf diesem Weg allerdings eine Verlagerung der Handlungslast. Sie entlastet die Suchmaschinen von der Verantwortung, eine Erlaubnis einholen zu müssen. Die Suchmaschinenbetreiber müssen wegen der generellen Einwilligung nicht individuell gewährleisten, dass ihre Nutzung urheberrechtskonform ist. Stattdessen erlegt sie Rechtsinhabern die Handlungslast auf, den Erklärungsgehalt der Einwilligung zu beseitigen, falls sie die Nutzung nicht tolerieren möchten.[17] Sie müssen tätig werden, wenn das Verbotsrecht eingreifen soll. Ihr Ausschließlichkeitsrecht gilt demnach nicht unbedingt, sondern ist prozeduralisiert, also von der Einhaltung eines bestimmten Verfahrens abhängig.

2. Verlinkungen

Verlinkungen ermöglichen es, zwischen Inhalten ein „Geflecht von semantischen Verweisungen"[18] herzustellen und sind damit die Grundlage der im Internet vorherrschenden Referenzkultur. Für den Zugang zum digital versammelten Wissen und die Funktionsfähigkeit des Internets sind sie essenziell. Urheberrechtliche Relevanz bekommen Verlinkungen, weil der urheberrechtsfreie Hinweis auf ein Werk und die urheberrechtsrelevante

---

15 Vgl. BGH GRUR 2010, S. 628 (631).

16 Zur rechtsphilosophischen Begründung der Veröffentlichungsresistenz von Rechten an immateriellen Gütern *J. Jacob*, Ausschließlichkeitsrechte an immateriellen Gütern, Tübingen 2010, S. 116 ff.

17 Vgl. auch *Wielsch*, Prozeduralisierung von Schutzrechten (Fn. 6), S. 671 f.; *N. Klass*, Neue Internettechnologien und Urheberrecht: Die schlichte Einwilligung als Rettungsanker?, ZUM 2013, S. 1 (7).

18 *D. Wielsch*, Zugangsregeln, Tübingen 2006, S. 256.

Wiedergabe konvergieren.[19] In Frage steht, ob es Rechtsinhabern zustehen soll, über die Möglichkeit von Verweisungen auf ihre Werke zu entscheiden. Es begegnen sich, wie so häufig im digitalen Urheberrecht, Exklusivitäts- und Zugangskultur.[20]

Zuletzt[21] hat der EuGH das Feld auf Grundlage des vollharmonisierten Rechts der öffentlichen Wiedergabe (Art. 3 InfoSoc-RL) neu geordnet. Dessen Tatbestand setzt eine Handlung der Wiedergabe und die Öffentlichkeit der Wiedergabe voraus.[22] Die Wiedergabe ist insbesondere öffentlich, wenn durch sie ein neues Publikum erreicht wird. Gemeint ist ein Publikum, an das der Rechtsinhaber nicht dachte, als er die ursprüngliche öffentliche Wiedergabe erlaubte.[23] Deshalb kommt es darauf an, welchem Publikum ein Rechtsinhaber seine Inhalte ursprünglich zugänglich gemacht hat:[24] Sind Inhalte für jeden potentiellen Besucher einer Internetseite ohne Einschränkung zugänglich, ist das Publikum die gesamte Internetöffentlichkeit.[25] Wenn Nutzer auf diese Inhalte im Internet verlinken, erreichen sie deshalb kein neues Publikum.[26] Das ändert sich erst, wenn Rechtsinhaber den Zugang zu Inhalten von vornherein auf einen bestimmten Nutzerkreis beschränken. Wenn Nutzer das Werk dann für einen anderen Nutzerkreis durch eine Verlinkung zugänglich machen, richtet sich die Wiedergabe an ein anderes, also neues Publikum. Das be-

---

19 *G. Nolte*, Paperboy oder die Kunst den Datenfluss zu regulieren, ZUM 2003, S. 540 (549).

20 Begriffe von *A. Peukert*, Das Urheberrecht und die zwei Kulturen der Online-Kommunikation, GRUR-Beilage 2014, S. 77.

21 Davor bereits BGH GRUR 2003, S. 958; BGH GRUR 2011, S. 56.

22 Vgl. EuGH GRUR 2013, S. 500 (501 f.).

23 Vgl. EuGH GRUR 2016, S. 1152 (1154).

24 Zur Frage, ob das neue Publikum als Zugangsregel objektiv oder als Einwilligungslösung subjektiv zu verstehen ist, vgl. einerseits *M. Grünberger*, Öffentliche Wiedergabe bei der Verlinkung (Framing) und der Einsatz von technischen Schutzmaßnahmen – Unsicherheiten in Karlsruhe, ZUM 2019, S. 573 (577) und andererseits *A. Ohly*, Unmittelbare und mittelbare Verletzung des Rechts der öffentlichen Wiedergabe nach dem „Córdoba"-Urteil des EuGH, GRUR 2018, S. 996 (999 f.).

25 EuGH GRUR 2014, S. 360 (361); mit Kritik an dieser „rechtlichen Fiktion" jüngst GA *Szpunar*, Schlussanträge vom 10.9.2020 – C-329/19 – Deutsche Digital Bibliothek, Rn. 55 ff., 73 ff., der das Publikum als maßgeblich ansieht, das die Webseite in der Praxis aufsucht, einschließlich mittels Hyperlink.

26 Das gilt jedenfalls für Fälle des Linking, in denen das Werk frei zugänglich ist und auch die Möglichkeiten der Anschlussnutzungen nicht technisch kontrolliert werden, vgl. *Grünberger*, Öffentliche Wiedergabe bei der Verlinkung (Fn. 24), S. 577 f.

deutet: Inhalte, die sich mit Zustimmung der Rechtsinhaber im Internet befinden, können grundsätzlich frei verlinkt werden – es sei denn, die Verlinkung umgeht eine Zugangsbeschränkung.[27]

Dadurch teilt der EuGH die Handlungslasten für den Nutzungsvorgang auf: Für Inhalte, die eine Zugangsbeschränkung aufweisen, trifft die Nutzer die Handlungslast. Sie greifen in das Recht der öffentlichen Wiedergabe ein, wenn sie die Beschränkung umgehen und die Inhalte dadurch einem neuen Publikum zugänglich machen. Aufgrund des Verbotsrechts müssen sie vom Rechtsinhaber vor der Nutzung also eine Erlaubnis einholen. Inhalte, die sich ohne Zugangsbeschränkung im Netz befinden, können dagegen frei verlinkt werden. Nutzer dürfen darauf vertrauen, diese Inhalte frei referenzieren zu können. Sie tragen für solche Inhalte deshalb nicht die Handlungslast, sich eine Erlaubnis verschaffen zu müssen. Vielmehr hängt der Umfang des Verbotsrechts vom Verhalten der Rechtsinhaber ab. Nur wenn sie das Publikum der ursprünglichen Wiedergabe beschränken, können Verlinkungen ein neues Publikum erreichen und fallen so unter das Verbotsrecht. Das Ausschließlichkeitsrecht wird also nicht unbedingt gewährt, sondern ist für Verlinkungen von einem zusätzlichen Verfahren abhängig, der Beschränkung des Publikums. Die Rechtsinhaber tragen deshalb die Handlungslast, ihre Werke mit Zugangsbeschränkungen zu versehen, wenn ein Verbotsrecht bestehen soll.[28]

3. Text und Data Mining

Text und Data Mining (TDM) bewegt sich an der Schnittstelle von Urheberrecht und Digitalisierung. Es umfasst digitale Analysen von Daten, um Informationen über Muster, Trends oder Korrelationen zu gewinnen (vgl. Art. 2 Nr. 2 DSM-RL). Angesichts immer umfangreicherer Datenbestände steigt die Bedeutung dieser Analysen immens. Soweit dazu urheberrechtliche Schutzgegenstände vervielfältigt werden müssen, ist grundsätzlich eine Transaktion zwischen Nutzer und Rechtsinhaber erforderlich. Solche Transaktionen werden mit steigender Anzahl der betroffenen Rechtsinhaber aber zu kostspielig. Um dennoch Innovationen anzuregen und Rechtssicherheit zu schaffen, verpflichtet der Unionsgesetzgeber die Mitglieds-

27 *Grünberger*, Zugangsregeln bei Verlinkungen (Fn. 6), S. 910.
28 Vgl. *Grünberger*, Zugangsregeln bei Verlinkungen (Fn. 6), S. 910, 911 f.; *B. Raue*, Das subjektive Vervielfältigungsrecht – eine Lösung für den digitalen Werkgenuss?, ZGE 9 (2017), S. 514 (524 f.).

staaten, für TDM eine allgemeine Ausnahme vorzusehen (vgl. Art. 4 Abs. 1 DSM-RL). Der Bundesgesetzgeber möchte diese Vorgabe in einer Schrankenregelung umsetzen, nach der Vervielfältigungshandlungen von rechtmäßig zugänglichen Werken zum Zwecke des TDM zulässig sind (vgl. § 44b Abs. 2 S. 1 UrhG-E).[29] Diese Beschränkung darf nach Unionsrecht aber keine Anwendung finden, wenn sich der Rechtsinhaber die Nutzung ausdrücklich vorbehält (vgl. Art. 4 Abs. 3, ErwG 18 UAbs. 2 S. 1 DSM-RL). Das führt in § 44b Abs. 3 S. 1 UrhG-E zu folgender Formulierung: „Nutzungen nach Abs. 2 S. 1 sind nur zulässig, wenn der Rechtsinhaber sich diese nicht vorbehalten hat".

Gesetzestechnisch ist das eine bemerkenswerte, aber keinesfalls neuartige Gestaltung. Sie findet ein Vorbild in § 49 Abs. 1 S. 1 UrhG.[30] Danach sind z.B. Vervielfältigungen einzelner Zeitungsartikel zulässig, solange die Artikel nicht mit einem Vorbehalt der Rechte versehen sind. Der Gesetzgeber von 1965 ging davon aus, dass es regelmäßig im Interesse der Zeitungen liege, wenn ihre Beiträge weiterverbreitet werden. Wünsche eine Zeitung gleichwohl den Abdruck nicht, könne sie ihn untersagen.[31]

Unter dieser Regelungsstruktur kehrt sich das Regel-Ausnahme-Verhältnis des Urheberrechts um. Wenn keine Schranke bestünde, wäre die Vervielfältigung grundsätzlich verboten – es sei denn, der Rechtsinhaber gestattete sie (Status 1). Die Handlungslast läge beim Nutzer, eine Erlaubnis einzuholen. Mit der Schranke nimmt der Gesetzgeber dagegen für das TDM erforderliche Handlungen von vornherein[32] vom Vervielfältigungsrecht aus (Status 2). Nutzer müssen sich nicht mehr um eine Erlaubnis bemühen, tragen also nicht mehr die Handlungslast. Anders als beim Großteil der Schranken ist diese Abstimmung von Ausschließlichkeit und Zugang aber nicht abschließend, sondern in die Hand der Rechtsinhaber gelegt. Auf sie entfällt die Handlungslast, bei Bedarf die freistellende Wirkung der Schranke zu beseitigen und auf das Verbotsrecht wie nach Status

---

29 Vgl. Bundesministerium der Justiz und Verbraucherschutz, Referentenentwurf für das Gesetz zur Anpassung des Urheberrechts an die Erfordernisse des digitalen Binnenmarkts, 13.10.2020, https://www.bmjv.de/SharedDocs/Gesetzgebungsverfa hren/DE/Gesetz_Anpassung-Urheberrecht-dig-Binnenmarkt.html.

30 Daneben sah auch § 5 Abs. 2 des Entwurfes des UrhG diese Struktur vor: „Andere amtliche Werke", die im amtlichen Interesse zur allgemeinen Kenntnisnahme veröffentlicht worden sind, sollten nur dann keinen urheberrechtlichen Schutz genießen, wenn sie nicht mit einem Vorbehalt der Rechte versehen sind, vgl. BT-Drs. IV/270, S. 5.

31 Vgl. BT-Drs. IV/270, S. 66.

32 Vgl. *M. Stieper*, in: Schricker/Loewenheim (Hrsg.), Urheberrecht. Kommentar, 6. Aufl., München 2020, Vor § 44a UrhG Rn. 34.

1 umzustellen (Status 3). Das Ausschlussprinzip hat deshalb keine unbedingte Geltung, sondern ist prozeduralisiert. Es ist abhängig von einer Verfahrenshandlung, die Rechtsinhaber absolvieren müssen, bevor ihr Verbotsrecht greift.

II. Funktionen

Auch wenn die Prozeduralisierung in den Anwendungsfällen unterschiedliche dogmatische Wege beschreitet und unterschiedlichen Rechtsquellen entspringt, wird die funktionale Vergleichbarkeit deutlich. In den Anwendungsfällen kehrt sich das grundsätzliche Verbot mit Erlaubnisvorbehalt in eine grundsätzliche Erlaubnis mit Verbotsvorbehalt um. Im Folgenden soll deshalb der Blick auf die Funktionen gerichtet werden, die diese Umkehrung für die Kostenallokation, die Flexibilisierung des Ausschlussprinzips und die Steuerung des Risikos einer Rechtsverletzung erbringt.

1. Kostenallokation

Der normative Zustimmungsvorbehalt des Urheberrechts verursacht Kosten. Darunter fallen zunächst Transaktionskosten, um den rechtlichen Status eines Inhalts zu klären und den Rechtsinhaber ausfindig zu machen, ihn über den Nutzungswunsch zu informieren und seine Präferenz zu ermitteln, sowie ggf. über die Nutzungsbefugnis zu verhandeln und die Nutzung letztlich durchführen zu dürfen.[33] Weil die Rechtsordnung die Nutzungsbefugnisse originär beim Urheber konzentriert, müssen Nutzer sie grundsätzlich in einer individuellen Transaktion erwerben (nach der Systematik von *Calabresi/Melamed* eine sog. *property rule*[34]). Diese Kosten treffen also die Nutzer. Die Rechtsinhaber dagegen tragen die Kosten der Überwachung von Verstößen und der privatrechtlichen Durchsetzung ihres subjektiven Rechts. Schließlich entstehen auch administrative Kosten, etwa für die strafrechtliche Durchsetzung des Urheberrechts (§§ 106–111 UrhG), die auf die Allgemeinheit entfallen.

---

33 O. *Bracha*, Standing Copyright Law on Its Head – The Googlization of Everything and the Many Faces of Property, 85 Tex. L. Rev. (2007), S. 1799 (1828 ff.); allgemein zu Transaktionskosten R. *Coase*, The Problem of Social Cost, 3 J. L. & Econ. (1960), S. 1 (15 ff.).

34 Vgl. G. *Calabresi/A. D. Melamed*, Property Rules, Liability Rules and Inalienability: One View of the Cathedral, 85 Harv. L. Rev. (1972), S. 1089 (1090).

Die Transaktionskosten fallen in den Anwendungsfällen jeweils äußerst hoch aus: Bildersuchmaschinen basieren darauf, möglichst viele Abbildungen zu indexieren und sehen sich deshalb Transaktionen mit Milliarden von Rechtsinhabern konfrontiert. Je größer der Daten-Input bei TDM-Anwendungen ist, desto aussagekräftiger sind die Analyseergebnisse. Umso größer ist allerdings auch die Anzahl der Schutzgegenstände, involvierter Rechtsinhaber und damit erforderlicher Transaktionen. Verlinkungen betreffen zwar häufig eine übersichtliche Anzahl an Schutzgegenständen. Die Kosten, von den Rechtsinhabern eine Erlaubnis einzuholen, sind im Vergleich zum subjektiven Nutzen einer Verlinkung jedoch typischerweise zu hoch.[35] Wenn die Transaktionskosten prohibitiv auf Nutzungen wirken, droht ein Marktversagen. Selbst wenn Rechtsinhaber mit einzelnen Nutzungen einverstanden sind, kommen Transaktionen nicht zustande. Deshalb ist es in den Anwendungsfällen problematisch, eine *property rule* einzusetzen.

Handlungslasten von Rechtsinhabern, die durch Prozeduralisierung entstehen, greifen an dieser Stelle an. Nutzer müssen keine Transaktion mehr einleiten, weil ihre Nutzung grundsätzlich zulässig ist. Stattdessen tragen Rechtsinhaber die Handlungslast, ihnen unerwünschte Nutzungen zu untersagen. Aus ökonomischer Sicht verändert sich dadurch die Kostenallokation. Nutzer werden von den Kosten entlastet, den rechtlichen Status eines Inhalts zu klären, die Rechtsinhaber ausfindig zu machen und ihre Präferenz zur Nutzung abzufragen. Stattdessen entstehen bei Rechtsinhabern die Kosten, Nutzungen zu überwachen und – falls unerwünscht – zu untersagen. Insgesamt lassen sich die anfallenden Kosten dadurch verringern.[36] Wenn Nutzer die Handlungslast tragen, müssen sie stets die Rechtsinhaber aller Schutzgegenstände ausfindig machen und ihre Präferenz ermitteln.[37] Ihre Kosten fallen also immer für alle Schutzgegenstände an. Wenn Rechtsinhaber dagegen die Handlungslast tragen, werden die Kosten der Nutzungsuntersagung häufig nicht für alle Schutzgegenstände

---

35 Vgl. *M. Grünberger*, Bedarf es einer Harmonisierung der Verwertungsrechte und Schranken?, ZUM 2015, S. 273 (279); *A. Conrad*, Kuck' mal, wer da spricht: Zum Nutzer des Rechts der öffentlichen Zugänglichmachung anlässlich von Links und Frames, CR 2013, S. 305 (313); *G. Spindler*, Das Ende der Links: Framing und Hyperlinks auf rechtswidrige Inhalte als eigenständige Veröffentlichung, GRUR 2016, S. 157 (159).

36 Zum Vergleich von den Suchkosten der Nutzer und den Kosten der Rechtsinhaber, Nutzungen zu überwachen und ihrer Handlungslast nachzukommen, sowie zur Legitimation sogleich unter B.II.2.a.

37 *Bracha*, Standing Copyright Law on Its Head (Fn. 33), S. 1835.

entstehen.[38] Das liegt daran, dass typischerweise nicht alle Rechtsinhaber Nutzungen untersagen wollen. Funktional führt die Verlagerung der Handlungslast also dazu, die Allokation von Kosten zu verändern und sie in vielen Fällen dadurch zu verringern.

2. Flexibilisierung

Die Prozeduralisierung flexibilisiert daneben, wie Befugnisse zugeordnet sind. Zwischen den Extrema endgültiger Ausschließlichkeit oder Gemeinfreiheit kennt das geltende Recht bereits Differenzierungen. Ein Ausschließlichkeitsrecht erscheint entweder in Form einer *property rule* als Handlungsrecht[39], das in einer freiwilligen Transaktion zwischen Rechtsinhaber und Nutzer den Inhaber wechseln kann.[40] Oder es besteht eine sog. *liability rule*[41], nach der die Nutzung auch ohne Zustimmung zulässig ist, aber mit einem Vergütungsanspruch kompensiert wird. Entfällt auch der Vergütungsanspruch, lässt sich von einer *zero-price liability rule* sprechen.[42]

In den Anwendungsfällen stehen die Nutzungen jeweils unter einer *zero-price liability rule*. Nutzungshandlungen können ohne Einverständnis und entgeltfrei vorgenommen werden, bis die Rechtsinhaber ihrer Handlungslast nachkommen. Darin liegt die Abweichung vom Paradigma der Ausschließlichkeit. Beim TDM soll dies in § 44b Abs. 2 S. 1 UrhG-E durch eine vergütungsfreie Schranke geschehen; die schlichte Einwilligung bei der Bildersuche und die Auslegung des Tatbestandes der öffentlichen Wiedergabe bei Verlinkungen kommen einer vergütungsfreien Schranke funktional gleich.[43] Der weit überwiegende Teil an bestehenden Schrankenre-

---

38 *Bracha*, Standing Copyright Law on Its Head (Fn. 33), S. 1835.
39 Zur Terminologie vgl. *H.-B. Schäfer/C. Ott*, Lehrbuch der ökonomischen Analyse des Zivilrechts, Berlin 2012, S. 69.
40 Vgl. *Calabresi/Melamed*, Property Rules, Liability Rules and Inalienability (Fn. 34), S. 1092.
41 *Calabresi/Melamed*, Property Rules, Liability Rules and Inalienability (Fn. 34), S. 1092.
42 Dieser Begriff stammt von *M. A. Lemley/P. J. Weiser*, Should Property or Liability Rules Govern Information, 85 Tex. L. Rev. (2007), S. 783 (786).
43 Vgl. in Bezug auf die Bildersuche *Klass*, Neue Internettechnologien (Fn. 17), S. 4 f., 7 f.; *Wielsch*, Prozeduralisierung (Fn. 6), S. 672; *G. Spindler*, Bildersuchmaschinen, Schranken und konkludente Einwilligung im Urheberrecht. Besprechung der BGH-Entscheidung Vorschaubilder, GRUR 2010, S. 785 (791); in Bezug auf Verlinkungen *Raue*, Das subjektive Vervielfältigungsrecht (Fn. 28), S. 527:

gelungen endet an dieser Stelle. Mittels Handlungslasten prozeduralisierte Rechte bergen aber noch eine weitere Volte: Rechtsinhaber können in das Verbotsrecht optieren, indem sie ihrer Handlungslast nachkommen. In den Anwendungsfällen gilt wieder der Zustimmungsvorbehalt aus dem Verbotsrecht, wenn Rechtsinhaber die jeweils verlangte Handlung vornehmen. Sie haben also die Kompetenz, eine *zero-price liability rule* in eine *property rule* zu verwandeln.

Charakteristisch für diese Befugnisse ist ihre Flexibilität. Das Recht legt Bedingungen fest, unter denen sich die Zuordnung der Befugnisse von Status A in Status B ändert. Es bricht die Dichotomie von *property rule* und *(zero-price) liability rule* dadurch auf. Die Systematik von *Calabresi/Melamed* wird um dynamische Befugnisse ergänzt, die sich im zeitlichen Verlauf ändern können.[44] Die mit einer Handlungslast versehene Befugnis der Rechtsinhaber lässt sich als „prozeduralisierte Property Rule"[45] oder „loperty rule"[46] bezeichnen. Sie kombiniert Vorteile einer *property rule* und einer *liability rule*: Einerseits muss es für eine Nutzung nicht zu kostenintensiven Transaktionen kommen, wenn der Rechtsinhaber sowieso einen freien Zugang gewähren möchte.[47] Andererseits können Rechtsinhaber bei Bedarf durch eine individuelle Transaktion ein marktkonformes Einkommen erzielen.[48] Unerwünschte Effekte einer *property rule*, durch prohibitiv hohe Transaktionskosten eine Übertragung der Befugnisse zu verhindern, und einer *liability rule*, mangels ausreichender Informationen die Nutzung unangemessen zu bepreisen,[49] können so umgangen werden. Stattdessen sind die Befugnisse grundsätzlich verteilt. Rechtsinhaber können sie unilateral an sich ziehen, wenn es sich für sie lohnt. Die Handlungslast fungiert so als ein Mechanismus, um zwischen den Rechtsinhabern zu unterscheiden, die an einer exklusiven Vermarktung interessiert sind und denjeni-

---

„Ausgleich"; *M. Grünberger*, Anmerkung zu BGH, Urt. v. 9.7.2015 – I ZR 46/12, JZ 2016, S. 318 (319): „Ausweichstrategien".

44 Vgl. *A. Bell/G. Parchomovsky*, Pliability Rules, 101 Mich. L. Rev. (2002), S. 1 (5).

45 So *F. Hofmann*, Die Plattformverantwortlichkeit nach dem neuen europäischen Urheberrecht – »Much Ado About Nothing«?, ZUM 2019, S. 617 (620).

46 *Bell/Parchomovsky*, Pliability Rules (Fn. 44), S. 31, 53 f.

47 *Patricia L. Bellia*, Defending Cyberproperty, 79 N.Y.U. L. Rev. (2004), S. 2164 (2250).

48 Mit dieser Funktion wird die property rule individualistisch legitimiert, vgl. *A. Peukert*, Die Expansion des Urheberrechts – eine polanyische Perspektive, Arbeitspapier des Fachbereichs Rechtswissenschaft der Goethe-Universität Frankfurt/M., Nr. 1/2017, Rn. 15.

49 Vgl. *Lemley/Weiser*, Property or Liability Rules (Fn. 42), S. 820.

gen, die mit einem freien Zugang einverstanden sind.[50] Insgesamt ist dadurch eine stärkere Differenzierung und Flexibilität beim Arrangement der Befugnisse möglich.

3. *Risikosteuerung*

Die Prozeduralisierung durch eine Handlungslast der Rechtsinhaber lässt sich auch unter dem Aspekt der Risikosteuerung betrachten.[51] In den Anwendungsfällen besteht ein Informationsdefizit. Zunächst mag auf Nutzerseite Rechtsunsicherheit darüber herrschen, ob überhaupt eine urheberrechtlich relevante Handlung vorliegt. Beim TDM etwa ist häufig unklar, welche Analysen ohne Erlaubnis der Rechtsinhaber vorgenommen werden können.[52] Zudem fehlen Nutzern in den Anwendungsfällen normalerweise Informationen über den Status des Werks, die Identität der Rechtsinhaber und ihre Präferenz. Sie können deshalb nicht einschätzen, ob sie sich urheberrechtskonform verhalten. Trotzdem trifft sie grundsätzlich das Prognoserisiko[53]. Weil sich dieses Risiko mit verhältnismäßigem Aufwand nicht beherrschen lässt, werden rationale Nutzer auf eine Nutzung verzichten.[54]

Dieser *chilling effect* des Verbotsrechts ist in Bezug auf rechtswidrige Handlungen sinnvoll. Mit Blick auf die Anwendungsfälle führt er aber dazu, dass möglicherweise rechtmäßige, sozial wertvolle Tätigkeiten unterbleiben.[55] In Bezug auf die Bildersuche etwa betont der BGH das „allge-

---

50 Vgl. *Bellia*, Defending Cyberproperty (Fn. 47), S. 2250 f.
51 Vgl. *Hofmann*, Prozeduralisierung (Fn. 7), S. 105; *Grünberger*, Harmonisierung der Verwertungsrechte und Schranken? (Fn. 35), S. 281. Letztlich lässt sich ein Risiko in die Kosten des Vermeidungs-/Verringerungsaufwands übersetzen, deren Allokation dann wiederum durch die Handlungslasten beeinflusst wird (s. A.II.1). Trotzdem erscheint es angebracht, einen Blick auf die Funktion der Prozeduralisierung auch abseits einer ökonomischen Betrachtung zu werfen.
52 Die DSM-RL benennt es deshalb ausdrücklich als Ziel, diese Rechtsunsicherheit zu beseitigen, vgl. ErwG 8 S. 4, 10 S. 3, 11 S. 1, 18 S. 3.
53 Begriff von *Hofmann*, Prozeduralisierung (Fn. 7), S. 104.
54 In Bezug auf Verlinkungen *Grünberger*, Harmonisierung der Verwertungsrechte und Schranken? (Fn. 35), S. 281; *Raue*, Das subjektive Vervielfältigungsrecht (Fn. 28), S. 527.
55 Vgl. empirisch zum TDM *C. Handke/L. Guibault/J.-J. Vallbé*, Is Europe Falling Behind in Data Mining? Copyright's Impact on Data Mining in Academic Research, 2015, https://dx.doi.org/10.2139/ssrn.2608513.

meine Interesse an der Tätigkeit von Bildersuchmaschinen"[56], der EuGH stellt die Bedeutung von Verlinkungen „für das gute Funktionieren und zum Meinungs- und Informationsaustausch im Netz"[57] heraus und der Unionsgesetzgeber sieht im TDM die „vorherrschende Technik der Digitalwirtschaft"[58]. „Phantomrechte"[59], die über ihre Grenzen hinaus Abschreckungseffekte entfalten, hemmen diese Nutzungshandlungen, selbst wenn sie zulässig sind.

Die Prozeduralisierung begegnet dieser Problematik auf der Ebene des Informationsflusses. Zwischen Nutzern und Rechtsinhabern besteht ein Informationsgefälle. Für die Informationen, die Nutzern fehlen, sind Rechtsinhaber die kostengünstigsten Informationssammler oder -bereitsteller[60]. Die Handlungslast fungiert nun als Anreiz, diese Informationen Nutzern gegenüber offenzulegen und so einen Austausch zu gewährleisten.[61] Die Anreizwirkung basiert darauf, dass der *status quo* zulasten von Rechtsinhabern wirkt (sog. *penalty default rule*).[62] Soll ein Verbotsrecht bestehen, müssen sie aktiv werden. Die dazu erforderliche Handlung richtet sich darauf, das Informationsgefälle zu beseitigen. Die Rechtsinhaber müssen gegenüber Bildersuchmaschinen, Linksetzern und TDM-Anwendungen offenbaren, dass sie mit Nutzungen nicht einverstanden sind. Sobald diese Information bei Nutzern verfügbar ist, sind die Nutzungen nicht mehr zulässig. Nutzer tragen also kein Prognoserisiko. Wenn Rechtsinhaber ihrer Handlungslast nachkommen, herrscht schließlich Gewissheit. Im Ergebnis erzeugt die Verlagerung der Handlungslast damit Rechtssicherheit für sozial erwünschte Nutzungen, indem sie das Prognoserisiko minimiert.[63]

---

56 BGH GRUR 2010, S. 628 (633).
57 EuGH GRUR 2016, S. 1152 (1154); zuletzt auch EuGH GRUR 2018, S. 911 (914).
58 Vgl. ErwG 8 S. 3 DSM-RL.
59 Vgl. *B. Raue*, Die dreifache Schadensberechnung, Baden-Baden 2017, S. 473 f.; *F. Hofmann*, Kontrolle oder nachlaufender Rechtsschutz – wohin bewegt sich das Urheberrecht? Rechtsdurchsetzung in der EU zwischen Kompensation und Bestrafung, GRUR 2018, S. 21 (22).
60 Vgl. zum Begriff *H. Fleischer*, Informationsasymmetrie im Vertragsrecht, München 2001, S. 149.
61 Vgl. zur Google Book Search *Bechtold*, Optionsmodelle (Fn. 6), S. 286 f.; *Bracha*, Standing Copyright Law on Its Head (Fn. 33), S. 1839.
62 Vgl. allgemein dazu *H. Unberath/J. Cziupka*, Dispositives Recht welchen Inhalts?, AcP 209 (2009), S. 37 (63 ff.).
63 Vgl. *Hofmann*, Prozeduralisierung (Fn. 7), S. 105.

B. *Erfordernis technikverständlichen Verhaltens*

Bisher wurde aufgezeigt, dass sich in den Anwendungsfällen die Handlungslast auf die Rechtsinhaber verlagert. Offen ist, was sie konkret tun müssen, um ihrer Handlungslast nachzukommen. Dazu lässt sich zwischen den Anwendungsfällen eine Gemeinsamkeit ausmachen: Um das Verbotsrecht zu genießen, müssen Rechtsinhaber Nutzern mitteilen, dass sie mit Nutzungen nicht einverstanden sind – und zwar auf eine maschinenlesbare Art und Weise. Die Anwendungsfälle begründen damit ein Erfordernis technikverständlichen Verhaltens (I.). Dass Technik über die Durchsetzbarkeit urheberrechtlicher Befugnisse entscheidet, wirft Fragen nach der Legitimation auf (II.).

I. *Anwendungsfälle*

1. *Bildersuchmaschinen*

Im Kontext der Vorschaubilder-Rechtsprechung stellt sich die Frage, wie Rechtsinhaber verhindern können, dass eine schlichte Einwilligung überhaupt entsteht oder wie sie eine einmal entstandene Einwilligung widerrufen können. Der BGH verlangt dafür einen *actus contrarius*.[64] Die Erklärungshandlung liegt darin, Bilder für Suchmaschinen im Internet auffindbar zu machen. Um die Einwilligung zu verhindern oder zu beseitigen, müssen Suchmaschinen deshalb vom Zugang zum Inhalt ausgenommen werden. Andernfalls bleibt der Erklärungsgehalt aus der maßgeblichen objektiven Sicht unverändert.[65] Es reicht dazu nicht aus, dass Rechtsinhaber gegenüber einem einzelnen Suchmaschinenbetreiber etwa postalisch oder mittels eines Hinweises auf ihrer Webseite widersprechen.[66] Erforderlich ist, maschinenlesbar auszudrücken, ob Inhalte ausgewertet werden dürfen. In der Praxis erfolgt das anhand des Robot Exclusion Protocol (REP).[67] Das REP ist eine Kunstsprache für die automatisierte, maschinelle Kom-

---

64 *Wielsch*, Prozeduralisierung von Schutzrechten (Fn. 6), S. 672.

65 Berufen sich Rechtsinhaber dennoch darauf, mit der Nutzung nicht einverstanden zu sein, ist das nach der Konzeption des BGH als *protestatio facto contraria* unbeachtlich, vgl. BGH GRUR 2010, S. 628 (632).

66 Vgl. BGH GRUR 2010, S. 628 (632); dagegen differenzierend *A. Ohly*, Zwölf Thesen zur Einwilligung, GRUR 2012, S. 983 (990 f.).

67 Vgl. dazu *A. Conrad/T. Schubert*, How to Do Things with Code. Zur Erklärung urheberrechtlicher Einwilligungen durch robots.txt, GRUR 2018, S. 350 ff.

munikation zwischen Webseitenbetreibern und Webcrawlern.[68] Rechtsinhaber hinterlegen dazu standardisierte Anweisungen, die Webcrawler auslesen und berücksichtigen können. Das bedeutet: Solange der Inhalt für Suchmaschinen ohne entgegenstehende maschinenlesbare Anweisungen zugänglich ist, sind Nutzungshandlungen durch die Einwilligung gerechtfertigt. Nur wenn die Rechtsinhaber Inhalte auf automatisiert nachvollziehbare Art vom Zugang ausnehmen, besteht keine Einwilligung (mehr). So harmoniert die Rechtslage mit dem auf Automatisierung angewiesenen Geschäftsmodell der Bildersuche. Für Rechtsinhaber erwächst dadurch aber eine Obliegenheit, ihren entgegenstehenden Willen technikverständlich zu äußern.

2. Verlinkungen

Ob eine Verlinkung den Tatbestand der öffentlichen Wiedergabe erfüllt, richtet sich danach, welchem Publikum Rechtsinhaber ursprünglich den Zugang eröffnet haben. Zu klären ist, wie Rechtsinhaber den Zugang und damit das Publikum der Erstwiedergabe beschränken können. Die EuGH-Rechtsprechung spricht dazu nur von „beschränkende[n] Maßnahmen".[69] Reichen danach einfache Hinweise, etwa in Textform, oder muss es sich um technisch wirkende Einschränkungen handeln? Die wohl überwiegende Ansicht nimmt an, dass eine wirksame Beschränkung nur mit maschinenlesbaren Mitteln erfolgen kann.[70] Rechtsinhaber müssen deshalb auf technischem Wege die Möglichkeit des Zugriffs auf ihre Inhalte steuern.[71] Das gelingt nur mit der für das Internet spezifischen Kommunikations-

---

68 *Conrad/Schubert*, How to Do Things with Code (Fn. 67), S. 350.

69 Vgl. EuGH GRUR 2014, S. 360 (361).

70 So noch zur öffentlichen Zugänglichmachung BGH GRUR 2011, S. 56 (58); aus der Literatur *Grünberger*, Zugangsregeln bei Verlinkungen (Fn. 6), S. 910; *Raue*, Das subjektive Vervielfältigungsrecht (Fn. 28), S. 525; *Spindler*, Das Ende der Links (Fn. 35), S. 160; *Ohly*, Unmittelbare und mittelbare Verletzung des Rechts der öffentlichen Wiedergabe (Fn. 24), S. 1002 f.; *M. Leistner*, „In jedem Ende liegt ein neuer Anfang" – das BGH-Urteil „Vorschaubilder III", seine Bedeutung für die Bildersuche und für die weitere Entwicklung des Haftungssystems im Urheberrecht, ZUM 2018, S. 286 (291); a.A. BGH GRUR 2016, S. 171 (174) (obiter); *G. Schulze*, Svensson, BestWater und Die Realität – Ist Framing nun grundsätzlich zulässig?, ZUM 2015 S. 106 (109 f.).

71 Zu den technischen Steuerungsmöglichkeiten *Conrad*, Zum Nutzer des Rechts der öffentlichen Zugänglichmachung anlässlich von Links und Frames (Fn. 35), S. 307 f.

form Code.[72] Ein Hinweis in Textform, dass Verlinkungen nicht gestattet sind, ist deshalb nicht ausreichend. So entsteht für Rechtsinhaber erneut ein Erfordernis, sich technikverständlich auszudrücken.

3. TDM

Vervielfältigungen für Zwecke des TDM sind gemäß Art. 4 Abs. 3 DSM-RL nicht zulässig, wenn Rechtsinhaber ihre Werke unter einen Nutzungsvorbehalt gestellt haben. Ein solcher Vorbehalt hat zwei Voraussetzungen: Er muss „ausdrücklich" und „in angemessener Weise" erfolgen. Im Fall von online veröffentlichten Inhalten erfolgt das nach dem deutschen Richtlinientext „etwa mit maschinenlesbaren Mitteln". Die deutsche weicht damit von der englischen und französischen Sprachfassung ab. Nach den letztgenannten Sprachfassungen muss der Vorbehalt im Fall von online veröffentlichten Inhalten zwingend maschinenlesbar sein, anderenfalls ist er nicht „in angemessener Weise" erklärt. Die sprachliche Schärfe hat der deutsche Umsetzungsentwurf in § 44b Abs. 3 S. 2 UrhG-E wiedergefunden, wo es heißt: „Ein Nutzungsvorbehalt bei online veröffentlichten Werken ist nur dann wirksam, wenn er in maschinenlesbarer Form erfolgt."[73] Nach ErwG 18 UAbs. 2 S. 2 DSM-RL gilt das auch für Vorbehalte in Metadaten und Geschäftsbedingungen einer Webseite oder eines Dienstes. Der Gesetzgeber begrenzt durch diese Regelung, auf welche Art und Weise Rechtsinhaber sich Nutzungen vorbehalten können. Entweder sie äußern sich maschinenverständlich oder der Vorbehalt ist für online veröffentlichte Werke rechtlich bedeutungslos. Ein ausdrücklicher schriftlicher Hinweis etwa, sich Nutzungen vorzubehalten, reicht danach nicht aus. Deshalb besteht für Rechtsinhaber ein Erfordernis, sich technisch nachvollziehbar zu äußern, wenn sie Nutzungen untersagen möchten.

---

72 Vgl. *Grünberger*, Öffentliche Wiedergabe (Fn. 24), S. 578; s. auch BGH GRUR 2019, S. 725 (729): „Sprache des Internets".

73 Allerdings fehlen im Entwurfstext die Merkmale „ausdrücklich" und „in angemessener Weise", vgl. *B. Raue*, Die geplanten Text und Data Mining-Schranken (§§ 44b und 60d UrhG-E), ZUM 2020, S. 172 (173).

II. Legitimation von Technik als Unterscheidungskriterium

1. Einschränkung von Verhaltensspielräumen

Dass Rechtsinhaber sich nur maschinenverständlich äußern können, schränkt ihre Handlungsspielräume ein. Nur solches Verhalten kann rechtlich erheblich werden, das in der jeweiligen Ausdrucksform überhaupt darstellbar ist. Je weniger sich der zur Verfügung stehende Code ausdifferenzieren lässt, desto intensiver sind Rechtsinhaber eingeschränkt. Das Beispiel des REP zeigt, welche Einbuße an Verhaltensmöglichkeiten sich daraus ergeben kann. Es erlaubt zweiteilige Befehle: Teil 1 enthält den Adressaten des Befehls, Teil 2 die binäre Anweisung „Allow" oder „Disallow", ggf. spezifiziert für ein Verzeichnis oder eine Datei. Das REP ermöglicht damit, das „Ob" der Nutzung zu steuern – für den Umfang finden sich dagegen nur vereinzelte Fortentwicklungen, die aber nicht zum eigentlichen Protokoll gehören und deshalb auch nicht allgemein unterstützt werden.[74] Dennoch ist das REP der faktische Standard, um zu kommunizieren, welche Inhalte Bildersuchmaschinen indexieren oder TDM-Anwendungen analysieren dürfen.[75]

Die Problematik schließt an den Trend an, Freiheit durch technisch gewährleistete Sicherheit abzulösen.[76] Es drohen zwar nicht die in der Debatte um Upload-Filter diskutierten „impossibility structures", die rechtswidriges Handeln von Nutzern verunmöglichen.[77] Allerdings werden in den Anwendungsfällen Verhaltensspielräume der Rechtsinhaber reduziert, um Erwartungssicherheit zu erreichen. Der aktuelle Stand der Technik bestimmt und begrenzt die Ausdrucksmöglichkeiten. Es wird erwartet, dass Rechtsinhaber sich einer Kommunikationsform bedienen, die sie nicht

---

74 Vgl. 2.2.4 des Standardisierungsentwurfs des REP, https://tools.ietf.org/html/draft -koster-rep-02; diese Befehle werden wohl auch nur selten oder widersprüchlich verwendet, vgl. *Google Webmaster Central Blog*, A note on unsupported rules in robots.txt, https://webmasters.googleblog.com/2019/07/a-note-on-unsupported-rules -in-robotstxt.html; als Nachteil auch in anderem Kontext erkannt von BVerfG GRUR 2020, S. 74 (86).

75 Zurzeit ist ein Verfahren bei der Internet Engineering Task Force eingeleitet, das REP auch offiziell als Web-Standard anzuerkennen, s. der Standardisierungsentwurf (Fn. 74).

76 Vgl. *M. Becker*, Von der Freiheit, rechtswidrig handeln zu können, ZUM 2019, S. 636 (638).

77 Dazu *T. Rademacher*, Wenn neue Technologien altes Recht durchsetzen: Dürfen wir es unmöglich machen, rechtswidrig zu handeln?, JZ 2019, S. 702 (703).

notwendigerweise auch kennen und beherrschen.[78] Für Rechtsinhaber fremde, häufig privatautonom geschaffene Mittel bestimmen so die Spanne des rechtserheblichen Verhaltens.[79] Das Grundproblem ist also gleich: Menschliches Verhalten wird maschineller Logik unterworfen (und nicht umgekehrt).[80]

2. Rechtfertigungsstränge

Doch kann man diese Einschränkung von Verhaltensspielräumen rechtfertigen. Dafür lassen sich im Wesentlichen zwei Begründungsstränge ausmachen: eine ökonomische Betrachtung (a.) und eine Rückanbindung an allgemeine Rechtsgrundsätze (b.).

a. Cheapest Cost-Avoider

Die Prozeduralisierung des Urheberrechts verändert die Allokation der Kosten für eine Nutzung zulasten der Rechtsinhaber (s. A.II.1). Warum treffen die Kosten gerade die Rechtsinhaber? Aus ökonomischer Sicht lässt sich das mit der Figur des *cheapest cost-avoider* erklären. Sie wurde von *Calabresi* im Kontext des Schadensrechts entwickelt.[81] Die Figur basiert auf der Annahme, dass sowohl Schädiger als auch Geschädigter Einfluss auf das Schadensniveau nehmen können.[82] Für die Rechtsordnung stellt sich dann die Aufgabe, Anreize so zu setzen, dass die Wohlfahrtsgewinne aus den Aktivitäten beider Parteien maximiert werden.[83] Den Aufwand der Schadensvermeidung soll deshalb denjenigen treffen, der die Kosten mit dem geringsten Aufwand vermeiden kann.[84] Das lässt sich auf die Situation bei der Anbahnung einer urheberrechtlichen Nutzung übertragen: Auch hier geht es um die Allokation von Kosten zwischen zwei Parteien, wobei beide Parteien in der Lage sind, Maßnahmen zur Kostenverringe-

---

78 Vgl. *N. Klass*, Die Annahme schlichter Einwilligungen im Internet, in: S. Leible (Hrsg.), Der Schutz des Geistigen Eigentums im Internet, Tübingen 2013, S. 165 (184).
79 *Becker*, Freiheit (Fn. 76), S. 647.
80 Vgl. *Becker*, Freiheit (Fn. 76), S. 647.
81 Vgl. *G. Calabresi*, The Costs of Accidents, New Haven 1970, S. 136 ff.
82 *Schäfer/Ott*, Lehrbuch der ökonomischen Analyse (Fn. 39), S. 247.
83 *Schäfer/Ott*, Lehrbuch der ökonomischen Analyse (Fn. 39), S. 247.
84 *Schäfer/Ott*, Lehrbuch der ökonomischen Analyse (Fn. 39), S. 252.

rung zu ergreifen. Ein „Schaden" tritt im übertragenen Sinne ein, wenn es zu einem urheberrechtswidrigen Zustand kommt. Zu fragen ist nun, welche Partei am günstigsten verhindern kann, dass dieser Fall eintritt – welche also das bestehende Informationsgefälle (s. A.II.3.) mit den geringsten Kosten beseitigen kann.

Dazu muss bestimmt werden, welcher Aufwand jeweils bei Rechtsinhabern oder Nutzern entsteht. In den Anwendungsfällen ergibt sich dazu ein eindeutiges Bild: Die Kosten der Bildersuchmaschine, jeden einzelnen Rechtsinhaber ausfindig zu machen und individuell um Zustimmung zu bitten, sind deutlich höher als die Kosten der Rechtsinhaber, Bilder einmalig und für alle nachvollziehbar vom Zugriff durch Suchmaschinen auszunehmen.[85] Die Kosten von Linksetzern, für jeden einzelnen Verweis eine Erlaubnis einzuholen, übersteigen die Kosten von Rechtsinhabern, ihre Inhalte für jeden ersichtlich nur technisch eingeschränkt zugänglich zu machen.[86] Beim TDM ist es günstiger, dass Rechtsinhaber ihre Inhalte einmal für jeden Nutzer nachvollziehbar mit einem maschinenlesbaren Vorbehalt versehen, als dass jeder Nutzer für jedes betroffene Werk eine Erlaubnis einholen muss. *Cheapest cost-avoider* sind also die Rechtsinhaber.

Es ist bereits vorteilhaft, dass nicht jeder Nutzer jeden Rechtsinhaber anfragen muss, sondern ein Rechtsinhaber einmalig und gegenüber allen Nutzern widerspricht, wenn er eine Nutzung nicht toleriert. Den entscheidenden Unterschied macht aber, dass Nutzer die Präferenz von Rechtsinhabern automatisiert auslesen können. Dadurch wird die Masse an Transaktionen beherrschbar gemacht. Solange die Rechtsinhaber dazu Mittel verwenden können, die sich mit überschaubarem Aufwand einsetzen lassen, bleiben ihre Kosten verhältnismäßig gering. In den Anwendungsfällen handelt es sich um kostengünstig zu installierende Standardtechnologien,[87] weshalb die Rechnung aufgeht. Darin liegt die ökonomische Legitimation des Erfordernisses technikverständlichen Verhaltens: Es existieren maschinenlesbare Ausdrucksformen, die eine sozial erwünschte Kommunikation effizienter ermöglichen. Für ihre Verwendung sind Rechtsinha-

---

85 Gekleidet in das Merkmal der „Zumutbarkeit" in BGH GRUR 2010, S. 628 (632); vgl. auch *Spindler*, Bildersuchmaschinen (Fn. 43), S. 790 f.

86 Vgl. *Grünberger*, Harmonisierung der Verwertungsrechte und Schranken? (Fn. 35), S. 279; *Raue*, Das subjektive Vervielfältigungsrecht (Fn. 28), S. 525.

87 Vgl. *T. Schubert*, Abschlusszwang und Anschlussnutzung: Kollektivwahrnehmungsrechtliche Grenzen beim Schutz gegen Framing und deren Folgen – Anmerkung zu KG, Urteil vom 18.6.2018 – 24 U 146/17, ZUM 2018, S. 726 (727); *M. Grünberger*, Die Entwicklung des Urheberrechts im Jahr 2018, ZUM 2019, S. 281 (290).

ber die *cheapest cost-avoider*. Deshalb ist das Erfordernis, sich dieser Mittel auch zu bedienen, ökonomisch gerechtfertigt.

b. Rückanbindung an allgemeine Grundsätze

Daneben lassen sich Begründungsstränge ausmachen, die Erfordernisse technikverständlichen Verhaltens an das allgemeine bürgerliche Recht rückbinden. Ausgangspunkt sind die Grundsätze der Auslegung von empfangsbedürftigen Willenserklärungen. Erklärende können sich frei aussuchen, welchen Verkehrskreis sie adressieren und sich so darauf einstellen, wie der von ihnen gewählte Verkehrskreis ihr Verhalten verstehen wird. Es ist ihnen deshalb zumutbar, dass ihr Verhalten bei Unklarheiten nach dem Verständnishorizont dieses Verkehrskreises beurteilt wird.[88] Deshalb ist nicht der wirkliche Wille des Erklärenden, sondern der objektive Bedeutungsgehalt der Erklärung nach dem Empfängerhorizont des Verkehrskreises maßgeblich (§§ 133, 157 BGB).[89] Dadurch schützt die Rechtsordnung das Vertrauen des Verkehrs in den objektiven Erklärungswert eines Verhaltens.[90]

aa. Ansatz

Dieser Vertrauensschutz gewinnt im Kontext von Erfordernissen technikverständlichen Verhaltens auch für das Urheberrecht Bedeutung. Beispielsweise nimmt der BGH in der Vorschaubilder I-Entscheidung explizit Bezug auf ein von der Beklagten gewecktes schutzwürdiges Vertrauen, das dazu beiträgt, dass vom Vorliegen einer Einwilligung ausgegangen werden kann.[91] Die Vorinstanz stützte ihre Entscheidung vollständig auf treuwidriges Verhalten nach § 242 BGB.[92] Auch in Bezug auf Verlinkungen wird

---

88 Vgl. allgemein *F. Faust*, Bürgerliches Gesetzbuch. Allgemeiner Teil, 6. Aufl., Baden-Baden 2018, § 2 Rn. 10.
89 Vgl. *Faust*, BGB AT (Fn. 88), § 2 Rn. 9 f.
90 Vgl. *H. J. Sonnenberger*, Verkehrssitten im Schuldvertrag, München 1969, S. 53 f.; *Grüneberg*, in: Palandt, BGB, 79. Aufl., München 2020, § 133 Rn. 9.
91 Vgl. BGH GRUR 2010, S. 628 (632); vertiefend *A. Wiebe*, Vertrauensschutz und geistiges Eigentum am Beispiel der Suchmaschinen, GRUR 2011, S. 888.
92 OLG Jena MMR 2008, S. 408 (413); vgl. dazu auch *J. von Ungern-Sternberg*, Schlichte einseitige Einwilligung und treuwidrig widersprüchliches Verhalten des Urheberberechtigten bei Internetnutzungen, GRUR 2009, S. 369 (373 ff.).

argumentiert, dass sich widersprüchlich verhalte, wer einerseits die Vorzüge des Internets in Anspruch nehme, andererseits aber nicht die Gegebenheiten des Systems akzeptiere.[93]

Widersprüchliches Verhalten wird aber erst dann unzulässig, wenn auch ein berechtigtes Vertrauen besteht.[94] Grundlage dafür ist das Verhalten der Rechtsinhaber. In den Anwendungsfällen begeben sie sich freiwillig in den Verkehrskreis "Internet". Sie betreten einen Verkehrskreis, dessen dezentrale technische Struktur und partizipative Anlage für die Zugangskultur stehen.[95] Deshalb muss sich dort aktiv absondern, wer Schutzgegenstände im Exklusivitätsmodus vermarkten möchte. Der Verkehr erwartet also, dass Rechtsinhaber es deutlich machen, wenn sie an der Zugangskultur nicht teilnehmen wollen,[96] etwa indem sie sich Nutzungen ausdrücklich vorbehalten. Ein solcher, der Verkehrssitte entgegenlaufender Vorbehalt muss aber auch nach dem Empfängerhorizont des Verkehrskreises ersichtlich sein.[97] Das Internet basiert auf automatisierter Kommunikation und verlangt damit nach automatisierbaren Regeln.[98] In den Anwendungsfällen sind automatisierte Programme die Empfänger des Vorbehalts – der Empfängerhorizont ist also „technisiert".[99] Die Erklärung des Rechtinhabers ist also so auszulegen, wie sie eine automatisiert handelnde Maschine erfassen kann.[100] Der Verkehrskreis erwartet deshalb auch, dass Rechtsinhaber einen Vorbehalt nur durch eine technisch nachvollziehbare Einschränkung erklären.[101] Sie können sich deshalb nur mit maschinenlesbaren Mitteln rechtserheblich verständigen.

bb. Tragfähigkeit

Nutzer dürfen nach diesem Ansatz auf die Rechtmäßigkeit ihrer Nutzung vertrauen, solange kein maschinenlesbarer Vorbehalt besteht. Grund ist,

---

93 Vgl. etwa *Raue*, Das subjektive Vervielfältigungsrecht (Fn. 28), S. 526.
94 Vgl. *Grüneberg* (Fn. 90), § 242 Rn. 56.
95 Vgl. *Peukert*, Zwei Kulturen der Online-Kommunikation (Fn. 20), S. 78.
96 Vgl. *Peukert*, Zwei Kulturen der Online-Kommunikation (Fn. 20), S. 84.
97 Vgl. für Verlinkungen *Raue*, Das subjektive Vervielfältigungsrecht (Fn. 28), S. 525.
98 *Peukert*, Zwei Kulturen der Online-Kommunikation (Fn. 20), S. 84.
99 *Specht*, Diktat der Technik (Fn. 4), S. 53; anders für den Fall des Vertragsschlusses im elektronischen Geschäftsverkehr BGH NJW 2013, 598 (599 f.).
100 *Specht*, Diktat der Technik (Fn. 4), S. 53.
101 Vgl. *Raue*, Das subjektive Vervielfältigungsrecht (Fn. 28), S. 525: „technische[n] Gegebenheiten prägen die Erwartungshaltung des Verkehrs".

dass sich Rechtsinhaber freiwillig in einen Verkehrskreis begeben, von dem sie wissen, dass ein Nutzungsvorbehalt nur automatisiert wahrgenommen werden kann. So begrenzt die Erwartung eines Verkehrskreises über den Vertrauensschutz, wie urheberrechtliche Befugnisse ausgeübt werden können.[102] Das mutet aus der Perspektive des Urheberrechts befremdlich an. Das Urheberrecht formuliert gerade das Verbot, ohne gesetzliche oder vertragliche Erlaubnis eine Nutzung vorzunehmen – ohne Rücksicht auf den Nutzungskontext. Es erscheint daher zweifelhaft, ob ein schutzwürdiges Vertrauen dadurch entstehen kann, dass sich Rechtsinhaber bewusst in einen Verkehrskreis begeben, der technikverständliches Verhalten erwartet.

Technische Möglichkeiten und Grenzen können – genauso wenig wie beliebige analoge Nutzungsumstände – für das Recht vorgeben, welche Erwartungshaltungen schutzwürdig sind.[103] Anderenfalls lieferte sich das Urheberrecht einem unreflektierten normativen Anspruch der Technik aus. Rechtsinhaber müssten dann stets befürchten, ihre Rechte zu verlieren, wenn sie sich in ein von bestimmten technischen Erwartungen geprägtes Nutzungsumfeld begeben.[104] Ob es zum urheberrechtlichen Interessenausgleich kommt, läge dann nicht mehr in der Hand des Rechts, sondern hinge von faktischen Schutzmaßnahmen der Rechtsinhaber ab.[105] Letztlich würde sich die technisch geschicktere Partei durchsetzen. Ein solches „Recht des Stärkeren" soll der rechtliche Schutz durch das Urheberrecht gerade verhindern.[106]

Die Kenntnis, sich in einen Verkehrskreis mit bestimmten Erwartungen zu begeben, kann deshalb auf Seiten der Nutzer kein schutzwürdiges Vertrauen begründen. Erfordernisse technikverständlichen Verhaltens legitimieren sich also nicht schon daraus, dass Rechtsinhaber wissen, dass ihre Vorbehalte nur automatisiert verstanden werden können. Deshalb ist zu fragen, was die Erwartungshaltung des Verkehrs in den Anwendungsfällen schutzwürdig erscheinen lässt. Warum sollte gerade dort der Gedanke des Vertrauensschutzes die Ausübung urheberrechtlicher Befugnisse begrenzen können? Dazu sollen (exemplarisch und nicht erschöpfend) zwei Eigenschaften näher betrachtet werden: Zum einen sind in den Anwendungsfällen Nutzungen auf technikverständliches Verhalten *angewiesen* (cc.), zum anderen besteht eine *Kontrollfähigkeit* der Rechtsinhaber (dd.).

---

102 *Wiebe*, Vertrauensschutz und geistiges Eigentum (Fn. 91), S. 892 f.
103 Vgl. *Hofmann*, Grundsatz der Technikneutralität (Fn. 3), S. 502, 511 f.
104 *Klass*, Neue Internettechnologien (Fn. 17), S. 9.
105 *Hofmann*, Grundsatz der Technikneutralität (Fn. 3), S. 501.
106 Vgl. *Hofmann*, Grundsatz der Technikneutralität (Fn. 3), S. 501.

cc. Angewiesenheit

Wenn der Gebrauch des Urheberrechts die Grundlagen für die Produktion neuer Schutzgegenstände unterläuft, sind Nutzer auf Zugangsregeln angewiesen.[107] In den Anwendungsfällen wirkt sich ein Verbotsrecht auf die Funktionsfähigkeit des Mediums Internet und die Möglichkeit, dezentral Wissen zu aktualisieren, aus: Die Funktionsfähigkeit des Internets hängt davon ab, wie sich die abrufbaren Werke durch Bildersuchmaschinen für Anschlussnutzungen auffindbar machen lassen.[108] Auch die Zulässigkeit von Verlinkungen gewinnt Bedeutung für die Funktionsfähigkeit des Internets, weil sie sich darauf auswirkt, wie Wissen referenziert und Navigation im Medium Internet gelenkt werden kann.[109] Beim Text und Data Mining schließlich liegt die Bestimmungsmacht, wie aus einer Information neues Wissen gewonnen werden kann, beim Rechtsinhaber der urheberrechtlich geschützten Hülle dieser Information.[110] Deshalb besteht eine Angewiesenheit auf Zugangsregeln, die in den Anwendungsfällen durch ein prozedural restrukturiertes Urheberrecht realisiert ist. Diese Zugangsregel ist allerdings nur effektiv, wenn zugleich auch ein Erfordernis technikverständlichen Verhaltens besteht. Die Nutzungsvorgänge sind nämlich abhängig davon, dass Vorbehalte der Rechtsinhaber maschinenlesbar sind. Müssten Nutzer jedes betroffene Werk manuell auf einen Vorbehalt des Rechtsinhabers prüfen, liefe der Zugang leer. Wenn der Verkehr also erwartet, dass Rechtsinhaber ihre Vorbehalte maschinenverständlich äußern, soll damit nicht bloß der Zugang zu Schutzgegenständen erleichtert werden. Vielmehr ist der Verkehr für seinen Zugang auch darauf angewiesen, dass Rechtsinhaber diese Erwartung erfüllen. Unter dem Kriterium der Angewiesenheit lassen sich so abstrakt Situationen identifizieren, in denen das Urheberrecht Nutzungsbedürfnisse in gesellschaftlichen Teilsys-

---

107 Vgl. *Wielsch*, Zugangsregeln (Fn. 18), passim, zum Kriterium der Angewiesenheit S. 72 ff.

108 Vgl. *Wielsch*, Prozeduralisierung von Schutzrechten (Fn. 6), S. 672; dazu auch *von Ungern-Sternberg*, Schlichte einseitige Einwilligung (Fn. 92), S. 374: „Wer das Internet nutzt, (…) begründet für alle das Vertrauen, er nehme dabei die Beschränkungen in Kauf, die sich aus dem Allgemeininteresse *an der Funktionsfähigkeit des Internets* für die Durchsetzung seiner Interessen ergeben." (Hervorh. v. Verf.).

109 Vgl. *Wielsch*, Zugangsregeln (Fn. 18), S. 259 f.

110 Vgl. allgemein zu Immaterialgüterrechten *Wielsch*, Zugangsregeln (Fn. 18), S. 41.

temen gänzlich zu vernachlässigen droht.[111] Es spielt deshalb für die Begründung von Erfordernissen technikverständlichen Verhaltens eine Rolle.

dd. Kontrollfähigkeit

Ein weiterer Gesichtspunkt, der die Anwendungsfälle von anderen Konstellationen unterscheidet, ist die Fähigkeit der Rechtsinhaber, Anschlussnutzungen unmittelbar faktisch zu kontrollieren.[112] Webseitenbetreiber sind in der Lage, durch die REP-Anweisung „Disallow" ihre Werke von der Bildersuche und TDM-Anwendungen auszunehmen. Weil Suchmaschinen und TDM-Anwender selbst ein Interesse daran haben, dass ihr Index aktuell ist, werden sie Änderungen von bereits indexierten Inhalten nach möglichst kurzen Suchintervallen berücksichtigen.[113] Auch bei Verlinkungen stehen den Rechtsinhabern technische Mittel zur Verfügung, bestehende Nutzungen ins Leere laufen zu lassen.[114] Es liegt also jederzeit in der Hand der Rechtsinhaber, sich unliebsame Anschlussnutzungen nicht nur vorzubehalten, sondern sie auch gleich (technisch) zu unterbinden. Je einfacher das Mittel ist, desto eher kann erwartet werden, dass ein Rechtsinhaber es bei Bedarf gebraucht. Können Nutzer deshalb berechtigterweise darauf vertrauen, dass Rechtsinhaber zu solchen technischen Mitteln auch greifen, wenn sie mit einer Nutzung nicht einverstanden sind? Das mag für Fälle zu bejahen sein, in denen für den Nutzer klar erkennbar

---

111 Auch die Rechtsprechung bildet diese Wertung ab, wenn sie streng zwischen Verlinkungen und Re-Uploads von Inhalten abgrenzt: Auf Verlinkungen ist die Referenzkultur des Netzes angewiesen, auf das erneute Hochladen nicht – für letzteres gibt es daher keine Zugangsregel, vgl. EuGH GRUR 2018, S. 911 (914); vgl. auch *B. Raue*, Kein öffentliches Zugänglichmachen eines urheberrechtlich geschützten Gegenstands durch Vorhalten auf dem eigenen Server?, ZUM 2018, S. 517 (519).
112 Zum Gedanken der Kontrollfähigkeit s. bereits BGH GRUR 2003, S. 958 (961); *T. Dreier*, Vom urheberrechtlichen Dürfen und den technischen sowie vertraglichen Grenzen des Könnens, in: W. Büscher et. al. (Hrsg.), FS Bornkamm, München 2014, S. 749 (755 ff.); sowie jüngst EuGH GRUR 2018, S. 911 (913), wonach die Wirksamkeit des Rechts der öffentlichen Wiedergabe davon abhängt, wie einfach ein Rechtsinhaber vom Nutzer verlangen kann, die Nutzung zu beenden.
113 Vgl. BGH GRUR 2010, S. 628 (632 f.).
114 Vgl. zu den Steuerungsmöglichkeiten *Conrad*, Zum Nutzer des Rechts der öffentlichen Zugänglichmachung anlässlich von Links und Frames (Fn. 35), S. 307 f.

ist, dass der Rechtsinhaber die Anschlussnutzung tatsächlich technisch unterbinden kann. Bei den massenhaften Nutzungen der Anwendungsfälle ist für Suchmaschinenbetreiber, Linksetzer und TDM-Anwender allerdings meist nicht ersichtlich, ob das Nutzungsobjekt sich überhaupt in der Kontrolle des Rechtsinhabers befindet. Es kann (und wird oft) durch unberechtigte Dritte verfügbar gemacht worden sein. Deshalb ist häufig unklar, ob der Rechtsinhaber die Erstwiedergabe kontrolliert. Dann können Nutzer auch nicht darauf vertrauen, dass Rechtsinhaber sich Anschlussnutzungen technikverständlich vorbehalten. Dennoch besteht auch in diesen Fällen das Bedürfnis, Werke nutzen zu dürfen.[115] Ob der Rechtsinhaber Kontrolle über die Anschlussnutzung hat, eignet sich deshalb in den Anwendungsfällen nicht als Anknüpfungspunkt für ein schutzwürdiges Vertrauen der Nutzer. Auch wenn keine Kontrollfähigkeit besteht, können Erfordernisse technikverständlichen Verhaltens legitim sein.

C. Fazit

Zunehmend wird die Durchsetzung des Urheberrechts von Mitwirkungsobliegenheiten der Rechtsinhaber abhängig gemacht. Dabei verlagert sich die Handlungslast von den Nutzern auf die Rechtsinhaber. Letztere müssen zusätzliche Bedingungen erfüllen, um ihr normalerweise unbedingtes Verbotsrecht ausüben zu können. Diese Prozeduralisierung entlastet Nutzer von prohibitiv hohen Transaktionskosten und dem Risiko, ungewollt eine Rechtsverletzung zu begehen. Zugleich erlaubt sie ein stärker ausdifferenziertes Urheberrecht, indem sie die Zuordnung der Befugnisse flexibilisiert. In den Anwendungsfällen können Rechtsinhaber ihrer Handlungslast aber nur durch technikverständliches Verhalten nachkommen. Das schränkt menschliche Verhaltensspielräume zugunsten maschineller Logik ein und birgt die Gefahr, aus technischen Gegebenheiten normative Schlüsse zu ziehen. Erfordernisse technikverständlichen Verhaltens lassen sich aber rechtfertigen, wenn Rechtsinhaber die entstehenden Kosten am günstigsten vermeiden können und sich freiwillig in bestimmte Verkehrskreise begeben. Ob ein Vertrauen dieser Verkehrskreise in die Rechtmäßigkeit von Nutzungen schutzwürdig ist, hängt damit zusammen, inwiefern sie auf ein technikverständliches Verhalten von Rechtsinhabern angewiesen sind und ob sie davon ausgehen können, dass Rechtsinhaber die Wie-

---

115 Vgl. für die Bildersuche BGH GRUR 2012, 603 (604 f.); für Verlinkungen EuGH GRUR 2016, 1152 (1154 f.).

Darius Rostam

dergabemöglichkeit kontrollieren. Auf diesem Wege lässt sich das Urheberrecht für Erwartungen seiner Umwelt sensibilisieren, ohne es einem unreflektierten normativen Anspruch der Technik unterzuordnen.

Grenzen automatisierter Rechtsdurchsetzung bei Verletzung von Persönlichkeitsrechten nach EuGH C-18/18

Joachim Pierer[*]

A. Problemstellung

Ein Account auf einem sozialen Netzwerk ist in Sekundenschnelle erstellt. Genauso rasch verbreiten sich dort Postings, die diskriminierenden, Hass schürenden oder beleidigenden Inhalt haben. Ein Mausklick des Täters verursacht eine gravierende Verletzung des Persönlichkeitsrechts seiner Opfer, die im Internet für alle sichtbar bleibt. Wegen der Anonymität der unmittelbaren Täter führt der erste Weg der Betroffenen meist zum leichter greifbaren Betreiber der Plattform,[1] der solche Postings möglichst rasch entfernen soll. Betroffene stehen dann anonymen Plattformen mit Hunderten, Tausenden, Millionen oder gar Milliarden an Nutzern und intransparenten Entscheidungsprozessen gegenüber. Oft werden Hasspostings selbst bei gravierenden Eingriffen mit Verweis auf interne Standards nicht gelöscht. Das ist die eine Seite.

Auf Plattformen mit einer schier unüberblickbaren und stetig wachsenden Zahl an Nutzern werden täglich mehrere Hundert, Tausend oder auch Millionen von Postings verfasst. Diese führen zu einer Vielzahl an Beschwerden, oft aus verschiedensten Jurisdiktionen weltweit. An der Plattform liegt es nun, über solche Beschwerden zu entscheiden. Die unterschiedliche Rechtslage von Land zu Land sowie ein möglicherweise anderes – weites – Verständnis von Meinungsfreiheit machen diese Aufgabe nicht leicht. Das ist die andere Seite.

Dieser Beitrag zeigt anhand des Verfahrens Glawischnig-Piesczek gegen Facebook vor dem EuGH die Grenzen automatisierter Rechtsdurchsetzung bei Verletzung von Persönlichkeitsrechten auf. Der EuGH hat im Verfahren ausdrücklich auf „automatisierte Techniken und Mittel" Bezug

---

[*] Dr. Joachim Pierer, LL.M. (Yale), Universitätsassistent am Institut für Zivilrecht der Universität Wien.

[1] *B. Paal*, Anmerkung zu EuGH C-18/18, JZ 2020, S. 92 (92); die Haftung ist aber keine bloß subsidiäre, *G. Wagner*, Haftung von Plattformen für Rechtsverletzungen (Teil 1), GRUR 2020, S. 329 (336 f.).

genommen, als es um die Verhinderung weiterer Rechtsverletzungen und damit um die Effektivität des Schutzes ging. Die Ausführungen dazu waren allerdings kurz, sodass sie Raum für weitere Erörterung lassen, in die hier auch eine ökonomische Perspektive einfließen wird. Auf die ebenfalls in diesem Fall aufgeworfene Frage der territorialen Reichweite von Unterlassungs- und Löschungsverpflichtungen wird in diesem (persönlichkeitsrechtlichen) Zusammenhang jedoch nicht eingegangen.[2]

B. Das Verfahren Glawischnig-Piesczek gegen Facebook

I. Ausgangslage

Eva Glawischnig-Piesczek ist 2016 Abgeordnete zum Nationalrat (Parlament), dort auch Fraktionsvorsitzende sowie Parteivorsitzende der Grünen Partei in Österreich. Im April 2016 teilt ein User den Artikel einer Nachrichtenseite über ihre Wortmeldung zu Sozialleistungen für Flüchtlinge auf Facebook. Im Zuge dessen generiert Facebook eine kurze Vorschau auf den Originalbeitrag („Thumbnail"), die u.a. das im Artikel verwendete Foto der Politikerin enthält. Im für alle Internetnutzer sichtbaren Kommentar dazu wird sie als „miese Volksverräterin", „korrupter Trampel" und Mitglied einer „Faschistenpartei" beschimpft. Sie verlangt von Facebook erfolglos die Löschung dieses Postings, weshalb sie bei Gericht eine Unterlassungsklage einbringt und gleichzeitig die Erlassung einer einstweiligen Verfügung beantragt.

Das soziale Netzwerk Facebook ist eine Internet-Plattform. Eine Internet-Plattform ermöglicht ihren Nutzern (Usern) den Austausch von Informationen, Gütern oder Dienstleistungen.[3] Neben Facebook sind etwa Youtube oder Amazon weitere prominente Beispiele für Plattformen.[4] Amazon stellt eine Verkaufsplattform zur Verfügung, auf der Dritte Produkte verkaufen und deren Kunden die Produkte bewerten können;

---

2 Dazu ausführlich *L. Kuschel*, Zur inhaltlichen und räumlichen Reichweite von Anordnungen gegenüber Hosting-Providern, IPRax 2020, S. 419; *T. Klicka*, Der örtliche Wirkungsbereich gerichtlicher Löschungsanordnungen im Lichte der E des EuGH C-18/18 Glawischnig-Piesczek/Facebook Ireland, MR (Medien und Recht) 2019, S. 270; vgl. auch *G. Spindler*, Anmerkung zu EuGH C-18/18, NJW 2019, S. 3274 (3276 f.); *Paal*, Anmerkung (Fn. 1), S. 95 f.

3 Vgl. *Wagner*, Haftung (Fn. 1), S. 329.

4 Zur Rolle von Facebook und Youtube als Plattform *Wagner*, Haftung (Fn. 1), S. 332 f.

Youtube stellt Speicherplatz zur Verfügung, damit User Videos hochladen, ansehen und kommentieren können.[5] Plattformen bieten oft nur den Rahmen für die Interaktion – sie sind dann Intermediäre (Vermittler) zwischen ihren Usern, ohne dass die Inhalte von ihnen selbst stammen.[6] Ein Intermediär ist in diesem Sinne ein virtueller Gastgeber (engl. „host").[7] In diesem Beitrag wird im eben erörterten Sinn von Plattformen, Intermediären und Host-Providern die Rede sein.

II. Nationales Verfahren

1. Persönlichkeitsrechtlicher Hintergrund

Persönlichkeitsrechtlicher Hintergrund des Verfahrens ist eine Kombination aus dem Recht am eigenen Bild (§ 78 östUrhG)[8] und dem Schutz der Ehre (§ 1330 Abs 1 östABGB)[9]. Da das Posting das Foto der Politikerin zeigte, konnte sie sich auf § 78 östUrhG stützen, wonach Bildnisse von Personen weder öffentlich ausgestellt noch auf eine andere Art verbreitet werden dürfen, wenn dadurch berechtigte Interessen der Abgebildeten verletzt würden.[10] Dabei fließen u.a. die Wertungen des § 1330 östABGB zum Schutz der Ehre ein.[11] Das Bild ist zwar das von der Nachrichtenseite verwendete harmlose Portraitfoto; der durch den User verfasste Begleittext ist aber in die Beurteilung der Verletzung berechtigter Interessen miteinzubeziehen.[12]

---

5 Über die Rolle von Youtube als Host-Provider hat der EuGH in den Rs. C-500/19 und C-682/18 im Rahmen von Vorabentscheidungsersuchen des BGH und des östOGH zu entscheiden.

6 Vgl. zur Problembeschreibung der Plattformhaftung *Wagner*, Haftung (Fn. 1), S. 329 f.

7 G. *Wagner*, Haftung von Plattformen für Rechtsverletzungen (Teil 2), GRUR 2020, S. 447 (447).

8 Urheberrechtsgesetz 1936, östBGBl. 1936/111. § 78 östUrhG ist trotz Positionierung im UrhG eine persönlichkeitsrechtliche Schutznorm (ebenso § 77 östUrhG, auf den die Bestimmung verweist).

9 Allgemeines Bürgerliches Gesetzbuch, JGS. 1811/946 i.d.F. östRGBl. 1916/69.

10 Ähnlich der Regelung der §§ 22 ff. KunstUrhG.

11 ÖstOGH 4 Ob 120/03f SZ 2003/92. Entscheidungen des östOGH sind unter https: //www.ris.bka.gv.at/Jus/ abrufbar.

12 Das Posting ist also in seiner Gesamtheit zu betrachten, östOGH 3 Ob 443/55 SZ 28/205; zur Relevanz des Begleittextes etwa östOGH 4 Ob 184/97f SZ 70/183.

Facebook entgegnete dem Löschbegehren Glawischnig-Piesczeks mit dem Einwand, das Posting bestehe bloß aus Werturteilen, die im Rahmen einer politischen Debatte die Grenzen zulässiger Kritik an Politikern nicht überschreiten und sich damit im Rahmen des Rechts auf freie Meinungsäußerung bewegen würden. Alle drei Instanzen im nationalen Verfahren beurteilten den Inhalt des Postings jedoch als rechtswidrig. Das Berufungsgericht spricht etwa von einer „Aneinanderreihung heftigster Beschimpfungen", die vorrangig den Zweck verfolgen würden, die Betroffene „als Person und Politikerin verächtlich zu machen und zu diffamieren". Es wurden „äußerst respektlose, aggressive und gehässige Worte erkennbar in der Absicht eingesetzt, Hass gegen die Klägerin zu schüren".[13]

2. *Inhaltliche Reichweite der Unterlassungsverpflichtung*

Die Beurteilung des Inhalts als rechtswidrig ist für die hier behandelte Frage erst der Ausgangspunkt: Der Eingriff in § 78 östUrhG löst einen Unterlassungsanspruch aus, nachdem die Politikerin zuvor die Löschung verlangt, Facebook also abgemahnt hat. Die Abmahnung schreibt § 81 Abs 1a östUrhG[14] mit Blick auf die Umsetzung der E-Commerce-Richtlinie[15] (in der Folge: EC-RL) und insb. deren Art. 14[16] vor, sofern der Anspruchsgegner ein Host-Provider[17] ist, weil dieser nur dann haftet, wenn er nach erlangter Kenntnis des Sachverhalts nicht unverzüglich tätig wurde.

Das Unterlassungsbegehren erfasste in Bezug auf den Begleittext des Bildes neben wörtlichen („miese Volksverräterin", „korrupter Trampel", „Faschistenpartei") auch allgemein „sinngleiche Behauptungen". Während das Erstgericht die einstweilige Verfügung wie beantragt bewilligt, hegt das OLG Wien als Berufungsgericht Bedenken. Wortgleiche Inhalte könn-

---

13 OLG Wien, Beschl. v. 26.04.2017, Az. 5 R 5/17t, S. 13 (unveröffentlicht).

14 Vgl. östOGH 4 Ob 140/14p EvBl 2015/69 (m. Anm. *C. Brenn*).

15 Richtlinie 2000/31/EG, ABl. L 178 vom 17.07.2000, S. 1 („EC-RL").

16 § 16 E-Commerce-Gesetz (östECG), östBGBl. I 2001/152 – entspricht § 10 Telemediengesetz (TMG). In diesem Beitrag wird nur von den Artikeln der EC-RL die Rede sein.

17 Gegen die Einstufung von Facebook als Host-Provider mit medienrechtlicher Perspektive *E. Staudegger*, Anmerkung zu östOGH 6 Ob 204/17v, jusIT 2018, S. 50 (51) sowie *E. Staudegger*, Haftungsprivilegierung des Hostproviders oder Medieninhaberschaft – tertium non datur, ALJ (Austrian Law Journal) 2015, S. 42; zweifelnd auch Generalanwalt Szpunar im Schlussantrag (BeckRS 2019, 10236, Rn. 29 f); vgl. auch *L. Specht-Riemenschneider*, Anmerkung zu EuGH C-18/18, MMR 2019, S. 798 (802).

ten durch den Einsatz technischer Hilfsmittel gefiltert werden, was – so das OLG Wien – als allgemein bekannt vorausgesetzt werden könne. Die Filterung wortgleicher Behauptungen sei auch keine allgemeine Überwachungspflicht, wie sie Art. 15 EC-RL verbiete. In Bezug auf sinngleiche Behauptungen würde man Facebook jedoch „beinahe Unmögliches" abverlangen, ließe sich eine solche Kontrolle doch nur mit „extremen Aufwand", jedenfalls aber „nicht mehr allein automationsunterstützt bewerkstelligen", weil eine derartige Beurteilung erst mit einem Blick auf den Gesamtzusammenhang möglich wäre, was sinnerfassendes Lesen voraussetze.[18] Bewusst oder unbewusst bemüht das OLG Wien ein an den „cheapest cost avoider" angelehntes Argument, wenn es ausführt, dass durch sinngleiche Hasspostings bei der Betroffenen zwar eine weitere Ehrverletzung, nicht aber ein größerer wirtschaftlicher Schaden entstehen würde und die Meldung sinngleicher Postings ihrerseits mit wesentlich geringerem Aufwand bewerkstelligt werden könne, als wenn die Plattform dazu verpflichtet wäre.[19]

Der östOGH wendet sich bezüglich der Auslegung von Art. 15 EC-RL im Rahmen eines Vorabentscheidungsersuchens an den EuGH. Anknüpfend an die Vorlagefrage, ob Art. 15 EC-RL eine Unterlassungsverpflichtung hinsichtlich wortgleicher Informationen (Formulierungen) erlaubt, will der östOGH wissen, ob das auch für sinngleiche Informationen (Formulierungen) gelten würde. Anders formuliert soll der EuGH entscheiden, ob eine Unterlassungsverpflichtung in Bezug auf sinngleiche Informationen (Formulierungen) mit Art. 15 der EC-RL im Einklang steht oder ob das bereits einer allgemeinen Überwachungspflicht für Host-Provider gleichkommt.

III. Entscheidung des EuGH

1. Wortgleiche Informationen

Art. 15 EC-RL verbietet eine allgemeine Verpflichtung für Host-Provider, die von ihnen übermittelten oder gespeicherten Informationen zu überwachen oder aktiv nach Umständen zu forschen, die auf eine rechtswidrige Tätigkeit hinweisen. Im dazugehörigen Erwägungsgrund 47 heißt es u.a., dass dies nicht Überwachungspflichten in spezifischen Fällen betrifft und

---

18 OLG Wien, Beschl. v. 26.04.2017, Az. 5 R 5/17t, S. 19 f (unveröffentlicht).
19 OLG Wien, Beschl. v. 26.04.2017, Az. 5 R 5/17t, S. 20 (unveröffentlicht).

insb. nicht Anordnungen berührt, die von einzelstaatlichen Behörden nach innerstaatlichem Recht getroffen werden. Der EuGH kommt daher zum Ergebnis, dass eine Unterlassungsverpflichtung bezüglich wortgleicher Inhalte nicht gegen Art. 15 EC-RL verstößt. Dabei handle es sich eben nicht um eine allgemeine Überwachungspflicht, sondern um einen spezifischen Fall, nämlich um die von einem nationalen Gericht als rechtswidrig beurteilte Information.[20] Ohne Bedeutung ist dabei, wer die fraglichen Informationen erneut veröffentlicht hat; es muss also insb. nicht der ursprüngliche Täter sein.[21]

2. Sinngleiche Informationen

Die Entscheidung zu sinngleichen Informationen ist vom Effektivitätsgedanken getragen. Der EuGH folgt hierbei den Ausführungen des östOGH zur effektiven Erreichung des Rechtsschutzzieles der Betroffenen.[22] Die Plattform habe im Rahmen ihrer Unterlassungsverpflichtung daher auch sicherzustellen, dass keine sinngleichen, aber doch leicht abweichend formulierten Inhalte, die (erneut) die Persönlichkeitsrechte der Politikerin verletzen, auf der Plattform veröffentlicht werden.[23]

Im Anschluss daran stellt sich die Frage, wie das Verbot allgemeiner Überwachungspflichten in Art. 15 EC-RL und die Beurteilung der Sinngleichheit miteinander in Einklang zu bringen sind, weil hierfür ein Zwischenschritt – mit den Worten des OLG Wien: sinnerfassendes Lesen[24] – notwendig ist. Der EuGH findet einen Kompromiss zwischen einer übermäßigen Belastung von Plattformen und dem Schutz von Persönlichkeitsrechten, indem er den Zwischenschritt der autonomen Beurteilung an die nationalen Gerichte auslagert.[25] Diesen kommt nun offenbar die Aufgabe zu, Vorgaben auszuarbeiten, die dem Host-Provider erlauben, die Gerichtsentscheidung möglichst effektiv umzusetzen.

---

20 EuGH GRUR 2019, S. 1208 Rn. 34 f – Glawischnig-Piesczek/Facebook.
21 EuGH GRUR 2019, S. 1208 Rn. 37 – Glawischnig-Piesczek/Facebook.
22 Zur „Kerntheorie" s. Pkt. C.II.
23 EuGH GRUR 2019, S. 1208 Rn. 41 – Glawischnig-Piesczek/Facebook.
24 OLG Wien, Beschl. v. 26.04.2017, Az. 5 R 5/17t, S. 19 f. (unveröffentlicht).
25 EuGH GRUR 2019, S. 1208 Rn. 45 – Glawischnig-Piesczek/Facebook.

3. Einordnung der Entscheidung

Eine Konstante der Rechtsprechung des EuGH zur Intermediärshaftung i.S.d. EC-RL ist das Verbot einer allgemeinen Verpflichtung zur Überwachung gem. Art. 15 EC-RL.[26] Das bleibt auch weiterhin bestehen. Die hier behandelte Entscheidung bringt aber Klarheit zur Reichweite zulässiger Überwachung: Von Intermediären können auch Maßnahmen zur Prävention weiterer Rechtsverletzungen verlangt werden, die identisch oder sinngleich mit bereits als rechtswidrig beurteilten Informationen sind.

Der Begriff des Verbots einer allgemeinen Überwachungspflicht darf aber nicht zum Schluss verleiten, deren Umfang wäre quantitativ eingeschränkt. Um die für rechtswidrig erklärten Hasspostings gegen die Politikerin zu filtern, muss der Plattformbetreiber ja weiterhin sämtliche Informationen auf der Plattform durchsuchen und mithin „allgemein überwachen". Das Verbot in Art. 15 EC-RL bezieht sich somit nicht auf die Quantität der zu überwachenden Informationen (diese ist immer „allgemein"), sondern auf die Qualität, also den konkret für rechtswidrig erklärten Inhalt.

Die Interessen und Rechte anderer Plattformnutzer werden vom EuGH nicht erwähnt oder gewürdigt.[27] Dabei geht es nicht nur im die Problematik des „Overblocking".[28] Während das Unterlassungsgebot auf den ersten Blick harmlos klingt, verbirgt sich dahinter bei genauerem Hinsehen auch die implizite Verpflichtung der Plattform zu einem umfassenden biometrischen Fotoabgleich, weil der beanstandete Text mit einem Lichtbild der Politikerin verknüpft war und auch das zu unterlassen ist.[29]

---

26 EuGH GRUR 2011, S. 1025 Rn. 139 – L'Orèal/eBay (aktive Überwachung aller Kunden eines online-Marktplatzes); GRUR 2012, S. 382 Rn. 38 – SABAM/Netlog (Filtersystem auch für künftige urheberrechtlich geschützte Werke); GRUR 2012, S. 265 Rn. 40 – Scarlet/SABAM (umfassende Überwachung durch Filtersystem); GRUR 2016, S. 1146 Rn. 87 – McFadden/Sony (zum Access-Provider).

27 Kritisch etwa *D. Keller*, Facebook Filters, Fundamental Rights, and the CJEU's Glawischnig-Pieszek Ruling, GRUR Int. 2020, S. 616 (622 f.); *Paal*, Anmerkung (Fn. 1), S. 94.

28 Dazu unten Pkt. D. VI.

29 Auf diese Problematik hinweisend *Keller*, Filters (Fn. 27), S. 618 f.

C. *Effektiver Rechtsschutz durch Unterlassungsanordnungen*

I. *Wortgleichheit*

Eine Unterlassungsverpflichtung bezüglich wortgleicher Inhalte verstößt nicht gegen Art. 15 EC-RL. Dahinter steht das Ziel, die Rechtsverletzung abzustellen und der von den rechtswidrigen Informationen betroffenen Person effektiven Rechtsschutz zu gewähren. Aus diesem Grund kann es auch keinen Unterschied machen, von wem die rechtswidrigen Inhalte stammen.[30] Die wortgleiche rechtswidrige Information muss also nicht ausschließlich vom ursprünglichen Täter stammen, weil gerade in sozialen Netzwerken die Gefahr besteht, dass andere Nutzer die einmal gepostete rechtswidrige Information wiedergeben und teilen.[31] Diese Funktion des Teilens bzw. Erneut-Wiedergebens ist ja geradezu eines der funktionellen Wesensmerkmale zahlreicher Plattformen.

Die Urheberschaft bzw. die Person des Urhebers einer rechtswidrigen Information spielen somit im Fall der Intermediärshaftung keine Rolle. Es könnte auch der Fall eintreten, dass eine Betroffene einen bereits geteilten oder erneut wiedergegebenen Inhalt als Anlass zum rechtlichen Vorgehen nimmt, ohne den tatsächlichen „Beitrag Null" gefunden zu haben, der am Beginn der Persönlichkeitsrechtsverletzung stand. Entscheidend ist nur die Identität (i.S.v. „gleich sein") einer Information mit der für rechtswidrig erklärten Information. Auch Kausalitätserwägungen sprechen dafür: Jedes idente Posting wäre letztendlich für rechtswidrig befunden worden und hätte die Rechtsfolgen auch für andere – womöglich noch gar nicht entdeckte – Inhalte ausgelöst.

II. *Sinngleichheit und Umgehungsschutz*

Hinreichender Rechtsschutz kann nur erreicht werden, wenn das Unterlassungsgebot auch Fälle (Formulierungen, Informationen etc.) erfasst, in denen die gleiche Aussage wie die bereits für rechtswidrig beurteilte vermittelt wird, selbst wenn sie sich in der Formulierung geringfügig unterscheidet.[32] Die vom EuGH geteilten Ausführungen des östOGH zur Effektivität von Unterlassungsansprüchen sind aus der Perspektive des nationalen

---

30 EuGH GRUR 2019, S. 1208 Rn. 37 – Glawischnig-Piesczek/Facebook.
31 EuGH GRUR 2019, S. 1208 Rn. 36 – Glawischnig-Piesczek/Facebook.
32 EuGH GRUR 2019, S. 1208 Rn. 41 – Glawischnig-Piesczek/Facebook.

Rechts nicht außergewöhnlich. Wieder einmal[33] ist es die Kombination mit der Digitalisierung und ihren Möglichkeiten, die alte Fragen in scheinbar neuem Licht erscheinen lassen.

Wer in Österreich z.B. wegen rechtswidriger Herstellung und dem Vertrieb nachgemachter Stofftiere seinen Konkurrenten nach dem östUWG auf Unterlassung klagte, dem wurde schon vor mehr als einem halben Jahrhundert zugestanden, dass das Begehren auch etwas allgemeiner gehalten sein dürfe, um die Umgehung des Verbots nicht allzu leicht zu machen.[34] Es entwickelte sich das gängige Unterlassungsbegehren, das auch „sinngleiche" Verletzungshandlungen erfasst. Hauptanwendungsbereich war anfangs das Wettbewerbsrecht und der gewerbliche Rechtsschutz.[35] Diese Vorgehensweise fand später auch in verbraucherschutzrechtliche Verbandsprozesse[36] und eben in den Persönlichkeitsrechtsschutz Eingang, bei dem hauptsächlich mit Unterlassungsansprüchen gearbeitet wird.

Das gleiche Bild zeigt sich für Deutschland,[37] wo diese Thematik unter dem Begriff der „Kerntheorie"[38] behandelt wird. Der BGH gesteht bei der Fassung eines Unterlassungsantrags ebenso im „Interesse eines hinreichenden Rechtsschutzes gewisse Verallgemeinerungen" zu.[39] Der Unterlassungsanspruch erstreckt sich also nicht nur auf idente, sondern auch auf „kerngleiche" Verletzungshandlungen, ohne dass erneut ein Verfahren angestrengt werden müsste.[40] Im Rahmen des Persönlichkeitsschutzes ist die Frage der Anwendbarkeit der Kerntheorie aber nicht abschließend geklärt.[41]

---

33 Vgl. etwa die Diskussion zum sog. „digitalen Nachlass".
34 ÖstOGH 4 Ob 304/64 Juristische Blätter (JBl) 1964, S. 609; zur Rspr. des östOGH s. *E. Wagner*, Gesetzliche Unterlassungsansprüche im Zivilrecht, Wien, Manz Verlag 2006, S. 442 ff.
35 *Wagner*, Unterlassungsansprüche (Fn. 34), S. 440.
36 Etwa östOGH 2 Ob 215/10x SZ 2012/20.
37 „Wenig überraschend", *Spindler*, Anmerkung (Fn. 2), S. 3275.
38 Vgl. *J. Hager*, in: Staudinger, BGB, Neubearb. 2017, § 823 Rn. C 263a; dazu auch *D. Holznagel*, Anmerkung zu EuGH C-18/18, ZUM 2019, S. 910 (910 f.).
39 Etwa BGH GRUR 2010, S. 454 Rn. 12 – Klassenlotterie; dazu *E. Becker-Eberhard*, in: MüKO ZPO, 6. Aufl., München 2020, § 253 Rn. 133 ff.
40 Etwa BGH GRUR 2013, S. 1071 Rn. 14 – Umsatzangaben.
41 Für die Wortberichterstattung mit Hinweis auf EuGH C-18/18 – Glawischnig-Piesczek/Facebook bejahend LG Frankfurt, Beschl. v. 28.10.2019, Az. 2–03 O 152/19 NJW-RR 2020, S. 289 Rn. 6; offenlassend BGH GRUR 2019, S. 431 Rn. 19 – Heimliches romantisches Treffen; angedeutet in ZUM-RD 2019, S. 203 Rn. 44; für die Bildberichterstattung ausdrücklich ablehnend BGHZ 174, 262 Rn. 11 ff.; GRUR 2008, S. 446 Rn. 14 – „kerngleiche" Berichterstattung; GRUR 2008, S. 1024 Rn. 9 – Shopping mit Putzfrau auf Mallorca; GRUR 2010, S. 173 Rn. 7 –

Durch die Erstreckung auf sinn- bzw. kerngleiche Verstöße wird dem Verpflichteten die Möglichkeit genommen, sich auf den exakten Wortlaut der Unterlassungsverpflichtung zu stützen, um bei nur leichtesten Abweichungen vorbringen zu können, dass kein Verstoß gegen das Verbot vorliege.[42] Auch hier ist wieder an der Identität (i.S.v. „gleich sein") einer Information mit der für rechtswidrig erklärten Information anzuknüpfen. Die Identität bestimmt sich nun aber nicht mehr nach einem bloßen Vergleich (zB. „Volksverräter" und „Volksverräter"), sondern anhand der Eignung, die gleiche Aussage zu vermitteln (zB. „Volksverräter" und „Verräter des Volkes" oder „verrät das Volk" bzw. „hat das Volk verraten").

D. Automatisierte Überwachung

I. Keine autonome Beurteilung durch den Host-Provider?

Der EuGH nimmt ausdrücklich auf automatisierte Techniken und Mittel zur Nachforschung Bezug: Weil dem durch das Urteil verpflichteten Host-Provider die ressourcenintensive Mühe der autonomen Beurteilung, was unter sinngleichen Informationen zu verstehen sei, durch das Gericht soweit abgenommen werde, dass keine Verpflichtung zur allgemeinen Überwachung entstehe, liege keine übermäßige Verpflichtung des Host-Providers vor, der nun ja auch auf automatisierte Techniken und Mittel zur Nachforschung zurückgreifen könne, um die Vorgaben des Gerichts umzusetzen.[43] Zwischen den Zeilen gelesen geht der EuGH offenbar nicht davon aus, dass ein automatisiertes Filtersystem der Aufgabe der autonomen Beurteilung gewachsen wäre, ansonsten hätte es dieser Einschränkung gar nicht bedurft. Wie bei Punkt II. näher ausgeführt wird, ist diese Entscheidung aber nicht in dem Sinn zu verstehen, dass jegliche autonome Beurteilung per se unzulässig wäre, obwohl sie dies suggerieren könnte.[44]

Auf den ersten Blick vermittelt diese Passage im Urteil das Bild des Plattformbetreibers, der mit der Gerichtsentscheidung in der Hand die

---

Kinder eines ehemaligen Fußballprofis; dazu *Specht-Riemenschneider*, Anmerkung (Fn. 17), S. 801; *Paal*, Anmerkung (Fn. 1), S. 93.
42 Vgl. BVerfG, Beschl. v. 09.07.1997, Az. 1 BvR 730/97, BeckRS 1997, 9994 Rn. 12 f.; BGH NJW 2001, S. 3710 unter II. 1. a) (1); *Wagner*, Unterlassungsansprüche (Fn. 34), S. 451 ff.
43 EuGH GRUR 2019, S. 1208 Rn. 46 – Glawischnig-Piesczek/Facebook.
44 Vgl. *Holznagel*, Anmerkung (Fn. 38), S. 912, der diese Interpretation auf die verkürzte Wiedergabe von Art. 15 EC-RL durch den EuGH zurückführt.

wort- und sinngleichen Begriffe in einen Computer eintippt und auf einen Knopf drückt, woraufhin sämtliche rechtswidrigen Inhalte gesperrt oder entfernt werden.[45] Auch das OLG Wien merkt zu einem erfolgreichen Einsatz eines automatischen Filtersystems nur an, dass dies „als allgemein bekannt vorausgesetzt" werden könne.[46] In der Tat sind Umfang und Funktion der von einzelnen Plattformen oder Host-Providern verwendeten Filter wenig bis gar nicht bekannt.[47] In der Regel wird man von Filtern ausgehen können, die jedenfalls in der Lage sind, gleichartigen Text oder gleichartige Inhalte zu finden („duplicate detection"), wie sie etwa bei Suchabfragen in Rechtsdatenbanken oder in einfacher Form z.B. in Textverarbeitungsprogrammen vorkommen („Suchfunktion" – „Strg+F").[48]

Mit Blick auf Art. 15 EC-RL darf dem Host-Provider aber keine allgemeine Überwachungspflicht auferlegt werden. Es ist daher nach dem EuGH Aufgabe des Gerichts, das die Rechtswidrigkeit der Information festgestellt hat, dem Host-Provider spezifische Einzelheiten zu nennen, die eine Umsetzung der Gerichtsentscheidung erlauben, ohne dadurch eine allgemeine Überwachungspflicht aufzuerlegen. Der EuGH nennt dafür Kriterien wie etwa den Namen der von der zuvor festgestellten Verletzung betroffenen Person, die Umstände, unter denen diese Verletzung festgestellt wurde, und einen Inhalt, der dem für rechtswidrig erklärten Inhalt sinngleich ist.[49] Mit Ausnahme der Erwähnung sinngleicher Inhalte schreibt der EuGH auch hier nur fest, was für Unterlassungsgebote ohnehin gilt: Das Unterlassungsurteil soll die Rechtslage klarstellen und dem Verpflichteten eine klare Handlungsanleitung bieten, anhand derer er sein künftiges Verhalten ausrichten kann.[50] Ebenso muss für das Vollstreckungsgericht erkennbar sein, welche Handlungen dem Verpflichteten verboten waren.[51]

Funktional – bzw. aus technischer Perspektive – betrachtet, ist die Unterlassungsverpflichtung mit Blick auf sinngleiche Informationen nichts

---

45 Vgl. *Paal*, Anmerkung (Fn. 1), S. 93, der den Verweis des EuGH auf solche Mittel als „allenfalls bedingt hilfreich" bezeichnet und davon ausgeht, dass der EuGH die bestehende Technik überschätzt.

46 OLG Wien, Beschl. v. 26.04.2017, Az. 5 R 5/17t, S. 19 (unveröffentlicht).

47 *Keller*, Filters (Fn. 27), S. 619.

48 Vgl. *Keller*, Filters (Fn. 27), S. 619; *A. Heldt*, Anmerkung zu EuGH C-18/18, EuR 2020, S. 238 (243).

49 EuGH GRUR 2019, S. 1208 Rn. 46 – Glawischnig-Piesczek/Facebook.

50 Aus dem nationalen Recht etwa östOGH 4 Ob 177/05s SZ 2006/16; 4 Ob 206/19a EvBl 2020/60 (m. Anm. *C. Brenn*).

51 BGH GRUR 2013, S. 1235 Rn. 12 – Restwertbörse II; östOGH 6 Ob 149/19h ecolex 2019/415.

anderes als die Umsetzung einer Unterlassungsverpflichtung für wortgleiche Informationen, nur mit zusätzlichen Parametern.

II. Wo beginnt die autonome Beurteilung?

1. Vollumfängliche Prävention ist unmöglich

Denkt man an die Möglichkeit automatisierter Techniken und Mittel zur Nachforschung, wäre naheliegend, dass das Gericht zahlreiche, als sinngleich identifizierte Formulierungen in das Unterlassungsurteil aufnehmen könnte, wie es der EuGH offenbar vor Augen hatte („Inhalt, der dem für rechtswidrig erklärten Inhalt sinngleich ist").[52] Mit einer solchen Vorgehensweise würde man aber rasch an die Grenzen des Machbaren stoßen. Es wäre kaum möglich, alle in Frage kommenden Kombinationen vorab festzulegen. Eine Liste sinngleicher Informationen hätte daher nur den Charakter einer nicht bindenden demonstrativen Aufzählung.[53] Eine detaillierte Beschreibung, anhand derer nur die konkreten rechtswidrigen Inhalte, aber nichts sonst gefiltert würde,[54] ist aber unmöglich zu erstellen – hier würde der EuGH von den von der Rechtsverletzung Betroffenen und den nationalen Gerichten Unzumutbares verlangen.

Aus der Entscheidung des EuGH könnte aber folgen, dass wenn der Plattform keine näheren Vorgaben zu sinngleichen Inhalten gemacht werden, diese auch nicht eigens umgesetzt werden müssten. In der Folge wären lediglich wortgleiche Informationen zu filtern bzw. müsste dem Unterlassungsgebot nur bezüglich wortgleicher Informationen Folge geleistet werden. Damit könnte dem verpflichteten Host-Provider kein Verstoß angelastet werden, sollten sinn- oder kerngleiche Informationen erneut auf der Plattform verbreitet werden. Der östOGH hat in einem dem Anlassfall ähnlichen Rechtsstreit – schon mit Blick auf die Entscheidung des EuGH – das Unterlassungsgebot einer beispielhaft angeführten Handlung mit einem nicht näher ausgeführten Hinweis auf sinngleiche Behauptungen als ausreichend bestimmt und nicht überschießend beurteilt. Er hat auf das Verfahren zur Durchsetzung (Vollstreckung) des Unterlassungsanspruchs verwiesen, wenn es um die endgültige Klärung gehe, ob eine nach

---

52 EuGH GRUR 2019, S. 1208 Rn. 46 – Glawischnig-Piesczek/Facebook.
53 *Wagner*, Unterlassungsansprüche (Fn. 34), S. 453 f; östOGH 6 Ob 208/70 SZ 43/199; 6 Ob 149/19h ecolex 2019/415.
54 Vgl. *Holznagel*, Anmerkung (Fn. 38), S. 911 f.

Titelerlassung erfolgte angebliche Verletzungshandlung vom Unterlassungstitel gedeckt sei.[55] Gerade dieser Schritt sollte nach dem EuGH offenbar aber vermieden werden, weil von vornherein Klarheit herrschen sollte.

2. Die Filterung sinn- und kerngleicher Informationen ist möglich und zumutbar

Die Gerichte befinden sich samt den Betroffenen in einer ausweglosen Lage: Selbst, wenn im Unterlassungsurteil zehn Varianten sinngleicher Informationen enthalten wären, allerdings die elfte, nicht genannte, verbreitet wird, könnte sich die Plattform – das eben skizzierte Verständnis der Entscheidung vorausgesetzt – auf den Standpunkt zurückziehen, das Unterlassungsgebot auf Punkt und Beistrich genau befolgt zu haben. Wie schon erwähnt ist es aber unmöglich, eine abschließende Liste sinngleicher Informationen zu erstellen.

Ein Lösungsweg wäre etwa im Sinne der schon erwähnten duplicate-detection,[56] dass die Plattform – oder auch das Gericht – neben exakt wortgleichen Informationen eine Schwelle x und zusätzlich Boolesche Operatoren definiert, bei deren Erreichen bzw. Übereinstimmung davon ausgegangen werden kann, dass es sich um sinngleiche Inhalte handelt, die dann auch eine weitere – spezifische – Überprüfungspflicht auslösen könnten. Vergleichbar wäre das mit der Funktion einer „Plagiatssoftware", sodass der Filter bei einer Übereinstimmung von x % aktiv wird. Der so gefilterte Rest kann aber weiterhin autonomer Beurteilung unterworfen werden, weil es sich dann um keine allgemeine Überwachungspflicht mehr handelt, sondern um eine spezifische Pflicht bezüglich der gefilterten Restmasse.[57] Der Maßstab kann daher nicht „keine autonome Beurteilung", sondern weiterhin nur „keine allgemeine Überwachung" sein. Die vom EuGH für unzulässig befundene autonome Beurteilung bezieht sich auf die allgemeine Überwachung, nicht aber auf konkrete Fälle, deren Ähnlichkeit mit

---

55 ÖstOGH, Beschl. v. 30.03.2020, Az. 4 Ob 36/20b (Foto eines Fernsehmoderators samt Bildext, der den staatlichen Rundfunk diffamiert, gepostet von einem Politiker auf dessen Facebook-Seite). Das geht freilich nicht so weit, dass der Rechtsstreit selbst im Vollstreckungsverfahren fortgesetzt werden könnte, vgl. östOGH 6 Ob 149/19h ecolex 2019/415; *Wagner*, Unterlassungsansprüche (Fn. 34), S. 460 f.

56 Oben Pkt. D. I.

57 Ähnlich BGH GRUR 2013, S. 370 Rn. 35 – Alone in the Dark (zur Zumutbarkeit manueller Überprüfung gefilterter Ergebnisse); vgl. auch *Holznagel*, Anmerkung (Fn. 38), S. 911 f.

der ursprünglichen Information einen Fall spezifischer Überwachungspflichten bildet. Das wird deutlich, wenn man bedenkt, dass der EuGH den Inhalt von Art. 15 EC-RL an der betreffenden Stelle der Entscheidung nur verkürzt wiedergibt, woraus fälschlich das „Verbot" resultiert, das aber nur für eine allgemeine Überwachungspflicht gilt.[58]

Das Wesen sinn- bzw. kerngleicher Informationen ist ja gerade, dass sich die Inhaltsgleichheit erst durch autonome Beurteilung bzw. einen Nachdenkprozess ergibt. Dieser Prozess ist angesichts der Tatsache, dass die Information den gleichen Sinn wie die für rechtswidrig erklärte vermitteln muss, ohnehin ein sehr beschränkter. In einem ähnlich gelagerten Fall zieht der östOGH den Maßstab des laienhaften Blicks heran.[59] Dieser Maßstab kann schon durch die vorgeschlagene duplicate-detection i.V.m. einer Schwelle und Booleschen Operatoren für ähnliche Inhalte erreicht werden.[60] Für Plattformen bzw. Host-Provider kann nichts Anderes gelten – der EuGH wollte keine Ausnahme zulasten der von Persönlichkeitsrechtsverletzungen Betroffenen schaffen, sondern lediglich das Entstehen einer allgemeinen Überwachungspflicht nach Art. 15 EC-RL verhindern.[61] Die nationalen Gerichte können daher in ihre Entscheidungen weitere Faktoren aufnehmen,[62] die dann jedenfalls als sinn- und kerngleich anzusehen sind. Das entbindet einen Host-Provider jedoch nicht davon, der Unterlassungsverpflichtung mit Blick auf sinngleiche Informationen unabhängig von einer Konkretisierung durch das Gericht nachzukommen.[63]

---

58 *Holznagel*, Anmerkung (Fn. 38), S. 913; der auch zutreffend darauf hinweist, dass nur der Umfang der Pflicht zum Auffinden von Sachverhalten, nicht aber jener der Pflicht zum rechtlichen Prüfen begrenzt wird.

59 ÖstOGH, Beschl. v. 30.03.2020, Az. 4 Ob 36/20b.

60 Auch der ÖstOGH, Beschl. v. 30.03.2020, Az. 4 Ob 36/20b geht davon aus, dass „eine Unterlassungsanordnung dann zulässig ist, wenn sich die ‚Kern-Übereinstimmung' auf den ersten laienhaften Blick ergibt oder durch technische Mittel (zB Filtersoftware) festgestellt werden kann".

61 Vgl *S. Janisch*, Anmerkung zu EuGH C-18/18, jusIT 2019, S. 225 (227). *C. Thiele*, Anmerkung zu EuGH C-18/18, ZIIR (Zeitschrift für Informationsrecht) 2019, S. 509 (515) sieht darin zu Recht die Stärkung des Rechtsschutzes von durch Hass im Netz betroffenen Personen, ohne dass gleichzeitig das Notice and Take Down-Verfahren aufgegeben würde.

62 EuGH GRUR 2019, S. 1208 Rn. 45 – Glawischnig-Piesczek/Facebook.

63 Vgl. bereits *Janisch*, Anmerkung (Fn. 61), S. 228 sowie östOGH, Beschl. v. 30.03.2020, Az. 4 Ob 36/20b: „[…] dass eine Unterlassungsanordnung dann zulässig ist, wenn sich die ‚Kern-Übereinstimmung' auf den ersten laienhaften Blick ergibt oder durch technische Mittel (zB Filtersoftware) festgestellt werden kann". Auch *C. Thiele*, Anmerkung (Fn. 61), S. 515 hält fest, dass Plattformen bzw. Inter-

Die Beurteilung einer allfälligen gefilterten Restmasse hin auf Sinngleichheit ist noch keine allgemeine Überwachungspflicht.[64]

Anzumerken ist dazu, dass ein Wortfilter (insb. mit Blick auf Boolesche Operatoren) regelmäßig in der Lage sein wird, auch sinngleiche Inhalte zu filtern, weil Sinn- oder Kerngleichheit nur ein sehr schmales Spektrum umfasst. Das Problem ist vielmehr der Kontext. Geht man also vom Einsatz von Filtern aus, wäre die Unzumutbarkeit der Nachkontrolle vielmehr zugunsten jener Plattformnutzer von Relevanz, die von „Overblocking" betroffen wären, wenn aufgrund des Filters Informationen blockiert werden, die gar nicht rechtswidrig sind (dazu unten Pkt. VI.). Die autonome Beurteilung der gefilterten Restmasse liegt daher im Interesse jedes Host-Providers, der seine Nutzer und insb. zahlende Werbekunden durch unkontrolliertes Overblocking nicht verärgern und letztendlich verlieren möchte. Anders formuliert: Die Persönlichkeitsrechtsverletzung wird man durch automatisierte Filterung abstellen können, dabei jedoch unvorhersehbaren Kollateralschaden verursachen, sofern der Filter den Kontext nicht beurteilen kann oder nicht engmaschig genug ist.

3. Darlegungslast für die Unzumutbarkeit autonomer Beurteilung

In diesem Zusammenhang muss auch die Frage gestellt werden, warum die Betroffenen die Nachteile daraus tragen sollen, dass eine Plattform „too big to fail" im persönlichkeitsrechtlichen Sinn ist, also wenn ihr die autonome Beurteilung aufgrund der technischen Rahmenbedingungen und der Größe der Plattform nicht mehr zugemutet werden könne. Letzteres beruht offenbar auf dem vagen und pauschalen Vorbringen der Plattformen, ohne je im Detail geprüft worden zu sein.[65] Dieses Versäumnis sollte nicht zulasten der Betroffenen gehen, deren Persönlichkeitsrechtsverletzung erst durch das Angebot der Plattform ermöglicht wurde, die

---

netkonzerne „zur Beurteilung der (Un-)Rechtmäßigkeit von Äußerungen gezwungen werden" können. Ebenso ist *Spindler*, Anmerkung (Fn. 2), S. 3275 skeptisch, ob „der Provider damit tatsächlich einer eigenen Entscheidung enthoben werden kann".

64 Ähnlich bereits BGH GRUR 2013, S. 370 Rn. 35, 39 – Alone in the Dark.

65 Diese Vorgehensweise kritisierte schon vor Jahren bspw. *S. Hühner*, Voraussetzungen für Störerhaftung von File-Hosting-Diensten (Anmerkung zu BGH I ZR 18/11 – Alone in the Dark) GRUR 2013, S. 370 (375); auch *Spindler*, Anmerkung (Fn. 2), S. 3275 hegt deutliche Zweifel. Äußerst skeptisch mit Blick auf das Kostenargument auch *Wagner*, Haftung (Fn. 7), S. 451.

wohl auch noch einen vermögenswerten Vorteil (Werbeeinnahmen etc.) durch die Rechtsverletzungen seiner User erzielt.[66] Will sich die Plattform auf die Unzumutbarkeit autonomer Beurteilung berufen, liegt es an ihr, (sekundär) darzulegen, welche Schritte zur Umsetzung der Unterlassungsverpflichtung bzw. der Verhinderung weiterer Verletzungen unternommen bzw. nicht unternommen werden können.[67]

Der Ansicht, dass die (Verkehrs-) Pflichten der Intermediäre die Grenzen der technischen Möglichkeiten reflektieren müssen,[68] ist zuzustimmen. Die wesentlichen Parameter, die den Schluss zulassen würden, autonome Beurteilung sei unzumutbar, sind jedoch nicht bekannt; ebenso wenig schon die genaue Funktionalität und die Möglichkeiten der von den Plattformen eingesetzten Filtertechnologie selbst. Einen Einblick gewährt etwa Youtube in der Beschreibung seines „Content ID"-Verfahrens, das in der Lage ist, sämtliche auf die Plattform hochgeladene Videos auf Übereinstimmung mit in einer Datenbank hinterlegten „Proben" von urheberrechtlich geschütztem Material abzugleichen, das die Rechteinhaber der Plattform zur Verfügung gestellt haben.[69]

III. Vermeidung von spezifischen Überwachungsverpflichtungen?

Geht man davon aus, dass ein automatisiertes Filtersystem ressourcenintensiv entwickelt und betrieben werden muss, könnte das für Plattformen einen Anreiz schaffen, erst gar keine Unterlassungsverpflichtungen zu provozieren, also Gerichtsverfahren zu vermeiden. Das könnte dadurch erreicht werden, jeglicher Meldung gem. Art. 14 EC-RL im Sinne eines Automatismus nachzugeben und die Informationen zu löschen oder zu blockieren.[70]

Dass damit eine Einschränkung der Freiheiten der Plattformnutzer einhergeht, liegt auf der Hand, weil es auch zahlreiche Meldungen geben wird, die nicht rechtswidrige Informationen betreffen – ganz abgesehen

---

66 *Wagner*, Haftung (Fn. 1), S. 337 spricht von der Inkaufnahme der Verletzung von Rechten anderer durch Plattformen.

67 Vgl. LG Hamburg, Urt. v. 30.04.2018, Az. 324 O 51/18 BeckRS 2018, 24806 (Rn. 54 ff.).

68 *F. Hofmann*, Anmerkung zu EuGH C-18/18, jurisPR-WettbR 12/2019 Anm. 1, S. 2, 4.

69 https://support.google.com/youtube/answer/2797370?hl=de, abgerufen am 13.07.2020.

70 Vgl. *Wagner*, Haftung (Fn. 7), S. 452. Zum Overblocking s. Pkt. D.VI.

vom Problem des Overblocking. Unmittelbare Folge wäre eine Einschränkung oder Störung des Informationsaustausches auf der Plattform und letztendlich der Meinungsfreiheit der Benutzer. Die Plattform findet sich dann in einem „Freiheitsdilemma" wieder, weil der (vermeintliche) Schutz von Persönlichkeitsrechten der Betroffen und die Vermeidung ressourcenintensiver Befolgung von Unterlassungsverpflichtungen durch präventive Eingriffe in die Meinungsfreiheit der übrigen Plattformnutzer erkauft wird. Zwar kann man nicht von einem ungerechtfertigten Eingriff in die Meinungsfreiheit sprechen, wenn die Information vom Gericht als rechtswidrig beurteilt worden wäre, Gewissheit über diese Beurteilung hätte aber nur das durch den Löschautomatismus vermiedene Gerichtsverfahren gebracht.

IV. *Rollentausch beim Notice and Take Down-Verfahren?*

Die Haftung des Intermediärs ist eine beschränkte, weil das sog. Notice and Take Down-Verfahren durchlaufen werden muss. Da den Intermediär nach Art. 15 EC-RL keine allgemeine Überwachungspflicht trifft, liegt es nach Art. 14 EC-RL an den Betroffenen, an ihn heranzutreten und auf ihrer Meinung nach rechtswidrige Informationen hinzuweisen (notice), die dann vom Intermediär entfernt werden sollen (take down).

Versetzt man sich in die Lage eines Intermediärs, findet man in Art. 14 EC-RL keine Anhaltspunkte dafür, wann Informationen rechtswidrig und damit haftungsbegründend sind, wenn sie nicht entfernt würden. Das ist keine Überraschung, wenn man bedenkt, dass Art. 14 EC-RL keine die Haftung des Host-Providers begründende, sondern eine die Haftung ausschließende Bestimmung ist.[71] Die Tatbestandselemente, anhand derer die Rechtswidrigkeit festgestellt werden kann, ist daher dem jeweiligen materiellen Recht zu entnehmen.[72] Das erübrigt aber nicht die Frage nach dem Maßstab, an dem der die Informationen prüfende Host-Provider zu messen ist.

Art. 14 Abs. 1 EC-RL schließt die schadenersatzrechtliche Verantwortlichkeit des Host-Providers aus, wenn er sich keiner Tatsachen oder Umstände bewusst ist, aus denen die rechtswidrige Tätigkeit oder Information

---

71 *C. Brenn*, in: C. Brenn (Hrsg.), E-Commerce-Gesetz (ECG), Wien, Manz Verlag 2002, S. 284.

72 *Brenn* (Fn. 71), S. 264, 284; östOGH 4 Ob 74/19i MR (Medien und Recht) 2019, S. 235 (m. Anm. *M. Boesch*).

offensichtlich wird. Damit haftet der Host-Provider, wenn ihm eine grob fahrlässige Fehlbeurteilung vorgeworfen werden kann, weil andernfalls die Rechtswidrigkeit noch nicht offensichtlich wäre.[73] Nach der Rechtsprechung muss die Rechtsverletzung für einen juristischen Laien ohne weitere Nachforschungen offenkundig sein,[74] bzw. muss eine klare,[75] unschwer zu bejahende[76] Rechtsverletzung vorliegen. Das schränkt den Spielraum zwar ein, erfordert aber nach wie vor eine inhaltliche Auseinandersetzung des Host-Providers mit den von den Betroffenen gemeldeten Informationen.

Die autonome Beurteilung liegt daher beim Notice and Take Down-Verfahren nach Art. 14 EC-RL beim Host-Provider bzw. beim Intermediär – ein Rollentausch, der angesichts der hier behandelten Entscheidung zur Vermeidung autonomer Beurteilung durch den Host-Provider auch überraschen könnte. Der einzige Unterschied scheint der relevante Zeitpunkt zu sein, nämlich vor oder nach dem Unterlassungsurteil: Während der Host-Provider mit dem Unterlassungsurteil eine valide Handlungsanleitung in den Händen hält, was ihm nun erlaubt ist und was nicht, wird er davor alleine gelassen. Das ist beim von Interessenabwägungen geprägten Persönlichkeitsschutz ein zusätzlicher Nachteil.[77] Will man als Intermediär kein Risiko eingehen, müsste man löschen[78] oder Ressourcen für die inhaltliche Prüfung der Informationen aufwenden. Dieser Rollentausch ist aber zum Vorteil des Intermediärs, weil er anders als der unmittelbare Täter eine Gelegenheit erhält, seine Haftung zu vermeiden, sofern er unverzüglich tätig wird. Der Intermediär könnte also darauf verzichten, muss dann aber auch in Kauf nehmen, dass er womöglich schadenersatzpflichtig oder sogar strafrechtlich verantwortlich wird.

---

73 Zum TMG *B. Paal*, in: H. Gersdorf/B. Paal (Hrsg.), Beck'scher Online-Kommentar Informations- und Medienrecht, München, 28. Edition Stand 01.05.2020, § 10 TMG Rn. 36; für das östECG s. *Brenn* (Fn. 71), S. 283; *W. Zankl*, in: W. Zankl (Hrsg.), E-Commerce-Gesetz, 2. Aufl., Wien, Verlag Österreich 2016, Rn. 294.

74 Bspw. ÖstOGH 6 Ob 188/14m ecolex 2015/198 (m. Anm. *A. Zemann*); 4 Ob 140/14p EvBl 2015/69 (m. Anm. *C. Brenn*); 6 Ob 244/16z ecolex 2017/195 (m. Anm. *D. Hofmarcher*); dazu auch *W. Zankl*, Haftung und Haftungsbefreiung im E-Commerce, ecolex 2005, S. 202.

75 BGH GRUR 2013, S. 370 Rn. 28 – Alone in the Dark.

76 BGH GRUR 2012, S. 311 Rn. 26 – Blog-Eintrag; GRUR 2018, S. 642 Rn. 32.

77 *Spindler*, Anmerkung (Fn. 2), S. 3275 f. Dieser Maßstab kann noch dazu von Land zu Land deutlich variieren, vgl. *M. Pöschl*, Neuvermessung der Meinungsfreiheit? in: H. Koziol (Hrsg.), Tatsachenmitteilungen und Werturteile: Freiheit und Verantwortung, Wien, Jan Sramek Verlag 2018, S. 31 (50).

78 Mit Hinweis auf das „Prognoserisiko" *Hofmann*, Anmerkung (Fn. 68), S. 2.

In diesem Zusammenhang ist zu fragen, ob es aus ökonomischen Gründen für Intermediäre vorteilhafter sein könnte, die Beurteilung an staatliche Gerichte auszulagern und das Risiko des Prozessverlustes in Kauf zu nehmen. Damit fallen jene Kosten weg, die für die inhaltliche Prüfung entstehen. Diese können je nach Größe der Plattform und damit einhergehend der Notwendigkeit der Kenntnis verschiedener Rechtsordnungen jene von Prozessverlust und Implementierung von Unterlassungsverpflichtungen deutlich übersteigen. Zusätzlich generiert der Intermediär damit eine weitere Barriere, denn die Betroffenen müssen einen Prozess samt Kostenrisiko anstrengen – eine Hürde, die im Vergleich zur Meldung an den Intermediär deutlich weniger überwinden werden.

V. *Verpflichtung zur Verhinderung künftiger Verletzungen trotz Art. 14 EC-RL?*

Kommt der Host-Provider der Aufforderung zur Löschung nach, bleibt noch die Frage, ob er trotz Befolgung der in Art. 14 EC-RL genannten Pflichten für die Zukunft zur Unterlassung bzw. zur Verhinderung künftiger Verletzungen durch wort- und sinngleiche Informationen verpflichtet werden kann.

Dafür sprechen neben der Einschränkung von Art. 14 EC-RL auf Schadenersatzansprüche und der Verschuldensunabhängigkeit von Unterlassungsansprüchen auch der Schutzzweck dieser Bestimmung sowie Art. 18 EC-RL, der eine Verpflichtung der Mitgliedstaaten zur Gewährung effektiven Rechtsschutzes vorsieht. Dazu muss man sich nur in die Lage des von rechtswidrigen Informationen Betroffenen versetzen, sofern man eine derartige Verpflichtung bei unverzüglicher Reaktion des Host-Providers verneinen würde: Der Betroffene würde sich dann im Fall der Weigerung des Host-Providers paradoxerweise in einer vorteilhafteren Situation wiederfinden, weil er wegen der Untätigkeit auf Unterlassung klagen und somit auch künftige Rechtsverletzungen verhindern kann, weil der Host-Provider nach dem Unterlassungsurteil auch zur Überwachung für diesen spezifischen Fall verpflichtet wäre. Umgekehrt würde die unverzügliche Löschung der beanstandeten Informationen dazu führen, dass zwar die aktuelle Störung beseitigt wurde, die spezifische Überwachungslast (für wort- und sinngleiche Persönlichkeitsrechtsverletzungen) aber weiterhin beim Betroffenen bleibt, also jene Situation eintritt, die der EuGH als unerwünscht ansieht, etwa, als er begründet, warum die Unterlassungsverpflichtung generell für alle Wiederholungen der Rechtsverletzung unabhängig von dessen Urheber gilt.[79] Zudem nennt der EuGH eine Gerichtsentscheidung nur als einen von mehreren möglichen Fällen, die eine spezifische Überwachungspflicht auslösen können.[80] Aus Rn. 25 der Entscheidung folgt ausdrücklich, dass Art. 14 EC-RL dahingehend zu verstehen ist, dass auch eine unverzügliche Reaktion des Host-Providers eine Verpflichtung zur Verhinderung künftiger Verletzungen nicht ausschließt.[81] Inhaltlich und funktional entspricht diese Verpflichtung einem Unterlassungsgebot. Anders formuliert: Das Hosting-Privileg gilt nicht für Unterlassungsansprüche.[82] Man kann daher auch von einem „Notice and Stay Down"-Verfahren sprechen.[83]

Damit wird aber jenes Argument teilweise hinfällig, das lautete, die Implementierung automatisierter Techniken sowie die Umsetzung von Unterlassungsverpflichtungen könne durch vorschnelles oder gar automatisiertes Nachgeben auf Meldungen vermeintlich rechtswidriger Informationen vermieden werden. Lediglich drohender Schadenersatz wäre noch ein Anreiz zu unverzüglicher Löschung, sofern dieser je nach Jurisdiktion auch tatsächlich vom Host-Provider gefürchtet werden muss. Was aber je-

---

79 EuGH GRUR 2019, S. 1208 Rn. 37 – Glawischnig-Piesczek/Facebook; oben Pkt. C.I.
80 EuGH GRUR 2019, S. 1208 Rn. 35 – Glawischnig-Piesczek/Facebook; ausdrücklich darauf hinweisend *Holznagel*, Anmerkung (Fn. 38), S. 911.
81 EuGH GRUR 2019, S. 1208 – Glawischnig-Piesczek/Facebook. Vgl. bereits EuGH GRUR 2016, S. 1146 Rn. 77 ff. – McFadden/Sony sowie GRUR 2018, S. 921 Rn. 51 – SNB-REACT/Deepak Mehta. Vgl. für Deutschland (§§ 7, 10 TMG) etwa BGH GRUR 2004, S. 860 unter II. 2. a) – Internetversteigerung I (noch zu § 11 S. 1 TDG); GRUR 2007, S. 708 Rn. 19 – Internetversteigerung II; GRUR 2012, 311 Rn. 24 – Blog-Eintrag; GRUR 2012, S. 751 Rn. 19; GRUR 2013, S. 1229 Rn. 34 ff. – Kinderhochstühle im Internet II; GRUR 2016, S. 855 Rn. 23 – www.jameda.de; *Hager* (Fn. 38), § 823 Rn. C 62b; *Paal* (Fn. 73), § 7 TMG Rn. 55 ff. Für Österreich (§§ 16, 19 östECG) s. ErläutRV 817 BlgNR 21. GP S. 39 f. (abgedruckt bei *Brenn* [Fn. 71], S. 305); östOGH 6 Ob 190/03i EvBl 2004/156; 6 Ob 178/04a MR (Medien und Recht) 2007, S. 79 (m. Anm. *C. Thiele*); 4 Ob 140/14p EvBl 2015/69 (m. Anm. *C. Brenn*); 7 Ob 80/17s ecolex 2018/202; 4 Ob 179/18d jusIT 2019/20; insb. 4 Ob 74/19i MR (Medien und Recht) 2019, S. 235 (m. Anm. *M. Boesch*); *Brenn* (Fn. 71), S. 284, 306 f; *C. Brenn*, Anmerkung zu EuGH C-18/18, ÖJZ (Österreichische Juristenzeitung) 2019, 1102 (1103); *Zankl* (Fn. 73), Rn. 265, 297; anders offenbar östOGH 6 Ob 188/16i MR (Medien und Recht) 2017, S. 61 (m. Anm. *M. Windhager/A. Nessler*); 6 Ob 12/17h jusIT 2017/59 (m. Anm. *E. Staudegger*) sowie *R. Schanda*, Verantwortung und Haftung im Internet nach dem neuen E-Commerce-Gesetz, ecolex 2001, S. 920, dessen Ansicht aber bereits von *Brenn* (Fn. 71), S. 307 abgelehnt wurde.
82 *Brenn*, Anmerkung (Fn. 81), S 1103.
83 *Wagner*, Haftung (Fn. 7), S. 448.

denfalls bleibt ist die Verpflichtung zur Verhinderung künftiger Verletzungen, was mit automatisierten Techniken und Mitteln zur Nachforschung geschehen wird.

VI. Overblocking

Das leitet zum letzten Punkt über, der drohend über der gesamten Thematik schwebt, nämlich ein mögliches – bzw. wahrscheinliches[84] – „Overblocking" im Zuge der automatisierten Umsetzung einer gerichtlichen Anordnung. Der Einsatz automatisierter Filter könnte dazu führen, dass im Zuge dessen auch völlig unproblematische Inhalte entfernt werden.[85] Könnte bspw. dieser Beitrag auf Facebook gepostet oder geteilt werden? Immerhin wird der Inhalt des verfahrensgegenständlichen Hasspostings mehrfach wörtlich zitiert, der Name der Politikerin genannt und auf die Umstände des Falles konkret Bezug genommen.[86] Zitierende Berichterstattung, kritische Auseinandersetzung und auch Satire wären unmittelbar bedroht.[87] Der Aufruf an die nationalen Gerichte, die Reichweite ihrer Anordnungen sorgfältig und präzise zu bestimmen,[88] ist selbstredend zu unterstützen, wird aber nicht von Erfolg gekrönt sein, solange ein Filter nach dem Prinzip „wenn Übereinstimmung mit Inhalt x, dann blockieren" arbeitet, ohne den Kontext beurteilen zu können.

Die Lage für von Overblocking betroffene Nutzer wurde vom EuGH nicht angesprochen – sie sieht düster aus. Einer Plattform ist es zwar grundsätzlich nicht verboten, ihr nicht genehme Informationen zu filtern (sofern sie es ökonomisch durchhält), weil damit noch kein staatlicher Eingriff in die Meinungsfreiheit einhergeht.[89] Ab einer gewissen Größe und Reichweite der Plattform kippt diese Beurteilung jedoch, wenn das Aus-

---

84 *Hoeren*, Anmerkung zu EuGH C-18/18, LMK 2020, 425949 gibt zu bedenken, dass man um eine autonome Prüfung nicht herumkommen wird, schon um einfachste Fragen nach dem Kontext zu beantworten.

85 Vgl. *Paal*, Anmerkung (Fn. 1), S. 94. Die Problematik andeutend EuGH GRUR 2014, S. 468 Rn. 63 – UPC Telekabel.

86 Vgl. *Keller*, Filters (Fn. 27), S. 622, die dieselbe Frage mit Blick auf ihren Beitrag stellt.

87 *M. Fremuth/R. Friedrich*, Anmerkung zu EuGH C-18/18, EuZW 2019, S. 942 (945); *Janisch*, Anmerkung (Fn. 61), S. 228; *Paal*, Anmerkung (Fn. 1), S. 94.

88 Etwa von *Fremuth/Friedrich*, Anmerkung (Fn. 87), S. 945.

89 *R. Müller-Terpitz*, Filter als Gefahr für die Meinungspluralität? – Verfassungsrechtliche Erwägungen zum Einsatz von Filtertechnologien, ZUM 2020, S. 365 (372); *Pöschl*, Meinungsfreiheit (Fn. 77), S. 57.

weichen der User auf einen anderen Marktplatz der Ideen nicht mehr so einfach möglich ist, weil der Intermediär dann keine bloß private Rolle mehr einzunehmen scheint.[90] Unabhängig von hier nur kurz angedeuteten grundrechtlichen Fragen könnten etwa ein aus dem Vertrag zwischen User und Plattform ableitbarer Wiederherstellungsanspruch („restore", „put back")[91] oder die vorbeugende Kennzeichnung („pre-flagging")[92] des Inhalts als einer unproblematischen Kategorie zugehörig (Zitat, Satire, etc.) durch User Abhilfe schaffen.

Es bleibt zu hoffen, dass sich der Unionsgesetzgeber der Regulierung von Plattformen im Sinne eines Interessenausgleichs aller Beteiligten annimmt. Die Entscheidung C-18/18 des EuGH bietet allerlei Anlass.[93] Gelegenheit dazu hat der Unionsgesetzgeber bereits im angedachten „Digital Services Act", mit dem die EC-RL reformiert werden soll. Vorbildfunktion könnte dabei – soweit vergleichbar – auch Art. 17 DSM-RL[94] zukommen, also insb. mit Blick auf die Pflichten zur Verhinderung von Rechtsverletzungen und von Overblocking.[95] Der erste Entwurf der Verordnung (COM[2020] 825 final) lässt die Bestimmungen zur Haftung der Anbieter von Vermittlungsdiensten im Vergleich zur EC-RL jedoch weitgehend unangetastet. Der Entwurf sieht für Durchleitung, Caching und Hosting die Möglichkeit vor, dass ein Gericht oder eine Verwaltungsbehörde nach den Rechtssystemen der Mitgliedstaaten vom Diensteanbieter verlangen kann, eine Zuwiderhandlung abzustellen oder zu verhindern. Damit wären die Ausführungen in diesem Beitrag auch auf die neue Rechtslage übertragbar.

E. Zusammenfassung

Das Verbot einer allgemeinen Pflicht zur Überwachung durch den Host-Provider in Art. 15 EC-RL bezieht sich nicht auf die Quantität der zu über-

---

90 *Müller-Terpitz*, Filter (Fn. 89), S. 374; *Wagner*, Haftung (Fn. 1), S. 335; *Pöschl*, Meinungsfreiheit (Fn. 77), S. 57 ff.; *Fremuth/Friedrich*, Anmerkung (Fn. 87), S. 945; *Janisch*, Anmerkung (Fn. 61), S. 228; *Paal*, Anmerkung (Fn. 1), S. 96.
91 *Wagner*, Haftung (Fn. 7), S. 452; *Spindler*, Anmerkung (Fn. 2), S. 3276; *Specht-Riemenschneider*, Anmerkung (Fn. 17), S. 802; *Hofmann*, Anmerkung (Fn. 68), S. 4; die Effektivität bezweifelnd *Paal*, Anmerkung (Fn. 1), S. 94 f.
92 *F. Hofmann*, Fünfzehn Thesen zur Plattformhaftung nach Art. 17 DSM-RL, GRUR 2019, S. 1219 (1227 f).
93 Vgl. *Holznagel*, Anmerkung (Fn. 38), S. 913.
94 Richtlinie (EU) 2019/790, ABl. L 130 vom 17.05.2019, S. 92 („DSM-RL").
95 Zur Haftungsbegrenzung von Art. 17 DSM-RL etwa *Hofmann*, Plattformhaftung (Fn. 92), S. 1219 f.

wachenden Informationen (diese ist immer „allgemein"), sondern auf die Qualität, also den konkret beanstandeten oder für rechtswidrig erklärten Inhalt. Eine Unterlassungsverpflichtung bezüglich konkreter Informationen ist unabhängig von dessen Urheber sowohl für wort-, als auch für sinn- bzw. kerngleiche Informationen zulässig.

Der EuGH geht offenbar nicht davon aus, dass ein automatisiertes Filter- oder Überwachungssystem in der Lage wäre, Informationen zu filtern, die sinngleich zu der für rechtswidrig erklärten Information sind. Daher soll das Gericht Kriterien vorgeben, die eine automatisierte Umsetzung ermöglichen. Solche Vorgaben können aber nur beispielhaft sein.

Der EuGH hat nicht die autonome Beurteilung per se verboten. Der Maßstab ist daher nicht „keine autonome Beurteilung", sondern „keine allgemeine Überwachung" nach Art. 15 EC-RL. Ein Lösungsweg wäre, dass durch duplicate-detection gefilterte Inhalte i.V.m. Booleschen Operatoren ab einer gewissen Schwelle eine spezifische (und daher zulässige) Überprüfungspflicht der gefilterten Restmasse auslösen. Das Problem dabei ist ohnehin weniger das Auffinden rechtswidriger Inhalte, sondern die Gefahr von Overblocking zulasten anderer Plattformuser.

Nicht zugutekommen kann dem Host-Provider dessen ungeprüfte Behauptung, dass er aus persönlichkeitsrechtlicher Sicht „too big to fail" ist, eine autonome Beurteilung also zu aufwändig wäre, obwohl die Persönlichkeitsrechtsverletzung erst durch das Angebot des Host-Providers ermöglicht wurde, der daraus womöglich auch einen vermögenswerten Vorteil zieht. Der Host-Provider muss darlegen, warum ihm die Erfüllung einer spezifischen, nicht automatisierten Überwachungspflicht unzumutbar wäre. Das gilt insb. angesichts der Tatsache, dass der Host-Provider im Rahmen des Notice and Take Down-Verfahrens von Art. 14 EC-RL eine Information ohne weitere Anhaltspunkte autonom beurteilen muss und bei Fehlbeurteilung haftet.

Art. 14 EC-RL ist dahingehend zu verstehen, dass auch eine unverzügliche Reaktion des Host-Providers eine Verpflichtung zur Verhinderung künftiger Verletzungen nicht ausschließt.

#abmahnroboter – Möglichkeiten und Grenzen von Legal Techs bei der Urheberrechtsdurchsetzung

*Florian Skupin**

Das Phänomen „Legal Tech" ist derzeit in aller Munde und erfreut sich großer Beliebtheit bei Rechtsuchenden, um einen einfachen und (finanziell) risikofreien Zugang zum Recht zu erhalten. Während die Leistungsangebote rechtsdurchsetzender nichtanwaltlicher Dienstleister in Rechtsbereichen wie dem Fluggastrecht[1] oder dem VW-Dieselskandal[2] intensiv genutzt werden, fällt auf, dass es in Bezug auf die Durchsetzung von Urheberrechten im Internet bislang nur relativ wenige Angebote gibt – obwohl es hierbei um die Verteidigung absolut geschützter Rechte geht[3] und sich das Rechtsgebiet ideal für den Einsatz technischer Innovationen bei der Rechtsdurchsetzung eignen würde. Der Beitrag untersucht daher nach einer kurzen Abgrenzung des Untersuchungsgegenstands anhand der Verfolgung von Online-Bildrechtsverletzungen, welche (technischen) Möglichkeiten Legal-Tech-Geschäftsmodelle im Bereich der Urheberrechtsdurchsetzung haben bzw. welche (rechtlichen) Grenzen einer Leistungserbringung gesetzt sind, und diskutiert in diesem Kontext auch die Frage, inwiefern de lege lata eine Automatisierung der Verfolgung von Online-Bildrechtsverletzungen möglich erscheint, es mithin zum Einsatz eines „Abmahnroboters" kommen kann.

---

* Der Verfasser ist Wissenschaftlicher Mitarbeiter am Institut für Urheber- und Medienrecht, München, und beschäftigt sich im Rahmen seiner Doktorarbeit mit Regulierungsfragen in Bezug auf rechtsdurchsetzende nichtanwaltliche Dienstleister. Der Verfasser ist mit den im Beitrag genannten nichtanwaltlichen Dienstleistern nicht verbunden.

1 Vgl. statt Vieler die Leistungsangebote von *flightright*, *Compensation2go* oder *Myflyright*.
2 Vgl. beispielhaft das inkassodienstleistende Angebot von *MyRight* bzw. das prozessfinanzierende Leistungsangebot von *lawbutler*.
3 M. *Leistner*, in: U. Loewenheim/M. Leistner/A. Ohly (Hrsg.), Urheberrecht, 6. Aufl., München 2020, § 97 UrhG Rn. 8.

A. Grundlagen

Nachfolgend wird definiert, welche Legal-Tech-Angebote den Untersuchungsgegenstand dieses Beitrags bilden (I.), bevor ein Kurzüberblick über die urheberrechtlichen Ansprüche bei auftretenden Online-Bildrechtsverletzungen (II.) erfolgt.

I. „Legal-Tech"-Angebote als Untersuchungsgegenstand

Da in der Literatur kein einheitliches Verständnis darüber besteht, welche Leistungsangebote unter den Begriff „Legal Tech" zu fassen sind[4], bedarf es der kurzen Darstellung des begrifflichen Verständnisses. Der vorliegende Beitrag versteht unter Legal-Tech-Angeboten

> alle technischen Software- und Dienstleistungsangebote von anwaltlichen sowie nichtanwaltlichen Akteuren, deren Ziel es ist, unter Zuhilfenahme von Automatisationsprozessen Rechtsuchende bei rechtlichen Fragestellungen zu unterstützen, gegen sie gerichtete Ansprüche abzuwehren, ihre bestehenden Rechtsansprüche durchzusetzen oder selbst zu erfüllen, bzw. jene rechtlichen Sachverhalte in Vorbereitung der Anspruchsdurchsetzung bzw. -abwehr zu erfassen oder zu analysieren.

Zur Gruppierung der der Definition unterfallenden Angebote nutzt der Beitrag einen zweidimensionalen Klassifizierungsansatz, dimensional unterteilt nach Ausmaß der disruptiven Wirkung und Anwendungsebene. In Bezug auf die Anwendungsebene sind hierbei zwei Ausprägungen vorstellbar[5]: Zum einen können Legal-Tech-Anwendungen auf der „Kooperations-Ebene" die Arbeitsweise von Anwaltskanzleien im Innenverhältnis unterstützen, zum anderen kann sich ein Leistungsangebot auf der „Standalone-Ebene" im Außenverhältnis direkt an den Rechtsuchenden wenden. Zudem erfolgt eine Differenzierung hinsichtlich des Ausmaßes disruptiver Wirkungen, mithin danach, ob ein Legal-Tech-Angebot die anwaltliche Arbeit unterstützt („Supportiv-Legal-Tech") oder selbst im Rahmen von Rechtsgestaltung („rechtsgestaltendes Legal Tech") bzw. Rechtsdurchset-

---

4 *B. Fiedler/A. Grupp*, Legal Technologies: Digitalisierungsstrategien für Rechtsabteilungen und Wirtschaftskanzleien, DB 2017, S. 1071 (1071); *J. Wagner*, Legal Tech und Legal Robots, 2. Aufl., Heidelberg 2020, S. 2.

5 So i.E. auch *N. Kuhlmann*, Legal Tech in smarten Welt – Ermöglichungs- und Beschränkungspotenzial, in: J. Taeger (Hrsg.), Smart world – smart law?, DSRITB 2016, Edewecht 2016, S. 1039 (1039).

zung („rechtsdurchsetzendes Legal Tech") die anwaltliche Arbeit jedenfalls in Teilen substituiert:

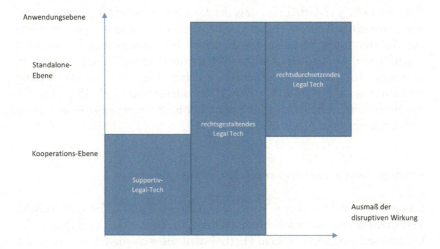

Abb. 1: Überblick über die Klassifikation von Legal-Tech-Angeboten; eigene Darstellung

Mit Blick auf die Möglichkeiten zur Schaffung eines „Abmahnroboters" richtet der Beitrag seinen Fokus auf die Standalone-Anwendungen des rechtsgestaltenden und rechtsdurchsetzenden Bereiches.

II. Überblick über die urheberrechtlichen Ansprüche im Falle von Online-Bildrechtsverletzungen

Voraussetzung für das Bestehen bildrechtlicher Ansprüche ist, dass eine Fotografie einen Schutz nach dem Urheberrechtsgesetz genießt. Sofern es sich hierbei um eine persönliche geistige Schöpfung handelt, kommt ein Schutz als Lichtbildwerk nach § 2 Abs. 1 Nr. 5 UrhG in Betracht; jedenfalls genießen Fotografien nach § 72 Abs. 1 UrhG jedoch urheberrechtlichen Schutz als Lichtbilder.[6] Inhaber der Ausschließlichkeitsrechte nach § 15 Abs. 1, 2 UrhG (nachfolgend „Rechteinhaber") können neben den Foto-

---

6 Zu den in der DSM-RL vorgesehenen Einschränkungen in Bezug auf Reproduktionsfotografien etwa *M. Grünberger*, Die Entwicklung des Urheberrechts im Jahr

grafen als Urheber i.S.d. § 7 UrhG auch die Inhaber ausschließlicher Nutzungsrechte (§ 31 Abs. 1, 3 UrhG) an der Fotografie sein. Überdies ist im Urheberrecht ebenfalls eine persönlichkeitsrechtliche Dimension angelegt.[7] So sieht § 13 UrhG vor, dass der Urheber entscheiden kann, ob und wie er bei einer Bildverwendung zu benennen ist. Kommt es zu einer unautorisierten oder nicht-lizenzkonformen Bildverwendung im Internet (nachfolgend einheitlich „Online-Bildrechtsverletzung") durch Dritte, so resultieren hieraus u.a. die urheberrechtlichen Ansprüche auf Beseitigung und Unterlassung (§ 97 Abs. 1 UrhG), Schadensersatz (§ 97 Abs. 2 UrhG), Auskunft (erweiterte Anwendung des § 259 BGB i.V.m. § 242 BGB[8]) sowie Aufwendungsersatz (§ 97a Abs. 3 UrhG).

B. Möglichkeiten und Grenzen bei der Leistungserbringung

Schon der Terminus „Legal Tech" als Kofferwort[9] macht die symbiotische Verbindung von technischen wie rechtlichen Elementen im Rahmen der Leistungserbringung deutlich. Hierbei wird die maximale Reichweite der Interaktionsmöglichkeiten durch die technische Komponente bestimmt – denn nur das, was technisch überhaupt abbildbar ist, kann im Rahmen einer (automatisierten) Leistungserbringung Gegenstand eines Dienstleistungsangebots werden. Indes sind es die rechtlichen Rahmenbedingungen auf dem Rechtsdienstleistungsmarkt, welche den technischen Möglichkeiten mitunter Grenzen setzen. Nachfolgend sollen daher die (technischen) Möglichkeiten sowie die (rechtlichen) Grenzen der Rechtsdurchsetzung durch nichtanwaltliche Dienstleister getrennt voneinander analysiert werden.

2019, ZUM 2020, S. 175 (178); *F. Stang*, Art. 14 der neuen DSM-Richtlinie, ZUM 2019, S. 668.

7 *H. Kroitzsch/H.-P. Götting*, in: H. Ahlberg/H.-P. Götting (Hrsg.), Urheberrecht, 4. Aufl., München 2018, § 13 UrhG Rn. 1.

8 *B. v. Wolff*, in: A.-A. Wandtke/W. Bullinger (Hrsg.), Praxiskommentar Urheberrecht, 5. Aufl., München 2019, § 97 UrhG Rn. 46.

9 So *M.-M. Bues*, Was ist Legal Tech?, https://legal-tech-blog.de/was-ist-legal-tech [13.07.2020].

I. (Technische) Möglichkeiten bei der Rechtsdurchsetzung

Damit es tatsächlich zur Möglichkeit der Schaffung eines „Abmahnrobo-ters" durch nichtanwaltliche Dienstleister oder Rechteinhaber auf dem Rechtsdienstleistungsmarkt kommen kann, besteht aus technischer Sicht die Herausforderung, alle Parameter, welche die Art und Höhe der den Rechteinhabern zustehenden Ansprüche determinieren, automatisiert zu ermitteln. Notwendig ist hierzu im ersten Schritt ein automatisiertes On-line-Monitoring zum Aufspüren von Bildverwendungen (1.), die Identifi-kation von Bildrechtsverletzungen (2.) sowie die technische Bestimmung der konkreten Ausgestaltung der bestehenden Ansprüche der Rechteinha-ber (3.).

1. Online-Monitoring zum Aufspüren von Bildverwendungen

Als essentielle Grundlage für einen etwaigen „Abmahnroboter" bedarf es einer umfassenden Datengrundlage, die eine verlässliche Auskunft über die tatsächliche Nutzung der Fotografien der Rechteinhaber gibt. Da Bild-verwendungen in keinem Register erfasst werden, bedarf es an dieser Stelle technischer Lösungen für ein kontinuierliches Online-Monitoring zum Aufspüren von Bildverwendungen.

a. Betrieb von Crawlern mit Bildabgleich über Hash-Verfahren

Für ein Monitoring der Verwendungen der Fotografien der Rechteinhaber besteht die Möglichkeit, mit Webcrawlern[10] in systematischer Art und Weise das Internet zu durchkämmen, entsprechende Bild-URLs aus den besuchten Internetseiten automatisiert zu extrahieren und mitsamt der URL der besuchten Webseite in einer Datenbank abzuspeichern. Sodann kann im Nachgang – technisch verhältnismäßig einfach – beispielsweise durch Nutzung von Blockhash-Algorithmen[11] jeder indexierten Bild-URL ein bestimmter Hashwert zugewiesen werden, ohne dass die auf der Fremdwebseite genutzte Fotografie selbst final in der Datenbank beim Be-

---

10 Zur konkreten Funktionsweise etwa https://de.ryte.com/wiki/Crawler [13.07.2020].
11 Zur konkreten Funktionsweise *B. Raue/M. Steinebach*, Uploadfilter – Funktions-weisen, Einsatzmöglichkeiten und Parametrisierung, ZUM 2020, S. 355 (360).

treiber vom Webcrawler abgespeichert werden muss.[12] Auch für die Fotografien des Portfolios der Rechteinhaber kann jeweils ein entsprechender
Hashwert ermittelt werden, sodass letztlich ein Abgleich der Hashwerte
der eigenen Bilder auf Übereinstimmung mit den gecrawlten Datensätzen
aus der Bilddatenbank erfolgen kann. Da für eine flächendeckende Inde-
xierung fremder Internetseiten erhebliche Serverressourcen vorzuhalten
sind, ist die Eigenentwicklung eines solchen Crawler-Systems allerdings
mit einem erheblichen technischen wie finanziellen Aufwand verbunden.

b. Rückgriff auf Dienstleistungsangebote Dritter

Vor dem Hintergrund des erheblichen Aufwands zur Entwicklung einer
eigenen Crawler-Lösung zur weltweiten Recherche nach Bildverwendungen haben sich auf dem Markt zwischenzeitlich verschiedene Legal Data
Provider etabliert, die für die Rechteinhaber ein entsprechendes Bildmonitoring anbieten. Zu nennen sind hier beispielsweise Anbieter wie *Pixray*[13],
infringement.report[14] oder *Plaghunter*[15], die sich auf die entgeltliche Zurver-
fügungstellung einer entsprechenden Monitoring-Infrastruktur speziali-
siert haben. Zudem ist ein Online-Bildmonitoring zwischenzeitlich auch
über die Schnittstelle der Google Vision API möglich.[16]

2. Identifikation rechtsverletzender Bildfundstellen

Im zweiten Schritt hat eine Entscheidung zu erfolgen, inwiefern es sich bei
einer aufgefundenen Bildfundstelle um eine Urheberrechtsverletzung handelt. Hierzu hat ein technischer Abgleich mit den Lizenzinformationen
der Rechteinhaber zu erfolgen. Je nach Ausgestaltung der Bildlizenztypen
kann die Identifikation von Bildrechtsverletzungen auf unterschiedlichem
Wege erfolgen: Beim Bildlizenztyp *rights managed*[17] kann die Identifikation

---

12 Vgl. insoweit auch die open source library pHash, http://phash.org [13.07.2020].
13 https://pixray.com [13.07.2020].
14 https://infringement.report [13.07.2020].
15 https://www.plaghunter.com [13.07.2020].
16 https://cloud.google.com/vision?hl=de [30.01.2021].
17 Charakteristisch ist, dass dem Bildverwender im Rahmen der Lizenzbedingungen
    die Möglichkeit zur Nutzung einer Fotografie in einer spezifischen, begrenzten
    Art und Weise ermöglicht wird, vgl. *T. B. Crews/K. B. May*, digital media, 4. Aufl.,
    Nashville 2016, S. 192.

von Bildrechtsverletzungen etwa dadurch erfolgen, dass geprüft wird, ob innerhalb des Lizenzierungszeitraumes die Bildverwendung auf alternativen URLs erfolgt, was im Ergebnis eine unautorisierte Bildverwendung bedeutet und nicht zuletzt im Interesse des Lizenznehmers an der zeitlich gewährten Exklusivität der Bildverwendung unterbunden werden sollte. Beim Bildlizenztyp *royalty free*[18] kann die Identifikation von Rechtsverletzungen primär durch eine Prüfung erfolgen, ob die grundsätzlichen Rahmenbedingungen der *royalty-free*-Lizenz eingehalten werden. So kann insbesondere geprüft werden, ob eine in den Lizenzbedingungen vorgeschriebene Urheberbenennung eingehalten worden ist oder sich der Bildverwender beispielsweise an den Ausschluss einer Verwendung auf Social Media hält.

3. Bestimmung der Ansprüche des Rechteinhabers

Nach Identifikation einer Online-Bildrechtsverletzung sind im nächsten Schritt die Ansprüche der Rechteinhaber zu ermitteln.

a. Bestimmung des zu unterlassenden Verhaltens

Bei einer automatisierten Rechteverfolgung muss zunächst das zu unterlassende Verhalten exakt bestimmbar sein. Dies ergibt sich bereits aus der formalen Wirksamkeitsvoraussetzung des § 97a Abs. 2 S. 1 Nr. 2 UrhG, wonach im Rahmen der Abmahnung die Rechtsverletzung genau zu bezeichnen ist.[19] Demnach unterscheiden sich die Ausführungen zum Unterlassungsanspruch in der Abmahnung beispielsweise in Abhängigkeit davon, ob eine gänzlich unberechtigte Fotonutzung vorliegt oder sich der Unterlassungsanspruch aus einem Überschreiten der lizenzrechtlich vereinbarten Rahmenbedingungen bewegt. Damit das zu unterlassende Verhalten automatisiert bestimmt werden kann, sind die zur Rechtsverletzung führenden Parameter-Ausprägungen technisch mit vorab erstellten Textbau-

---

18 Charakteristisch sind die Möglichkeiten einer Bildverwendung in zeitlich und räumlich unbeschränkter Art und Weise, vgl. *A. Trautmann*, Bildlizenzen in der Unternehmenspraxis, abrufbar unter: https://www.computerwoche.de/a/bildlizen zen-in-der-unternehmenspraxis,2493444 [11.07.2020].
19 Hierzu im Detail *Wimmers* (Fn. 3), § 97a UrhG Rn. 18.

steinen zu verknüpfen, welche jeweils Ausführungen zum Unterlassungstatbestand machen.

b. Ermittlung der Höhe des Lizenzschadensersatzes

Mit Blick auf die technischen Anforderungen müsste ein „Abmahnroboter" zur Ermittlung der Höhe des Lizenzschadensersatzes abfragen, ob eine hinreichend valide Lizenzierungspraxis des Rechteinhabers vorliegt. Wenn ja, sind deren Konditionen zu verwenden; anderenfalls hat eine Abfrage zu erfolgen, ob es sich beim Rechteinhaber um einen professionellen Fotografen handelt. Nur dann kommt überhaupt eine Anwendung der MFM-Empfehlungen in Betracht; anderenfalls sollte zur Nachzeichnung der richterlichen Schätzung nach § 287 ZPO eine Datenbank mit bisherigen Entscheidungen zur Höhe von zugesprochenem Lizenzschadensersatz bei Online-Bildrechtsverletzungen aufgebaut werden, um die Höhe eines möglichen Lizenzschadensersatzanspruchs möglichst situationsadäquat abbilden zu können.

Unabhängig von der konkreten Art der Berechnung der Höhe der Schadensersatzansprüche nach Lizenzanalogie ist in den Fällen von Online-Bildrechtsverletzungen häufig problematisch, dass i.d.R. nach Art, Weise und Dauer der Bildverwendung ausdifferenzierte Lizenzbeträge aufgerufen werden. Darüber hinaus wird Art, Weise und Dauer der Nutzung zudem auch in einem erheblichen Ausmaß das Ergebnis einer richterlichen Schadensschätzung nach § 287 ZPO determinieren. Dies führt dazu, dass aus technischer Sicht ermittelt werden muss, um was für eine Art von Nutzung es sich handelt (aa.), inwiefern eine Urhebernennung bei der Bildverwendung vorhanden ist (bb.) und wie lange eine Bildverwendung erfolgt ist (cc.).

aa. Ermittlung der Nutzungsart einer Fotografie

Zur technischen Beurteilung, ob es sich um eine kommerzielle Nutzung, redaktionelle Nutzung oder Social-Media-Nutzung handelt, kann auf die URL-Struktur der bildnutzenden Webseite zurückgegriffen werden. Durch einen Abgleich mit einer Datenbank, welche die Domains von Socia-Media-Plattformen enthält, kann so relativ einfach automatisiert ermittelt werden, ob eine Social-Media-Nutzung gegeben ist. Hinsichtlich der Frage, ob eine Nutzung privat, redaktionell oder kommerziell erfolgt, gestaltet sich ein technischer Abgleich indes schwieriger. Als Indikator einer reinen Privatnutzung der Fotografie kann dienen, wenn eine Internetseite weder über ein Impressum, noch über eine Datenschutzerklärung verfügt, was technisch ausgelesen werden kann. Mit Blick auf eine Abgrenzung zwischen einer redaktionellen sowie einer kommerziellen Bildnutzung könnte ein möglicher Ansatzpunkt sein, durch eine Suche innerhalb des Quelltextes der URL-Fundstelle zu ermitteln, ob ein Datum und ein Autorenname im Kopf- oder Fußzeilenbereich der Webseite genannt wird, was für das Vorliegen eines redaktionellen Beitrages – sei es in einem Blog, sei es in einem Online-Magazin – sprechen könnte.

bb. Ermittlung des Vorhandenseins einer Urhebernennung

Angesichts der Tatsache, dass die Nichtnennung des Urhebers in aller Regel einen Lizenzschadensersatzanspruch begründet[20], ist zur Ermittlung des Schadensersatzumfangs ebenfalls zu ermitteln, ob (und ggf. wie) eine Urheberbenennung i.S.d. § 13 UrhG vorgenommen worden ist.

cc. Ermittlung der Nutzungsdauer einer Fotografie

Vor allem die Nutzungsdauer einer Fotografie determiniert in einem erheblichen Maße die Höhe des Lizenzschadensersatzanspruchs. Aus technischer Sicht kann die Mindestnutzungsdauer einer Fotografie bzw. eines die Fotografie enthaltenen PDF-Dokuments anhand von zwei Faktoren relativ zuverlässig ermittelt werden: So besteht zum einen die Möglichkeit, durch den Einsatz technischer Skripte den – für normale Browser-Nutzer nicht angezeigten – HTTP-Response-Header der Direkt-URL des auf dem Server abgelegten Bildes oder PDF-Dokuments anzusteuern und so das *last-modified-Attribut* technisch auszulesen.[21] Als Ergebnis wird das Datum der letzten Modifikation der Bilddatei bzw. PDF-Datei auf dem Server ausgegeben. In der Regel werden Bild- und PDF-Dateien einmalig auf den Webserver geladen und im Nachgang nicht mehr modifiziert, sodass das *last-modified-Attribut* in diesem Fall dem Datum der ersten öffentlichen Zugänglichmachung gleicht. Etwas anderes kann indes gelten, wenn eine

---

20 Hierzu etwa *A. Peukert* (Fn. 3), § 13 UrhG Rn. 20.
21 Zu den technischen Spezifikationen des *last-modified-Attributs* https://developer.mozilla.org/en-US/docs/Web/HTTP/Headers/Last-Modified [11.07.2020].

Webseite beispielsweise auf einen anderen Webserver umzieht oder dieser kurzzeitig ausfällt und neu gestartet werden muss. Zudem besteht server-seitig die Möglichkeit, die Ausgabe des *last-modified-Attributes* zu unterbin-den. Nicht zuletzt deswegen erscheint es technisch sinnvoll, noch auf einem alternativen Wege die frühestmögliche Nutzung durch den Rechts-verletzer zu ermitteln. Hierfür kann die *Wayback Machine*[22] des Internet Archives verwendet werden, indem frühere indexierte Versionen der bild-nutzenden URL technisch auf eine Bildverwendung abgeglichen werden. Das frühere der beiden ermittelten Daten stellt sodann die früheste (nach-weisbare) Nutzung der Fotografie dar.

4. *Zwischenfazit zu den (technischen) Möglichkeiten*

Die Analyse der (technischen) Möglichkeiten bei der Rechtsdurchsetzung zeigt, dass es mit den aktuell gegebenen technischen Möglichkeiten bereits weitgehend möglich ist, den Prozess von Bildmonitoring, Identifikation von Bildrechtsverletzungen sowie Determination der konkreten Ansprü-chen der Rechteinhaber in Bezug auf Online-Bildrechtsverletzungen zu au-tomatisieren, was den Einsatz eines „Abmahnroboters" durch Rechteinha-ber, beauftragte Rechtsanwaltskanzleien oder nichtanwaltliche Dienstleis-ter als interessante Möglichkeit eines effizienten Vorgehens gegen auftre-tende Online-Bildrechtsverletzungen erscheinen lässt. Gleichwohl wird an einigen Stellen – insbesondere mit Blick auf das Vorhandensein einer ord-nungsgemäßen Urheberbenennung – eine menschliche Validierung der technisch ermittelten Ergebnisse notwendig.

II. *(Rechtliche) Grenzen bei der Rechtsdurchsetzung*

Jedoch ist nicht all das, was technisch möglich ist, in rechtlicher Hinsicht auch zulässig. Demnach bedarf es ebenfalls einer Analyse der bestehenden (rechtlichen) Grenzen.

---

22 Das entsprechende Angebot ist unter https://archive.org/web/ abrufbar [11.07 .2020].

1. Grenzen bei rechtsgestaltenden Leistungsangeboten

Zu den Leistungsangeboten der Kategorie „rechtsgestaltendes Legal Tech" können unter anderem Generatoren gezählt werden, die individuelle Abmahnungen zur Verfolgung auftretender Online-Bildrechtsverletzungen generieren. Rechtsgestaltende Leistungsangebote zielen in diesem Fall darauf ab, dass die Rechteinhaber selbst rechtsdurchsetzend tätig werden können. Soweit sich die Angebote direkt an Rechteinhaber wenden, ist kritisch zu hinterfragen, inwieweit solch ein rechtsgestaltendes Angebot im Einklang mit dem Rechtsdienstleistungsgesetz (RDG) steht. Das *LG Köln* hatte im vergangenen Jahr zum rechtsgestaltenden Leistungsangebot von *Smartlaw* einen Verstoß gegen das RDG bejaht.[23] Demnach stelle das Angebot eines Vertragsgenerators eine konkrete Tätigkeit in fremden Angelegenheiten dar, die eine rechtliche Prüfung des Einzelfalls erfordere. Die rechtliche Prüfung erfolge mit der Erstellung des von der Software genutzten Entscheidungsbaums lediglich vorverlagert bei der Programmierung[24]; weiter sei unerheblich, ob eine menschliche Tätigkeit oder automatisierte Dienstleistung gegeben sei.[25] Diese Entscheidung ist auf Kritik gestoßen[26] und wurde letztlich vom OLG Köln in Bezug auf den Verstoß des Rechtsdokumentengenerators gegen § 3 RDG aufgehoben. Demnach liege bei der Software als solche keine Tätigkeit i.S.d. § 2 Abs. 1 RDG vor. Das OLG Köln versteht hierunter eine „menschliche oder zumindest mitdenkende Aktivität". Dabei hat das Gericht angesichts der (separaten) Bedienung des Rechtsdokumentengenerators durch einen menschlichen Nutzer explizit dahinstehen lassen, ob der Einsatz künstlicher Intelligenz als Tätigkeit i.S.d. § 2 Abs. 1 RDG qualifiziert werden kann. Zudem erfolge die Nutzung der Software durch die Nutzer als deren „eigene Angelegenheit" und es finde ebenfalls keine „rechtliche Prüfung des Einzelfalls" statt, da für den Nutzer erkennbar die Software nach einer spezifizierten Routine in Form eines Frage-/Antwort-Schemas arbeite.[27]

Mit dem OLG Köln wäre demnach auch der Betrieb eines Generators zur Erstellung urheberrechtlicher Abmahnungen nicht als Rechtsdienstleistung i.S.d. § 2 Abs. 1 RDG zu qualifizieren. Das gilt jedenfalls dann,

---

23 LG Köln AnwBl Online 2019, S. 883.
24 LG Köln AnwBl Online 2019, S. 883 (885).
25 LG Köln AnwBl Online 2019, S. 883 (884 f.).
26 *M. Kilian*, Digitaler Generator für Rechtsdokumente als Rechtsdienstleistung?, DStR 2020, S. 1278 (1279); *T. Günther*, Irreführende Werbung für „SmartLaw"-Angebot, GRUR-Prax 2020, S. 16.
27 OLG Köln NJW 2020, S. 2734.

wenn der Rechteinhaber diesen selbst – ggf. unter Ausnutzung der tatsächlichen, technisch automatisiert ermittelten Erkenntnisse bzgl. einer Online-Bildrechtsverletzung – steuert. Denn in diesem Fall bedient sich der Generator lediglich zu den Nutzereingaben passender vordefinierter Textbausteine, in die im Hintergrund technisch ermittelte Spezifika der Rechtsverletzung, etwa die (Mindest-)Nutzungsdauer einer Fotografie, eingebettet werden. Etwas anderes könnte allerdings gelten, wenn ein „Abmahnroboter" im Rahmen der oben skizzierten technischen Möglichkeiten aus den Erkenntnissen direkt und autonom eine urheberrechtliche Abmahnung generiert und ohne menschliche Kontrollschritte mitunter gar im Namen des Rechteinhabers versendet. Geht man mit dem OLG Köln davon aus, dass eine menschliche oder zumindest mitdenkende Tätigkeit für das Vorliegen einer Rechtsdienstleistung i.S.d. § 2 Abs. 1 RDG erforderlich ist, ließe sich in diesem Falle die Frage stellen, ob das notwendige menschliche Mitdenken durch künstliche Intelligenz substituiert werden kann, sodass die Systematisierung, wann eine Rechtsdienstleistung vorliegt, überdacht werden müsste.[28] Allerdings zeigen die Überlegungen zu den technischen Möglichkeiten, dass ein Generator zur Erstellung urheberrechtlicher Abmahnungen bereits weit unterhalb der Schwelle eines Einsatzes von KI betrieben werden kann, sodass sich die entsprechenden Fragestellungen jedenfalls zum jetzigen Zeitpunkt nicht stellen. Es bleibt vielmehr abzuwarten, ob sich der BGH im anhängigen Verfahren (Az. I ZR 113/20) den Wertungen des OLG Köln anschließen wird.

2. Grenzen bei rechtsdurchsetzenden Leistungsangeboten

Neben den Möglichkeiten des Betriebs eines Generators zur Generierung individueller Abmahnungen besteht ebenfalls die Möglichkeit, dass nichtanwaltliche Dienstleister für den Rechteinhaber unmittelbar rechtsdurchsetzend tätig werden. Der Begriff der „Rechtsdurchsetzung" soll hierbei aus einem rechtssoziologischen Blickwinkel verstanden werden, sodass auch jene Marktakteure berücksichtigt werden, die nicht selbst bestehende Ansprüche der Rechteinhaber geltend machen können, sondern primär

---

28 So schlägt *D. Timmermann*, Legal Tech-Anwendungen, Baden-Baden 2020, etwa die Einführung eines produktbezogenen Erlaubnistatbestands der algorithmischen Rechtsdienstleistung im RDG vor.

dazu beitragen, Barrieren der Rechtsmobilisierung zu reduzieren.[29] Vorliegend werden daher ebenfalls Leistungsangebote im Bereich der Prozessfinanzierung und des gewerblichen Ankaufs von Forderungen mit in die Untersuchung einbezogen.

a. Inkassodienstleister

Nach § 3 RDG ist die selbständige Erbringung außergerichtlicher Rechtsdienstleistungen nur in dem Umfang zulässig, in dem sie durch das RDG oder durch oder aufgrund anderer Gesetze erlaubt wird. Es handelt sich mithin um ein Verbotsgesetz mit Erlaubnisvorbehalt.[30] Für Anwälte ergibt sich die Befugnis aus § 3 BRAO. Indes haben rechtsdurchsetzende nichtanwaltliche Dienstleister die Möglichkeit, sich als Inkassodienstleister registrieren zu lassen und mithin eine Erlaubnis zur Erbringung von Inkassodienstleistungen nach § 10 Abs. 1 S. 1 Nr. 1 RDG zu erlangen. Allerdings legitimiert der Erlaubnistatbestand gerade nicht die Erbringung (allgemeiner) außergerichtlicher Rechtsdienstleistungen i.S.d. § 2 Abs. 1 RDG, sondern die Erlaubnis ist rein auf die Erbringung von Inkassodienstleistungen i.S.d. § 2 Abs. 2 S. 1 RDG beschränkt. Gegenstand der Tätigkeit ist mithin die Einziehung fremder oder zum Zweck der Einziehung auf fremde Rechnung abgetretener Forderungen, wenn die Forderungseinziehung als eigenständiges Geschäft betrieben wird.

Nach einer Entscheidung des BVerfG aus dem Jahr 2002 dürfen Inkassodienstleister ebenfalls forderungsspezifische Rechtsberatung gegenüber dem Auftraggeber erbringen und den Kunden erst auf das Bestehen einer Forderung aufmerksam machen.[31] Zudem ist Inkassodienstleistern die Äußerung von Rechtsansichten gegenüber dem Anspruchsgegner gestattet.[32] Die Leitentscheidungen des BVerfG wurden in der Folge bei der Neufassung des Rechtsdienstleistungsrechts berücksichtigt, welches neben Liberalisierung sowie Deregulierung auch auf die Möglichkeiten zur Schaffung neuer Berufsbilder abzielt.[33] Dem folgend hat der BGH in seinen bisher zu

---

29 *M. Rehbinder*, Rechtssoziologie, 8. Aufl., München 2014, Rn. 153, hebt hierzu beispielsweise die Bedeutung von Rechtsschutzversicherungen zum Abbau bestehender Kostenbarrieren hervor.
30 Statt vieler *D. Seichter*, in: C. Deckenbrock/M. Henssler (Hrsg.), Rechtsdienstleistungsgesetz, 4. Aufl., München 2015, § 3 RDG Rn. 1.
31 BVerfG NJW 2002, S. 1190.
32 BVerfG NJW-RR 2004, S. 1570.
33 BT-Drs. 16/3655, S. 42; 52.

Legal-Tech-Geschäftsmodellen ergangenen Entscheidungen[34] den Begriff der Inkassodienstleistung weit verstanden und dem nichtanwaltlichen Dienstleister die Möglichkeiten rechtlicher Forderungsprüfung auch bereits zur Anbahnung einer Inkassobeauftragung eingeräumt.[35] Gerade bei Berücksichtigung, dass nach ständiger Rechtsprechung die Ausübung von forderungsspezifischen Gestaltungsrechten von der Inkassobefugnis umfasst ist[36], könnten liberale Akteure die jüngsten BGH-Entscheidungen dergestalt verstehen, dass die Erbringung allgemeiner Rechtsdienstleistung durch Inkassodienstleister bereits immer dann zulässig ist, wenn am (mitunter entfernteren) Ende einer rechtlichen Handlungskette keine Anspruchsabwehr, sondern eine im Wege der Inkassodienstleistung durchzusetzende monetäre Forderung steht. Allerdings wird aus der Lexfox-Entscheidung des BGH auch das Erfordernis einer einzelfallspezifischen Abwägung der Zulässigkeit von Legal-Tech-Geschäftsmodellen deutlich.

Hierbei erscheint eine Einschaltung von Inkassodienstleistern bei der Verfolgung von Online-Bildrechtsverletzungen prima vista attraktiv, da Inkassodienstleister – anders als Rechtsanwälte[37] – die Möglichkeit haben, für den Rechtsuchenden im Wege sog. „no-win-no-fee"-Geschäftsmodelle gegen Erfolgsbeteiligung tätig zu werden und auch das Kostenrisiko einer Rechtsdurchsetzung zu übernehmen; das in § 4 Abs. 2 RDGEG angelegte Verbot der Kostenübernahme durch den Rechtsdienstleister gilt explizit nicht für Inkassodienstleister.[38]

aa. Aussprechen urheberrechtlicher Abmahnungen

Vor dem Hintergrund der liberalisierenden Entwicklungen ist fraglich, inwiefern Inkassodienstleister im Rahmen urheberrechtlicher Abmahnungen i.S.d. § 97a Abs. 1 UrhG Unterlassungsansprüche für Rechteinhaber geltend machen können. Um das Ergebnis vorweg zu nehmen: Dies ist ab-

---

34 BGH NJW 2020, S. 208; zuletzt BGH NZM 2020, S. 542.

35 BGH NJW 2020, S. 208 (226 ff.).

36 Etwa zur Geltendmachung von Auskunftsansprüchen BGH NJW 2020, S. 208 (228).

37 Beispielhaft zum weitgehenden Verbot der Vereinbarung von Erfolgshonoraren durch Anwälte § 49b Abs. 2 S. 1 BRAO; zum Verbot einer Übernahme des Prozesskostenrisikos durch Anwälte § 49b Abs. 2 S. 2 BRAO.

38 Bestätigt durch BGH NJW 2020, S. 208.

zulehnen.[39] Denn das Aussprechen einer urheberrechtlichen Abmahnung erfordert eine rechtliche Prüfung im Einzelfall, um mit Blick auf die konkrete Rechtsverletzung die insoweit bestehenden Unterlassungsansprüche der Rechteinhaber zu ermitteln, stellt mithin eine (allgemeine) Rechtsdienstleistung i.S.d. § 2 Abs. 1 RDG dar, deren Erbringung durch eine Inkassobefugnis nicht legitimiert wird.

Ein anderes Ergebnis lässt sich auch nicht über die liberalisierende Lexfox-Entscheidung des BGH begründen: Denn anders als eine dort thematisierte qualifizierte Rüge nach § 556g Abs. 2 BGB steht die Geltendmachung urheberrechtlicher Unterlassungsansprüche weder in einem engen Zusammenhang mit einer im Rahmen der Inkassotätigkeit durchzusetzenden Lizenzschadensersatzforderung, noch dient die Geltendmachung der Unterlassungsansprüche einer Verwirklichung der Lizenzschadensersatzansprüche. Vielmehr bilden die urheberrechtlichen Unterlassungsansprüche einen eigenständigen Streitgegenstand.[40] Die Erbringung einer (allgemeinen) Rechtsdienstleistung i.S.d. § 2 Abs. 1 RDG kann auch nicht dadurch legitimiert werden, dass ein Inkassodienstleister zusätzlich monetäre Lizenzschadensersatzansprüche geltend macht. Denn das RDG stellt nicht auf die Gesamtschau der Tätigkeiten eines nichtanwaltlichen Dienstleisters ab, sondern verlangt eine Einzelaktivitäten-bezogene Prüfung, ob eine rechtsdienstleistende Tätigkeit gegeben ist.[41] Mithin kann die Erbringung der Rechtsdienstleistung durch den Inkassodienstleister nur legitimiert werden, wenn beim Aussprechen einer urheberrechtlichen Abmahnung die Voraussetzungen des § 6 RDG vorliegen oder es sich um eine erlaubnisfreie Nebenleistung nach § 5 RDG handelt. Die Anwendung von § 6 RDG scheidet bereits dadurch aus, dass die Tätigkeit nicht im Gesamten unentgeltlich erfolgt, sondern vom Rechtsuchenden bei einer erfolgreichen Durchsetzung regelmäßig eine Beteiligung am realisierten Lizenzschadensersatz geschuldet ist. Auch handelt es sich beim Aussprechen urheberrechtlicher Abmahnungen nicht lediglich um eine erlaubnisfreie Tätigkeit i.S.d. § 5 RDG. Denn die Geltendmachung urheberrechtlicher Unterlassungsansprüche ist nicht lediglich eine Nebenleistung in Bezug auf die Verfolgung von Online-Bildrechtsverletzungen. Vielmehr handelt es sich beim Unterlassungsanspruch um das zentrale Instrument zur (zukünftigen) Unterbindung von Verletzungen absolut geschützter Rechte. Dies

39 So in Bezug auf markenrechtliche Unterlassungsansprüche bereits *F. Skupin*, Markenrechtliche Leistungsangebote nichtanwaltlicher Dienstleister im Lichte des Rechtsdienstleistungsgesetzes, GRUR-Prax 2020, S. 275 (277).
40 Hierzu zum Markenrecht bereits *F. Skupin*, Markenrecht (Fn. 39), S. 277.
41 *C. Deckenbrock/M. Henssler* (Fn. 30), § 2 RDG Rn. 10, 16.

wird bereits daran deutlich, dass regelmäßig der Gegenstandswert (bzw. Streitwert), der auf die (gerichtliche) Geltendmachung von Unterlassungsansprüchen entfällt, die Höhe des geforderten Lizenzschadensersatzbetrages um ein Vielfaches übersteigt.[42] Mithin setzt das RDG der Nutzung eines „Abmahnroboters" durch rechtsdurchsetzende nichtanwaltliche Dienstleister – jedenfalls in Bezug auf die Geltendmachung urheberrechtlicher Unterlassungsansprüche im Wege des Aussprechens einer Abmahnung – deutliche Grenzen.

bb. Außergerichtliche Geltendmachung von Zahlungsansprüchen

Als durchzusetzende Zahlungsansprüche in Betracht kommen sowohl Lizenzschadensersatzansprüche als auch Aufwendungsersatzansprüche in Bezug auf die Rechteverfolgung.

(1) Lizenzschadensersatzansprüche

Bei den seitens der Rechteinhaber gegenüber dem Rechtsverletzer bestehenden Lizenzschadensersatzansprüchen handelt es sich um einen monetären Zahlungsanspruch, dessen Durchsetzung eine Inkassodienstleistung i.S.d. § 2 Abs. 2 S. 1 RDG darstellt und mithin bereits vom traditionellen Berufsbild von Inkassodienstleistern gedeckt ist. Zwar handelt es sich bei der Lizenzschadensersatzforderung um keinen vertraglichen Zahlungsanspruch; dies steht der Tätigkeit eines Inkassodienstleisters allerdings nicht entgegen. Denn zum einen sieht bereits die Legaldefinition der Inkassodienstleistung in § 2 Abs. 2 S. 1 RDG eine Beschränkung der Interaktionsmöglichkeiten von Inkassodienstleistern auf vertragliche Zahlungsansprüche nicht vor, zum anderen war in den BGH-Verfahren zu den Legal-Tech-Geschäftsmodellen ebenfalls eine bereicherungsrechtliche Rückforderung gegenständlich.[43] Im Lichte der jüngsten BGH-Entscheidungen zu dem Legal-Tech-Geschäftsmodell von *wenigermiete.de* ist vom Umfang der Inkassoerlaubnis weiterhin sowohl die Geltendmachung von Auskunftsansprü-

---

42 So hat der BGH in der Entscheidung *Foto eines Sportwagens* für die Geltendmachung urheberrechtlicher Unterlassungsansprüche im Wege der Abmahnung einen Gegenstandswert in Höhe von 6.000 Euro als angemessen erachtet, obgleich es sich nicht um ein professionell erstelltes Lichtbild gehandelt hat, vgl. BGH ZUM 2019, S. 344.
43 Beispielhaft BGH NZM 2020, S. 542 (551).

chen – etwa in Bezug auf Art und Dauer einer rechtswidrigen Bildverwendung – als auch eine Beratung der Rechteinhaber durch die Inkassodienstleister hinsichtlich der Höhe der geltend zu machenden Lizenzschadensersatzbeträge umfasst.

(2) Aufwendungsersatzansprüche

Darüber hinaus ist fraglich, inwiefern Inkassodienstleister bei der Geltendmachung von Lizenzschadensersatzansprüchen für Rechteinhaber Aufwendungsersatzansprüche geltend machen können. Diese ergeben sich jedenfalls nicht direkt aus § 97a Abs. 3 S. 1 UrhG, da die Norm Aufwendungsersatzansprüche nur in Bezug auf urheberrechtliche Abmahnungen gewährt. Als mögliche Anspruchsgrundlagen für die Erstattung von Inkassokosten kommen nach *Seitz* die Haftungsnormen des BGB in Betracht[44], insbesondere die Verzugshaftung nach §§ 280 Abs. 1, 2, 286 BGB. Problematisch ist allerdings, dass ein Rechteinhaber, der eine möglichst effiziente, weitgehend automatisierte Verfolgung von Online-Bildrechtsverletzungen beabsichtigt, den Bildverwender regelmäßig vorab nicht persönlich zur Zahlung von Lizenzschadensersatz auffordern wird, sodass zum Zeitpunkt der Beauftragung des Inkassodienstleisters, auf den es hinsichtlich einer Erstattungsfähigkeit von Inkassokosten als Verzugsschaden alleinig ankommt[45], noch kein Zahlungsverzug gegeben ist. Entsprechende Kostenerstattungsansprüche können sich allerdings auch infolge von (Neben-)Pflichtverletzungen, aus Delikt[46] oder aufgrund vertraglicher Vereinbarung ergeben.[47] Aufgrund der Einstufung der urheberrechtlichen Ansprüche als spezielles Deliktsrecht[48] stellen die zur Durchsetzung von Lizenzschadensersatzforderungen anfallende Inkassokosten auch ohne Verzugseintritt einen erstattungsfähigen Schaden i.S.d. § 97 Abs. 2 UrhG dar. Die Einziehung dieser Forderung stellt hierbei eine klassische Inkassodienstleistung i.S.d. § 2 Abs. 2 S. 1 RDG dar und ist mithin vom Umfang der Inkassoerlaubnis umfasst.

---

44 *W. Seitz*, in: W. Seitz (Hrsg.), Inkasso-Handbuch, 4. Aufl., München 2015, Kapitel 21 Rn. 2.
45 *G. Vollkommer* (Fn. 44), Kapitel 22 Rn. 22.
46 *F.-M. Goebel*, Inkassokosten, 2. Aufl., Bonn 2016, § 2 Rn. 57; an dieser Stelle sind mögliche Ansprüche nicht auf deliktische Ansprüche aus dem BGB beschränkt.
47 *F.-M. Goebel*, Inkassokosten (Fn. 46), § 2 Rn. 3.
48 *U. Loewenheim/A. Ohly* (Fn. 3), Einl. UrhG Rn. 43.

b. Prozessfinanzierer

Die Lücke im Leistungsportfolio rechtsdurchsetzender nichtanwaltlicher Dienstleister, die dadurch entsteht, dass Inkassodienstleister richtigerweise nicht zur Geltendmachung urheberrechtlicher Unterlassungsansprüche berechtigt sind, könnte indes für Rechteinhaber geschlossen werden, wenn rechtsdurchsetzende nichtanwaltliche Dienstleister in Bezug auf eine Rechtsdurchsetzung im Gesamten, also die kombinierte Geltendmachung von Unterlassungs- und Lizenzschadensersatzansprüchen, den Rechteinhaber im Wege einer Prozessfinanzierung von den Kosten freistellen. Ob es sich bei der Prozessfinanzierung in Bezug auf Unterlassungsansprüche angesichts der verhältnismäßig hohen Streitwerte, die auf non-monetäre Streitgegenstände entfallen, um ein ökonomisch interessantes Geschäftsmodell handelt, kann durchaus kritisch hinterfragt werden.[49]

Der Bereich der Prozessfinanzierung ist, abgesehen von der allgemeinen gewerberechtlichen Anzeigepflicht aus § 14 GewO, de lege lata gänzlich unreguliert.[50] Prima vista unterfallen prozessfinanzierende Leistungsangebote nicht dem RDG, da der nichtanwaltliche Dienstleister im Rahmen einer Prozessfinanzierung den Rechteinhaber lediglich im Innenverhältnis vom Kostenrisiko einer Rechteverfolgung freistellt[51], mithin lediglich einen finanzierenden Beitrag leistet, ohne eigenen Rechtshandlungen für den Rechteinhaber vorzunehmen.[52] Bei detaillierter Analyse erscheint jedoch eine Differenzierung zwischen den klassischen und den im Rahmen von Legal-Tech-Geschäftsmodellen genutzten prozessfinanzierenden Leistungsangeboten geboten.[53] Dies hängt auch mit der Art und Weise der Zusammenarbeit zwischen Prozessfinanzierer, Rechtsanwalt und dem Rechtsuchenden zusammen. Klassischerweise erfolgte die Anbahnung des Prozessfinanzierungsvertrages über eine vom Rechtsuchenden zunächst eigens

---

49 Zu markenrechtlichen Überlegungen in dem Bereich bereits *F. Skupin*, Markenrecht (Fn. 39), S. 277.

50 *A. Siebert-Reimer*, Der Anspruch auf Erstattung der Kosten der Prozessfinanzierung, Berlin 2017, S. 83.

51 Statt Vieler *M. Dimde*, Rechtsschutzzugang und Prozessfinanzierung im Zivilprozess, Berlin 2003, S. 159.

52 *A. Siebert-Reimer*, Prozessfinanzierung (Fn. 50), S. 82.

53 Die nachfolgenden Ausführungen beziehen sich rein auf nichtanwaltliche Dienstleister, deren alleiniges Geschäftsmodell die Prozessfinanzierung ist. Nicht hiervon umfasst sind Inkassodienstleister, die im Rahmen einer Anspruchsdurchsetzung den Rechteinhaber – vom BGH als möglicher Bestandteil einer zu erbringenden Inkassodienstleistung angesehen, vgl. BGH NJW 2020, S. 208 (232) – vom Kostenrisiko einer Anspruchsdurchsetzung freihalten.

ausgewählte Anwaltskanzlei[54], während im Falle prozessfinanzierender Legal-Tech-Geschäftsmodelle die Anbahnung regelmäßig über die Webseite des nichtanwaltlichen Dienstleisters selbst erfolgt und notwendigerweise eine Mandatierung der Vertragsanwälte des nichtanwaltlichen Dienstleisters zu erfolgen hat, möchte der Rechtsuchende eine Finanzierung seines Rechtsstreits erlangen.[55]

Die Prozessfinanzierungsverträge sehen standardmäßig vor, dass das Vertragsverhältnis in Bezug auf die Erbringung von Rechtsdienstleistungen rein zwischen dem mandatierten Rechtsanwalt und dem Rechtsuchenden zustande kommt. Allerdings hat der BGH bereits im Jahr 2009 entschieden, dass die formale Beauftragung durch den Rechtsuchenden nicht ausschließt, dass die anwaltliche Leistungserbringung dem Prozessfinanzierer im Wege der Erfüllungsgehilfenschaft zugerechnet wird.[56] Die hierbei anzulegenden Kriterien hat der BGH in Bezug auf einen in der Prozessbetreuung tätigen nichtanwaltlichen Dienstleister im Jahr 2015 konkretisiert. Demnach wird die anwaltliche Leistungserbringung dem nichtanwaltlichen Dienstleister zugerechnet, wenn dieser für den Rechtsuchenden die Auswahl und Beauftragung eines Anwalts aus dessen Netzwerk vornimmt und die „Betreuung und Steuerung der Anspruchsdurchsetzung" übernimmt.[57] Legt man diese Kriterien auf prozessfinanzierende Legal Techs an, ist zunächst festzuhalten, dass regelmäßig Vertragsanwälte des nichtanwaltlichen Dienstleisters zu beauftragen sind, diesem mithin die Auswahl des Rechtsanwalts obliegt. In der Praxis erfolgt seitens der Prozessfinanzierer häufig auch die Mandatierung der Rechtsanwälte für die Rechtsuchenden.[58] Auch wenn Anbieter großen Wert darauf legen, dass *„Vertragsanwälte in ihrer Entscheidung über die Art und Weise der Durchsetzung des Anspruchs gegen die Fluggesellschaft oder der Ablehnung eines Anspruchs oder der Nebengebühren frei"*[59] sind, lässt sich gleichwohl kritisch hinterfragen, ob nicht bereits in struktureller Hinsicht aufgrund der Vielzahl der an die Vertragsanwälte übermittelten Mandate und einer sich hieraus u.U. ergebenden (wirtschaftlichen) Abhängigkeit ein steuernder

---

54 *B. Grunewald*, o.T., AnwBl 2001, S. 540.
55 Vgl. beispielhaft im Fluggastbereich Ziffern 3.4 sowie 3.5 der AGB des Prozessfinanzierers *Fairplane*, abrufbar unter: https://www.fairplane.de/allgemeine-geschaeftsbedingungen/ [13.07.2020].
56 BGH GRUR 2009, S. 1077 (1080).
57 BGHI NJW-RR 2016, S. 693.
58 Etwa Ziff. 3.5 der Fairplane-AGB, abrufbar unter: https://www.fairplane.de/allgemeine-geschaeftsbedingungen/ [13.07.2020].
59 Ebenda.

Einfluss des nichtanwaltlichen Dienstleisters auf die Vertragsanwälte gegeben ist, welcher aus zweierlei Gesichtspunkten nochmals intensiviert werden könnte: Erstens, wenn der nichtanwaltliche Dienstleister den Vertragsanwälten über einen Parallelvertrag eine Software zur effizienten Mandatsbearbeitung gegen Zahlung von Lizenzgebühren zur Verfügung stellt; zweitens, wenn der nichtanwaltliche Dienstleister für die Rechtsuchenden nicht lediglich die Betreuung von letztlich von Rechtschutzversicherungen finanzierten Prozessen übernimmt, sondern eigene finanzielle Leistungsverpflichtungen in Bezug auf die Anspruchsdurchsetzung für den Rechteinhaber eingeht. Dementsprechend tun prozessfinanzierende Legal Techs gut, tunlichst darauf zu achten, dass ein steuernder Einfluss auf die Vertragsanwälte weder intendiert noch faktisch gegeben ist.

Dies gilt umso mehr, wenn das prozessfinanzierende Legal Tech selbst Rechteinhaber für eine Zusammenarbeit bei der Rechteverfolgung akquirieren möchte. Anderenfalls droht eine Zurechnung der Leistungserbringung durch die Vertragsanwälte zum prozessfinanzierenden Legal Tech, was auf dessen Seiten zu einem Verstoß gegen § 3 RDG führen würde und angesichts der daraus resultierenden Verwirklichung des Rechtsbruchs-Tatbestands des § 3a UWG[60] wettbewerbsrechtliche Probleme nach sich ziehen kann.

c. Gewerbliche Ankäufer von Forderungen

Weiterhin haben nichtanwaltliche Dienstleister die Möglichkeit, die dem Rechteinhaber zustehenden Lizenzschadensersatzansprüche im Wege des gewerblichen Forderungskaufes unter finaler Übernahme des Durchsetzungsrisikos abzukaufen. Insoweit liegt ein Fall des echten Factorings vor, welches von vornherein nicht dem RDG unterfallen soll.[61] Ob in tatsächlicher Hinsicht ein finaler Ankauf von Forderungen oder eine erlaubnispflichtige (verdeckte) Inkassozession vorliegt, bedarf der Abgrenzung. Ein finaler Forderungsankauf liegt vor, wenn durch die Forderungsabtretung keinerlei wirtschaftliches Interesse an einer Forderungsdurchsetzung mehr beim ursprünglichen Forderungsinhaber verbleibt. Dies ist dann der Fall, wenn die Forderung nicht nur final auf den nichtanwaltlichen Dienstleister übergeht, sondern mit dem Bonitätsrisiko ebenfalls das volle wirtschaftliche Risiko einer Forderungsbeitreibung vom nichtanwaltlichen Dienst-

---

60 Beispielhaft BGH NJW-RR 2016, S. 693.
61 BT-Drs. 16/3655, S. 48.

leister zu tragen ist.[62] In Bezug auf Online-Bildrechtsverletzungen besteht so für nichtanwaltliche Dienstleister die Möglichkeit, dem Rechteinhaber die Lizenzschadensersatzansprüche final abzukaufen und sodann im eigenen Namen und auf eigene Rechnung durchzusetzen. Diese Möglichkeit besteht im Übrigen auch dann, wenn es um Lizenzschadensersatzansprüche in Bezug auf die Verletzung des Urheberpersönlichkeitsrechts aus § 13 UrhG geht. Zwar ist das Urheberpersönlichkeitsrecht selbst nicht abtretbar[63]; Gegenstand des gewerblichen Forderungskaufes können allerdings die aus der Verletzung des Urheberpersönlichkeitsrechts bereits entstandenen Zahlungsansprüche sein.[64]

Nicht vom gewerblichen Forderungskäufer erwerbbar sind indes die gegenüber dem Rechtsverletzer bestehenden urheberrechtlichen Unterlassungsansprüche in Bezug auf die Online-Bildrechtsverletzung. Auch eine Anspruchsgeltendmachung im Rahmen einer gewillkürten Prozessstandschaft scheidet aus.[65] Voraussetzung hierfür wäre unter anderem ein schutzwürdiges Eigeninteresse des Forderungskäufers, das sich auf das Recht beziehen muss, zu dessen Geltendmachung die Ermächtigung vorliegt[66]; der gewerbliche Forderungskäufer müsste mithin ein eigenes schutzwürdiges Interesse gerichtet auf die Unterlassung rechtswidriger Bildverwendungen haben. Ein solches wäre allenfalls denkbar, wenn es sich beim Forderungskäufer gleichzeitig um eine Bildagentur handeln würde, die für den Rechteinhaber Bildlizenzen vertreibt, werbetechnisch von der Art der Ausgestaltung einer vorzunehmenden Urheberbenennung profitiert und vom Bildverwender das Unterlassen einer Bildverwendung ohne Urheberbenennung verlangt.

---

62 BGH NJW 2014, S. 847 (848) m.w.N.

63 *A. Peukert* (Fn. 3), § 13 UrhG Rn. 5; *W. Bullinger* (Fn. 8), Vor §§ 12 ff. UrhG Rn. 5.

64 So auch AG München, Az. 161 C 19985/13, abrufbar via https://news.waldorf-frommer.de/wp-content/uploads/2014/10/AG_Muenchen_Az_161_C_19985-13.pdf [13.07.2020]; zur Differenzierung der Abtretungsmöglichkeiten zwischen Primäransprüchen und bereicherungsrechtlichen Ansprüchen zuletzt auch BGH NZM 2020, S. 542 (550).

65 Zur grundsätzlichen Möglichkeit einer gewillkürten Prozessstandschaft im Urheberrecht *B. v. Wolff* (Fn. 8), § 97 UrhG Rn. 12.

66 BGH NJW 2017, S. 486 (486).

C. Fazit

Der Beitrag hat gezeigt, dass aus technischer Perspektive eine weitgehend automatisierte Urheberrechtsdurchsetzung im Falle auftretender Online-Bildrechtsverletzungen für Rechteinhaber durch Legal Techs im Wege eines „Abmahnroboters" möglich wäre, nichtanwaltlichen Dienstleistern in tatsächlicher Hinsicht bei ihrer Leistungserbringung jedoch deutliche rechtliche, aus dem RDG resultierende Grenzen gesetzt werden. Dies betrifft im rechtsdurchsetzenden Bereich etwa die Restriktion, dass Inkassodienstleister und gewerbliche Forderungskäufer für Rechteinhaber keine Unterlassungsansprüche im Wege des Aussprechens urheberrechtlicher Abmahnungen geltend machen können, während es bei prozessfinanzierenden Leistungsangeboten zu vermeiden gilt, dass eine durch Vertragsanwälte erfolgende Rechtsdurchsetzung dem koordinierenden nichtanwaltlichen Dienstleister dergestalt zugerechnet wird, dass letztlich dieser im Außenverhältnis unter Verstoß gegen § 3 RDG als Erbringer der Rechtsdienstleistung gilt.

Mit Blick auf immer neue Leistungsangebote nichtanwaltlicher Dienstleister im Legal-Tech-Bereich und des damit verbundenen „Auslotens" der Grenzen darf insoweit mit Spannung beobachtet werden, welche Geschäftsmodelle sich in Bezug auf die Urheberrechtsdurchsetzung – auch außerhalb von Online-Bildrechtsverletzungen – auf dem Rechtsdienstleistungsmarkt entwickeln werden. Spannende Nischen für eine Positionierung durch nichtanwaltliche Dienstleister, beispielsweise im Bereich der angemessenen Nachvergütung nach §§ 32, 32a UrhG[67], bietet das Urheberrechtsgesetz jedenfalls!

---

67 Vgl. etwa die Entscheidung OLG Hamm ZUM 2016, S. 1049, wonach einem Zeitungsfotografen eine angemessene Nachvergütung von knapp 79.000 Euro zugesprochen worden ist.

„From sainted to tainted data" – Rechte Dritter an KI-Trainingsdaten

*David Linke**

A. Problemaufriss

Das Etikett „KI" haftet zurzeit so ziemlich jedem technischen Sachverhalt an, in dem vermeintlich „intelligente" Ergebnisse produziert werden. Eine mystische Aura – gleichsam einer *heiligen* Macht – umgibt das Forschungsfeld der KI. Um diese außergewöhnlichen Ergebnisse zu generieren, bedarf es neben der Steigerung von Rechenleistung eines zunehmenden Inputs an Trainingsdaten, wobei für den Lernerfolg die Menge und Güte der Daten von entscheidender Bedeutung sind.[1] Die Verarbeitung entsprechender Inhalte erfolgt dabei – vereinfacht gesprochen – durch die KI, sodass die Daten automatisch gesammelt, analysiert oder verändert werden. Die Inhalte selbst sind nicht selten urheberrechtlich[2] geschützt, da sämtliche Arten von Daten für das Training einer KI relevant sein können (z.B. Sprach-, Musik-, Lichtbild-, Film- und Datenbankwerke).[3] Beispielgebend

---

1 Siehe *P. Ehinger/ O. Stiemerling*, Die urheberrechtliche Schutzfähigkeit von Künstlicher Intelligenz am Beispiel von Neuronalen Netzen, CR 2018, S. 761 (764); sowie *M. Iglesias/S. Shamuilia/A. Anderberg*, Intellectual Property and Artificial Intelligence, 2020, S. 10, https://ec.europa.eu/jrc/en/publication/intellectual-property-and-artificial-intelligence-literature-review.

2 Neben den urheberrechtlichen Problemen ergeben sich weiterführende Fragestellungen etwa im Bereich des Datenschutzrechts, des Vertragsrechts, des ergänzenden wettbewerbsrechtlichen Leistungsschutzes sowie im Recht der Geschäftsgeheimnisse, vgl. *P. Hacker*, Immaterialgüterrechtlicher Schutz von KI-Trainingsdaten, GRUR 2020, S. 1025 (1027 ff.). Davon zu trennen ist die Frage nach einem Recht an den Daten selbst, zu dem Meinungsstand siehe *T. Dreier*, in: T. Dreier/G. Schulze, Urheberrechtsgesetz Kommentar, 6. Aufl., C.H.Beck, München, 2018, Vorbemerkungen zu § 87a, Rn. 13 ff.

3 Siehe Wissenschaftliche Dienste, Künstliche Intelligenz und Machine Learning, WD 10 – 3000 – 67/18, 2018, S. 6, https://www.bundestag.de/resource/blob/592106/74cd41f0bd7bc5684f6defaade176515/WD-10-067-18-pdf-data.pdf.

kann auf den Schaffensprozess des bekannten KI-generierten Erzeugnisses „Edmond de Belamy" verwiesen werden.[4] Die dem Erzeugnis zugrunde liegende KI wurde u.a. im Vorfeld mit über 15.000 Bildern als Trainingsdaten angelernt. Inhaltlich kann es sich um Informationen in Form von Lichtbildwerken, Lichtbildern oder Datenbanken mit entsprechenden Elementen handeln. Unproblematisch sind die Fälle, in denen etwa die Schutzfristen abgelaufen sind oder Nutzungsrechte ordnungsgemäß eingeräumt wurden. Zudem gibt es kommerzielle Dienstleister, die fertige Datensammlungen zur Lizenzierung anbieten.[5] Doch was passiert, wenn die Trainingsdaten, welche in das KI-System eingespeist werden, nicht frei von Urheberrechten Dritter, bzw. *verunreinigt* sind? Tatbestandlich können bspw. bereits beim Einlesen von Inhalten urheberrechtlich relevante Vervielfältigungen oder Entnahmen aus Datenbanken stattfinden, die grds. als Verwertungshandlungen originär der Urheberin zustehen. Wirkt die Verunreinigung der Elemente fort, bzw. – um in der Metapher zu bleiben – infizieren die verunreinigten Daten auch den weiteren Trainingsprozess, dann perpetuiert sich die Rechtsverletzung. Auf Rechtsfolgenseite ergeben sich bei einer Rechtsverletzung u.a. Ansprüche auf Rückruf rechtsverletzender Programme, Schadenersatz und insb. Unterlassungsansprüche.

Es stellt sich daher im übertragenen Sinne die Gretchenfrage:[6] *Nun sag, welche Risiken birgt die Einführung eines KI-Systems, bei dem die Trainingsdaten mit Rechten Dritter behaftet sind?* Eine naheliegende wie einfache Antwort wäre, dass eine Urheberrechtsverletzung die genannten Rechtsfolgen auslöst, sofern keine Schrankenregelung eingreift. Ob diese Antwort vor dem Hintergrund eines Flickenteppichs aus verwendeten Trainingsdaten, der unterschiedlichen Arten der Implementierung von Inhalten und schließlich des Charakters von KI-Systemen als Blackbox verhältnismäßig ist, insb. wenn ggf. nur ein sehr kleiner Teil der Daten verunreinigt ist und die Trainingsdaten im Übrigen unbelastet sind, soll dieser Beitrag klären.

---

4 Dahinter steht das Künstlerkollektiv *Obvious*, https://obvious-art.com/portfolio/ed mond-de-belamy/.
5 Wissenschaftliche Dienste, Künstliche Intelligenz und Machine Learning (Fn. 3), S. 9 m.w.N.
6 Angelehnt an *Goethes* Tragödie Faust: *„Nun sag, wie hast du´s mit der Religion?"*; vgl. auch *T. Bond/N. Aries*, Forbidden Fruits: third party rights in AI training data, a European perspective, 2019, https://www.twobirds.com/en/news/articles/2019/gl obal/forbidden-fruits-third-party-rights-in-ai-training-data-a-european-perspective.

B. *Gang der Darstellung*

Um die Probleme zu identifizieren, die sich für das Training von KI mit urheberrechtlich geschützten Werken und Leistungen Dritter ergeben, soll sich zweistufig angenähert werden:

In einem ersten Schritt bedarf es einer technischen Einordnung der Lernprozesse (C.). Es wird sich zeigen, dass die im technischen Bereich bestehenden Unsicherheiten im Umgang mit maschinellem Lernen auch auf die rechtlichen Untersuchungen durchschlagen. In einem zweiten Schritt widmet sich der Beitrag den rechtlichen Risiken eines KI-Produkts, das durch Urheberrechte Dritter „verunreinigt" ist (D.). Hilfestellung kann hierfür die neue Schranke für Text und Data-Mining (kurz TDM) geben, obgleich bereits ihrer Definition nach eine Anwendbarkeit auf KI-Training zumindest zweifelhaft ist. Auf Rechtsfolgenseite zeichnet sich aus dem eingangs skizzierten Sachverhalt eine (Un-)Verhältnismäßigkeit ab, die eingeordnet werden muss. Das Problem, dass einzelne Handlungen oder Ereignisse eine Gesamtheit (missbräuchlich) beeinträchtigen, ist hingegen keine KI-spezifische Besonderheit. Ein erster Blick soll dafür in das Patentrecht, genauer auf die aktuelle Diskussion um den patentrechtlichen Unterlassungsanspruch und dessen Verhältnismäßigkeit, geworfen werden. Dort besteht ein zumindest vergleichbarer Sachverhalt, wenn die Inhaberin eines Patents, welches lediglich eines von unzähligen Bauteilen eines komplexen Produkts schützt, mithilfe einer erfolgreichen Unterlassungsklage die Herstellung des gesamten Endprodukts zum Erliegen bringen kann. Um entsprechende Rechtsfolgen abzumildern, wird gegenwärtig über die Einführung einer Verhältnismäßigkeitsprüfung diskutiert, welche unter Umständen auch in Fällen verschmutzter Trainingsdaten von KI-Systemen zur Anwendung kommen kann. Eine zweite Parallele kann zur U.S.-amerikanischen *"Fruit of the Poisonous Tree Doctrine"* gezogen werden, um zu untersuchen inwieweit diese Erweiterungen von Beweisverwertungsverboten zulässt. Die in ihren Rechtsgebieten jeweils bereits bestehenden Kriterien sollen bewertet und auf ihre Übertragbarkeit hin überprüft werden.

C. *Technischer Befund*

Bevor in die rechtlichen Fragestellungen eingestiegen werden kann, bedarf es einer Aufarbeitung der zugrundeliegenden Technik. So betont das juristische Schrifttum zu Recht die Relevanz der Klärung technischer Vorfragen, um rechtliche Sachverhalte zu beurteilen.[7]

I. Maschinelles Lernen

Der aktuelle Erfolg von KI basiert auf drei Säulen, nämlich dem Vorhandensein großer Datenmengen, einer maschinellen Lernfähigkeit und menschlicher Supervision.[8] Mit den zwei erstgenannten Punkten in engem Zusammenhang steht auch das TDM, da das durch das Mining aus Beispielaufgaben extrahierte Wissen eine bessere Ausführung der Aufgabe ermöglichen kann, während der Lernprozess selbst mehr Wissen in Form von Daten erzeugt.[9] Die menschliche Überwachung kann sich in sämtlichen Phasen der KI-Entwicklung wiederfinden, sodass übergeordnet auch von *einer langen Kette menschlicher Verantwortlichkeiten* gesprochen werden kann.[10] Insb. im Rahmen der Lern- und Trainingsphase ist für die Eigenständigkeit der KI von entscheidender Bedeutung, wie umfassend der Mensch auf die maschinellen Prozesse einwirkt. Dies wiederum ist entscheidend von der maschinellen Lernmethode abhängig, wobei je nach Durchführung und Anzahl der Beispiele, die das System für den Lernvorgang erhält, drei unterschiedliche Methoden des Lernens systematisiert werden können.[11]

Bei dem sog. überwachten Lernen existiert eine externe Quelle, z.B. eine Lehrerin, eine Bewertungsfunktion oder eine sonstige externe Methode zur Klassifizierung der verwendeten Beispiele. Zudem verfügt das System bereits über konkret zugewiesene Trainingsdaten. Im Gegensatz dazu wird beim sog. unüberwachten Lernen gerade auf solche externen Hilfestellungen verzichtet und das System muss die Daten selbst in eine sinnvolle Reihenfolge und Ordnung bringen. Kurz gesagt existiert beim überwachten

---

7 Statt vieler *F. Hofmann*, Grundsatz der Technikneutralität im Urheberrecht?, ZGE 2016, S. 482 (485) m.w.N.
8 Zu den drei Elementen künstlicher Systeme siehe umfassend *T. Wischmeyer*, Regulierung intelligenter Systeme, AöR 2018, S. 1 (10 ff.).
9 In diesem Sinne *A. K. Tóth*, Algorithmic Copyright Enforcement and AI: Issues and Potential Solutions, through the Lens of Text and Data Mining, Masaryk University Journal of Law and Technology 2019, S. 361 (378).
10 Siehe dazu ausführlich *K. Zweig*, Ein Algorithmus hat kein Taktgefühl, Heyne Verlag, München, 2019, S. 28.
11 Siehe *J. Drexl/ R. Hilty et al.*, Technical Aspects of Artificial Intelligence: An Understanding from an Intellectual Property Law Perspective, Version 1.0, October 2019, S. 7 f., https://papers.ssrn.com/sol3/papers.cfm?abstract_id=3465577.

Lernen zu jeder Eingabe bereits eine konkrete Ausgabe, während die Trainingsmenge beim unüberwachten Lernen ausschließlich aus Eingaben besteht. Als dritte Methode existiert das sog. Reinforcement Learning, bei dem das System aus Erfahrungen lernen soll. Anders als bei den übrigen Methoden existieren keine bereits vorhandenen Datensätze, sondern das System muss diese erst durch Simulationen etc. gewinnen.

Inwieweit die Trainingsdaten im Laufe der Zeit verändert, ausgetauscht oder beibehalten werden, ist also eine Frage der konkreten Anwendung. So kann eine dauerhafte Verwendung von Daten Dritter erstens bestehen, wenn sich diese im finalen Erzeugnis wiederfinden, wenn also bspw. beim überwachten Lernen neben den Eingabedaten gleichzeitig die Ausgabedaten festgelegt werden. Zweitens erscheint es nicht ausgeschlossen, dass Daten mehrfach abgerufen werden. Dies kann etwa im Rahmen einer Überprüfung der bisher erlangten Ergebnisse innerhalb eines Lernprozesses erfolgen. Drittens können urheberrechtlich relevante Nutzungshandlungen bereits vor dem eigentlichen Training, nämlich bei der Sammlung der Daten, vorkommen.[12] Hingegen ist es unwahrscheinlich(er), dass eine Datenbank mit den Gewichtungen eines trainierten künstlichen neuronalen Netzwerkes (kurz KNN) irgendwelche Trainingsdaten enthält, wenn das System unüberwacht lernt oder die Methode des Reinforcement Learning gewählt wurde.

II. Blackbox-Charakter

Als Kehrseite des zunehmend selbsttätigen Lernverhaltens und der fortwährenden Weiterentwicklung von KI zeigt sich eine zunehmende Intransparenz interner Abläufe. Nicht selten werden z.B. KNN oder sog. genetische Algorithmen als Blackbox verstanden. Die damit verbundene Unkenntnis wirkt zu zwei Zeitpunkten, nämlich *ex ante*, da eine Vorhersehbarkeit eines gewissen Verhaltens nicht oder nur eingeschränkt möglich ist und *ex post*, da eine Aufklärung nicht mehr gewährleistet werden kann.[13] Gründe dafür sind die zunehmende Komplexität und die abnehmende Nachvollziehbarkeit der Vorgänge sowie die Tatsache, dass im Rahmen des Trainings Daten gelöscht, abgewandelt oder abstrahiert werden. Er-

---

12 Wissenschaftliche Dienste, Künstliche Intelligenz und Machine Learning (Fn. 3), S. 7.
13 Siehe statt vieler *H. Zech*, Künstliche Intelligenz und Haftungsfragen, ZfPW 2019, S. 198 (200 f.).

schwerend kommt der Umstand hinzu, dass die Systeme grds. online unbegrenzt weiterarbeiten können.

Als Gegenpol wird daher eine sog. „erklärbare KI" gefordert, die insb. das Vertrauen in diese Technik bestärken soll,[14] wenngleich eine vollständige Nachvollziehbarkeit – etwa durch sog. „Reverse Engineering", bei dem vereinfacht gesprochen *post-hoc* versucht wird, die Prozesse von KI rückwärts ablaufen zu lassen – nach dem Stand der Technik unrealistisch ist.[15] Dennoch ist es nicht vollständig unmöglich, Rückschlüsse vom finalen Modell auf die zum Training verwendeten ursprünglichen Daten zu ziehen. Bei bestimmten Anwendungen des maschinellen Lernens können sogar Abbilder der Trainingsdaten über einen sog. „Modellinversionsangriff" rekonstruiert werden, was zusätzlich Rückschlüsse auf die Entwicklung des Netzwerkes geben kann.[16]

III. Praktische Erwägungen

Bereits aus dem technischen Befund kristallisieren sich mehrere Problemstellungen heraus, die in der Praxis von Relevanz sind. Erstens handelt es sich bei dem streitgegenständlichen Problem unter Umständen nicht um ein KI-spezifisches Problem. Ein „Etikettenschwindel" mit KI, da diese realiter nicht involviert ist, ist nicht neu, dennoch verbreitet.[17] Vielfach wird Systemen künstlich intelligentes Verhalten nachgesagt, obwohl die internen Abläufe auf determinierten „wenn, ...dann,..."-Regeln basieren, was schwerlich das meint, was unter KI verstanden wird. Gleiches scheint für das KI-Training zu gelten, denn oftmals liegt zwar metaphorisch ein vergifteter Bestandteil vor, welcher sich aber nicht bis zum Trainingsprozess oder gar bis zum finalen Ergebnis fortsetzt. Für das Beispiel der KNN werden die Inputdaten in der Regel von der ersten Verarbeitungsschicht aufgenommen und verwertet, bevor die gewonnenen Ergebnisse als Inputda-

---

14 Siehe die Ethics Guidelines for Trustworthy AI der High-Level Expert Group on AI, 2019, https://ec.europa.eu/digital-single-market/en/news/ethics-guidelines-trustworthy-ai.

15 Siehe *Drexl/Hilty et al.*, Technical Aspects of Artificial Intelligence (Fn. 11), S. 10.

16 Vgl. *C. Winter/V. Battis/O. Halvani*, Herausforderungen für die Anonymisierung von Daten, ZD 2019, S. 489 (492) m.w.N. sowie *S. Papastefanou*, „Database Reconstruction Theorem" und die Verletzung der Privatsphäre (Differential Privacy), CR 2020, S. 379 (383).

17 Kritisch *D. Linke*, Urheberrechtlicher Schutz von „KI" als Computerprogramme, in: S. Hetmank/C. Rechenberg (Hrsg.), Kommunikation, Kreation und Innovation – Recht im Umbruch?, Nomos, Baden-Baden, 2019, S. 29 (30).

ten in die nachgelagerten Schichten weitergegeben werden.[18] Um das gewünschte Ergebnis zu erreichen, ist für den Lernvorgang also oftmals entscheidend, dass überhaupt Beispiele existieren und diese in Relation gesetzt werden. Inputdaten werden aber in der Regel ausschließlich in der ersten Schicht behandelt. Ähnliches gilt für die genetischen Algorithmen, die auf Selektion, Rekonstruktion und Mutation beruhen und ausgehend von einer Anfangspopulation eigenständig Algorithmen weiterer Generationen erzeugen und diese abermals verändern.[19] Besteht dadurch lediglich eine einmalige Rechtsverletzung zu Beginn des Trainings, stellen sich ferner Zweifel mit Blick auf die Wiederholungsgefahr im Rahmen eines möglichen Unterlassungsanspruches nach § 97 Abs. 1 UrhG ein. Andererseits kann es zu dauerhaften, bzw. fortwährenden Rechtsverletzungen kommen, was im Ergebnis entscheidend von der technischen Implementierung der KI abhängt.[20]

Zweitens offenbart sich mit dem Blackbox-Charakter ein faktisches Beweisproblem zulasten der potenziell Verletzten. Denn diese müssen eine unrechtmäßige Verwendung ihrer Schutzgegenstände nachweisen, was sich vor dem Hintergrund der fehlenden Nachvollziehbarkeit in der Regel schwierig bis unmöglich gestalten dürfte. Wird damit die Möglichkeit der Rechtsdurchsetzung aufgrund geringer Entdeckungswahrscheinlichkeit faktisch beschränkt, geht damit zeitgleich eine Verkleinerung des Schutzbereichs einher.[21] Unterstützung kann hier die erklärbare KI leisten, sodass, optimistisch formuliert, die technischen Hindernisse ggf. nur temporär sein könnten. Aufgrund der hohen Technizität wird zudem ein sog. "more technological approach" auch für das Immaterialgüterrecht gefordert, um eine für die Bedürfnisse der technischen Umwelt aufgeschlossene Analyse dieser Rechte sicherzustellen und die Möglichkeit zu geben, technische Vorgänge als einen wichtigen Wertungsparameter zu berücksichtigen.[22] Folgt das Recht in diesem Rahmen der Technik, kann dadurch

---

18 Siehe *Zweig*, Algorithmus (Fn. 10), S. 160.
19 Siehe hierzu S. *Papastefanou*, "Machine Learning" im Patentrecht – Herausforderungen beim Erfinderbegriff und der Patentierfähigkeit von Algorithmen, in: S. Hetmank/C. Rechenberg (Hrsg.), Kommunikation, Kreation und Innovation – Recht im Umbruch?, Nomos, Baden-Baden, 2019, S. 9 (11 ff.).
20 Vgl. *Bond/Aries*, Forbidden Fruits (Fn. 6).
21 Siehe mit weiteren Problemkreisen zur Rechtsdurchsetzung F. *Hofmann*, Kontrolle oder nachlaufender Rechtsschutz – wohin bewegt sich das Urheberrecht?, GRUR 2018, S. 21 (22).
22 Grundlegend M. *Grünberger/R. Podszun*, Ein more technological approach für das Immaterialgüterrecht?, ZGE 2014, S. 269 (269 f.).

mehr Rechtssicherheit entstehen, sodass dieser Ansatz auch in der vorliegenden Untersuchung Hilfestellung geben kann.

D. Rechtlicher Befund

I. Rechtsverletzende Handlungen

Ruft man sich das Eingangsbeispiel von „Edmond de Belamy" noch einmal ins Gedächtnis, so wurden bei dessen Produktion über 15.000 Bilder als Trainingsdaten verwendet. Viele für das Training notwendige Informationen sind dabei in einer „urheberrechtlich geschützten Hülle"[23] etwa als analysiertes Lichtbild oder Lichtbildwerk gespeichert oder in einer Datenbank enthalten. Dabei lassen sich mehrere urheberrechtlich relevante Eingriffshandlungen identifizieren:

Während erstens mit jeder elektronischen Extrahierung und deren Zwischenspeicherung im Arbeitsspeicher eine Vervielfältigungshandlung nach Art. 2 InfoSoc-RL,[24] bzw. § 16 UrhG stattfindet,[25] werden die geschützten Bestandteile des Ursprungsmaterials zweitens oftmals nach § 19a UrhG öffentlich zugänglich gemacht.[26] Drittens kann in der Entnahme von Informationen aus einer Datenbank eine Eingriffshandlung im Sinne der Art. 5 und 7 Datenbank-RL[27] liegen. Nach Art. 8 Abs. 1 Datenbank-RL gilt dies in qualitativer und/oder quantitativer Hinsicht hingegen nicht bei einer Entnahme von unwesentlichen Teilen. Was hierunter zu verstehen ist, ist mithin umstritten. Nach e.A. sind Investitionsschutz und Informationsfreiheit angemessen in Einklang zu bringen, sodass an die Wesentlichkeit keine allzu geringen Anforderungen zu stellen sind.[28] Nach a.A. sind an die Erfüllung des Wesentlichkeitserfordernisses keine besonders strengen Anforderungen zu stellen.[29] Der EuGH hat in seiner Entscheidung *BHB-Pfer-*

---

23 In diesem Sinne siehe *B. Raue*, Rechtssicherheit für datengestützte Forschung, ZUM 2019, S. 684 (685).

24 Abgedruckt in: Abl. Nr. L 167 v. 22.06.2001, S. 10 ff.

25 Hiervon abzugrenzen sind Mining-Anwendungen, die lediglich Datensätze durchsuchen (sog. "crawlen"), ohne tatsächlich Inhalte zu vervielfältigen, siehe *G. Spindler*, Text und Data Mining – urheber- und datenschutzrechtliche Fragen, GRUR 2016, S. 1112 (1113).

26 *Dreier* (Fn. 2), § 60d, Rn. 1.

27 Abgedruckt in: Abl. Nr. L 77 v. 27.03.1996, S. 20 ff.

28 *Dreier* (Fn. 2), § 87b, Rn. 5 ff. m.w.N.

29 *C. Czychowski*, in: K. Fromm/W. Nordemann, Urheberrecht Kommentar, 12. Aufl., Verlag W. Kohlhammer, Stuttgart, 2018, § 87b, Rn. 8 m.w.N.

dewetten festgelegt, dass der Begriff sich auf das entnommene und/oder weiterverwendete Datenvolumen der Datenbank beziehe und im Verhältnis zum Volumen des gesamten Inhalts der Datenbank zu beurteilen sei; unwesentlich seien hingegen sowohl der durch die Entnahme der betroffenen Elemente innewohnende Wert als auch die Bedeutung der Daten für die Nutzerin.[30] Mit diesem Verständnis zeigen sich bei der Verletzungshandlung aber erste Unsicherheiten. Denn in den Fällen von verschmutzten Daten sind in der Regel nur kleinere Mengen/Elemente verunreinigt, sodass in Relation zur insgesamt verwendeten Trainingsdatenmenge festgestellt werden muss, ob deren Entnahme überhaupt wesentlich im vorstehenden Sinne war. Gleichzeitig ist der damit zu führende Nachweis abermals konfliktträchtig.

II. Die Text und Data Mining-Schranke

Wie im technischen Befund aufgezeigt, stehen TDM und maschinelles Lernen in Zusammenhang. Als nahezu maßgeschneiderte Abhilfe für einen rechtssicheren Umgang mit KI-Training wirkt daher die Richtlinie 2019/790 über das Urheberrecht und die verwandten Schutzrechte im digitalen Binnenmarkt (kurz DSM-RL),[31] der mittlerweile ein Referentenentwurf sowie ein Gesetzentwurf[32] u.a. zur Umsetzung eines neuen § 44b UrhG-E und einer Anpassung des bisherigen § 60d UrhG gefolgt sind. Der GRUR-Fachausschuss für Urheber- und Verlagsrecht merkte zur DSM-RL an:

> *„Die Bedeutung der Schranke für Text- und Datamining beschränkt sich nicht auf Auswertungen im Rahmen von Big Data. Die enorme Rolle des Datamining für jede Anwendung der Künstlichen Intelligenz wird bislang in der Diskussion kaum berücksichtigt [...]. Gerade Text- und Datamining gehört aber zu den erfolgversprechendsten Methoden, um für Künstliche In-*

---

30 EuGH GRUR 2005, S. 244 (250), Tz. 68 ff. – *BHB-Pferdewetten.*

31 Abgedruckt in: Abl. Nr. L 130 v. 17.05.2019, S. 92 ff.

32 Zum Referentenentwurf, veröffentlicht am 13.10.2020, siehe https://www.bmjv.d e/SharedDocs/Gesetzgebungsverfahren/Dokumente/RefE_Urheberrecht.pdf?__bl ob=publicationFile&v=7; zum Gesetzentwurf vom 03.02.2021 siehe https://www. bmjv.de/SharedDocs/Gesetzgebungsverfahren/Dokumente/RegE_Gesetz_Anpassu ng_Urheberrecht_digitaler_Binnenmarkt.pdf;jsessionid=A392F48EDF52A8020A8 E8296402DFB95.2_cid334?__blob=publicationFile&v=5; noch zum Diskussionsentwurf siehe ausführlich *B. Raue,* Die geplanten Text und Data Mining-Schranken (§§ 44b und 60d UrhG-E), ZUM 2020, S. 172 (172 ff.).

telligenz ein breitflächiges, erforderliches Training an Daten zu gewährleisten".[33]

1. Grundlagen

Durch das Verfahren des TDM können digitale Informationen (Texte, Töne, Bilder etc.) mit Hilfe von Computerprogrammen automatisch ausgewertet werden. Da das Urheberrecht nicht die in den Werken enthaltenen semantischen Informationen schützt, fällt auch die Extraktion solcher Informationen nicht unter den Urheberrechtsschutz.[34] Was im analogen Bereich seit jeher galt, soll nunmehr auch im digitalen Bereich über Art. 3 und 4 DSM-RL zulässig sein. Die dadurch erfolgte Freistellung entsprechender Handlungen besteht allerdings nur für solche Inhalte, zu denen bereits ein rechtmäßiger Zugang besteht. Erwgr. 14 der Richtlinie konkretisiert dahingehend, dass als rechtmäßiger Zugang sowohl der Zugang zu Inhalten auf Grundlage von Open Access oder durch vertragliche Vereinbarungen als auch der Zugang zu im Internet frei verfügbaren Inhalten verstanden werden sollte.[35] Art. 3 DSM-RL privilegiert das TDM zum Zwecke der wissenschaftlichen Forschung für Forschungseinrichtungen und Einrichtungen des Kulturerbes, wohingegen Art. 4 DSM-RL eine allgemeine Schranke für kommerzielle Aktivitäten schafft. Letztere stellt damit eine Erweiterung gegenüber dem Kommissionsentwurf dar, der eine kommerzielle Nutzung noch nicht vorgesehen hatte, was mit Blick auf die Zielsetzung der Richtlinie wenig konsequent war.

2. Erfasst das Text und Data Mining auch das KI-Training?

Nach Darstellung der Grundlagen, stellt sich die Frage, ob mit der Schaffung der DSM-RL nicht sämtliche Probleme gelöst sind, die einleitend aufgeworfen wurden. So mangelt es, wie festgestellt, zwar weder am Zugang zu den Daten noch an der kommerziellen Verwendung. Dennoch bestehen Zweifel, ob die DSM-RL überhaupt vom Wortlaut her auf das Trai-

---

33 G. *Würtemberger/S. Freischem*, Stellungnahme des GRUR-Fachausschusses für Urheber- und Verlagsrecht zur Umsetzung der EU-RL im Urheberrecht (DSM-RL [EU] 2019/790 und Online SatCab-RL [EU] 2019/789), GRUR 2019, S. 1140 (1140).
34 Erwgr. 8 Satz 1 der DSM-RL; siehe *Raue*, Rechtssicherheit (Fn. 23), S. 686.
35 Erwgr. 14 Satz 2 und 4 der DSM-RL.

ning im Rahmen von KI anwendbar ist. Etwaige Zweifel weckt Art. 2 Nr. 2 DSM-RL mit seiner Definition von „Text und Data Mining". Wörtlich heißt es:

> *„Text und Data Mining bezeichnet eine Technik für die automatisierte Analyse von Texten und Daten in digitaler Form, mit deren Hilfe Informationen unter anderem – aber nicht ausschließlich – über Muster, Trends und Korrelationen gewonnen werden können".*

Kurz gesagt: Nur wenn das Mining dazu dient, diese Inhalte zu gewinnen, ist die Schranke der DSM-RL einschlägig. Ob das Training von KI der Informationsgewinnung in diesem Sinne dient, gilt es zu klären.

Was den ersten Teil der Definition betrifft, so handelt es sich beim maschinellen Lernen durchaus um eine *„Technik für die automatisierte Analyse"* im Sinne der Richtlinie.[36] Was den zweiten Teil der Definition betrifft, so verlangt dieser die *„Gewinnung von Informationen"*. Die Wortbedeutung von Training entspricht dagegen eher einer *„planmäßigen Durchführung eines Programmes von vielfältigen Übungen zur Ausbildung von Können [...] und Steigerung der Leistungsfähigkeit"*.[37] Damit ergibt sich bereits aus der Wortbedeutung ein gewisses „Mehr" des Trainings im Vergleich zur bloßen Gewinnung von Informationen. Das Training geht darüber hinaus, indem die gewonnenen Informationen weiterverarbeitet werden können. Mit anderen Worten verfolgt maschinelles Lernen einen tiefergreifenden Ansatz als das TDM.[38]

Dessen ungeachtet plädiert der vorliegende Beitrag dafür, das KI-Training grds. unter das TDM zu subsumieren. Denn der Zweck des maschinellen Lernens besteht in der Informationserzeugung, sodass die zugrundeliegenden Algorithmen in der Lage sind, durch die Entdeckung von Mustern, Trends und Korrelationen Ergebnisse zu erzielen.[39] Es ließe sich argumentieren, dass die reine Informationsgewinnung nicht primäres Ziel einer KI sei, sondern es vielmehr um die Relation verschiedener Informa-

---

36 Zustimmend siehe etwa *R. Meys*, Data Mining Under the Directive on Copyright and Related Rights in the Digital Single Market: Are European Database Protection Rules Still Threatening the Development on Artificial Intelligence?, GRUR Int. 2020, S. 457 (465).

37 So die Bedeutung im Duden, https://www.duden.de/rechtschreibung/Training.

38 Siehe *D. Schönberger*, Deep Copyright: Up- and Downstream Questions Related to Artificial Intelligence (AI) and Machine Learning (ML), ZGE 2018, S. 35 (56): *"From an argumentum a maiore ad minus it could be construed that to the extent TDM is permissible without the author's consent, the same must apply to ML (precluding the converse argument)".*

39 Siehe *Meys*, Data Mining (Fn. 36), S. 465.

tionen zueinander gehe, um das zugrundeliegende Problem zu lösen. Trotzdem kommt man nicht umhin, die Informationsgewinnung zumindest als *notwendiges Zwischenziel* zu charakterisieren.

Flankierend tritt die Zielsetzung der DSM-RL hinzu. So statuieren die Erwgr. 2, 6 und 18 der DSM-RL, dass die Richtlinie den Rechteinhaberinnen ein hohes Maß an Schutz und eine erleichterte Rechteklärung sowie einen angemessenen Ausgleich zwischen Urheberin und anderen Rechteinhaberinnen und Nutzerinnen wahren soll, um für mehr Rechtssicherheit zu sorgen und in der Privatwirtschaft zu Innovationen anzuregen. Diese Ziele würden konterkariert, wenn die technischen Neuerungen um KI und das maschinelle Lernen hiervon ausgeklammert würden. Dafür spricht nicht zuletzt auch die Ausweitung der Schranke gemäß Art. 4 DSM-RL auf kommerzielles Mining, mit dem langfristigen Ziel, durch die Stärkung der Privatwirtschaft Anreize zu schaffen, Innovationen zu fördern.

Schließlich überzeugt die Subsumtion der Trainingsmethoden aus ökonomischer Perspektive, da ansonsten die Gefahr der Umgehung durch Training im Ausland bestünde. Es wäre nicht ausgeschlossen, dass das Training in Drittstaaten verlagert wird, wenn dort unter der jeweiligen Rechtsordnung die Nutzung und somit das Training freigestellt sind.[40] Bestenfalls entstehen dadurch lediglich räumliche Probleme, die bereits faktisch eine solche Umgehung verhindern (so etwa hohe Transaktionskosten); schlimmstenfalls etabliert sich ein Wettbewerb der Rechtsordnungen, der durch das Harmonisierungsbestreben auf EU-Ebene gerade verhindert werden sollte.[41] Hinzu kommt der ökonomische Aspekt, betrachtet man die enormen Wertschöpfungsprozesse, die man sich durch die Anwendung von KI erhofft.[42]

3. Zwischenfazit

Eine klare Antwort auf die Frage, ob das Training von KI der Informationsgewinnung im Sinne von TDM dient, gibt es bislang (noch) nicht. Dies ist unbefriedigend, da die Antwort starken Einfluss auf die zukünftige Geschwindigkeit und die Kosten der Entwicklung von KI und maschinellem

---

40 Angedeutet in Wissenschaftliche Dienste, Künstliche Intelligenz und Machine Learning (Fn. 3), S. 15 f.

41 Vgl. Erwgr. 1, 10 und 50 der DSM-RL.

42 Siehe grundlegend zu KI und Wirtschaft *J. Furman/R. Seamans*, AI and the Economy, https://papers.ssrn.com/sol3/papers.cfm?abstract_id=3186591.

Lernen haben wird. Trotzdem spricht vieles dafür das KI-Training unter die neue TDM-Schranke zu subsumieren. Eine Klarstellung der Definition aus Art. 2 Nr. 2 DSM-RL wäre indes wünschenswert, um Rechtssicherheit zu erzeugen. § 44b UrhG-E sieht eine nahezu identische Definition wie die DSM-RL vor, sodass eine Konkretisierung auf Ebene der Rechtsprechung realisierbar wäre. Andernfalls könnten schnell Forderungen nach einer entsprechenden Ausnahme laut werden.[43]

III. Modifizierung auf Rechtsfolgenseite

Erfasst die TDM-Schranke das KI-Training nicht – mögliche Szenarien sind etwa eine abweichende Auslegung des Art. 2 Nr. 2 DSM-RL oder die Verwendung von Inhalten, zu denen kein rechtmäßiger Zugang besteht – bleibt zu untersuchen, ob die anfangs erwähnten Schadensersatz- und Unterlassungsansprüche der Rechteinhaberinnen nicht *modifiziert* werden müssten. Hintergrund ist der Gedanke der Korrekturbedürftigkeit, da einzelne verwendete verschmutzte Elemente ausreichen können, um die finale Nutzung der KI insgesamt zu verhindern. Zwei Überlegungen sollen daher herangezogen werden, die zwar durchaus auf gegenläufigen Argumentationslinien aufbauen, aber ein ähnlich gelagertes Problem lösen sollen: Zum einen sollen Überlegungen zu Verhältnismäßigkeitserwägungen bei Patentverletzungen und zum anderen Überlegungen im Rahmen der strafrechtlichen Beweiserhebung angestellt werden. Kerngedanke – und gleichzeitig Berechtigung der Parallelen – aller drei Konstellationen ist eine gewisse immanente *Unverhältnismäßigkeit*, während für die beiden nunmehr zu untersuchenden Sachverhalte durch Rechtsprechung und Literatur bereits Kriterien und Fallgruppen für die korrekturbedürftige Schieflage entwickelt wurden, die es zu analysieren gilt. Die angesprochene Gegenläufigkeit der jeweiligen Argumentationen ist dabei von besonderem Interesse, da zwar beide Konstellationen von korrekturbedürftigen Ergebnissen geprägt sind, im Fall des Patentrechts jedoch eine *Begrenzung* eines grds. bestehenden Abwehranspruchs vorgenommen wird, während aus strafrechtlicher Perspektive eine *Erweiterung* von Beweisverwertungsverboten gerade *nicht erwogen* wird.

---

43 Siehe *B. Schafer et. al.*, A fourth law of robotics? Copyright and the law and ethics of machine co-production, Artificial Intelligence and Law 2015, S. 217 (220), die etwa eine "machine learning exception" fordern.

1. Der Unterlassungsanspruch im Patentrecht – eine parallele Diskussion

Besondere Beachtung im Patentrecht findet derzeit der Unterlassungsanspruch gemäß § 139 Abs. 1 PatG, verbunden mit der teilweisen Forderung nach einer Verhältnismäßigkeitsprüfung. Um die Hintergründe dieser Forderung nachvollziehen zu können, lohnt ein rechtsvergleichender Blick in die U.S.-amerikanische Rechtsprechung. Prominent statuierte der U.S. Supreme Court in seiner Entscheidung *ebay vs. MercExchange*[44] einen Vier-Faktor-Test im Sinne der klassischen Equity-Grundsätze auch für das Patentrecht und leitete damit eine Wende in der patentrechtlichen Rechtsprechung ein. Nach Ansicht des obersten Gerichtshofs sei ein Unterlassungsanspruch von den vier nachfolgenden Bedingungen abhängig, die von der Klägerin nachgewiesen werden müssen:[45]

(1) die Klägerin hat einen irreparablen Schaden erlitten;
(2) die gesetzlich geregelten Rechtsbehelfe reichen nicht aus, um diesen Schaden zu kompensieren;
(3) ein Rechtsbehelf ist in Anbetracht der Ausgewogenheit der Härten zwischen Klägerin und Beklagter nach Billigkeit gerechtfertigt und
(4) das öffentliche Interesse wird durch eine dauerhafte Verfügung nicht beeinträchtigt.

Auslöser einer damit implizierten Rechtfertigungsbedürftigkeit von Unterlassungsansprüchen war das Treiben von sog. „Patenttrollen", also Patentinhaberinnen die, ohne ihr Patent überhaupt zu nutzen, versucht hatten, ihre Ansprüche zu missbrauchen, um so im Rechtsstreit möglichst hohe Gewinne zu erzielen.[46] Der damit adressierte Problemkreis kann unter dem Stichwort „komplexer Verletzungsgegenstand"[47] beschrieben werden. Kurz gesagt, die verletzende Ausführungsform basiert auf einer Vielzahl von rechtmäßigen Patenten, während in der Regel nur ein einzelnes Patent (des Patenttrolls) die Verletzung begründet. Die dadurch entstehende Blockadestellung steht einerseits zu dem absoluten Wert der Ausführungs-

---

44 *ebay Inc. v. MercExchange*, L.L.C., 126 S. Ct. 1837 (USA, 2006).
45 Siehe für die nachfolgenden Kriterien etwa *B. von Rueden*, in: D. Petrlík/D. Linke, 'Enforcement of Patent Law in Civil Proceedings', GRUR Int. 2020, S. 624 (625).
46 Siehe nur *A. Ohly*, „Patenttrolle" oder: Der patentrechtliche Unterlassungsanspruch unter Verhältnismäßigkeitsvorbehalt?, GRUR Int. 2008, S. 787 (787 ff.).
47 Siehe *M. Stierle*, Der quasi-automatische Unterlassungsanspruch im deutschen Patentrecht, GRUR 2019, S. 873 (876 f.).

form außer Verhältnis und führt andererseits zu einem Hemmnis der Innovation.[48]

Das Pendant zu *ebay vs. MercExchange* in der deutschen Rechtsprechung ist die Entscheidung *Wärmetauscher*, in welcher der BGH unter engen Voraussetzungen die Gewährung einer Aufbrauchfrist annimmt und damit zumindest mittelbar Verhältnismäßigkeitserwägungen diskutiert,[49] sodass dem Unterlassungsanspruch eine gewisse Flexibilität in Ausnahmefällen zugestanden wird. Der in der Regel bestehende Abwehranspruch wird also ausnahmsweise durch das Verhältnismäßigkeitsprinzip als Ausprägung allgemeiner Grundsätze des deutschen Zivilrechts[50] begrenzt.

2. „Fruit of the Poisonous Tree Doctrine"

Was *prima facie* einen Fremdkörper – nämlich eine Überlegung aus dem Strafprozessrecht – darstellt, kann auf den zweiten Blick einen weiteren Einstieg in das Folgeproblem der verschmutzten Daten darstellen. Bei der sog. *"Fruit of the Poisonous Tree Doctrine"* handelt es sich um eine U.S.-amerikanische Beweisverwertungsverbotsregel, die auch mittelbar gewonnene Beweisergebnisse grds. einem Verwertungsverbot unterwirft.[51] Um in der Metapher zu bleiben, greifen Organe der Strafverfolgung auf eine Beweisquelle – den Baum – zu und gelangen so an weitere Beweise – die Früchte. Wird auf die Beweisquelle hingegen ohne eine rechtmäßige Ermächtigung zugegriffen, dann werden die Beweise unverwertbar. Der Baum ist vergiftet und damit auch dessen Früchte.

Im deutschen Strafprozessrecht wird diese Doktrin unter der sog. *Fernwirkung* von Beweisverwertungsverboten diskutiert, wobei die h.M. davon ausgeht, dass ein Beweisverwertungsverbot grds. *keine* Fernwirkung entfaltet und damit nicht zwangsläufig zur Unverwertbarkeit anderer Beweismittel führt, welche durch eine nicht verwertbare Beweiserhebung bekannt wurden.[52] Dem Sinn und Zweck einer solchen absoluten Maßnahme liege in erster Linie der Gedanke zugrunde, die Ermittlungsorgane zu

---

48 Zu den verschiedenen Problemkreisen siehe *Stierle*, Unterlassungsanspruch (Fn. 47), S. 876.

49 BGH GRUR 2016, S. 1031 (1036), Rn. 45 – *Wärmetauscher*.

50 *Ohly*, „Patenttrolle" (Fn. 46), S. 796 m.w.N.

51 Siehe *M. Bader*, in: R. Hannich (Hrsg.), Karlsruher Kommentar zur Strafprozessordnung, 8. Aufl., C.H.Beck, München, 2019, Vorb., Rn. 45.

52 *Bader* (Fn. 51), Vorb., Rn. 45.

disziplinieren.[53] Gegen die Doktrin wird maßgeblich eingewendet, dass bereits ein einzelner Normverstoß am Beginn des Verfahrens die weiteren Ermittlungen im Ganzen kontaminieren könne, was sich unverhältnismäßig negativ auf eine effektive Strafverfolgung auswirken würde.[54] Andererseits wird eine einzelfallorientierte Handhabung der Fernwirkung vertreten und es werden Fallgruppen diskutiert, die aufgrund ihrer speziellen Gestalt ausnahmsweise eine solche Fernwirkung rechtfertigen sollen. Hauptabwägungskriterien aus dem strafrechtlichen Schrifttum sind das Gewicht des Verstoßes und das staatliche Verfolgungsinteresse.[55] Zudem wird anstatt eines bloßen Verursachungs- ein Zurechnungszusammenhang zwischen Verstoß und Beweiserlangung vorausgesetzt.[56] Inwieweit auch hypothetische Ermittlungsverläufe bei der Entscheidung über die Verwertung berücksichtigt werden können, ist nach wie vor umstritten.[57]

In dieser Konstellation findet also in der Regel – zumindest für den deutschen Strafprozess – gerade keine Erweiterung des Beweisverwertungsverbotes statt, es sei denn, dies ist ausnahmsweise gerechtfertigt. Auch die strafrechtlichen Erwägungen lassen sich dabei auf die Verhältnismäßigkeit zurückführen; um den BGH zu zitieren: *„Die Verhältnismäßigkeit und Erforderlichkeit der Beweisverwertung bilden die Leitgesichtspunkte".*[58]

3. Bewertung und Übertragbarkeit der Gedanken

Trotz völlig unterschiedlicher Rechtsbereiche und gegenläufiger Argumentationslinien kristallisiert sich bei den vorstehenden Erwägungen die Tendenz heraus, dass immer dann, wenn – untechnisch gesprochen – das „große Ganze" betroffen ist, flexible Verhältnismäßigkeitserwägungen Einzug in ansonsten starre Mechanismen halten. Entscheidend ist – wie die Überlegungen gezeigt haben – welche Grundprämisse dem Sachverhalt zugrunde liegt, mit anderen Worten, welches Regel-Ausnahme-Verhältnis besteht. Je nachdem ergibt sich die eingangs aufgeworfene Gegenläufigkeit aus Be-

---

53 Siehe *S. Peters*, in: C. Knauer/H. Kudlich/H. Schneider (Hrsg.), MüKo/StPO, 1. Aufl., C.H.Beck, München, 2016, § 152, Rn. 46 m.w.N.

54 Siehe *U. Eisenberg*, in: U. Eisenberg, Beweisrecht der StPO, 10. Aufl., C.H.Beck, München, 2017, III. Beweisverwertungsverbote, Rn. 405.

55 Siehe *Eisenberg* (Fn. 54), III. Beweisverwertungsverbote, Rn. 408.

56 *Eisenberg* (Fn. 54), III. Beweisverwertungsverbote, Rn. 408 m.w.N.

57 *J. Reinecke*, Die Fernwirkung von Beweisverwertungsverboten, VVF, München, 1990, S. 204 ff.

58 BGH NStZ 1984, S. 275 (276 f.).

grenzung und fehlender Erweiterung. Inwieweit diese Überlegungen auch für verschmutzte Daten sinnvoll sind, soll nunmehr diskutiert und der Brückenschlag zurück in das Urheberrecht gewagt werden.

Was die patentrechtlichen Überlegungen betrifft, so spricht nach hier vertretener Ansicht vieles dafür, dass sie vermutlich in ähnlicher Gestalt auch im Urheberrecht Anwendung finden könnten und dieselben Diskussionen aufkommen werden. Berücsichtigt werden muss allerdings einerseits, dass in den patentrechtlichen Sachverhalten in Gestalt der Patenttrolle von Beginn an eine missbräuchliche Komponente vorhanden war, der entgegengewirkt werden sollte. Andererseits kann, wie bereits im technischen Befund herausgearbeitet, ein Unterschied bestehen, nämlich dann, wenn das verletzte Patent in dem Verletzer-Patent unverändert enthalten ist, während im Urheberrecht die verletzten Inhalte mitunter nicht bis in die Nutzung der KI fortbestehen. Es bleibt also abzuwarten, ob sich vergleichbare Sachverhalte im Urheberrecht wiederfinden werden, sodass auch die Forderung einer direkten Umsetzung eines Verhältnismäßigkeitstatbestandes – welche im Patentrecht gestellt wurde – im Urheberrecht nicht zwangsläufig notwendig scheint. Zieht man Art. 3 Abs. 2 der Durchsetzungs-RL heran, so heißt es dort: *„Diese Maßnahmen, Verfahren und Rechtsbehelfe müssen darüber hinaus wirksam, verhältnismäßig und abschreckend sein".*[59] Eine damit festgeschriebene Verhältnismäßigkeit könnte also bereits durch eine unionsrechtskonforme Auslegung erreicht werden. Entsprechende Erwägungen sind mithin keine Fremdkörper im Urheberrecht, was ein Blick auf § 98 Abs. 4 oder § 101 Abs. 4 UrhG zeigt. Unter Würdigung aller Umstände des Einzelfalles sind dort insb. der Grad der Schuld der Verletzerin, die Schwere des Eingriffs und der Umfang des Schadens als Kriterien der Verhältnismäßigkeit zu berücksichtigen.[60] *E contrario* könnte die explizite Normierung aber auch dafür streiten, dass unter § 97 UrhG ein solcher Vorbehalt gerade nicht bestehen soll.

Auch der Gedanke der Fernwirkung ist nicht von vornherein zu verwerfen, da es auch für verschmutzte Daten grds. interessengerecht sein kann, dass die Anwendbarkeit einer Fernwirkung nicht zwangsläufig besteht, um nicht den gesamten Prozess zu gefährden. Was die "Fruit of the Poisonous Tree Doctrine" betrifft, so zeigen sich zudem Schnittstellen mit dem Geistigen Eigentum, auch wenn das Urheberrecht als Anknüpfungspunkt zumindest fragwürdig scheint. Ein wie im Strafrecht z.T. geforderter Zurechnungszusammenhang wird in der Regel an der fehlenden Einsehbar-

---

59 Abgedruckt in: Abl. L 195 v. 02.06.2004, S. 20 (Hervorhebung nicht im Original).
60 Ausführlich *Dreier* (Fn. 2), § 98, Rn. 23 u. § 101, Rn. 22 ff.

keit der Blackbox scheitern. Hingegen können die Gedanken zur hypothetischen Erlangung von Beweisen analog auf Daten übertragen werden und eine zu berücksichtigende Ausnahme darstellen. Eine zumindest vergleichbare Situation erkennt auch *Lemley* und formuliert drei Kriterien, um zu bestimmen, wie viel nachgelagerte Kontrolle der Inhaberin von Immaterialgüterrechten zugestanden werden sollte:[61]

(1) Wertschöpfung des veränderten Produktes für die Gesellschaft;
(2) Verschulden an der Rechtsverletzung und
(3) die Wirksamkeit direkter Rechtsbehelfe bei der Entschädigung, wenn die Durchsetzung schwierig oder unrentabel ist.

Dennoch kommt er zutreffend zu dem Ergebnis, dass sich nicht alle Rechte des Geistigen Eigentums für diese Doktrin eignen. Beispielgebend für einen naheliegenden Anwendungsbereich seien Geschäftsgeheimnisse, deren Erlangung bereits tatbestandlich ein missbilligendes Verhalten voraussetzen,[62] was den aus dem Patentrecht herausgearbeiteten Gedanken des grds. missbräuchlichen Handelns am ehesten widerspiegelt.

Im Ergebnis zeigen beide Rechtsgebiete, dass im Kern der Diskussion eine zu missbilligende Ersthandlung existiert, die eine Unwucht erzeugt, die wiederum sachgerecht ausbalanciert werden muss. Nur wenn diese Schieflage besteht, rechtfertigen sich die Verhältnismäßigkeitsgesichtspunkte. Ob diese somit auch bei verschmutzten Daten Einzug halten, bleibt eine klassische Einzelfallentscheidung.

E. Fazit und Blick in die Zukunft

Rhetorisch aufgeladen wird KI in der Literatur bisweilen als *heiliger Gral* bezeichnet,[63] womit man zu dem eingangs aufgeworfenen heiligen Schein der zugrundeliegenden Daten zurückkehrt. Eine solche Überstilisierung ist aber weder für KI noch für deren Daten angebracht.

Aus weltlicher Perspektive sind große Datenbestände zweifellos eine unerlässliche Voraussetzung für eine effektive Entwicklung von KI. Die rechtlichen Risiken, die mit dem Training von KI verbunden sind, sind *in con-*

---

61 Zu den Kriterien siehe ausführlich *M. Lemley*, The Fruit of the Poisonous Tree in IP Law, Iowa Law Review 2017, S. 245 (264 f.).
62 *Lemley*, The Fruit of the Poisonous Tree (Fn. 61), S. 250 u. 266 f.
63 Siehe etwa *M. Bovenschulte/J. Stubbe*, Einleitung: „Intelligenz ist nicht das Privileg von Auserwählten.", in: V. Wittpahl (Hrsg.), Künstliche Intelligenz, Springer Vieweg, Open Access, 2019, S. 219.

clusio aber durchaus beherrschbar. Die DSM-RL bietet nach hier vertretender Ansicht eine zukunftsoffene Schranke auch für das KI-Training. Die mit der Richtlinie umgesetzten §§ 44b und 60d UrhG-E sollen ab dem 07.06.2021 in Kraft treten. Spätestens dann wird sich zeigen, ob sich die angedeuteten Gefahren realisieren und wie mit ihnen technisch wie rechtlich umzugehen ist. Es bleibt daher zu beobachten, inwieweit sich neue Möglichkeiten zur Übernahme von fremden Leistungen durch den Einsatz von KI und maschinellem Lernen ergeben werden. Dabei sind auch die technischen Befunde in die vorzunehmende Risikoabwägung einzubeziehen. Eine mit dem TDM mitschwingende Hoffnung, nämlich der mögliche Abbau von Intransparenz und fehlender Nachvollziehbarkeit, wenn es mehr Akteure gibt, die Daten zu Forschungszwecken verwenden, wäre ein positiver Nebeneffekt.[64] Denn sollte sich herausstellen, dass es faktisch nicht möglich ist, das KI-Training aufzuschlüsseln, könnte der Problemkreis um "tainted data" ein akademischer Streit bleiben.

Mit Blick auf die zukünftigen Entwicklungen soll nicht zuletzt noch auf eine praktische Konsequenz hingewiesen werden. So scheint es nicht unwahrscheinlich, dass auf Rechtsverletzerseite vermehrt der Vortrag kommen wird, dass das verwendete KI-Training nach Art. 3 DSM-RL privilegiert sei, da es sich um angewandte Forschung auf dem Gebiet des maschinellen Lernens und der KI handele. Angesichts der forschungsfreundlichen Grundhaltung der DSM-RL[65] bedarf es hier eines schärferen Hinsehens, ob ein vorgetragener Forschungssachverhalt realiter besteht. Gleichzeitig ist die Verletzerin in diesem Punkt beweisbelastet, was im Einzelfall die ungewollte Verpflichtung der Offenlegung entsprechender Datengrundlagen nach sich ziehen kann.

Abschließend scheint es auf einer möglichen Rechtsfolgenseite denkbar, dass die Früchte des vergifteten Baumes grds. geerntet und gegessen werden dürfen. Ausnahmsweise ist eine Korrektur angebracht, wenn der Sachverhalt eine unverhältnismäßige Schieflage aufweist. Erste Kriterien und Fallgruppen können der Diskussion um den patentrechtlichen Unterlassungsanspruch und der "Fruit of the Poisonous Tree Doctrine" entnommen werden.

---

64 Siehe auch *Tóth*, Algorithmic Copyright Enforcement (Fn. 9), S. 380.
65 *Raue*, Rechtssicherheit (Fn. 23), S. 687.

Umgang mit IP-rechtlichen Herausforderungen von „Machine Learning" am Beispiel von Evolutionary Algorithms

Stefan Papastefanou[*]

A. Einleitung

Die momentan beliebtesten und erfolgreichsten Ansätze der *Evolutionary Algorithms* und ihre Weiterentwicklungen bzw. Modifikationen werden in diesem Beitrag übersichtsartig dargestellt, um anhand der verschiedenen informationstechnologischen Aspekte die Unterschiede und Besonderheiten einer künstlichen Intelligenz (KI) für etwaige juristische Probleme zu erarbeiten. In der aktuellen Debatte um KI-Schöpfungen werden insbesondere die Schöpfungseigenschaft und Schutzfähigkeit von Algorithmen des maschinellen Lernens in Patent- und Urheberrecht diskutiert. Im Rahmen der möglichen Lösungsansätze wird darauf eingegangen, welche Möglichkeiten zur Erweiterung der Schutzmöglichkeiten bestehen. Diese Möglichkeiten werden dabei bewertet und auf ihre Notwendigkeit bzw. Zweckmäßigkeit hin analysiert. Darüber hinaus wird auch auf die Frage eingegangen, ob nicht über die Methode von Zwangslizenzen ein umgekehrter Ansatz gewählt werden könnte. Dieser Ansatz soll insbesondere dazu dienen, einen besseren Interessenausgleich zwischen Ausschlussrechten und Interessen der Allgemeinheit zu erreichen.

B. Darstellung der Algorithmen

Auch wenn bereits in zahlreichen juristischen Werken auf die Konzepte von KI und allgemeinen Algorithmen eingegangen worden ist, so bereitet die Darstellung und eindeutige Definition der Begriffe nach wie vor erhebliche Schwierigkeiten. Die allgemeine Abgrenzung zwischen einem einfachen Algorithmus im Sinne von *if-else*-Anweisungen und maschinellem

---

[*] Stefan Papastefanou, LL.B., External Research Fellow, Applied Research Centre for Intellectual Assets and the Law at Singapore Management University und Lehrbeauftragter, Center for Transnational IP, Media and Technology Law and Policy, Bucerius Law School.

Lernen gelingt zwar noch häufig, jedoch geht der Unterschied in der Regel im weiteren Verlauf einer juristischen Untersuchung verloren. Dieser Punkt ist sicherlich auch darauf zurückzuführen, dass in anderen Forschungsbereichen ebenfalls keine einheitliche Benutzung der Begriffe vorliegt.

Daher erscheint es sinnvoll, an dieser Stelle eine grundlegende Feststellung zu treffen. Eine KI ist notwendigerweise an den Begriff des maschinellen Lernens geknüpft. Ohne eine Lernfähigkeit, die es den Algorithmen erlaubt, Verhalten zu modifizieren und an Erfahrungswerte oder andere externe Bedingungen anzupassen, liegt keine KI im engeren Sinne vor.[1] Dies ändert sich auch dann nicht, wenn ein Algorithmus von erheblicher Komplexität ist.

Dieser Beitrag wird auf die Form des maschinellen Lernens von *Evolutionary Algorithms* eingehen, welche die Grundlage für die aktuell beliebtesten KI-Methoden darstellen. Danach wird auf die Modifikation dieses Ansatzes durch künstliche neuronale Netzwerke und *Deep Q Learning* eingegangen.[2]

I. Evolutionary Algorithms

Auch wenn reine *Evolutionary Algorithms* wie etwas das *Genetic Breeding Modell* in der aktuellen Entwicklung weniger häufig eingesetzt werden als Neural Networking Modelle,[3] ist es nicht ausgeschlossen, dass sie eine Art Renaissance erfahren, sobald Rechenkapazitäten zunehmen und kostengünstiger werden.[4] Darüber hinaus basieren die modernen Modelle der künstlichen neuronalen Netzwerke und auch das *Deep Q Learning* auf die-

---

1 Dalvinder, IOSR-JCE 2014, 9 ff.
2 Aufgrund der Komplexität der Materie und des eingeschränkten Umfangs der Darstellung werden die Ausführungen zu den informationstechnologischen Inhalten stark vereinfacht und auf ihre wesentlichen Grundlagen beschränkt.
3 Mit einer Übersicht zur mit Abstand populärsten Implementierung von künstlichen neuronalen Netzwerken: „TensorFlow": Abadi, 12th USENIX Symposium on Operating Systems Designs and Implementation, USENIX Association 2016, 267 ff. Ehinger/Stiemerling, CR 2018, 761.
4 Yampolskiy, Evolutionary Bioinformatics Online 2018, 16 f.; Shulman/Bostrom, Journal of Consciousness Studies 2012, 103 ff.; Koza, Genetic Programming and Evolvable Machines 2010, 251, 284; Orlov/Sipper/Finch, Genetic Programming Theory and Practice VIII 2011, 1 ff.

sem Ansatz des maschinellen Lernens.[5] Grundsätzlich gehören zu den wesentlichen Elementen eines *Genetic Breeding Modells* ein Trainings-Algorithmus, ein Builder-Algorithmus und als Ergebnis ein Ziel-Algorithmus.[6]

Um die Funktionsweise eines *Genetic Breeding Modells* besser zu verstehen und darzustellen, inwiefern sich diese Modelle an dem evolutionsbiologischen Vorbild der natürlichen Selektion orientieren, ist es sinnvoll, zunächst eine Übersicht über dieses natürliche Vorbild[7] zu geben. Vereinfacht dargestellt wird der Prozess der natürlichen Selektion durch die Elemente der Variation[8], der Vererbung[9], einer eingeschränkten Überlebensquote[10] und des Wettbewerbs[11] gekennzeichnet. Diese Elemente laufen in einer Art Zirkel ab, der sich bei entsprechenden Bedingungen beliebig oft wiederholen kann:

---

5 Fogel, Evolutionary Computation: Toward a New Philosophy of Machine Intelligence. 3. Aufl. (2005), S. 59.
6 Papastefanou, CR 2019, 210.
7 Grundlegend: Darwin, On the Origin of Species, 1859, S. 126 f.
8 Ein Organismus innerhalb der Gesamt-Population muss sich zumindest geringfügig von anderen Organismen unterscheiden.
9 Eigenschaften eines Vorgänger-Organismus müssen an die nachfolgende Generation weitergegeben werden können.
10 Nur ein bestimmter Teil einer bestimmten Generation von Organismen darf die Möglichkeit haben, zu überleben und seine Eigenschaften an die Nachfolge-Generation weiterzugeben.
11 Solche Organismen, die besser an die Umstände angepasst sind, müssen höhere Überlebenschancen haben.

Ein Endergebnis gibt es hierbei freilich nicht, da dieser Theorie kein definiertes Ziel innewohnt, sondern vielmehr eine stetige Anpassung an äußere Bedingungen erfolgt.

Um dieses Konzept nachzubilden, werden neben einer grundlegenden Programmierumgebung auch der Builder-Algorithmus und der Trainer-Algorithmus eingepflegt.[12] Zusätzlich wird in dem Konzept eine Bedingung einprogrammiert, die zur Beendigung des Programms führt.[13] In der Regel handelt es sich bei dieser Bedingung um das Erreichen eines Algorithmus, der die zu lösende Aufgabe oder das zu bearbeitende Problem mit einer als hinreichend definierten Erfolgsquote löst.[14]

Der Builder-Algorithmus programmiert zunächst eigenständig den Grundstock an Algorithmen, welche nur sehr rudimentär an das Problem anknüpfen.[15] Damit entspricht dies dem Grundstock an Organismen in der obigen Abbildung des Zirkels der evolutionsbiologischen Vorlage. Der Überlebenstest wird in der Programmierumgebung durch den Trainer-Algorithmus vorgenommen, der die Algorithmen auf ihre Lösungsfähigkeit hin überprüft. Hierzu sind bereits gelöste, konkrete Problemfälle der abstrakten Problemstellung erforderlich. Nur die Algorithmen mit der besten abstrakten Lösungsfähigkeit werden anschließend kopiert und durch den Builder-Algorithmus kombiniert und modifiziert. In der Evolutionstheorie entspricht dies der Weitergabe genetischen Materials an die Nachfahren durch erfolgreiche Organismen und die dabei auftretenden zufälligen Mutationen.

Dieses Verfahren führt zu Algorithmen mehrerer Generationen, bis ein Algorithmus durch das Erreichen der Exit-Bedingung zum Ziel-Algorithmus wird. In einer analogen Darstellung zum Vorbild der natürlichen Selektion sieht dieser Zirkel folgendermaßen aus:

---

12 Grundsätzlich hierzu: Eiben/Smith, Introduction to Evolutionary Computing, 2. Aufl. 2015, 25 ff.
13 Prins, Computers & Operations Research 2004, 1985 ff.; Bentley/Corne, Creative Evolutionary Systems 2002, 1 ff.
14 Bentley/Corne, Creative Evolutionary Systems 2002, 6 f.
15 Der Programmierer steht hier gewissermaßen vor einem Dilemma. Sind die Spezifikationen zu eng, ist es unwahrscheinlich, dass die Programmumgebung eine komplett neue Lösung des Problems hervorbringt. Sind die Spezifikationen dagegen zu weit, erhöht sich die Dauer des Programmiervorgangs erheblich bis überhaupt Programme hervorgebracht werden, die in der Lage sind, nicht mehr zufällige Lösungen für das Problem zu finden; vgl. auch hierzu: de Jong/Spears/Gordon, Using Genetic Algorithms for Concept Learning, Genetic Algorithms for Machine Learning, 5 ff. und Bäck, Evolutionary Computation 1: Basic Algorithms and Operators 2000, 59 ff.

Zunächst sind für dieses Konzept der Programmierung große Datenmengen erforderlich, die der Teacher- bzw. Test-Algorithmus einsetzen kann. Darüber hinaus erfordert der Ablauf in der Regel Millionen bis Milliarden Durchgänge, bevor ein Ziel-Algorithmus mit der vordefinierten Erfolgsquote erreicht werden kann.[16] Aufgrund der (theoretisch) minimalen menschlichen Vorprogrammierung beruht dieser Ansatz damit maßgeblich auf Datenverfügbarkeit und dem Einsatz von Rechenkapazität.[17]

Darüber hinaus ist auch der Ziel-Algorithmus ein besonders interessantes Element. Er stellt das einzige Ergebnis des Durchlaufs dar. Im Gegensatz zu anderen Ansätzen werden keine Gewichtungsdaten erstellt oder Lernelemente definiert und angepasst. Eine darüberhinausgehende Besonderheit stellt außerdem die besondere Natur des Ziel-Algorithmus dar. Aufgrund seiner hauptsächlich durch zufällige[18] Mutation erlangten Lösungskapazität ist für menschliche Nutzer nicht nachvollziehbar, wie der Algorithmus tatsächlich funktioniert. Dies liegt insbesondere daran, dass der Algorithmus in *object code* und nicht in *source code* erstellt und ausgegeben wird.[19]

---

16 de Jong/Spears/Gordon, Using Genetic Algorithms for Concept Learning, Genetic Algorithms for Machine Learning, 10 ff.
17 Orlov/Sipper/Finch, Genetic Programming Theory and Practice VIII 2011, 12 ff.
18 Die „zufälligen" Elemente sind nicht *rein zufällig* gestaltet, sondern folgen einer präzisen Bestimmung; vertiefend dazu: Wang/Jin, IEEE Transactions on Cybernectics, Vol. 50, Issue 2, 2020, 536 ff.
19 *Source code* beschreibt die Darstellung eines Algorithmus in einer Programmiersprache, die für einen Programmierer verständlich ist, während *object code* die maschinenlesbare Darstellung in Binärcode meint, welcher nicht mehr von einem Programmierer nachvollzogen werden kann.

II. Neural Networking Methods

Das sog. künstliche neuronale Netzwerk stellt eine Nachbildung des menschlichen Gehirns dar. Insofern wird neben den im Rahmen der *Genetic Breeding Algorithmen* „kopierten" natürlichen Evolutionsvorgängen ein weiteres natürliches Vorbild gewählt. Streng genommen handelt es sich jedoch bei einem künstlichen neuronalen Netzwerk nicht um eine KI, sondern lediglich um eine Umgebung, die das Trainieren von verschiedenen Algorithmen erleichtert.[20]

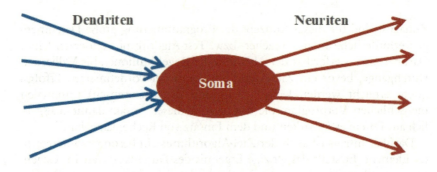

Zur Verdeutlichung, wie die Nachbildung des menschlichen Gehirns funktioniert, ist es sinnvoll, mit einer (grob simplifizierten) Darstellung eines Neurons zu beginnen. Es handelt sich hier um eine eingeschränkte Darstellung der wesentlichen biologischen Elemente, welche die Grundlage für die Übernahme der künstlichen neuronalen Netzwerke bilden. Die Eingangselemente werden als Dendriten[21] bezeichnet und leiten Reize von anderen Neuronen zu. Damit entsprechen sie der Input-Ebene in informationstechnologischen Systemen. Das Gegenstück hierzu bilden die Neuriten, welche einen Reiz des Neurons wiederum zu anderen Neuronen transportieren.[22] Der Zellkörper im Soma beinhaltet die biologischen Ele-

---

20 Mit einer Einführung: de Jong/Spears/Gordon, Using Genetic Algorithms for Concept Learning, Genetic Algorithms for Machine Learning, 18 ff. und Bäck, Evolutionary Computation 1: Basic Algorithms and Operators 2000, 75 ff.

21 Schmidt, Der Aufbau des Nervensystems, Grundriß der Neurophysiologie, Heidelberger Taschenbücher, 1983, 1.

22 Schmidt, Der Aufbau des Nervensystems, Grundriß der Neurophysiologie, Heidelberger Taschenbücher, 1983, 2.

mente, welche beeinflussen, ob ein bestimmter Input einen Output zur Folge hat.[23]

Durch die Verbindung von mehreren Neuronen über die entsprechenden Dendriten und Neuriten entsteht ein neuronales Netzwerk.

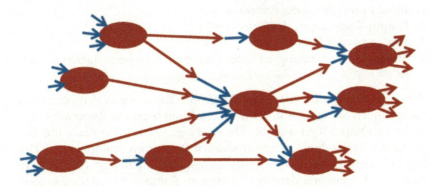

Der Output über die Neuriten erfolgt über den Stimulus, der über die Dendriten empfangen wird. Als wichtiges Element für die Nutzung dieses Konzepts in der Informationstechnologie ist außerdem zu beachten, dass die Verbindungen zwischen den Neuronen unterschiedlich stark sein können. Eine stärkere Verbindung führt grundsätzlich dazu, dass das Empfängerneuron ebenfalls einen Stimulus über seine Neuriten ausgibt. Entscheidende Elemente sind insofern:

1. Input-Komponente des Neurons
2. Output-Komponente des Neurons
3. Verarbeitung des Stimulus; Trigger-Mechanismus
4. Stärke der Verbindung zu einem Neuron

Der Aufbau eines künstlichen neuronalen Netzwerkes funktioniert nach diesem Vorbild. Statt einem Neuron handelt es sich um ein sog. *Perceptron*,[24] welches in einem Netzwerk aus mehreren *Perceptrons* vorhanden ist und zahlreiche Input- und Output-Verbindungen aufweist.[25] Üblicherwei-

---

23 Schmidt, Der Aufbau des Nervensystems, Grundriß der Neurophysiologie, Heidelberger Taschenbücher, 1983, 1 ff.
24 Bose/Liang, Neural Network Fundamentals with Graphs, Algorithms and Applications, 1996, 21 ff.
25 Bose/Liang, Neural Network Fundamentals with Graphs, Algorithms and Applications, 1996, 21, 28.

se sind diese Elemente in vereinfachten Input- und Output-Ebenen aufgebaut, sodass ein einfacher zu verstehendes Netzwerk entsteht.[26]
Die vier wesentlichen Elemente des biologischen Vorbilds werden folgendermaßen nachgebildet:

1. Input-Komponente des *Perceptron*
2. Output-Komponente des *Perceptron*
3. Sog. „*activation function*"[27]
4. Stärke der Verbindung zu einem anderen Perceptron (genannt „*wa-ve*")[28]

Die „*activation function*" ist dem Trigger-Mechanismus in den Neuronen
nachgebildet. Sie bestimmt, ab welchem Input-Wert ein *Perceptron* einen
positiven Output-Wert ausgibt. Dieser Ausgabewert wird dann mit der
Stärke der Verbindung zu einem anderen Perceptron multipliziert.[29] Das
Ergebnis stellt bei dem anderen *Perceptron* den Input-Wert dar, welcher
wiederum Gegenstand der Verarbeitung im Rahmen der „*activation function*" ist und den neuen Output-Wert bestimmt.[30] Durch die Vernetzung
von mehreren solcher Punkte entsteht mithin eine Nachbildung des natürlichen neuronalen Netzwerks, nur um zahlreiche Magnituden nach unten
skaliert.[31]

---

26 Ehinger/Stiemerling, CR 2018, 762.
27 Zhang/Weng/Chen/Hsieh/Daniel, Efficient Neural Network Robustness Certifi-
    cation with General Activation Functions, Advances in Neural Information Pro-
    cessing Systems 31 (NIPS 2018), 12 ff.
28 Bose/Liang, Neural Network Fundamentals with Graphs, Algorithms and Appli-
    cations, 1996, 41 ff.
29 Zhang/Weng/Chen/Hsieh/Daniel, Efficient Neural Network Robustness Certifi-
    cation with General Activation Functions, Advances in Neural Information Pro-
    cessing Systems 31 (NIPS 2018), 14 f.
30 Bose/Liang, Neural Network Fundamentals with Graphs, Algorithms and Appli-
    cations, 1996, 21 ff.
31 Bose/Liang, Neural Network Fundamentals with Graphs, Algorithms and Appli-
    cations, 1996, 22.

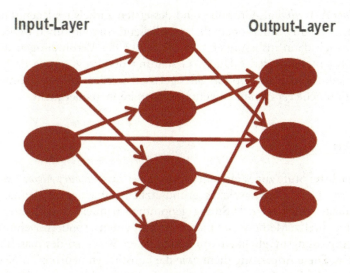

Die nächste Simplifizierung, die gegenüber dem natürlichen Vorbild des neuronalen Netzwerks erfolgt, ist die Einordnung in verschiedene Ebenen von *Perceptrons*, die eine allgemeine Input-Ebene, Zwischenebenen und eine Output-Ebene enthalten.[32] Hierdurch wird eine sehr vereinfachte Struktur ermöglicht und die Netzwerke können auf bestimmte Input und Output-Elemente beschränkt werden, wodurch ein großer Effektivitätsvorteil gegenüber den reinen *Genetic Breeding Modellen* erreicht wird. Bei diesen wird in der Regel gerade keine Spezifizierung vorgenommen. Sehr einfache künstliche neuronale Netzwerke werden etwa genutzt, um Aufgabenstellungen zu lösen, die eine begrenzte und vor allem vorhersehbare Anzahl an Input- und Output-Möglichkeiten haben.[33]

Um dieser Miniaturnachbildung des neuronalen Netzwerks nun tatsächlich die Fähigkeit zum „Lernen" zu geben bzw. die Möglichkeit, Verhaltensweisen zu entwickeln, wird üblicherweise eine Variante der *Evolutionary Algorithms* angewandt.[34] Beispielsweise ließen sich mehrere künstliche neuronale Netzwerke nach der obigen Variante des *Genetic*

---

32 Ehinger/Stiemerling, CR 2018, 762; Yao, Evolving artificial neural networks, Proceedings of the IEEE, 1999, 1432 ff.

33 Ein Schach-Algorithmus beispielsweise besteht im Input-Layer nur aus den Positionen der Schachfiguren und seine Output-Komponenten bestehen in den möglichen Zügen. Das System und die verschiedenen Möglichkeiten mögen zwar komplex sein, aber dennoch für einen einzelnen Zug begrenzt und vorhersehbar.

34 Yao, Evolving artificial neural networks, Proceedings of the IEEE, 1999, 1423 ff.

Breeding Algorithm als Grundbestand des ersten Zirkels festlegen. Die Modifikationen und Mutationen, die anschließend vorgenommen werden, beziehen sich dann insbesondere auf die Stärke der Verbindungen der *Perceptrons* untereinander.[35] Durch Gestaltung der Programmierumgebung kann jedoch auch die Option offengelassen werden, ob im Rahmen der Mutation neue *Perceptrons* eingefügt werden können oder nicht.

III. *Deep Q Learning*

Auf nächster Stufe zur Weiterentwicklung der *Evolutionary Algorithms* steht das *Deep Q Learning*, welches grundsätzlich auf einer mathematischen Grundlage funktioniert.[36] Streng genommen handelt es auch hier nicht um eine direkte Methode des maschinellen Lernens, sondern vielmehr um eine Anpassungsmöglichkeit von bestehenden Systemen des maschinellen Lernens. Diese Anpassung dient, wie die künstlichen neuronalen Netzwerke, dazu, die Entwicklung von informationstechnologischen Lösungen in ihrer Effizienz zu steigern. Der Begriff *Deep Q Learning* ist insofern eine Weiterentwicklung des *Q-Learning*, welches um ein künstliches neuronales Netzwerk erweitert wird. Entscheidend ist also zunächst, zu beschreiben, wie *Q-Learning* funktioniert.

Grundsätzlich wird eine bestimmte Funktion zur Lösung einer Umgebungsaufgabe durch wertmäßige Stimuli in ihrer Entwicklung beeinflusst.[37] Vereinfacht lässt sich dies folgendermaßen beschreiben: In den zuvor beschriebenen Methoden zur Anwendung der Evolutionary Algorithms geschah die Anpassung der Algorithmen auf Grundlage eines „Eignungstests". Im Rahmen dieses Tests wurde die Lösung jedes Algorithmus einer Generation auf ihre Qualität hin überprüft. Wie bereits beschrieben, erfordert der Zufallscharakter der Modifikationen eine erhebliche Anzahl an Wiederholungen der Evolutionszirkel, bis eine ausreichende Lösungsqualität erreicht wird. Zur Steigerung der Effizienz kann im Rahmen eines künstlichen neuronalen Netzwerks die Input- und Output-Struktur des Algorithmus spezifiziert werden. Hierdurch unterliegen nur noch die Gewichtungen der Verbindungen der mitunter zufälligen evolutionären Anpassung. Eine Überprüfung auf Qualität der Ergebnisse der Algorithmen

---

35 Bose/Liang, Neural Network Fundamentals with Graphs, Algorithms and Applications, 1996, 21 ff.
36 Yang/Xie/Wang, A Theoretical Analysis of Deep Q Learning, 2019, 1 ff.
37 Mit Einzelheiten zum mathematischen Hintergrund: Yang/Xie/Wang, A Theoretical Analysis of Deep Q Learning, 2019, 5 ff.

erfolgt jedoch weiterhin lediglich durch finale Überprüfung des Gesamt-Outputs.

Durch die Anwendung des *Deep Q Learning* werden jedoch weitere Parameter in die Anpassungsalgorithmen eingesetzt.[38] Bei diesen Parametern handelt es sich um Bedingungen, welche die Entwicklung der Algorithmen in eine bestimmte Richtung beeinflussen.[39] So werden beispielsweise Zwischenziele formuliert, deren Erreichen mit einem bestimmten Wert „belohnt" wird. Scheitert ein Algorithmus daran, ein Zwischenziel zu erreichen oder erfüllt er eine negative Bedingung, entspricht dies einem negativen Wert bzw. einer „Strafe" für den Algorithmus.[40] Als Rahmenbedingung wird nun zusätzlich formuliert, dass nur Algorithmen ausgewählt werden, die entweder alle Zwischenziele erreichen oder ein Minimum an Gesamtpunkten durch „Belohnungen" und „Strafen" erhalten.[41]

Diese Methode kann das Voranschreiten der evolutionären Entwicklung ganz erheblich beschleunigen. Aus diesem Grund eignen sich *Deep Q Learning*-Ansätze für solche Aufgaben, die sich durch eine erhebliche Komplexität auszeichnen. Bei solchen komplexen Varianten dauert ein reiner Genetic Breeding-Ansatz gewöhnlich zu lange, da die Zufälligkeit der Mutationen und Anpassungen eine effektive und schnelle Lösungsfindung beeinträchtigt. Die besondere Leistung liegt im Rahmen des *Deep Q Learning* folglich an der Formulierung der Bedingungen und der Festlegung der Werte für das Erreichen bzw. Verfehlen der Zwischenziele.

Die Bedeutung des *Deep Q Learning* ergibt sich insofern daraus, dass mehr als noch beim künstlichen neuronalen Netzwerk eine aufwändige, durch menschliche Programmierer vorgenommene Beeinflussung des Entwicklungsprozesses gegeben ist. Dieser Einfluss erleichtert die effizientere Erreichung von Zielen, schränkt aber gleichzeitig die Möglichkeit von nicht durch den menschlichen Programmierer vorgesehenen Lösungswegen ein.

C. Auswirkungen auf rechtliche Schutzmöglichkeiten

Die Auswirkungen der Beteiligung von KI auf die verschiedenen Schutzbereiche sind bereits Gegenstand von zahlreichen juristischen Untersuchun-

---

38 Biswas, AI and Bot Basics, Beginning AI Bot Frameworks, Berkeley, 2018, 14 f.
39 Yang/Xie/Wang, A Theoretical Analysis of Deep Q Learning, 2019, 6 f.
40 Biswas, AI and Bot Basics, Beginning AI Bot Frameworks, Berkeley, 2018, 18 f.
41 Yang/Xie/Wang, A Theoretical Analysis of Deep Q Learning, 2019, 7.

gen gewesen.[42] Maßgebliche Probleme stellen sich zunächst bei der Erfindereigenschaft im Patentrecht bzw. der „Persönlichkeit" der künstlichen Schöpfung im Urheberrecht.[43] Das System geht an dieser Stelle schlicht davon aus, dass ein menschlicher Schöpfer die Zentralgestalt des Schöpfungsprozesses darstellt.[44] Während dies im Urheberrecht relativ eindeutig ist, gibt es Stimmen im Patentrecht, die die Erfindereigenschaft weniger stark in den Vordergrund stellen.[45] In jedem Fall ist es jedoch in beiden Fällen anerkannt, dass die Unterstützung durch KI zulässig ist, solange sie nicht die zentrale Rolle übernimmt.[46]

In Bezug auf die oben genannten Beispiele ist damit jedoch erkennbar, dass im Bereich der Evolutionary Algorithms und der künstlichen neuronalen Netzwerke, auch unter Zuhilfenahme des *Deep Q Learning*, der Ergebnisquellcode des Ziel-Algorithmus keinen Schutz genießen kann. Hierfür lässt sich schlicht nicht argumentieren, dass menschliches Handeln diesen Algorithmus geschaffen hat, zumal der Quellcode bei komplexeren Operationen für den menschlichen Programmierer nicht nachvollziehbar ist.[47] Einzelne schutzfähige Aspekte können jedoch die Bestimmung der Zwischenziele im Rahmen des *Deep Q Learning* sein, da diese durch ihren Umfang und ihre Einbettung in einen Algorithmus als Computerprogramm geschützt werden können. Damit ist jedoch nur ein Teil des Gesamtkonzepts des maschinellen Lernens abgedeckt. Gleiches gilt für die Möglichkeit des Schutzes der Gewichtungsdaten im Bereich der künstlichen neuronalen Netzwerke.[48] Diese sind zunächst nur unter den strengeren Voraussetzungen des § 87a UrhG als Datenbank schutzfähig[49] und da-

---

42 Mit jeweils weiteren Nachweisen: Herberger, NJW 2018, 2825; Jakl, MMR 2019, 711; Ory/Sorge, NJW 2019, 710; Ménière/Pihlajamaa, GRUR 2019, 332; Hetmank/Lauber-Rönsberg, GRUR 2018, 574; Legner, ZUM 2019, 807.
43 Hetmank/Lauber-Rönsberg, GRUR 2018, 578 f.; Ehinger/Stiemerling, CR 2018, 766.
44 Jakl, MMR 2019, 712 f; Legner, ZUM 2019, 808 f.
45 Hetmank/Lauber-Rönsberg, GRUR 2018, 576; Abbott, 57 B. C. L. REV. 1079, at 1099.
46 Hetmank/Lauber-Rönsberg, GRUR 2018, 577.
47 Papastefanou, WRP 2020, 293 ff.
48 Ehinger/Stiemerling, CR 2018, 766 ff.
49 Der Datenbankschutz ergibt sich daraus, dass das Leistungsschutzrecht aus § 87a UrhG nicht die schöpferische Gestaltung der Datenbank schützt, sondern die Investitionen des Datenbankherstellers. Gewichtungsdaten von künstlichen neuronalen Netzwerken stellen üblicherweise eine Sammlung von Daten dar, die systematisch angeordnet sind, mit Hilfe von elektronischen Mitteln zugänglich sind und deren Beschaffung und Überprüfung eine wesentliche Investition an Rechenleistung erfordert hat.

rüber hinaus wird hierdurch nur ein Element des Vorgangs des maschinellen Lernens abgedeckt.

D. *Rechtlicher Umgang mit den KI-rechtlichen Besonderheiten*

Es stellt sich nun die Frage, ob und wie auf die dargestellten rechtlichen Besonderheiten reagiert wird. Jede Reaktion in Form einer juristischen Anpassung ist im Kern das Ergebnis einer Abwägungs- und Ausgleichsfrage von verschiedenen Interessengruppen. Diese Betrachtung kann eine etwaige Benachteiligung der Programmierer oder der Investoren ergeben, die es eventuell politisch zu lösen gilt. Daher ist es notwendig, die verschiedenen Ansätze auf ihre Auswirkungen hinsichtlich der Interessengruppen zu untersuchen. Neben dem Ansatz, das System unverändert zu lassen (I.), da weiterhin ausreichender Anreiz zur Entwicklung von KI-Systemen angenommen wird, gibt es die Idee, entweder ein neues Recht zu schaffen (II.) oder die bestehenden Rechte anzupassen (III.), um weitere Anreize zur Investition in den KI-Bereich zu geben. Schließlich lässt sich als gegenläufiger Ansatz ein Ungleichgewicht im Bereich des geistigen Eigentums eventuell nicht auf Seiten der Rechteinhaber oder Investoren identifizieren, sondern vielmehr auf Seiten der Allgemeinheit. Um ein besseres Gleichgewicht durch Stärkung der Allgemeinheit zu erreichen, kann die Einführung von KI-rechtlichen Zwangslizenzen (IV.) angedacht werden.

I. *Beibehaltung des aktuellen Systems*

Die einfachste Reaktion wäre schlicht, das vorhandene System ohne Änderung beizubehalten.[50] Ein entsprechendes Verhalten wäre dann sinnvoll, wenn keine Benachteiligung einer Interessengruppe vorliegt, sodass kein zu lösendes Problem besteht. Hierfür lässt sich insbesondere anführen, dass die Entwicklung von Methoden zur Optimierung von maschinellem Lernen in vielen Bereichen sehr erfolgreich und durchaus lukrativ eingesetzt wird. Es bestehen keine eindeutigen Anhaltspunkte oder große beobachtbare Bewegungen, die erkennen lassen, dass Unternehmen vor weiteren Investitionen in die Entwicklung von KI zurückschrecken, da keine

---

50 Perry/Margoni, Western University Law Publications Paper 27, 2010, 10 f.; Shoyama, 4 Canadian Journal of Law and Technology 2005, 136; wohl auch: Legner, ZUM 2019, 811 f.

spezifischen Rechte zum Schutz der Methode des maschinellen Lernens oder deren Ergebnis-Algorithmen bestehen. Außerdem ist wie bei der Einführung eines jeden Ausschlussrechts fraglich, ob hierdurch eine Förderung[51] oder eine Behinderung[52] von zukünftigen Investitionen erreicht werden kann. Es hat zumindest den Anschein, dass eine Förderung von Investitionen in das Feld von maschinellem Lernen nicht durch einen invasiven Eingriff in Form von neuen Rechten oder wettbewerbsrechtlichen Einschränkungen notwendig ist.

II. Einführung eines neuen KI-bezogenen IP-Rechts

Die Einführung eines neuen und eigenständigen KI-bezogenen IP-Rechts stellt die stärkste Reaktion auf die rechtlichen Schwierigkeiten der eigentumsrechtlichen Zuordnung von künstlichen Schöpfungen dar, da hiermit ein umfassender Schutz gewährleistet werden könnte.[53] Da ein solches Ausschlussrecht grundsätzlich in das Gleichgewicht des Interessenausgleichs von Gesellschaft und individuellem Eigentum[54] eingreifen würde, sind auch die Rechtfertigungsvoraussetzungen am höchsten.[55] Hierfür ließe sich anführen, dass teilweise ein Schutz an den entwickelten Algorithmen im Rahmen der *Evolutionary Algorithms* nicht möglich und ohne ein Ausschlussrecht eine wirtschaftliche Verwertung nicht gewährleistet ist.[56] Nur in einem solchen Fall, in dem die Interessen der Investoren und/oder der individuellen Eigentümer derart beeinträchtigt wären und das Entwicklungsfeld entgegen politischer Zielsetzungen brachläge, ließe sich über die Einführung eines neuen Ausschlussrechtes nachdenken.

---

51 m. w. N. Jänich, Geistiges Eigentum – eine Komplementärerscheinung zum Sacheigentum?, 2002, 255; Barnes, 9 Northwestern Journal of Technology and Intellectual Property, 2010, 97.

52 ebenfalls m. w. N. Leistner/Hansen, GRUR 2008, 479, 484.

53 Eher befürwortend: Hetmank/Lauber-Rönsberg, GRUR 2018, 582; ablehnend: Ory/Sorge, NJW 2019, 713.

54 Das neue Eigentumsrecht an den KI-bezogenen Schöpfungen könnte entweder dem Programmierer, den Investoren oder einer Kombination von beiden Interessengruppen zugestanden werden.

55 Moura e Silva, EC Competition Law and the Market for Exclusionary Rights, 2000, 815 ff.

56 In diese Richtung auch: Hetmank/Lauber-Rönsberg, GRUR 2018, 582.

Anzeichen dafür, dass eine solche Situation vorliegt oder bevorsteht, sind jedoch nicht ersichtlich. Vielmehr ist das Gegenteil einer umfangreichen Forschungs- und Entwicklungsumwelt erkennbar.[57]

Lediglich die Gleichbehandlung der verschiedenen KI-bezogenen Ansätze[58] ist eventuell zu beanstanden, wenn ein politisches Ziel einer gleichmäßigen Investition in verschiedene Ansätze zur Entwicklung von maschinellem Lernen existiert und tatsächlich durch das Fehlen eines gleichmäßigen Schutzniveaus beeinträchtigt wird. Hierfür Anzeichen zu finden, ist aufgrund der Geheimhaltung und Dynamik in der Entwicklung der Methoden äußerst unwahrscheinlich. Eine Gestaltung eines solchen Rechts, die auch zukünftige Entwicklungsmethoden absichert, kann nicht gewährleistet werden und jeder Versuch, der eine besonders weite Definition der Begriffe enthält, dürfte keine verhältnismäßige Methode mehr zu Wahrung der bestehenden Interessen sein.

In Form einer Unterkategorie könnte an die Einführung eines verwandten Schutzrechtes gedacht werden,[59] wie es ähnlich mit dem Schutzrecht für Datenbanken geschehen ist. Allerdings treten in diesem Rahmen erhebliche Definitionsprobleme auf und es ist davon auszugehen, dass ein Definitionsversuch nicht mit der schnellen und dynamischen Entwicklung im KI-Bereich mithalten kann. Zudem hat das Datenbankschutzrecht ebenso nach rückblickender Betrachtung die Frage aufgeworfen, ob nicht eventuell der Investitionsanreiz entweder nicht erreicht wurde, oder sogar im Gegenteil eine Behinderung des Wettbewerbs darstellt.[60]

III. Anpassung von Patent- und Urheberrecht

Anstelle der Einführung eines neuen Ausschlussrechts könnte schlicht eine Anpassung des bestehenden Patent- und Urheberrechts vorgenommen werden. Die Interessenlagen sind hierbei grundsätzlich wie bei der Einfüh-

---

57 Eine Übersicht zur rasanten Entwicklung des Investitionsvolumens: Smirnov/Lukyanov, Economy of Region, 2019, 57 ff.

58 Eine große Herausforderung eines KI-bezogenen Eigentumsrecht besteht in der unterschiedlichen Funktionsweise der Machine-Learning Algorithmen. Je nach Methode kann mehr Aufwand in der Datenbeschaffung und Datenpflege oder der Programmierung bestehen. Eine einheitliche gesetzliche Regelung, die schlicht an das Ergebnis der KI-bezogenen Schöpfung anknüpft, läuft Gefahr, diesen Besonderheiten nicht gerecht zu werden.

59 Hetmank/Lauber-Rönsberg, GRUR 2018, 578.

60 Jakl, MMR 2019, 713 f.

rung eines eigenständigen neuen Rechts zu betrachten. Um ein entsprechendes Schutzniveau zur Wahrung der Interessen der Investoren und Schöpfer zu gewährleisten, müssten erhebliche Anpassungen im Rahmen des Urheberrechts und des Patentrechts vorgenommen werden.[61]

Gerade im Urheberrecht könnte dies bedeuten, die persönliche geistige Schöpfung in ihrem fundamentalen Element der „Persönlichkeit" zu verändern. Dies würde aber das Urheberrecht als solches umstrukturieren und damit einen Umbruch im deutschen Rechtssystem bedeuten, der keineswegs durch beobachtbare Ungleichbehandlungen von Interessenträgern gewährleistet ist. Außerdem würde eine solche Änderung dazu führen, dass andere, ungewollte Änderungen der Urheberrechtslandschaft eintreten könnten. Eine Beschränkung auf KI-bezogene Inhalte, um einer unbeabsichtigten Wirkung entgegenzutreten, käme im Ergebnis der Einführung eines eigenständigen Rechts gleich. Insofern sprechen die bereits zur Einführung eines neuen und eigenständigen IP-Rechts angeführten Argumente auch gegen die umfangreiche Abänderung der bereits bestehenden Gesetzessysteme. Darüber hinaus würde etwa eine Anpassung des Patentgesetzes zum Verzicht auf die Offenbarungspflicht[62] den Interessenausgleich zwischen Patentinhaber und Allgemeinheit beeinflussen, da die Allgemeinheit ohne eine Offenbarung der wesentlichen technischen Errungenschaften keinen zusätzlichen Ausgleich für die Einräumung eines Ausschlussrechts hat. Als praktisches Problem im Rahmen des Patentrechts kommt schließlich noch hinzu, dass Patentverfahren mehrere Jahre andauern können,[63] wohingegen einzelne Algorithmen, die durch maschinelles Lernen entwickelt wurden, bereits nach mehreren Monaten durch neuere Entwicklungen überholt werden. Aus diesem Grund ist eine Anpassung des Patentrechts auch aus praktischen Gründen ungeeignet, um ein höheres Investitionspotential zu erreichen.

IV. Einsatz von Zwangslizenzen

Die Zwangslizenz als Instrument in diesem Kontext scheint zunächst etwas fremd, da sie ein bestehendes Recht voraussetzt, an dem eine Lizenz erteilt werden kann. Das Interesse an einer Übertragung der dazugehöri-

---

61 Legner, ZUM 2019, 812 m. w. N.
62 Nur durch den Verzicht auf eine Offenbarungspflicht ließe sich das Problem der fehlenden Beschreibbarkeit im Rahmen der Genetic Breeding Algorithms lösen.
63 Loschelder, GRUR 2009, 296 mit Verweis auf das Schreiben von Prof. Dr. Hirsch, Präsident des BGH an das Justizministerium vom 25.01.2007.

gen Grundgedanken ergibt sich jedoch daraus, dass das Konzept einer Zwangslizenz dem Prinzip eines Interessenausgleichs folgt.[64] Im vorliegenden Fall könnte sich ein entsprechender feingliedrigerer Ansatz als die Einführung oder Anpassung von Rechten, wie ihn die Zwangslizenz verfolgt, besser eignen, um einzelne Interessenkonflikte zu adressieren.

Nach den obigen Ausführungen lässt sich kein grundsätzlicher und ungelöster Interessenkonflikt im Rahmen der Entwicklung von KI-bezogenen Leistungen feststellen. Als Gegenstand für eine Zwangslizenz könnte jedoch der Zugang zu bestimmten Marktbereichen in Frage kommen.[65] So ist gerade die Anlage und Fortentwicklung von Gewichtungsdaten aus neuronalen Netzwerken oder die Anpassung von Bedingungen und Wertungen im Rahmen der Deep Q Learning-Mechanismen eine sehr datenintensive Aufgabe. Diese immense Menge an gesammelten Daten stellt gerade für die Sparte von Suchmaschinen-Dienstleistern eine Markteintrittsbarriere dar.[66] Um in eine sinnvolle Konkurrenz mit den größten Suchmaschinen-Anbietern zu treten, ist es unerlässlich, auf etwaige Gewichtungselemente der zugrundeliegenden KI zugreifen zu können.[67] Insofern könnte hier das Interesse der Allgemeinheit Bedeutung erlangen, einen funktionierenden Wettbewerb herzustellen, sodass die faktische Monopolstellung von einzelnen Anbietern aufgelöst werden kann. Dieser Interessenausgleich steht auch nicht im Widerspruch zu dem Konzept des geistigen Eigentums als solchem, da sich die Daten-Monopolisten – in der Regel[68] – nicht auf ein Recht des geistigen Eigentums stützen. Folgt man insofern dem Grundgedanken des Rechts des geistigen Eigentums, dass dies einen Ausgleich zwischen Ausschlussrechten und Verfügbarkeit schaffen soll,[69] so ist an dieser Stelle möglicherweise ein Interessenkonflikt zu erkennen. Es erscheint sinnvoll, einen Perspektivwechsel vorzunehmen: Statt über weitere Ausschlussrechte für KI-bezogene Schöpfungen nachzudenken, könnte ein wertvollerer Ansatz in der umgekehrten Anwendungsrichtung liegen, indem weitere Verfügbarkeiten für die Allgemeinheit geschaffen werden.

---

64 Götting/Meyer/Vormblock, in Gewerblicher Rechtsschutz, § 9 B. IV.
65 Wolf, in: MüKo Wettbewerbsrecht, Art. 102 AEUV; Rn. 1227 ff.
66 Telang/Rajan/Mukhopadhyay, Journal of Management Information Systems 2014, 137 ff.
67 Ghose/Yang, Management Science 2009, 124 ff.
68 Von dem potentiellen Schutzrecht für Datenbanken aus § 87a UrhG einmal abgesehen.
69 Zur Spannung zwischen den Interessen des Einzelnen und des Eigentümers: BVerfGE 87, 138; BVerfGE 31, 229, 240f.; 49, 382, 392ff.

In der aktuellen Diskussion um KI-spezifische Anpassungen und Rechteinräumungen führt dieser Aspekt eher ein Schattendasein, obwohl gerade das Konzept von Zwangslizenzen[70] und standard-essentiellen Patenten[71] aufzeigt, dass die Verfügbarkeit von geistigen Errungenschaften für die Allgemeinheit auch ein legitimes Ziel des Rechts des geistigen Eigentums ist. Von diesem Grundgedanken aus lassen sich nun Überlegungen zur Übertragbarkeit und Praktikabilität anstellen.

1. Grundlegendes

Zwangslizenzen haben insbesondere im Patentrecht die Aufgabe des Interessensausgleichs. Sie sollen die Verfügbarkeit eines bestimmten Rechtsguts ermöglichen und damit als Ausnahme gegenüber dem Ausschlusscharakter fungieren.[72] Im Gegenzug erhält der Lizenzgeber eine entsprechende Vergütung.[73] Die Idee ist, dass ein Interessenausgleich auf einzelvertraglicher Ebene erfolgt.[74] Um den Ausnahmecharakter von Zwangslizenzen zu verdeutlichen, werden hohe Anforderungen an die Erteilung gestellt. Im Patentecht setzt die Erteilung einer Zwangslizenz ein öffentliches Interesse voraus.

2. Öffentliches Interesse

Das öffentliche Interesse fungiert als Einschränkungsmechanismus, um den Interessenausgleich der Zwangslizenzen nicht einseitig zugunsten der Lizenznehmer zu verschieben.[75] Hierzu könnte einerseits auf die bereits bestehenden Grundsätze zum öffentlichen Interesse im Patentrecht zurückgegriffen werden, jedoch sind diese in einem sehr technischen Umfeld entwickelt worden.[76] Diese Grundsätze sind daher eng an das jeweilige Recht des geistigen Eigentums gebunden, sodass eine Übertragbarkeit impraktikabel erscheint.

---

70 Wernicke, in: Das Recht der Europäischen Union, Art. 345 AEUV, Rn. 20, 22 ff.
71 Grundlegend und aktuell: Dornis, GRUR 2020, 690.
72 Ohly, in: Schricker/Loewenheim, UrhG, § 29, Rn. 21.
73 Fedor, in: Eichelberger/Wirth/Seifert, Urheberrechtsgesetz, § 34 VVG, Rn. 1 – 3.
74 Ohly, in: Schricker/Loewenheim, UrhG, § 29, Rn. 21.
75 Mes, Patentgesetz, § 24 Rn. 14 ff.
76 Osterrieth, Patentrecht, § 24 Rn. 632 ff.

Die Zwangslizenz im Patentrecht[77] aus § 24 Abs. 1 PatG ist das Spiegelbild der Lizenzbereitschaftserklärung aus § 23 PatG. Während dort der Patentinhaber jedermann die Benutzung der Erfindung gestattet,[78] ist hier der Patentinhaber zur Lizenzerteilung nicht bereit. Kern der Zwangslizenz ist hier die Voraussetzung des öffentlichen Interesses.[79] In der bisherigen Entscheidungspraxis ging es zum größten Teil um Patente aus dem Arzneimittelbereich.[80]. So wurden Zwangslizenzen für Patente an der Herstellung von pharmazeutischen Erzeugnissen für die Ausfuhr in Länder mit gesundheitspolitischen Notständen gewährt.[81]

Es erscheint insofern denkbar, das bereits erwähnte Konzept zum Markteintritt anzuwenden, um Monopolstellungen, die nicht im Interesse der Allgemeinheit funktionieren, aufzulösen. An dieser Stelle könnte mit einer Kombination von wettbewerbsrechtlichen Eingriffsvoraussetzungen[82] und Schwellenwerten gearbeitet werden, um einen adäquaten Interessenausgleich zu finden. Durch eine solche einzelvertragliche Lösung könnte zudem ein schnellerer Ausgleich gefunden werden, als dies im Patentrecht möglich ist. Außerdem führt die Einschränkung über ein öffentliches Interesse dazu, dass nicht jegliche KI-bezogenen Schöpfungen Gegenstand von Auseinandersetzungen werden können. Das Problem, dass der hohen Dynamik im Bereich des maschinellen Lernens rechtlich nicht gefolgt werden kann, wird damit ein wenig entschärft. Im Suchmaschinen-Bereich finden beispielsweise sehr komplexe Algorithmen Anwendung, deren Entwicklung eine längere Zeit in Anspruch nimmt, sodass ein Generationswechsel nicht in derselben Geschwindigkeit stattfindet wie bei Algorithmen aus anderen Bereichen.[83]

---

77 In einer Übersicht zu den Grundsätzen im Patentrecht: Straus, GRUR-Int. 1996, 149 ff.
78 Mes, Patentgesetz, § 23 Rn. 11 ff.
79 Osterrieth, Patentrecht, § 24 Rn. 636.
80 BPatG PMZ 1974, 319; BPatGE 32, 184 = GRUR 1994, 98 – Zwangslizenz, aufgehoben wegen abweichender Tatsachenbeurteilung durch BGH GRUR 1996, 190 – Interferon gamma; BGH GRUR 2017, 1017 = Mitt. 2017, 403 – Raltegeravir; zuvor: BPatG GRUR 2017, 373 = PMZ 2017, 189 (Ls.) – Isentress; zur Anwendbarkeit auf dem Gebiet der Gentechnologie vgl. Straus GRUR 1993, 308, 312.
81 Aktuell auch: BGH, PharmR 2017, 441.
82 s. später ausführlich die Anforderungen aus der Magill-Entscheidung des EuGH.
83 Mit einer Übersicht zur Anwendung von Algorithmen zur Suchmaschinen-Optimierung: Gupta/Agrawal/Gupta, International Journal of Hybrid Information Technology, 381 ff.

3. *Anknüpfung an wettbewerbsrechtliche Grundsätze*

Im EU-Wettbewerbsrecht kann eine Verweigerung zur Erteilung einer Lizenz missbräuchlich sein, wenn zusätzliche außergewöhnliche Umstände vorliegen, die zu einer Gefährdung des Wettbewerbs führen.[84] Es muss sich um mehr als das bloße Zusammenfallen von marktbeherrschender Stellung und Inhaberschaft an einem Schutzrecht handeln.[85] In zahlreichen EuGH-Entscheidungen wurde festgehalten, dass es im öffentlichen Interesse an der Aufrechterhaltung eines wirksamen Wettbewerbs auf dem Markt sein kann, in das ausschließliche Recht des Inhabers des geistigen Eigentums einzugreifen und ihn zu verpflichten, Dritten, die auf einem Markt tätig sein wollen, Lizenzen zu erteilen.[86] An diesen Entscheidungen des EuGH ist erkennbar, dass das Wettbewerbsrecht bestimmte Funktionen und Ausschlusswirkungen von Schutzrechten anerkennt, soweit sie mit der Wettbewerbskonzeption der Unionsverträge im Einklang stehen.[87] Hingenommen werden danach die idealtypischen Ausschlusswirkungen von Schutzrechten in einer funktionierenden Wettbewerbsumgebung, da in diesen Systemen der intendierte Interessenausgleich zwischen Ausschlussrecht und allgemeiner Verfügbarkeit am wahrscheinlichsten erreicht wurde.[88] Die Verwertung von Schutzrechten und der Geltendmachung von Abwehransprüchen gegenüber Dritten kann daher Wirkungen haben, die dem ursprünglichen Verhältnis von Ausschlussrecht und Allgemeinverfügbarkeit nicht mehr entsprechen und daher auch nicht vom Gesetzgeber legitimiert werden sollten.

Deshalb können Wirkungen von Ausschlussrechten, die gerade wegen der Wettbewerbsstörung auf dem Markt eintreten, mit dem Konzept der Zwangslizenz auch im Wettbewerbsrecht wieder ausgeglichen werden.[89] Diese Debatte um gesellschaftliche Freiräume in wirtschaftlich wie rechtlich weitgehend determinierten Interessenräumen wird im Europarecht noch dadurch beeinflusst, dass Art. 345 AEUV einen Eingriff in die Eigentumsrechte ausschließen könnte.[90] Art. 345 AEUV schreibt vor, dass die Ei-

---

84 Körber, NZKart 2013, 87.
85 Wolf, in: MüKo Wettbewerbsrecht, Art. 102 AEUV; Rn. 1228.
86 EuGH- 238/87, Slg. 1988, 6211 – Volvo/Veng; EuGH – C-418/01, Slg. 2004, I-5039 – IMS Health; EuG- T-201/04, Slg. 2007, II-3601 – Microsoft/Kommission.
87 Körber, NZKart 2013, 88 ff.
88 Wolf, in: MüKo Wettbewerbsrecht, Art. 102 AEUV; Rn. 1230; EuGH C-241/91 P, Slg. 1995, I-743 – RTE und ITP/Kommission (Magill).
89 Wolf, in: MüKo Wettbewerbsrecht, Art. 102 AEUV; Rn. 1210 ff.
90 Wernicke, in: Das Recht der Europäischen Union, Art. 345 AEUV, Rn. 22.

gentumsordnungen der Mitgliedstaaten durch die Verträge unberührt bleiben. Wird nun durch wettbewerbsrechtliche Maßnahmen die Wirkung des geistigen Eigentums eingeschränkt, könnte darin ein Verstoß gegen Art. 345 AEUV gesehen werden.

Darüber hinaus werden gerade im Bereich des Datenschutzes ähnliche Debatten zum Umgang mit der zunehmenden Bedeutung von personenbezogenen Daten geführt. Ein vergleichbarer Ansatz zur Einführung eines KI-bezogenen Eigentumsrechts ist die „Verrechtlichung" persönlicher Daten als Ware[91] oder die Neuschaffung von Dateneigentum.[92]

In der Rechtsprechungspraxis des EuGH wurden die besonderen Voraussetzungen für die Begründung einer Zwangslizenz konkretisiert.[93] Nach der auf der Magill-Entscheidung[94] aufbauenden Rechtsprechung handelt ein marktbeherrschendes Unternehmen, das über ein Recht des geistigen Eigentums verfügt, missbräuchlich, (1) wenn es den Zugang zu Erzeugnissen oder Dienstleistungen verweigert, die für eine bestimmte Tätigkeit unerlässlich sind,[95] (2) die Weigerung das Auftreten eines neuen Erzeugnisses verhindert, nach dem eine potenzielle Nachfrage der Verbraucher besteht[96], (3) die Weigerung geeignet ist, jeglichen Wettbewerb auf einem abgeleiteten Markt auszuschließen und (4) die Weigerung nicht gerechtfertigt ist.[97]

Für den Umgang mit KI-bezogenen Schöpfungen lassen sich diese Grundsätze einfacher übertragen als die Grundsätze zur Zwangslizenz im Urheber- oder Patentrecht. Anknüpfend an das Beispiel der Suchmaschinen-Algorithmen ist es wahrscheinlich, dass eine Nachfrage der Verbraucher nach Suchmaschinenoptimierung besteht und gleichzeitig die Monopolstellung nicht ohne die Gewichtungsdatensätze oder Bedingungen im Rahmen des *Deep Q Learning* der marktbeherrschenden Anbieter angegriffen werden kann. Dadurch ist auch jeglicher Wettbewerb auf diesem Markt ausgeschlossen. Inwiefern eine Rechtfertigung zur Verweigerung

---

91 Uebele, GRUR 2019, 694 ff.
92 Hoeren, MMR 2019, 5 ff.
93 Wolf, in: MüKo Wettbewerbsrecht, Art. 102 AEUV; Rn. 1231 ff.
94 EuGH C-241/91 P, Slg. 1995, I-743 – RTE und ITP/Kommission (Magill).
95 EuG – T-201/04, Slg. 2007, II-3601 Rn. 653–657 – Microsoft/Kommission; Höppner, GRUR Int, 2005, 457.
96 vgl. EuG – T-201/04, Slg. 2007, II-3601 Rn. 559 – Microsoft/Kommission; Spindler/Apel, JZ 2005, 133.
97 Wolf, in: MüKo Wettbewerbsrecht, Art. 102 AEUV; Rn. 1236 f; EuG – T-201/04, Slg. 2007, II-3601 Rn. 690 f. – Microsoft/Kommission.

einer entsprechenden Lizenz besteht, kann nicht abschließend beurteilt werden, jedoch liegen keine offensichtlichen Rechtfertigungsgründe vor.

4. Praktikabilität

Zusammengefasst unter dem Begriff der *FRAND*-Lizenz muss eine Zwangslizenz zu fairen, vernünftigen und nicht-diskriminierenden (fair, reasonable and non-discriminatory) Bedingungen erteilt werden.[98] Für die Zwecke des Markteintritts ist es sinnvoll, auch an diesen Grundsätzen festzuhalten, damit die Nutzung der Datenkomponenten und Gewichtungswerte auch tatsächlich für den Aufbau eigener KI-Netzwerke und Lösungen genutzt werden können.

Die größte Herausforderung für die Übertragung von Zwangslizenzen stellt jedoch die nur vage vorhandene Konkretisierung eines potentiellen Lizenzgegenstandes dar. Ohne eine passende Definition verliert das vielversprechende Konzept der Zwangslizenz seine praktische Wirkung. Es erscheint im Rahmen der in diesem Beitrag dargestellten *Evolutionary Algorithms* und ihren Erweiterungen jedoch sinnvoll, an die Datensätze oder Bedingungen des *Deep Q Learning* anzuknüpfen, die durch die Verarbeitung und Mutation entstehen. Dadurch wird in erster Linie verhindert, dass in bereits bestehende Rechte, wie die Datenbankrechte oder Urheberrechte am Quellcode, eingegriffen wird. Außerdem erlaubt es dem Lizenznehmer, weitere eigene Änderungen vorzunehmen. Hierdurch wird einem Marktteilnehmer effektiv der Wettbewerb ermöglicht, sodass eine Grundlage für zunehmende Marktkonkurrenz geschaffen wird. Schließlich bestehen in dieser Form auch keine datenschutzrechtlichen Bedenken, da jede Personalisierung der Daten durch die aufwändige und weitgehende Bearbeitung und Umwandlung in Gewichtungsdatensätze aufgehoben wurde.[99]

---

98 Dornis, GRUR 2020, 690 ff.
99 Das Problem einer De-Anonymisierung besteht zwar grundsätzlich auch bei maschinellem Lernen, insbesondere bei Trainingsdatensätzen, vgl. ausführlich *Papastefanou*, CR 2020, 383 f.

E. Fazit

Obwohl die verschiedenen beschriebenen Methoden und ihre Kombinationen ähnliche Investitionen an Datenaufarbeitung und Rechenkapazität erfordern, liegt ein unterschiedliches Schutzniveau im Rahmen von KI-bezogenen Schöpfungen vor. Dass diese Ungleichbehandlung, mag sie auch wirtschaftlich ungerechtfertigt sein, eine Behinderung von Investitionen in einen bestimmte KI-Technologie darstellt, ist zurzeit allerdings nicht erkennbar.

Innerhalb der analysierten Ansätze erscheint es daher vorzugswürdig, entweder keine Änderungen an den bestehenden Grundsätzen vorzunehmen, oder aber eine punktuelle, einzelvertragliche Methode zum Interessenausgleich anzudenken. Maßgeblich bei letzterem Ansatz ist insbesondere, dass die Stoßrichtung entgegengesetzt zu den bisherigen Ansätzen verläuft. Es geht nicht mehr darum, mehr Schutzrechte zu schaffen, sondern stattdessen die Perspektive der Verfügbarkeit für die Allgemeinheit stärker in den Fokus zu nehmen. Als maßgeblicher Ansatzpunkt für eine Übertragung des Zwangslizenz-Mechanismus kommt das kartellrechtliche System der Zwangslizenzen in Frage.

Computer-Generated Works im deutschen Urheberrecht? Überlegungen zur Schutzfähigkeit von KI-Erzeugnissen in komplexen technischen Entwicklungsprozessen

*Philipp Hacker**

Künstliche Intelligenz (KI), in Form der Anwendung von Techniken maschinellen Lernens, wird zunehmend eingesetzt, um auch urheberrechtlich relevante Werke zu erschaffen, seien dies Werke der bildenden Kunst, Musikstücke, Übersetzungen oder Gebrauchstexte aus dem Bereich der kleinen Münze.[1] Während eine Reihe von Rechtsordnungen angelsächsischer Prägung ein Urheberrecht an sogenannten *computer-generated works* anerkennt (z.B. nach Section 9(3) des britischen Copyright, Designs and Patents Act 1988),[2] gilt für das deutsche Urheberrecht, auch in seiner europarechtlichen Prägung, grundsätzlich ein anthropozentrisches Prinzip. Schutzfähig sind demnach nur persönliche geistige Schöpfungen menschlicher Urheberschaft (§ 2 Abs. 2, § 7 UrhG).[3] Vor diesem Hintergrund hat sich in der Literatur eine breite Diskussion darüber entwickelt, unter welchen Voraussetzungen Erzeugnisse von KI nach deutschem Urheberrecht

---

* Prof. Dr. Philipp Hacker, LL.M. (Yale), Lehrstuhl für Recht und Ethik der digitalen Gesellschaft, European New School of Digital Studies, Europa-Universität Viadrina, Frankfurt (Oder). Besonderer Dank für umsichtige Kommentare gilt Prof. Dr. Linda Kuschel, LL.M. (Harvard).

1 Siehe etwa T. Brown et al., Language Models are Few-Shot Learners, 2020, https://arxiv.org/abs/2005.14165 (GPT-3); https://www.nextrembrandt.com/; www.deepl.com (jeweils zuletzt abgerufen am 25.3.2021); B. Weiguny, Beethovens Unvollendete wird vollendet, FAZ (7.12.2019), https://www.faz.net/2.1690/beethovens-unvollendete-wird-vollendet-16523814.html; M. Mazzone/A. Elgammal, Art, creativity, and the potential of artificial intelligence, 8 Arts 2019, Article 26, S. 3; ferner die Beispiele bei T. Dornis, Der Schutz künstlicher Kreativität im Immaterialgüterrecht, GRUR 2019, S. 1252 (1252 f.).

2 Neben UK noch Irland, Hongkong, Neuseeland, Südafrika und Indien, siehe *R. Denicola*, Ex Machina, 69 Rutgers UL Rev. 251, 282 Fn. 193 (2016).

3 Für das deutsche Recht *G. Schulze*, in: Dreier/Schulze, UrhG, 6. Aufl. 2018, § 7 Rn. 2; für das europäische Recht *M. de Cock Buning*, Autonomous Intelligent Systems as Creative Agents under the EU framework for Intellectual Property, 7 European Journal of Risk Regulation 310, 314 (2016).

geschützt sein können.[4] Auch das Thesenpapier der WIPO zu immaterialgüterrechtlichen Implikationen von KI widmet sich diesem Thema,[5] sodass auch Entwicklungen auf internationaler Ebene nicht ausgeschlossen scheinen.

Der vorliegende Beitrag skizziert vor diesem Hintergrund zunächst die maßgeblichen Voraussetzungen für eine derartige Schutzfähigkeit *de lege lata* (A.). Darauf aufbauend geht der Beitrag drei bislang, soweit ersichtlich, noch ungeklärten Fragestellungen nach. In einem ersten Schritt (B.) werden Richtlinien erarbeitet, um zu beurteilen, welche Steuerungsmöglichkeiten menschlicher Einflussnahme bei der Erstellung eines Modells maschinellen Lernens überhaupt vorliegen.[6] Diese technische Grundlage ist essenziell, um darlegen zu können, welche Form ein menschlicher Schöpfungsbeitrag überhaupt annehmen und bei Überschreitung welcher Schwellen ein hinreichender Bezug zwischen dem KI-Erzeugnis und menschlicher Aktivität angenommen werden kann. Hierfür müssen die relevanten Prozessschritte der „ML Pipeline" untersucht werden.[7] Ferner ist zu klären, inwiefern eine menschliche Schöpfungshöhe erreicht werden kann, wenn, wie nun vermehrt, *Machine Learning as a Service* (MLaaS) angeboten wird.[8]

Ist einmal entschieden, dass ein KI-Werk wegen hinreichenden Bezugs zu einer menschlichen Schöpfungsaktivität grundsätzlich schutzfähig ist, beginnt jedoch auf einer zweiten Ebene erst die Zuordnung der (Mit-)Urheberschaft zu einzelnen Entitäten *de lege lata* (C.). Auch dies ist gegenwärtig, soweit ersichtlich, noch keineswegs abschließend geklärt.[9] Hier stellt sich die Frage, welchem/n der Akteure, die an der Generierung des KI-Er-

---

4 Siehe unten, A.
5 WIPO, Draft Issues Paper on Intellectual Property and Artificial Intelligence, WIPO/IP/AI/2/GE/20/1, 2019, Issue 6.
6 Vgl. auch zu der, wenngleich differenten, Fragestellung des Schutzes von (trainierten und untrainierten) KI-Modellen selbst *F. Hartmann/M. Prinz*, Immaterialgüterrechtlicher Schutz von Systemen Künstlicher Intelligenz, WRP 2018, S. 1431; *P. Ehinger/O. Stiemerling*, Die urheberrechtliche Schutzfähigkeit von Künstlicher Intelligenz am Beispiel von Neuronalen Netzen, CR 2018, S. 761 (764 ff.).
7 Siehe nur *I. Goodfellow/Y. Bengio/A. Courville*, Deep Learning, 2016, S. 96 ff., 229.
8 Dazu etwa *M. Ribeiro/K. Grolinger/M. Capretz*, MLaaS: Machine Learning as a Service, 14th International Conference on Machine Learning and Applications (ICMLA), 2015, DOI: 10.1109/ICMLA.2015.152.
9 Siehe *A. Bridy*, Coding Creativity, 5 Stan. Tech. L. Rev. 1, 21 ff. (2012); *E. Dorotheou*, Reap the benefits and avoid the legal uncertainty: Who owns the benefits of Artificial Intelligence, 21 Computer and Telecommunications Law Review 85, 88 ff. (2015); *R. Yu*, The Machine Author, 165 U. Penn. L. Rev. 1245, 1257 ff.

zeugnis beteiligt sind, ein (Mit-)Urheberrecht an dem finalen Produkt – dessen Schutzfähigkeit einmal unterstellt – zusteht.

Dieser bereits in die Rechtsfortbildung hineinragende Fragekomplex leitet zu der abschließenden dritten Untersuchungsstufe über (D.), auf der danach gefragt wird, ob es sich nicht empfehlen würde, angesichts der Erkenntnisse aus den ersten beiden Teilen auch im deutschen, und allgemeiner im europäischen, Urheberrecht ein (Leistungs-)Schutzrecht an *computer-generated works* anzuerkennen.[10] Dabei wird man jedoch, so die abschließende These, zwischen unterschiedlichen Gattungen und ihrem jeweiligen sozial-diskursiven Anspruch zu unterscheiden haben.

A. *Anthropozentrischer Schutz nach geltendem Urheberrecht*

Die Schutzfähigkeit von KI-Erzeugnissen nach geltendem deutschen Urheberrecht wird zwar nicht einheitlich beurteilt, jedoch lässt sich eine signifikante Anthropozentrizität des positiven Urheberrechts nicht leugnen.[11] Die Rede von der *persönlichen geistigen* Schöpfung in § 2 Abs. 2 UrhG referenziert *prima facie* einen menschlichen Akteur.[12] KI-Modelle haben allerdings, zumindest nach gegenwärtigem Entwicklungsstand, weder eine Persönlichkeit noch mit der menschlichen Selbstreflexion vergleichbare geistige Zustände.[13] Gleiches gilt für den Urheber nach § 7 UrhG: Auch hier ist der Schöpfer regelmäßig menschlich gedacht.[14] Zwar wäre der Wortlaut beider Vorschriften nach hier vertretener Auffassung durchaus jeweils einer Neuinterpretation zugänglich, die auch Formen der internen Generierung durch KI-Modelle umfassen könnte. Jedoch führt letztlich die Radizierung des deutschen Urheberrechts (zumindest auch) in einer persönlichkeitsrechtlichen Dimension,[15] deren personales Substrat KI-Modellen

---

(2017); *A. Guadamuz*, Do androids dream of electric copyright?, Intellectual Property Quarterly 2017, 169, 176 f.; *G. Borges*, Rechtliche Rahmenbedingungen für autonome Systeme, NJW 2018, S. 977 (978); *A. Lauber-Rönsberg*, Autonome „Schöpfung" – Urheberschaft und Schutzfähigkeit, GRUR 2019, S. 244 (249); *Dornis*, Schutz (Fn. 1), S. 1261 ff.

10 Vgl. auch *Dornis*, Schutz (Fn. 1), S. 1261 ff.; *Lauber-Rönsberg*, Schöpfung (Fn. 9), S. 252 f.

11 *Lauber-Rönsberg*, Schöpfung (Fn. 9), S. 249 ff.

12 *W. Bullinger*, in: Wandtke/Bullinger, UrhG, 5. Aufl. 2019, § 2 Rn. 15; *Schulze*, in: Dreier/Schulze, UrhG, 6. Aufl. 2018, § 2 Rn. 8; *Dornis*, Schutz (Fn. 1), S. 1255.

13 Siehe nur *M. Tegmark*, Life 3.0, 2017, Chapter 8.

14 *Bullinger*, in: Wandtke/Bullinger, UrhG, 5. Aufl. 2019, § 7 Rn. 13.

15 Siehe nur *G. Hansen*, Warum Urheberrecht?, 2009, S. 23–25, 87 ff.

zum jetzigen Entwicklungsstand schlechterdings abgesprochen werden muss, dazu, dass es für die Schutzfähigkeit nach geltendem Recht maßgeblich auf die Zurechenbarkeit des KI-Erzeugnisses zu einer *menschlichen* Schöpfung ankommt.[16] Dies betont *de lege lata* auch das Schrifttum;[17] dieser Auffassung hat sich nun in der Sache das KG ebenfalls angeschlossen, das die Notwendigkeit eines menschlichen Gestaltungsspielraums hervorhebt.[18] Der menschliche Anteil muss daher so hoch sein, dass der Einsatz des KI-Modells einem Hilfsmittel näher steht als einem selbstständigen Schöpfungsinstrument.[19] *Lauber-Rönsberg* formuliert insoweit zutreffend, dass entscheidend ist, „ob der menschliche Anteil an der endgültigen Formgestaltung aufgrund einer wertenden Gesamtwürdigung noch ausreichend ist, um diese dem Menschen als Schöpfer zuzuordnen".[20] Auch der EuGH stellt, soweit urheberrechtliche Schutzvoraussetzungen harmonisiert sind, die menschliche Originalität regelmäßig ins Zentrum seiner Erwägungen zur Schutzfähigkeit:[21] Demnach muss der Urheber, der bislang vom Gericht immer menschlich gedacht wurde, im Werk „seine Persönlichkeit zum Ausdruck komm[en]" lassen[22] und „frei kreative Entscheidungen treffen" können.[23]

---

16 Ebenso *Lauber-Rönsberg*, Schöpfung (Fn. 9), S. 251; vgl. auch *Dornis*, Schutz (Fn. 1), S. 1257 f.

17 *S. Ory/C. Sorge*, Schöpfung durch Künstliche Intelligenz?, NJW 2019, S. 710 (711); *C. Gomille*, Kreative künstliche Intelligenz und das Urheberrecht, JZ 2019, S. 969 (972 ff.); *S. Hetmank/A. Lauber-Rönsberg*, Künstliche Intelligenz – Herausforderungen für das Immaterialgüterrecht, GRUR 2018, S. 574 (577); *Schulze*, in: Dreier/Schulze, UrhG, 6. Aufl. 2018, § 2 Rn. 8; *Bullinger*, in: Wandtke/Bullinger, UrhG, 5. Aufl. 2019, § 2 Rn. 16, § 7 Rn. 15; *Ahlberg*, in: BeckOK UrhR, 26. Ed. 2018, § 2 UrhG Rn. 55.

18 KG GRUR 2020, 280 Rn. 44, 46 – *Produktbilder*.

19 Vgl. *Schulze*, in: Dreier/Schulze, UrhG, 6. Aufl. 2018, § 2 Rn. 8; *Bullinger*, in: Wandtke/Bullinger, UrhG, 5. Aufl. 2019, § 7 Rn. 15, § 2 Rn. 16.

20 *Lauber-Rönsberg*, Schöpfung (Fn. 9), S. 247.

21 Vgl. nur EuGH GRUR 2009, 1041 Rn. 37 – *Infopaq*; GRUR 2012, 166 Rn. 88–90 – *Painer* und die darauf aufbauende Rechtsprechung, zuletzt etwa EuGH GRUR 2019, 73 Rn. 36 – *Levola*; GRUR 2019, 1185 Rn. 29 – *Cofemel/G-Star*; GRUR 2019, 934 Rn. 23 – *Funke Medien/Bundesrepublik Deutschland [Afghanistan Papiere]*; siehe auch *Guadamuz*, Dream (Fn. 9), S. 177 ff.; *de Cock Buning*, Autonomous (Fn. 3); *Lauber-Rönsberg*, Schöpfung (Fn. 9), S. 246, 249.

22 EuGH GRUR 2012, 166 Rn. 88 – *Painer*; GRUR 2019, 934 Rn. 25 – *Funke Medien/Bundesrepublik Deutschland [Afghanistan Papiere]*.

23 EuGH GRUR 2012, 166 Rn. 88 f. – *Painer*; GRUR 2019, 934 Rn. 23 – *Funke Medien/Bundesrepublik Deutschland [Afghanistan Papiere]*.

B. *Menschlich-kreative Einflussnahme in der ML Pipeline*

Maßgeblich ist *de lege lata* also die Möglichkeit, das Erzeugnis eines KI-Modells einem menschlichen, kreativen Schöpfungsakt wertend zuzurechnen. Dies wirft unmittelbar die Frage auf, an welchen Stellen in der sogenannten ML Pipeline – also dem Prozess maschinellen Lernens vom Beginn der Modellerstellung bis zur Generierung des KI-Erzeugnisses – überhaupt menschlich-kreative Einflussmöglichkeiten bestehen, die eine solche Zurechnung erlauben könnten.[24]

Als Beispiel soll hier durchweg die Generierung von KI-Kunst durch ein sogenanntes *creative adversarial network* (CAN) herangezogen werden, mit dessen Hilfe *Elgammal* et al. in einem viel beachteten Experiment neue Werke der bildenden Kunst erschufen, die Laien im Rahmen einer Befragung kaum von Werken menschlicher Gegenwartskunst zu unterscheiden vermochten.[25] Das CAN, dessen Funktionsweise gleich noch genauer erklärt wird, arbeitet im Wesentlichen so, dass durch das Zusammenspiel von zwei neuronalen Netzen – einem Bilderzeuger (Generator) und einem Schiedsrichter (Diskriminator) – neue Bildwerke erzeugt werden, die sich einerseits von den Vorlagen, mit dessen Hilfe das System trainiert wird, hinreichend unterscheiden, um als (stilistisch) neu zu gelten, andererseits jedoch von den üblichen stilistischen Konventionen nicht so weit abweichen, dass ihr Status als für unvoreingenommene Betrachter ästhetisch wertvolles Erzeugnis zu sehr infrage gestellt würde.[26] In einem Vergleich zwischen den so generierten KI-Bildern und einer Auswahl von menschlich fabrizierten Werken, die auf der Art Basel 2016 ausgestellt wurden, hielten menschliche Betrachter die KI Bilder zu 53 % für menschengemacht, die Bilder der Art Basel jedoch nur zu 41 %.[27]

---

24 Vgl. auch zur parallelen patentrechtlichen Fragestellung *D. Kim*, 'AI-Generated Inventions': Time to Get the Record Straight?, GRUR Int. 2020, S. 443; *A. Engel*, Can a Patent be Granted for an AI-Generated Invention?, GRUR Int. (im Erscheinen); s. a. *M. Denga*, KI im Kontext des IoT, in: Bräutigam/Kraul (Hrsg.), Internet of Things (im Erscheinen).

25 *A. Elgammal* et al., CAN: Creative adversarial networks, generating "art" by learning about styles and deviating from style norms, *arXiv preprint arXiv:1706.07068* (2017).

26 *Elgammal* et al., CAN (Fn. 25), S. 4.

27 *Elgammal* et al., CAN (Fn. 25), S. 16.

I. Rechtliche Maßstäbe

Im Urheberrecht besteht bereits seit langem eine Diskussion um die adäquate Einordnung neuer, technologisch basierter oder aleatorischer Formen von Kunst (z.B. *random art*).[28] Dabei bilden die auf reinem Zufall basierende Aleatorik und die höchstpersönliche Schöpfung durch den Künstler, der selbst „den Pinsel führt", die beiden Pole eines Gradienten, auf dem sich Kunstwerke mit stärkerer oder schwächerer Prädetermination des künstlerischen Ergebnisses durch den Künstler verorten lassen.

Auch aleatorische Kunst entsteht freilich nicht *ex nihilo*, sondern verwirklicht sich innerhalb eines vom Künstler geschaffenen oder definierten Rahmens. Das Charakteristikum der KI-Kunst liegt nun darin, dass dieser Rahmen in ganz unterschiedlichen Graden der Spezifizität durch den Entwickler vorgegeben werden kann (wie etwa bei der Ausführung von Werkteilen durch die Werkstatt eines Künstlers auf dessen Anweisung hin), dieser Rahmen jedoch durch das maschinell erstellte Modell mit Ergebnissen ausgefüllt wird, die sich (wie bei der aleatorischen Kunst) vom Entwickler in keiner Weise konkret vorhersagen lassen. KI-Kunst liegt daher in dem genannten Spannungsfeld zwischen der Zufallskunst und der höchstpersönlichen Schöpfung durch den Künstler. Aus diesen Rahmenbedingungen erhellt zugleich, dass nach hier vertretener Auffassung die Kriterien für das Erreichen der Schöpfungshöhe, die auf die klassische Hochkunst angewandt werden, auf die KI-Kunst nicht anwendbar sind. Eine persönliche Prägung durch eine konkrete Bearbeitung des Materials (etwa der letztlich bedruckten Leinwand) dürfte regemäßig fernliegen.

Eine Möglichkeit läge nun darin, die Kriterien auf KI-Kunst zu übertragen, die für Werke mit geringer Schöpfungshöhe (z.B. kleine Münze, Werke nach § 2 Abs. 1 Nr. 7 UrhG) und Datenbankwerke (§ 4 Abs. 2 UrhG) entwickelt wurden. Entscheidend wäre dann die Auswahl, Anordnung und Formung der Trainingsdaten und des algorithmischen Prozesses. Schöpferisch wäre mithin die Gestaltung des Rahmens, nicht hingegen die Generierung des Inhalts selbst. Problematisch an dieser Sichtweise ist jedoch, dass mit dieser Absenkung der Maßstäbe zugleich eine Einschränkung des Schutzumfangs einhergeht. So sind im Rahmen der kleinen Münze und der Datenbankwerke eben auch nur die konkrete Gestaltung,

---

28 Siehe nur *Bullinger*, in: Wandtke/Bullinger, UrhG, 5. Aufl. 2019, § 2 Rn. 17; *Schulze*, in: Dreier/Schulze, UrhG, 6. Aufl. 2018, § 2 Rn. 8; *Lauber-Rönsberg*, Schöpfung (Fn. 9), S. 247.

nicht jedoch der Inhalt (kleine Münze)[29] bzw. die einzelnen Elemente (der Datenbank) geschützt.[30] Bei der KI-Kunst zeigt sich diese Gestaltung des Rahmens jedoch gerade nicht unmittelbar in dem finalen Produkt. Insofern wäre mit einer derartigen Definition des Schutzumfangs für KI-Kunst nichts gewonnen, da das eigentliche KI-Erzeugnis weiterhin keinem urheberrechtlichen Schutz unterläge.

Vorzugswürdig erscheint es daher, nach technologisch mediierten Residualformen menschlicher Schöpfung im Rahmen der Genese eines KI-Kunstwerks Ausschau zu halten, die sich auch im Kunstwerk selbst niederschlagen. Diese können durchaus nach hier vertretener Auffassung auch in einer Auswahl- und Anordnungsleistung bestehen, dürfen sich jedoch nicht darin erschöpfen, sondern müssen auch den konkreten Inhalt des jeweiligen Erzeugnisses in hinreichender Art mitgestalten.[31] Dann, und nur dann, erscheint es gerechtfertigt, bei wertender Betrachtung auch das KI-Erzeugnis selbst als Ausdruck menschlicher Schöpfung und damit als nach bestehendem deutschem Recht urheberrechtsschutzfähig anzuerkennen. Der Einfluss eines menschlichen Entwicklers muss mithin so groß sein, dass bei wertender Betrachtung der Vergleich mit einem Künstler, der sich eines Werkzeugs zur Erschaffung eines Kunstwerks bedient, näherliegt als der Vergleich mit einer Person, die lediglich Material beschafft, aus dem eine weitere Person (hier: das ML-Modell) ein Kunstwerk gestaltet.

II. Einzelne Schritte der ML Pipeline (Reine ML-Kunst)

Die ML Pipeline beschreibt den Prozess der Erstellung eines ML-Erzeugnisses, der (typischerweise) mit dem Aufbau der Architektur eines Modells beginnt, über die Auswahl und Aufbereitung von Trainingsdaten fortschreitet, im Training das KI-Modell perfektioniert und schließlich in der Generierung des ML-Erzeugnisses kulminiert. In diesen Phasen kann eine, nach Maßgabe der soeben dargestellten rechtlichen Maßstäbe, reduzierte Form der menschlichen Schöpfung in unterschiedlichem Maße verortet

---

29 BGH GRUR 1993, 34 (35) – *Bedienungsanweisung*; BGH GRUR 1998, 916 (917) – *Stadtplanwerk*; BGH GRUR 2005, 854 (856) – *Karten-Grundsubstanz*; OLG Hamburg GRUR-RR 2004, 285 (286 f.) – *Markentechnik*; *Bullinger*, in: Wandtke/Bullinger, UrhG, 5. Aufl. 2019, § 2 Rn. 135, 139.
30 Ausführlich *H. Haberstumpf*, Der Schutz elektronischer Datenbanken nach dem Urheberrechtsgesetz, GRUR 2003, S. 14 (22); siehe auch *Marquardt*, in: Wandtke/Bullinger, UrhG, 5. Aufl. 2019, § 4 Rn. 2.
31 Siehe auch *Bullinger*, in: Wandtke/Bullinger, UrhG, 5. Aufl. 2019, § 2 Rn. 16.

werden. Das folgende Diagramm zeigt dabei schematisch, an welcher Stelle innerhalb der Generierung des KI-Erzeugnisses ein kreativer Einfluss des Entwicklers besonders relevant wird.

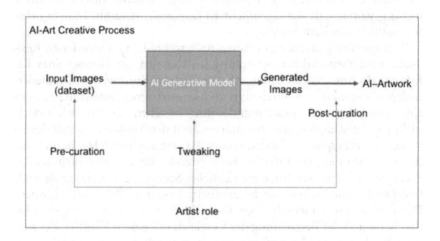

Abb. 1: Quelle: M. Mazzone/A. Elgammal, Art, creativity, and the potential of artificial intelligence, 8 Arts 2019, Article 26, 2.

Zwar wird in der technischen Literatur zum Teil vertreten, der Prozess der Erstellung von KI-Kunst sei „inherently creative".[32] Aus juristischer Perspektive lässt sich dies jedoch so pauschal nicht feststellen; vielmehr ist eine genauere Untersuchung der technischen Abläufe notwendig.

1. Bereitstellung der Architektur

Zunächst muss eine Architektur für den maschinellen Lernzyklus bereitgestellt werden. Diese kann je nach verwendetem Lerntyp ganz unterschiedliche Formen annehmen.

---

32 *Mazzone/Elgammal*, Art (Fn. 1), S. 3.

a. Neuronale Netze und GANs

So existieren etwa schon seit langem Computerprogramme für eine lineare Regression. Auch die heute besonders häufig verwendeten tiefen neuronalen Netze wurden bereits in den 80er Jahren des 20. Jahrhunderts entwickelt (*connectionism*),[33] es bedurfte jedoch einiger wissenschaftlicher Durchbrüche zu Beginn des 21. Jahrhunderts, um sie wirklich effizient trainierbar zu machen.[34]

Besonders relevant für KI-Erzeugnisse aus dem Bereich der Kunst sind die 2014 von *Goodfellow* et al. entwickelten *generative adversarial networks* (GANs),[35] die in abgewandelter Form auch bei dem hier untersuchten CAN zum Einsatz kommen.[36] Denn GANs sind prädestiniert dafür, eine wohldosierte Mischung aus Emulation des Trainingsmaterials und Variation der Vorlagen zu liefern, also eine restringierte Form der Neuheit. GANs bestehen, wie bereits angedeutet, aus zwei Netzen, einem Generator und einem Diskriminator. Nur der Diskriminator hat Zugriff auf die Trainingsdaten. Der Generator hingegen erzeugt (zunächst randomisiert) Daten (zum Beispiel Bilder), hinsichtlich derer der Diskriminator entscheidet, ob sie seiner Meinung nach aus den Trainingsdaten (präziser: aus der durch diese konstituierten Wahrscheinlichkeitsverteilung) stammen oder nicht. In einem traditionellen GAN wird der Generator so sukzessive dazu gebracht, Daten zu erzeugen, die jenen der Trainingsdaten täuschend ähnlich sind.[37]

Ein erstes, wichtiges Architekturelement für KI-Kunst sind daher GANs, die selbst wiederum aus zwei tiefen neuronalen Netzen bestehen (für Bilderkennung: *convolutional neural networks*[38]). Ferner bedarf es einer initialen Verteilung der Gewichte, welche die Informationsweitergabe zwischen den das Netz konstituierenden Neuronen steuern. Hier wird typischerweise initial auf eine Normalverteilung zurückgegriffen.[39]

---

33 *Goodfellow/Bengio/Courville*, Learning (Fn. 7), S. 16 f.

34 Grundlegend *G. E. Hinton/S. Osindero/ Y. Teh*, A fast learning algorithm for deep belief nets, 18 Neural Computation 1527 (2006).

35 *I. Goodfellow* et al., Generative adversarial nets, Advances in Neural Information Processing Systems 2672 (2014).

36 *Elgammal* et al., CAN (Fn. 25), S. 5; *Mazzone/Elgammal*, Art (Fn. 1), S. 2.

37 *Goodfellow* et al., Generative (Fn. 35), S. 2676 f.

38 Siehe etwa *S. Lawrence*, Face recognition: A convolutional neural-network approach, 8 IEEE transactions on neural networks 98 (1997); siehe auch *Elgammal* et al., CAN (Fn. 25), S. 9.

39 *Elgammal* et al., CAN (Fn. 25), S. 9.

In rechtlicher Hinsicht haftet der Bereitstellung dieser Architekturelemente, die auch nicht notwendig durch denjenigen, der die neuronalen Netze trainiert, vorgenommen wird, kein hinreichendes schöpferisches Element an. Die Initialisierung mit einer bestimmten Gewichtsverteilung folgt branchenüblichen Gepflogenheiten. Zudem sind reine Methoden und Handlungsanweisungen nach allgemeiner Ansicht nicht schutzfähig.[40] Gleiches gilt für das GAN selbst. Diese Architekturelemente sind lediglich materielle bzw. mathematische Vorbedingungen ohne Bezug zu dem eigentlichen schöpferischen Prozess. Sie sind insofern mit der Bereitstellung von Pinsel und Leinwand vergleichbar (wenngleich mit dem sogleich noch zu erörternden Unterschied, dass sich die Gewichte im Laufe des Prozesses nach bestimmten Lernalgorithmen verändern). GANs oder neuronale Netze stellen gewissermaßen eine *general purpose technology* dar, die noch nicht spezifisch genug auf den Inhalt des eigentlichen KI-Erzeugnisses (das finale Kunstwerk) bezogen ist, als dass hierin bereits eine urheberrechtsrelevante schöpferische Leistung läge.

b. Anlegen der Hyperparameter

Weiterhin werden für maschinelle Lernmodelle typischerweise Hyperparameter definiert, deren Veränderung Auswirkung auf den Trainingsprozess und damit auch das Ergebnis hat. Das Besondere an diesen Hyperparametern ist, dass sie, anders als die Gewichte, durch den maschinellen Lernprozess nicht verändert, sondern manuell eingestellt werden.[41] So lassen sich zum Beispiel über Hyperparameter einzelne Faktoren oder Typen von Ergebnissen besonders herausheben oder pönalisieren, oder die Lernrate verändern.[42]

Die bloße Definition der Hyperparameter dürfte jedoch typischerweise noch kein hinreichend schöpferisches Element beinhalten, da diese in ihrer Auswahl zumeist branchentypisch sind und damit nicht kreativ. Diese Beurteilung mag bei einzelnen, spezifischen Hyperparametern im Einzelfall allerdings auch anders aussehen. Darauf wird im Rahmen des Trainings zurückzukommen sein (s.u., B.II.3.b.bb.).

---

40 *U. Loewenheim/ M. Leistner*, in: Schricker/Loewenheim, UrhG, 6. Aufl. 2020, § 2 Rn. 28.
41 *Goodfellow/Bengio/Courville*, Learning (Fn. 7), S. 117.
42 *Goodfellow/Bengio/Courville*, Learning (Fn. 7), S. 117 f.

2. Trainingsdaten

Diese analytische Architektur wird sodann genutzt, um einen Lernprozess in Gang zu setzen, für den Trainingsdaten essenziell sind. Diese bilden gewissermaßen das Gedächtnis des Modells, auf dessen Grundlage neue Daten (sei es aus der Realität, seien es vom Generator erzeugte Daten) beurteilt werden.[43] Trainingsdaten sind für die meisten KI-Prozesse (z.B. *supervised learning*) nicht nur technisch besonders wichtig,[44] sondern hier kann in der Tat ein erster, auf den Inhalt der jeweiligen Erzeugnisse gerichteter menschlicher Eingriff stattfinden (*pre-curation*, s. Abb. 1). Diese Interventionsmöglichkeiten bieten sich insbesondere bei der Auswahl der Trainingsdaten (a.), ihrer Aufteilung für die Zwecke des Lernprozesses (b.) und bei der Datenaufbereitung (c.).

a. Auswahl

Die Auswahl der Trainingsdaten ist von eminenter Wichtigkeit, da sie gewissermaßen die Inspirationsquelle für die Generierung des KI-Erzeugnisses darstellen. Durch diese Auswahl wird daher zwar nicht unmittelbar, wohl aber mittelbar der Inhalt des Modell-Outputs entscheidend geprägt. Die Auswahl der Trainingsdaten ist damit durchaus Teil eines (maschinell maßgeblich unterstützen) schöpferischen Prozesses. Allerdings ist hier ein doppeltes *caveat* am Platz.

Erstens wird die bloße Auswahl der Trainingsdaten typischerweise allein nicht ausreichen, um eine hinreichende menschliche Schöpfungskomponente bei einem KI-Kunstwerk festzustellen. So reicht es für den Miturheberstatus ja auch nicht aus, einem Künstler einen Bildband von Picasso mit Stücken aus der Blauen Periode mit der Bitte zu überreichen, er möge sich für sein neues Gemälde von diesen Werken inspirieren lassen – selbst wenn der Künstler letztendlich ein Kunstwerk ganz im Stile der Blauen Periode fabriziert, die Auswahl der Inspirationsquelle mithin für das finale Werk durchaus entscheidend war.

Zweitens kann auch die Auswahl der Trainingsdaten selbst mehr oder weniger spezifisch und daher in unterschiedlichem Grade von einem ech-

---

43 Vgl. *Elgammal* et al., CAN (Fn. 25), S. 4.
44 Siehe genauer *Ph. Hacker*, ZGE 2020, 239; ausführlichere englische Version: 13 Law, Innovation and Technology (im Erscheinen), https://papers.ssrn.com/sol3/papers.cfm?abstract_id=3556598.

ten Bezug zum fertigen KI-Erzeugnis geprägt sein. Im Falle des CAN etwa fütterten die Entwickler das GAN mit dem öffentlich verfügbaren WikiArt Datensatz, der 81.449 Gemälde von 1.119 Künstlern aus dem 15. bis 20. Jahrhundert umfasst.[45] Viel weniger spezifisch kann die Auswahl der Trainingsdaten wohl kaum gestaltet werden, eine echte schöpferische Komponente liegt darin mithin nicht.

b. Aufteilung der Daten

Ist erst einmal ein Datensatz ausgewählt, der für das Training genutzt werden soll, so muss dieser bei der Nutzung von klassischen neuronalen Netzen und anderen Lernmethoden (in adaptierter Form auch bei GANs[46]) in ein *training set* und ein *test set* aufgeteilt werden.[47] Die Daten von letzterem werden für das Training nicht genutzt, sondern zur Bestimmung der Leistungsfähigkeit auf bislang für das Modell unbekannten Daten zurückgehalten. Ist der Datensatz nicht groß genug, wird die Aufteilung über mehrere Iterationen durchpermutiert (*cross validation*).[48] Ferner wird der eigentliche Trainingsdatensatz wiederum in zwei Unterdatensätze aufgespalten, von den der größere zur Reduzierung der Gewichte des Modells und der kleinere (*validation set*) zum Tuning der Hyperparameter und zur Verbesserung der Architektur genutzt wird.[49] All diese Vorgänge sind jedoch zu großen Teilen durch *best practices* geprägt und eher technischer Natur, sodass eine schöpferische Komponente hier grundsätzlich nicht in Betracht kommt.

c. Datenaufbereitung

Ein letzter wichtiger Punkt vor der eigentlichen Trainingsphase ist die Datenaufbereitung. So müssen fehlende Datenpunkte aufgespürt und ersetzt oder approximiert, die Daten in ein durch das Modell untersuchbares Format gebracht und schließlich ggf. auch Verfahren zur Messung der Datenqualität angewandt werden.[50] Im Fall des CAN wurde etwa die Analysier-

---

45 *Elgammal* et al., CAN (Fn. 25), S. 10.
46 *Goodfellow* et al., Generative (Fn. 35), S. 2676 f.
47 *Goodfellow/Bengio/Courville*, Learning (Fn. 7), S. 117–119.
48 *Goodfellow/Bengio/Courville*, Learning (Fn. 7), S. 118 f.
49 *Goodfellow/Bengio/Courville*, Learning (Fn. 7), S. 117 f.
50 *I. Witten* et al., Data Mining, 4. Aufl. 2016, S. 56 ff.

barkeit erhöht, indem pro Bildvorlage fünf Ausschnitte (*crops*) ausgewählt wurden.[51]

Die Datenaufbereitung ist ein häufig unterschätzter, aber eminent wichtiger und aufwändiger Teil jeglicher maschineller Lernprozesse. Allerdings ist auch dieser eher technisch geprägt und lediglich ökonomisch kostenintensiv, aber wenig schöpferisch im urheberrechtlichen Sinne. Anders kann der Fall jedoch liegen, wenn nach besonderen, künstlerisch relevanten Datentypen (zum Beispiel Stilrichtungen) gefiltert wird oder Daten mit kunsthistorischem Bereichswissen annotiert werden, sofern sich darin eine gewisse Originalität zeigt. Im Falle des CAN allerdings waren die Trainingsdaten von WikiArt bereits mit den für das Training notwendigen Labels zur jeweiligen Stilrichtung versehen.[52]

d. Zwischenergebnis

Insgesamt zeigt sich damit, dass die Schaffung der Datengrundlage für das Training durchaus schöpferische Elemente beinhalten kann, etwa die gezielte Auswahl spezifischer Trainingsdaten zur Beeinflussung des Stils der KI-Kunst oder die Annotation von Trainingsdaten mit kunsthistorischem Fachwissen. Bei wertender Betrachtung kann diese kreative Form der Auswahl und Aufbereitung jedoch nur dann für das kumulative Erreichen der Schöpfungshöhe im Wege der Zurechnung zu einem menschlichen Schöpfungsakt zählen, wenn die jeweiligen Arbeitsschritte mit einem konkreten Bezug auf die Generierung der KI-Kunst unternommen wurden.

Auch wenn diese Voraussetzung erfüllt ist, wird jedoch die reine Auswahl auch spezifischer Trainingsdaten und ihre Aufbereitung kaum einmal hinreichend sein, um für sich genommen eine hinreichende menschliche Schöpfungsaktivität zu belegen. Zu mittelbar ist letztlich der Einfluss auf den Inhalt des KI-Kunstwerks selbst. Andernfalls müssten auch im Rahmen der „analogen" Kunst diejenigen, die mit inspirationsförderlichen Vorbereitungshandlungen erfasst sind, zu Miturhebern eines Kunstwerks werden, was, soweit ersichtlich, zu Recht nicht einmal ernsthaft diskutiert wird.[53] Freilich kann jedoch die Auswahl und Anordnung der Datenmaterialien dazu führen, dass der KI-Trainingsdatensatz selbst ein schutzfähiges

---

51 *Elgammal* et al., CAN (Fn. 25), S. 9.
52 *Elgammal* et al., CAN (Fn. 25), S. 6.
53 Vgl. auch OLG Köln FuR 1983, 348: Metallgießer lediglich Gehilfe des Bildhauers.

Werk nach § 2 Abs. 1 Nr. 7 UrhG (kleine Münze in Form der Tabelle) oder
§ 4 Abs. 2 UrhG (Datenbankwerk) darstellt.[54] Ferner kann der Datensatz
bei hinreichender datenbankspezifischer Investition auch in Abwesenheit
einer eigenschöpferischen Auswahl nach §§ 87a UrhG durch das Datenbankschutzrecht *sui generis* erfasst sein.[55]

3. Training

Das Training selbst läuft, entgegen populärer Vorstellungen, ebenfalls lediglich eingeschränkt automatisiert ab. Vielmehr müssen und können von
den menschlichen Entwicklern eine Reihe von Entscheidungen getroffen
werden, die durchaus auch schöpferischen Charakter haben können. Hier
vollzieht sich mithin der Übergang des Einsatzes der Modellarchitektur
von einer *general purpose technology* zu einem für einen bestimmten Zweck
eingesetzten Instrument.

a. Performanzmetriken

Von großer Relevanz für das Training von Modellen maschinellen Lernens
sind grundsätzlich Performanzmetriken, durch die gemessen wird, wie
nah das Ergebnis an eine perfekte Lösung des Problems heranreicht.[56] Bekannt ist etwa das Maß der Vorhersagegenauigkeit (*accuracy*), das die Summe aus den Raten der *true positives* und der *true negatives* darstellt.[57] Derartige Maße können etwa relevant werden bei der KI-basierten Übersetzung,
bei der sich durchaus beschreiben lässt, inwiefern eine Übersetzung verständlich und daher gelungen ist. Bei der Generierung von KI-Kunst hingegen spielen derartige Performanzmetriken zunächst keine Rolle, da sich
nicht angeben lässt, welches Ergebnis denn richtig oder falsch wäre. Es
mangelt im künstlerischen Bereich schlichtweg an einem objektiven, normativen Bezugsrahmen.

Allenfalls kann gemessen werden, wie dies auch im Fall des CAN geschah,[58] wie häufig die Ergebnisse von neutralen Betrachtern als Kunstwer-

---

54 Dazu ausführlich *Ph. Hacker*, Immaterialgüterrechtlicher Schutz von KI-Trainingsdaten, GRUR 2020, 1025.
55 Dazu ebenfalls *Hacker*, Immaterialgüterrechtlicher Schutz (Fn. 54).
56 *Goodfellow/Bengio/Courville*, Learning (Fn. 7), S. 410 ff.
57 *Goodfellow/Bengio/Courville*, Learning (Fn. 7), S. 100.
58 *Elgammal* et al., CAN (Fn. 25), S. 13 ff.

ke eingestuft werden. Die Wahl derart nahe liegender Metriken stellt jedoch selbst noch keine schöpferische Leistung dar.

b. Verlustfunktion

Deutlich wichtiger sind diesbezüglich Möglichkeiten der Gestaltung der sogenannten Verlustfunktion (*loss function*). Diese beschreibt eine oder mehrere Differenzen zwischen einem als konkrete Ausgabe gemessenen Wert und einer normativen Vorgabe.[59] Im Rahmen der Vorhersage der Kreditwürdigkeit etwa könnte die Verlustfunktion angeben, wie groß die Differenz zwischen der tatsächlichen und der vorhergesagten Kreditwürdigkeit einer Person aus den Trainingsdaten ist. Das eigentliche Training des Modells vollzieht sich dergestalt, dass ein Lernalgorithmus (z.B. *stochastic gradient descent*) die internen Gewichte jeweils so neu justiert, dass der Verlust über viele Iterationen hinweg minimiert wird.[60]

aa. Allgemeines

Durch die Verlustfunktion wird also definiert, bezüglich welcher Variablen das Modell eine Optimierung vornehmen soll. Dadurch kann zum Beispiel bestimmt werden, wie nah die Ergebnisse an den Vorbildern aus den Trainingsdaten liegen sollen. So lässt sich festlegen, in Bezug auf welche Dimensionen der Vorlagen die Ergebnisse sich an diese assimilieren oder sich auch von diesen abheben sollen. Darin lässt sich durchaus eine ziemlich direkte Formung des Ergebnisses und damit auch eine Nähe zu einer schöpferischen Aktivität erblicken.

bb. „Stilrichtung"

Eine schöpferische Leistung eines Menschen liegt umso näher, je spezifischer die bewusste Wahl der Verlustfunktion das konkrete KI-Ergebnis zwar nicht in jeder Einzelheit, aber doch zumindest nach Maßgabe bestimmter Parameter mitgestaltet. Die Besonderheit im Fall des CAN lag nun darin, dass hier zwei Verluste gemessen wurden (*tweaking*, s. Abb. 1).

---

59 *Goodfellow/Bengio/Courville*, Learning (Fn. 7), S. 172 ff.
60 *Goodfellow/Bengio/Courville*, Learning (Fn. 7), S. 147 ff.

Erstens wurden die vom Generator erzeugten Werke vom Diskriminator danach beurteilt, ob diese überhaupt Kunst darstellen oder nicht.[61] Dadurch wurde der Generator angehalten, Erzeugnisse zu kreieren, die vom Diskriminator auf Basis eines Abgleichs mit den Trainingsdaten (WikiArt) als Kunst akzeptiert wurden. Ein zweiter Verlust jedoch wurde dahingehend definiert, dass damit eine stilistische Ambiguität gemessen wurde.[62] Der Diskriminator sollte also einerseits das Erzeugnis als Kunst anerkennen, es andererseits aber nicht sicher einer bestimmten Stilrichtung zuordnen können. Durch Variierung dieses *style ambiguity loss* kann daher beeinflusst werden, wie stark die Ergebnisse den im Trainingsmaterial vorhandenen Stilrichtungen ähneln – oder eben auch nicht. So kann ein Output erzeugt werden, der zwar einerseits neu, andererseits jedoch nicht zu befremdlich wirkt.

Eine ebensolche, verhältnismäßig direkte Einwirkung auf das Ergebnis des KI-Prozesses kann nach hier vertretener Auffassung dazu führen, dass eine ausreichende inhaltliche Formung des KI-Erzeugnisses vorliegt und die Hürde des hinreichenden Bezugs zu einem menschlichen Schöpfungsakt genommen wird.[63] So könnte etwa die Stilrichtung explizit bestimmt und auch die Anordnung verschiedener Stile auf einem Kunstwerk bewusst gewählt werden. Zum Beispiel wäre denkbar, dass ein Künstler vorgibt, dass das Gemälde wie folgt gestaltet sein soll: links oben expressionistisch, rechts oben abstrakt-expressionistisch, in der Mitte minimalistisch, rechts unten impressionistisch und links unten barock. Bei aller Unklarheit über den ästhetischen Wert des Erzeugnisses dürfte damit die Schwelle zu einer hinreichenden menschlichen Prägung überschritten sein.[64] Insbesondere kann, neben einer etwaigen schöpferischen Komponente bei der Wahl und Aufbereitung der Trainingsdaten, auch die Entscheidung für die Generierung des Kunstwerks durch KI als weiterer, wenngleich nicht allein hinreichender Bestandteil einer schöpferischen Aktivität gesehen werden.[65]

Im Fall des CAN allerdings bestimmt die Verlustfunktion nur ganz allgemein die Distanz von (nicht weiter definierten) Stilrichtungen. Damit wird zwar eine gewisse Einschränkung für das KI-Erzeugnis vorgenommen, sie dürfte jedoch noch nicht ausreichen, um die Schöpfungshöhe zu

---

61 *Elgammal* et al., CAN (Fn. 25), S. 5 f., 8.
62 *Elgammal* et al., CAN (Fn. 25), S. 5 f., 8.
63 Vgl. *Bullinger*, in: Wandtke/Bullinger, UrhG, 5. Aufl. 2019, § 2 Rn. 16.
64 Vgl. auch die Einordnung des *Richter*-Fensters im Kölner Dom bei *Lauber-Rönsberg*, Schöpfung (Fn. 9), S. 247 f.
65 *Lauber-Rönsberg*, Schöpfung (Fn. 9), S. 247 f.

erreichen. Da auch bei der Auswahl und der Aufbereitung der Trainingsdaten keine nennenswerte kreative Leistung erbracht wurde, kann die KI-Kunst des CAN nach hier vertretener Auffassung nicht als Werk im Sinne des § 2 Abs. 2 UrhG anerkannt werden.

c. Zwischenergebnis

Grundsätzlich setzt der Mensch durch die Definition von Performanzmetriken und vor allem die Verlustfunktion einen Rahmen, innerhalb dessen die Maschine tätig wird. Dieser Rahmen muss in Bezug auf künstlerisch relevante Parameter hinreichend spezifisch sein, die Freiheitsgrade des Systems müssen mithin hinreichend restringiert sein, um eine persönliche geistige Schöpfung eines oder mehrerer Menschen im Wege einer wertenden Gesamtbetrachtung bejahen zu können.

Für den Fall des CAN lässt sich festhalten, dass im Rahmen des Trainings eine kreative Variation durchaus durch Code präkonfiguriert wurde (Gestaltung der Verlustfunktion), die eigentliche kreative Devianz von den etablierten Stilrichtungen jedoch durch die Maschine selbst erzeugt wurde. Diese bewusste, aber sehr abstrakte Parametrisierung durch die menschlichen Entwickler reicht für ein Erreichen der erforderlichen Schöpfungshöhe nicht aus.

4. Generierung des KI-Erzeugnisses und MLaaS

Von gegenüber den bisher beschriebenen Schritten untergeordneter Bedeutung ist hingegen typischerweise die Generierung des einzelnen, konkreten KI-Erzeugnisses. Dafür genügt regelmäßig der Druck auf einen Knopf, was keinerlei Originalität impliziert.[66] Zwar kann ein menschlicher Entscheider sodann eine Auswahl unter mehreren konkreten Bildern vornehmen (*post-curation*, s. Abb. 1). Diese Auswahl allein reicht jedoch, entgegen der Präsentationslehre,[67] für die Annahme einer persönlichen geisti-

---

66 *Dorotheou*, Reap (Fn. 9), S. 90 f.; *Yu*, Machine Author (Fn. 9), S. 1259.
67 *Kummer*, Das urheberrechtlich schützbare Werk, 1968, S. 75.

gen Schöpfung nach zutreffender und wohl herrschender Meinung nicht aus.[68]

Dies hat insbesondere Implikationen für Prozesse des sogenannten *Machine Learning as a Service* (MLaaS).[69] Dabei greift ein Anwender auf ein bereits vortrainiertes Modell zurück, in dessen Software auch die selbstständige Anpassung des Modells auf neue Trainingsdaten enthalten ist. Aus dem soeben Gesagten folgt daher, dass derjenige, der KI-Kunst mithilfe von MLaaS erzeugt, keine eigenständige schöpferische Leistung erbringt und daher nicht (Mit-)Urheber des Kunstwerks im Rechtssinne ist. Die Auswahl und Aufbereitung der Trainingsdaten reicht, wie gesehen, für sich genommen regelmäßig nicht aus. Insgesamt wird bei MLaaS aufgrund der stark automatisierten Anpassung des Modells daher die Schöpfungshöhe kaum erreicht werden können.

III. Ergebnis zur Schutzfähigkeit

„Reine", nach ihrer Erstellung mithin nicht mehr durch den Menschen modifizierte KI-Kunst kann daher einerseits durch eine kreative Auswahl und Aufbereitung der Trainingsdaten, andererseits insbesondere durch die Wahl der Performanzmetriken und der Verlustfunktion im Rahmen des Trainings selbst den Charakter einer persönlichen geistigen Schöpfung annehmen. Dies liegt umso näher, als durch die Heraushebung spezifischer Parameter im Rahmen der Verlustfunktion sowie gegebenenfalls durch eine spezifische Zusammenstellung verschiedener Vorgaben für unterschiedliche Ausschnitte eines KI-Kunstwerks auf dessen konkrete Gestalt Einfluss genommen wird. Im übertragenen Sinne lässt sich damit sagen: Der Rahmen muss bedeutender sein als der Inhalt, der Prozess wichtiger als das Ergebnis.

C. Miturheberschaft

Die Fokussierung der schöpferischen Leistung auf einerseits Auswahl und Aufbereitung der Trainingsdaten und andererseits die Gestaltung des Trai-

---

68 *Bullinger*, in: Wandtke/Bullinger, UrhG, 5. Aufl. 2019, § 2 Rn. 15; *Lauber-Rönsberg*, Schöpfung (Fn. 9), S. 247; aA wohl *Schulze*, in: Dreier/Schulze, UrhG, 6. Aufl. 2018, § 2 Rn. 8.

69 Siehe oben, Fn. 8.

nings selbst reduziert *de lege lata* den Kreis derer, die als Urheber eines KI-Kunstwerks überhaupt infrage kommen.

I. Relevante Akteure

Auf Basis des geltenden Rechts scheidet eine Rechtsinhaberschaft des KI-Modells selbst (zu Recht) aus.[70] Nach dem soeben Ausgeführten erbringen zudem weder diejenigen, welche die grundlegende Modell-Architektur designen (z.b. ein GAN) noch etwaige Investoren, welche das Training des KI-Modells finanzieren, eine schöpferische Eigenleistung nach deutschem Verständnis. Auch ein etwaiges Vortraining des Modells, z.b. auf Bilddateien, die nicht mit Kunst in Zusammenhang stehen, stellt mangels spezifischen Bezugs zu dem konkreten Ergebnis der KI-Kunst keinen schöpferischen Akt dar. Auch derjenige, der das finale Ergebnis unmittelbar hervorbringt, indem er das Programm laufen lässt (zum Beispiel ein Händler oder ein Anwender zu Hause), erbringt keinen schöpferischen Beitrag. Als (Mit-)Urheber kommen daher lediglich diejenigen Personen in Betracht, welche (i) die Trainingsdaten auswählen, (ii) die Trainingsdaten aufbereiten und die (iii) das eigentliche Training inklusive der Definition der Verlustfunktion durchführen. Ein relevanter Beitrag kann jedoch, wie gesehen, nur dann anerkannt werden, wenn die jeweilige Handlung (zum Beispiel die Annotation der Trainingsdaten) mit dem Ziel erfolgt, das künstlerische Ergebnis konkret zu beeinflussen, und darin auch erfolgreich ist.

II. Aufteilung der (Mit-)Urheberschaft

Nach geltendem Recht können diese unterschiedlichen Akteure durchaus Miturheber nach § 8 Abs. 1 UrhG sein. Fest steht, dass sich die Anteile der einzelnen Beitragenden am Ergebnis, am KI-Kunstwerk, nicht gesondert verwerten lassen. Auch eine vertikale Arbeitsteilung, bei der, wie im Rahmen der ML Pipeline, die Miturheber auf unterschiedlichen Entstehungsstufen des Werks nacheinander tätig werden, steht der Miturheberschaft nicht entgegen.[71] Es muss auch nicht der Beitrag jedes einzelnen das Endergebnis nach außen hin prägen,[72] wenngleich jeder Beitrag über eine blo-

---

70 Dies *de lege ferenda* erwägend etwa *Dorotheou*, Reap (Fn. 9), S. 91.
71 *Schulze*, in: Dreier/Schulze, UrhG, 6. Aufl. 2018, § 8 Rn. 2.
72 OLG Hamburg ZUM-RD 2007, 59, 67 – *Kranhäuser.*

ße Gehilfenschaft hinausgehen muss.[73] Der Metallgießer etwa ist lediglich Gehilfe des Bildhauers.[74]

1. Einheitliche Schöpfung

Miturheberschaft kann jedoch nur bei einer einheitlichen Schöpfung entstehen,[75] was wiederum voraussetzt, dass sich die einzelnen Akteure auf eine Gesamtidee verständigen und sich dieser jeweils unterordnen.[76] Daher scheidet auch aus diesem Grund Miturheberschaft aus, wenn die Annotation der Trainingsdaten ohne konkreten Bezug zu der Entwicklung des konkreten KI-Kunstwerks erfolgt ist.[77] In diesem Fall könnten allenfalls abhängige Bearbeitungen nach §§ 3, 23 UrhG vorliegen, sofern die früheren Werkstufen bereits für sich genommen schutzfähig sind[78] – was in der Regel bei KI-Trainingsdaten jedoch nicht der Fall ist.

Wenn jedoch die Auswahl und Konfiguration der Trainingsdaten bereits mit Blick auf den konkreten Entwicklungsprozess des KI-Kunstwerks erfolgt, so kann eine einheitliche Schöpfung durchaus bejaht werden.

2. Schöpfungshöhe der Einzelbeiträge

Nach dem BGH müssen allerdings ferner die einzelnen Beiträge jeweils selbstständig die Schöpfungshöhe erreichen.[79] Der schöpferische Beitrag jedes Einzelnen muss daher selbst Werkeigenschaft besitzen.[80] Dies ist in den hier behandelten Konstellationen jedoch teilweise gerade nicht der Fall: Nach hier vertretener Auffassung reichen die Auswahl und Aufbereitung der Trainingsdaten allein nicht aus, auch wenn sie eine schöpferische Komponente beinhalten. Auch im Rahmen der herrschenden Meinung

---

73 BGH GRUR 1985, 529 – *Happening*; OLG Hamburg ZUM-RD 2007, 59, 68 – *Kranhäuser*.
74 OLG Köln FuR 1983, 348; s.a. oben, Text bei Fn. 53.
75 *Schulze*, in: Dreier/Schulze, UrhG, 6. Aufl. 2018, § 8 Rn. 2.
76 BGH GRUR 1994, 39, 40 – *Buchhaltungsprogramm*; LG Köln ZUM-RD 2007, 201, 203.
77 Vgl. auch BGH GRUR 2005, 860, 863 – *Fash 2000*; *Schulze*, in: Dreier/Schulze, UrhG, 6. Aufl. 2018, § 8 Rn. 2.
78 BGH GRUR 2005, 860, 863 – *Fash 2000*.
79 BGH GRUR 1994, 39, 40 – *Buchhaltungsprogramm*; BGH GRUR 2009, 1046 Rn. 43 – *Kranhäuser*.
80 LG Köln ZUM-RD 2007, 201, 203.

wird zwar konzediert, dass es ausreichen muss, wenn die geringeren Anforderungen der kleinen Münze der jeweiligen Werkart erfüllt werden.[81] Allerdings führt dies im hiesigen Zusammenhang dogmatisch nicht weiter, da, wie gesehen, bei der Auswahl und Aufbereitung der Trainingsdaten lediglich die kleine Münze in Form einer Tabelle in Betracht kommt, dort jedoch gerade nicht der Inhalt, sondern lediglich die Gestaltung geschützt ist.

Damit erhebt sich die Frage, wie das Urheberrecht mit Konstellationen umgeht, in denen eine Person nur einen geringen Beitrag leistet, der zwar für sich genommen die Schöpfungshöhe nicht erreicht, aber im Verbund mit Gestaltungsakten anderer zum Überschreiten der Schöpfungshöhe führt (notwendiger, aber nicht hinreichender schöpferischer Beitrag) – wie hier im Falle der Trainingsdaten. Letztlich sollte es in diesen Konstellationen, wie es auch sonst eine Mindermeinung annimmt,[82] ausreichen, wenn die Beiträge insgesamt die Schöpfungshöhe überschreiten, jedoch nicht jeder einzelne Beitrag diese mit Blick auf die inhaltliche Gestaltung des KI-Kunstwerks erreicht. Dafür sprechen zwei Gesichtspunkte. Erstens ist unter Gleichbehandlungsaspekten kein sachlicher Differenzierungsgrund ersichtlich, aus dem ein Urheberrechtsschutz vorenthalten werden sollte, wenn zwei Personen jeweils 50 % der erforderlichen Schöpfungsleistung erbringen, ein Urheberrechtsschutz jedoch bejaht wird, wenn lediglich eine Person 100 % erbringt. Zweitens spricht ferner eine Anreizperspektive dafür, auch kleine Beiträge, solange sie überhaupt schöpferische Qualität haben, für die Miturheberschaft ausreichen zu lassen, da ansonsten Anreize zur Erbringung dieser technisch und für den Schutz auch rechtlich notwendigen Aktivitäten wegfielen. In dem Maße, in dem Urheberrechtsschutz nach heutigem Verständnis zumindest auch Anreize zur Generierung von schutzfähigen Werken setzen soll, darf darüber nicht hinweggesehen werden.

D. Ein (Leistungs-)Schutzrecht für computer-generated works?

Ein urheberrechtlicher Schutz nach geltendem deutschen Recht kommt daher für KI-Erzeugnisse nur unter besonderen Voraussetzungen der konkreten, kreativen Beeinflussung des Schöpfungsprozesses in Betracht und

---

81 *Schulze*, in: Dreier/Schulze, UrhG, 6. Aufl. 2018, § 8 Rn. 6.
82 *Szalai*, Die Rechtsnatur der Miturheberschaft, UFITA 2012/I, S. 5, 14 f.; *Steffen*, Die Miturhebergemeinschaft, 1989, S. 7.

auch dann nur für jene Akteure, die für die Behandlung der Trainingsdaten und das Training verantwortlich zeichnen. Dies wirft abschließend die
Frage auf, wie KI-Erzeugnisse, die ihrem äußeren Erscheinungsbild nach
schutzfähigen Werken gleichen, *de lege lata* jedoch nicht schutzfähig sind,
de lege ferenda behandelt werden sollten: Ist hier ein (Leistungs-)Schutz-
recht für *computer-generated works* gerechtfertigt? Aus Platzgründen kann
diese Frage hier leider nur kursorisch behandelt werden.

Für eine Ausdehnung des Schutzes auf vom bestehenden Recht nicht erfasste KI-Erzeugnisse oder Akteure können grundsätzlich zwei Erwägungen angeführt werden: ein Gleichheitsargument und ein Anreizargument.
Erstens lässt sich argumentieren, dass in der Deprivilegierung nicht
menschlich geschöpfter Werkformen eine ungerechtfertigte Ungleichbehandlung liegt (I.). Zweitens wäre unter Anreizgesichtspunkten ein Schutz
ferner gerechtfertigt, wenn andernfalls ein Marktversagen in Form einer
sozial inakzeptablen Unterproduktion drohen würde (II.).

I. Das Gleichheitsargument

Aus einer Gleichbehandlungsperspektive (Art. 3 Abs. 1 GG, Art. 20
GRCh)[83] erscheint die radikal unterschiedliche Rechtsfolge für auf im
Schwerpunkt auf menschliche (Schutz) oder aber maschinelle Schöpfung
(Schutzversagung) zurückgehende Werkformen besonders rechtfertigungs-
bedürftig, wenn sich die Ergebnisse für Außenstehende praktisch nicht
mehr unterscheiden lassen. Letzteres ist, wie ausgeführt, bei den von dem
CAN erzeugten Kunstwerken der Fall. Es ist letztlich die Anthropozentri-
zität des Urheberrechts selbst, die durch derartige Werkformen auf den
Prüfstand gestellt wird. Wie der Verfasser an anderer Stelle ausgeführt
hat,[84] dürfte insoweit zwischen wissensvermittelnden Werken der kleinen
Münze einerseits und Formen der Hochkunst andererseits zu unterscheiden sein.

---

83 Gleichbehandlung bezieht sich hier auf den Vergleich der Schöpfer *de lege lata*
   geschützter Werke mit denjenigen, die für eine Inhaberschaft an Schutzrechten in
   Betracht kommen und, hätten sie das Werk mit konventionellen Mitteln statt mit
   KI geschaffen, *de lege lata* als Schöpfer anerkannt worden wären.
84 *Ph. Hacker*, Digitale Marktordnung durch Urheber- und Datenschutzrecht, in: FS
   Hopt, 2020, S. 351, 375 ff.; vgl. auch *Lauber-Rönsberg*, Schöpfung (Fn. 9), S. 252.

1. Gleichbehandlung: Wissensvermittelnde Werke

Bei Werken, die im Schwerpunkt darauf ausgerichtet sind, nicht eine ästhetische Erfahrung, sondern Wissen zu vermitteln, erscheint die Privilegierung menschlicher Schöpfung gegenüber der maschinellen nicht gerechtfertigt. Gerade im Bereich dieser, häufig der kleinen Münze zuzurechnenden Werkformen ist der persönlichkeitsrechtliche Einschlag, die individuelle künstlerische Prägekraft, ohnehin auf eine kaum erkenntliche Residualform reduziert. Sie taugt daher als legitimes Differenzierungskriterium nicht mehr. Es ist schlicht nicht ersichtlich, warum eine Bedienungsanleitung für Kettensägen, die in besonderer Weise illustriert wurde, unter den Schutz des Urheberrechts fallen soll, wenn sie durch einen Menschen erstellt wurde,[85] jedoch nicht, wenn die praktisch identische Anleitung auf einem maschinellen Schaffensprozess beruht. Vielmehr liegt es in diesen Fällen nahe, urheberrechtlichen Schutz im Schwerpunkt durch die Schaffung von Anreizen zu begründen. Diese verfangen jedoch im Fall der maschinellen Erstellung wissensvermittelnder Werke – zu denken ist auch etwa an Ratgeber, Illustrationen, gegebenenfalls auch wissenschaftliche Darstellungen – ebenso: Auch hier steht zu erwarten, dass ein Schutzrecht die Anreize für Entwickler zumindest inkrementell erhöht. Dies erscheint auch sinnvoll, wenn die möglichst effiziente Wissensvermittlung in Rede steht. Wenn generative KI-Modelle bestimmte faktische Zusammenhänge schneller und präziser darstellen können als Menschen, sollte dies gefördert und nicht mit gesetzlichem Schutzentzug bestraft werden.

In diesem Fall sollte daher (EU-weit[86]) auf das Erfordernis der Schöpfung gerade durch einen Menschen verzichtet werden. Vielmehr sollten inhaltlich identische wissensvermittelnde Werke in exakt gleichem Umfang geschützt werden, unabhängig davon, ob sie einem menschlichen Kopf oder einer maschinellen Berechnung entsprungen sind. Sofern man das Urheberrecht, wie gegenwärtig, überhaupt für diese Werkform öffnen will,[87] stünde regelmäßig der Schutz als kleine Münze bereit, allerdings nur für diejenigen, die einen inhaltlichen – und nicht lediglich finanziellen – Beitrag zur Erschaffung des KI-gestützten Werkes leisten (vgl. oben,

---

85 BGH GRUR 1993, 34 (35 f.) – *Bedienungsanweisung.*
86 S. Fn. 21.
87 Siehe zu diesem Streit etwa *Reimer*, GRUR 1980, S. 572 (573 ff.); *Schulze*, Die kleine Münze und ihre Abgrenzungsproblematik bei den Werkarten des Urheberrechts, 1983, S. 299 ff.; *Knöbl*, Die »kleine Münze« im System des Immaterialgüter- und Wettbewerbsrechts, 2002, S. 159 ff., 308 ff.; *Hansen*, Warum Urheberrecht?, 2009, S. 320 ff.

C.). Eine entsprechende Anpassung des Schutzumfangs kann, wie auch bisher dort schon praktiziert,[88] das Fehlen genuin kreativer, menschlicher Schöpfung rechtsdogmatisch auffangen.

2. Ungleichbehandlung: Hochkunst

Gänzlich anders stellt sich die Situation nach hier vertretener Auffassung im Rahmen der Hochkunst dar. Zwar wird von den Entwicklern von KI-Kunst geltend gemacht, dass die von ihnen durchgeführten Befragungen ergeben, dass Betrachter die KI-Kunstwerke nicht nur genauso häufig oder häufiger als menschengemacht bewerten wie tatsächlich menschlich geschöpfte, sondern dass die KI-Kunst eben tatsächlich als Kunst wahrgenommen wird.[89] In der Tat wurde bei der empirischen Befragung den KI-generierten Kunsterzeugnissen häufiger als den Kunstwerken aus der Art Basel 2016 Intentionalität (im Sinne einer bewussten, zielgerichteten Schöpfung durch einen Künstler) attestiert.[90] Diese Zuschreibung von Intentionalität dürfte sich jedoch in dem Moment verflüchtigen, in dem gegenüber den Betrachtern aufgedeckt wird, dass die betreffenden Kunstwerke durch ein KI-Modell generiert wurden.

Der wesentliche Unterschied zwischen KI-generierter Kunst und solcher menschlicher Provenienz liegt vielmehr darin, dass nur letztere einen spezifischen diskursiven Beitrag zu sozialen, politischen oder auch ästhetischen Problemstellungen liefern kann.[91] Darin liegt gerade ihr Mehrwert. Allen postmodernen Urteilen über den Tod des Autors[92] zum Trotz bezieht jeder Künstler, zumindest in der Wahrnehmung der allermeisten Betrachter, durch das Kunstwerk (politisch, sozial und/oder ästhetisch) Stellung, wenngleich vermittelt und ästhetisch sublimiert. Dies tut ein KI-Erzeugnis nicht. Intentionalität ist dem KI-Modell, zumindest bei dem gegenwärtigen technischen Entwicklungsstand, gerade fremd. Es simuliert lediglich und variiert im Rahmen der Verlustfunktion. Mit dem Produkt kann zwar ein ästhetisches Erlebnis verbunden sein, das dem durch ein menschliches Kunstwerk hervorgerufenen in nichts nachsteht; der diskursive Gehalt der KI-Kunst tendiert dennoch stark gegen null (wenn man

---

88 S. Fn. 29.
89 *Elgammal* et al., CAN (Fn. 25), S. 18.
90 *Elgammal* et al., CAN (Fn. 25), S. 18; die Unterschiede sind allerdings nicht statistisch signifikant.
91 Siehe auch *Hacker*, Digitale Marktordnung (Fn. 84), S. 376.
92 Grundlegend *R. Barthes*, La mort de l'auteur, 5 Manteia 12 (1968).

Computer-Generated Works im deutschen Urheberrecht?

von der etwas faden Thematisierung der zunehmenden Technisierung aller Lebenswelten einmal absieht). In diesem Sinne ist KI-Kunst radikal selbstreferenziell. In den Worten eines Entwicklers und eines Kunsthistorikers:

"There is [...] one profound difference between AI computer-based creativity versus other machine-based image making technologies. Photography, and the similar media of film and video, are predicated on a reference to something outside of the machine, something in the natural world. They are technologies to capture elements of the world outside themselves as natural light on a plate or film, fixed with a chemical process to freeze light patterns in time and space. Computational imagery has no such referent in nature or to anything outside of itself."[93]

Zwar ließe sich KI-Kunst insoweit mit der Konzeptkunst vergleichen,[94] von der *Sol LeWitt* ebenfalls behauptet hatte: „The idea [of the artwork] becomes a machine that makes the art."[95] Doch bleibt bei aller Affinität der KI-Kunst zu anderen selbstreferentiellen Kunstformen das unhintergehbare Faktum, dass die sozialdiskursive Dimension von reiner KI-Kunst, im Gegensatz zur menschlich geschöpften, bei dem gegenwärtigen Entwicklungsstand schon prinzipiell fehlt. Dies rechtfertigt nach hier vertretener Auffassung die radikal unterschiedliche Rechtsfolge nach geltendem Recht im Lichte des Gleichheitsgrundsatzes. Der soziale Mehrwert von KI-Kunst ist gegenüber der menschlich gemachten schlicht drastisch reduziert.

II. Das Anreizargument

Damit bleibt jedoch immer noch zu verhandeln, inwiefern die Anerkennung eines neuen Leistungsschutzrechts an KI-generierten Werkformen über einen Urheberrechtsschutz für wissensvermittelnde Werke hinaus notwendig sein kann; nicht um dem Gleichheitsgrundsatz Genüge zu tun, sondern um eine aus gesellschaftlicher Perspektive inakzeptable Unterproduktion zu vermeiden.[96] Hierfür wäre zwar eine genauere Untersuchung notwendig. In erster Näherung scheint ein derartiges neues Leistungsschutzrecht jedoch nicht notwendig.[97]

---

93 *Mazzone/Elgammal*, Art (Fn. 1), S. 7.
94 *Mazzone/Elgammal*, Art (Fn. 1), S. 7.
95 *S. LeWitt*, Paragraphs on Conceptual Art, 5(10) Artforum 79, 79 (1967).
96 *Dorotheou*, Reap (Fn. 9), S. 93; *Dornis*, Schutz (Fn. 1), S. 1260 ff.
97 Siehe im Übrigen zur Ablehnung der Anwendung der §§ 72 ff. UrhG auf computergenerierte Bilder KG GRUR 2020, 280 Rn. 53 ff. – *Produktbilder*.

247

Eine erste Gruppe von KI-Erzeugnissen, für welche ein derartiges Leistungsschutzrecht in Betracht käme, sind jene Werkformen, die nicht bereits nach dem soeben Gesagten infolge des Gleichbehandlungsgrundsatzes urheberrechtlich geschützt werden müssten, also Werke der Hochkunst. Hier ließe sich zwar argumentieren, dass der soziale Mehrwert geringer sein mag als im Falle der menschlich geschöpften Kunst, jedoch ausweislich der genannten empirischen Befragungen zumindest ein ästhetischer Wert für die Betrachter nicht in Abrede zu stellen ist. Daher könnte ein Leistungsschutzrecht Anreize zur Generierung von Erzeugnissen dieser insoweit doch sozial nützlichen Kunstform setzen. Allerdings ist bislang nicht ersichtlich, dass ein derartiges Leistungsschutzrecht zur Vermeidung einer Unterproduktion wirklich notwendig ist. Denn auch ohne Bereitstellung eines derartigen Rechts wird KI-Kunst bereits in erheblichem Maße produziert und angeboten. Eine Vermarktung kann insoweit auch durch technische Schutzmaßnahmen und auf vertraglichem Wege erfolgen, auch wenn der dadurch erreichte Schutzgrad hinter dem eines echten Immaterialgüterrechts natürlich zurückbleibt. Nichtsdestoweniger ist gegenwärtig nicht ersichtlich, dass die Einführung eines neuen Leistungsschutzrechts, das ja zugleich den Zugriff auf die Schutzobjekte für Dritte in der Verwendung eigener kreativer Prozesse einschränken würde, aus einer Anreizperspektive wirklich geboten wäre.

Zweitens wäre ein Leistungsschutzrecht denkbar, das die Gruppe der bislang definierten Rechtsinhaber erweitert, indem etwa auch jenen, welche die Modellarchitektur bereitstellen, lediglich ökonomische Investitionen vornehmen oder das Werk per Knopfdruck erstellen, ein Schutzrecht an dem KI-Erzeugnis zuteilwird.[98] Auch hier lässt sich jedoch ein wirklicher Bedarf gegenwärtig nicht ausmachen. Denn einerseits werden Zwischenprodukte, die durch diese Akteure geschaffen oder ermöglicht werden (Architektur, Trainingsdaten, trainiertes Netz), zumindest potentiell selbst immaterialgüterrechtlich geschützt,[99] etwa durch das Patentrecht, den Softwareschutz oder den Datenbankschutz.[100] Andererseits ist auch hier zu konstatieren, dass die (typischerweise professionell agierenden) Akteure, insbesondere Investoren, sich regelmäßig vertraglich selbst schützen können, indem sie ihren Beitrag zu einem KI-Projekt an bestimmte, öko-

---

98 *Dornis*, Schutz (Fn. 1), S. 1261 ff.

99 *P. Samuelson*, Allocating ownership rights in computer-generated works. 47 U. Pitt. L. Rev. 1185, 1207, 1225 (1986); *Dorotheou*, Reap (Fn. 9), S. 89; kritisch *Dornis*, Schutz (Fn. 1), S. 1258.

100 *Hacker*, Immaterialgüterrechtlicher Schutz (Fn. 54), unter III.; *Ehinger/Stiemerling*, Schutzfähigkeit (Fn. 6), S. 764 ff.; *Hartmann/Prinz*, Schutz (Fn. 6), S. 1433 ff.

nomisch werthaltige Gegenleistungen wie die Einräumung von Rechten knüpfen. Der Endnutzer, der lediglich den Knopf betätigt, erbringt wiederum keine auch nur im Ansatz schutzwürdige (ökonomische oder kreative) Leistung.[101]

Letztlich ist das letzte Wort über ein Leistungsschutzrecht für KI-Erzeugnisse sicherlich noch nicht gesprochen.[102] Hier besteht noch erheblicher Forschungsbedarf, nicht nur mit Blick auf die ökonomische Notwendigkeit, sondern auch auf jedenfalls notwendige Schranken bzw. Zugangsrechte Dritter.[103] Zum gegenwärtigen Zeitpunkt erscheint jedoch in erster Näherung die Anerkennung eines derartigen Rechts nicht geboten.

E. Zusammenfassung

Der Beitrag hat versucht, einerseits die rechtlichen Rahmenbedingungen für KI-Erzeugnisse im Rahmen einer Analyse des geltenden Urheberrechts weiterzuentwickeln und andererseits mögliche Reformperspektiven aufzuzeigen. Prämisse ist dabei, dass nach gegenwärtigem deutschen Urheberrecht eine Schutzfähigkeit von KI-Erzeugnissen nur in Betracht kommt, wenn im Wege einer Gesamtbetrachtung das jeweilige Werk auf eine hinreichende menschliche Schöpfungsleistung zurückgeführt werden kann. Hiervon ausgehend lassen sich drei Ergebnisse festhalten.

Erstens ist aufgrund der technischen Komplexität des Prozesses der Erzeugung eines KI-Modells (ML Pipeline) die Identifizierung menschlicher, schöpferischer Intervention durchaus nicht trivial. Insbesondere in der Definition der Verlustfunktion (zum Beispiel durch die Vorgabe spezifischer Stilrichtungen) lässt sich hier ein menschlicher schöpferischer Beitrag ausmachen, ferner gegebenenfalls auch in der Auswahl und Aufbereitung der Trainingsdaten. Im Einzelfall kann, wenn die Einflussnahme auf das konkrete Ergebnis hinreichend groß ist, zum Beispiel bei der Zuordnung bestimmter Stilrichtungen zu einzelnen Teilbereichen eines Werks, eine hinreichende menschliche Schöpfung angenommen werden, um dem KI-Erzeugnis insgesamt Schutzfähigkeit zuzusprechen. Bei dem hier primär untersuchten Prozess durch ein *creative adversarial network* ist dies jedoch

---

101 Für eine Rechtsinhaberschaft nach Sec. 9(3) CDPA (UK) aber *Guadamuz*, Dream (Fn. 9), S. 176 f.; ferner auch *Yu*, Machine Author (Fn. 9), S. 1261 f.
102 So auch *Lauber-Rönsberg*, Schöpfung (Fn. 9), S. 252 f.
103 Siehe etwa *H. Schweitzer*, Datenzugang in der Datenökonomie, GRUR 2019, S. 569; *Hacker*, Immaterialgüterrechtlicher Schutz (Fn. 54), unter IV.

nicht der Fall, da lediglich allgemein der Abstand von bekannten Stilrichtungen definiert wird.

Daraus ergibt sich zweitens, dass, sofern die Schöpfungshöhe insgesamt erreicht wird, diejenigen, welche die Trainingsdaten aufbereiten, und diejenigen, welche das eigentliche Training durchführen, als Miturheber in Betracht kommen. Sofern ein einheitlicher Schöpfungsvorgang vorliegt, sollte es, entgegen der herrschenden Meinung, für die Annahme von Miturheberschaft ausreichen, wenn die Beiträge gemeinsam, jedoch nicht notwendig auch einzeln, die Schöpfungshöhe erreichen.

De lege ferenda ist drittens für reine *computer-generated works* nach hier vertretener Auffassung zwischen wissensvermittelnden Werken einerseits und Werken der Hochkunst andererseits zu unterscheiden. Zwischenstufen müssen ihrem Schwerpunkt nach zugeordnet werden. Wissensvermittelnde Werke sollten unabhängig davon, ob sie das Ergebnis eines menschlichen oder maschinellen Schöpfungsprozesses sind, in gleicher Form geschützt werden, gegenwärtig also regelmäßig als kleine Münze. Auf das Erfordernis einer Zuordnung zu einem menschlichen Schöpfungsakt sollte insofern verzichtet werden. Bei der Hochkunst hingegen besteht nach hier vertretener Auffassung kein Bedarf für einen urheberrechtlichen Schutz. Auch ein Leistungsschutzrecht für KI-Erzeugnisse erscheint nach gegenwärtigem Stand der technischen Entwicklung und den insoweit bestehenden Anreizen nicht geboten.

Die Datenverkehrsfreiheit – Ein Beitrag zur Schutzgutdebatte im Datenschutzrecht

*Jonas Botta**

Ein freier Informationsverkehr und ein hohes Datenschutzniveau schließen sich grundsätzlich gegenseitig aus. Eine häufige Kritik am Regime der Datenschutz-Grundverordnung (DSGVO) lautet deshalb, dass sein umfassender Regelungsanspruch technologische Innovationen und grenzüberschreitende Handelsbeziehungen ungerechtfertigt erschwere, ja teilweise sogar unmöglich mache. Ausweislich des Art. 1 DSGVO – zumindest seines Wortlauts – ist die Verordnung indes auch dem Schutz des freien Datenverkehrs verpflichtet. Fußt die DSGVO damit materiellrechtlich auf zwei Schutzgütern – dem Betroffenenschutz und dem freien Informationsverkehr? Ein solcher Dualismus hätte weitreichende Folgen für die Regelungstiefe des unionalen Schutzregimes. Seine Vorschriften dienten nicht mehr allein dazu, die Verarbeitung personenbezogener Daten zu reglementieren, sie müssten Datentransfers unter Umständen sogar aktiv fördern.

A. Die Schutzgutdebatte im Datenschutzrecht

Im Jahr 1979 konstatierte *Hans Peter Bull*, der erste Bundesdatenschutzbeauftragte, dass „Datenschutz [...] vielen unheimlich [sei]" und das noch junge „Datenschutzrecht [...] als schwierig, kaum verständlich, in das herkömmliche Rechtssystem schwer einzuordnen [gelte]".[1] Eine Einschätzung, die auch über 40 Jahre später noch reichlich Zustimmung in der Allgemeinheit, aber auch in der Rechtswissenschaft erfahren dürfte. Grund hierfür sind nicht nur die von *Bull* angeführten „Unsicherheiten von Juris-

---

* Dr. Jonas Botta, Forschungsreferent im Programmbereich "Digitalisierung" am Deutschen Forschungsinstitut für öffentliche Verwaltung Speyer. Besonderer Dank gilt Herrn Thomas Kienle für seine wertvollen Anregungen.
1 *H. P. Bull*, Datenschutz als Informationsrecht und Gefahrenabwehr, NJW 1979, S. 1177.

ten gegenüber der Technik"‚[2] sondern insbesondere die schier unendlich wirkende Fülle an ungeklärten Fragen, die den Rechtsanwender ratlos zurücklässt. Bis heute besteht noch nicht einmal Einigkeit darüber, welches materielle Rechtsgut das Datenschutzrecht überhaupt schützen soll.[3]

Doch gerade dieser sogenannten Schutzgutdebatte kommt eine fundamentale Bedeutung für die Regelungstiefe des geltenden Datenschutzregimes zu. Denn infolge der Wertungsoffenheit des einfachen Datenschutzrechts (I.) ist es von großer Tragweite, inwieweit sich der Schutz personenbezogener Daten als reiner Selbstzweck erweist (II.) und in welchem Verhältnis er zu den Interessen an einer Datenverarbeitung steht (III. 1.). Die Kritik am Datenschutz als Hemmnis freier Informationsübermittlungen hat unterdessen schon vor Jahrzehnten die Idee einer Datenverkehrsordnung als Gegenmodell zum herkömmlichen Datenschutzrecht befeuert (III. 2.). Sie könnte mit Geltung der DSGVO Rechtswirklichkeit geworden sein (B.).

In welchem Umfang die DSGVO der Datenverkehrsfreiheit verpflichtet ist, beeinflusst zudem auch ihr Verhältnis zu anderen Unionsrechtsakten wie der Verordnung (EU) 2018/1807 und der Digitale-Inhalte-Richtlinie (EU) 2019/770 und ist maßgeblich dafür, ob diese den digitalen Binnenmarkt losgelöst von Datenschutzvorgaben fördern können (C.).

I. Die Wertungsoffenheit des einfachen Datenschutzrechts

Das unmittelbar anwendbare Datenschutzsekundärrecht zeichnet sich durch einen umfassenden Regelungsanspruch aus. Nach dem „one size fits all"-Prinzip muss sich ein lokaler Sportverein grundsätzlich an exakt dieselben Vorschriften halten wie das Silicon Valley[4].[5] Anstatt spezifischer Son-

---

2 Ebenda.
3 Einen instruktiven Einstieg in die Schutzgutdebatte bietet *J. Reinhardt*, Konturen des europäischen Datenschutzgrundrechts, Zu Gehalt und horizontaler Wirkung von Art. 8 GRCh, AöR 142 (2017), S. 528 (534 ff.).
4 In Art. 3 Abs. 2 lit. a DSGVO ist das Marktortprinzip niedergelegt, das den räumlichen Anwendungsbereich des Datenschutzregimes auf außereuropäische Verantwortliche erweitert, wenn ihre Datenverarbeitung im Zusammenhang damit steht, dass sie Betroffenen in der EU Waren oder Dienstleistungen anbieten wollen.
5 *N. Härting/J. Schneider*, Das Ende des Datenschutzes – es lebe die Privatsphäre, Eine Rückbesinnung auf die Kern-Anliegen des Privatsphärenschutzes, CR 2015, S. 819. Ausgleichen kann diese fehlende Differenzierung vornehmlich der risikobasierte Ansatz, den die DSGVO zugleich verfolgt. S. *W. Veil*, DS-GVO: Risikoba-

derregelungen finden sich in der DSGVO daher diverse unbestimmte Rechtsbegriffe wie „erforderlich" oder „fair" und Klauseln, die es bedingen, zwischen den Interessen des Betroffenen und des Verantwortlichen einer Datenverarbeitung abzuwägen (etwa in Art. 6 Abs. 1 UAbs. 1 lit. f, Art. 17 Abs. 1 lit. c oder Art. 21 Abs. 1).

Der erste Verordnungsentwurf[6] hatte zwar noch vorgesehen, dass die EU-Kommission diese abstrakt gehaltenen Vorgaben durch delegierte Rechts- und Durchführungsrechtsakte hätte konkretisieren können.[7] Doch von den ursprünglich 26 Regelungsbereichen, in denen delegierte Rechtsakte ergehen sollten, ist dies der EU-Kommission *de lege lata* nur möglich, um die Visualisierung von Datenschutzinformationen zu erleichtern (Art. 12 Abs. 8 DSGVO) und um die Datenschutzzertifizierungsverfahren auszugestalten (Art. 43 Abs. 8 DSGVO).[8]

Wie im Einzel- bzw. Regelfall auszulegen und abzuwägen ist, lässt sich mithin oftmals nur durch einen Rückgriff auf den jeweiligen Normzweck und damit auch auf das normübergreifende Schutzgut der Verordnung ergründen. Dies bereitet der anhaltenden Schutzgutdebatte in Wissenschaft und Praxis einen fruchtbaren Boden. Denn nur wenn Klarheit über das Schutzgut des Datenschutzrechts besteht, lässt sich eine verlässliche Aussage über seine Regelungstiefe treffen.

---

sierter Ansatz statt rigides Verbotsprinzip, Eine erste Bestandsaufnahme, ZD 2015, S. 347 (348 ff.); vgl. auch *J. Kühling/M. Martini*, Die Datenschutz-Grundverordnung, Revolution oder Evolution im europäischen und deutschen Datenschutzrecht?, EuZW 2016, S. 448 (452); a. A.: *G. Hornung/I. Spiecker gen. Döhmann*, in: S. Simitis/G. Hornung/I. Spiecker gen. Döhmann (Hrsg.), DSGVO, Baden-Baden 2019, Einleitung, Rn. 242 f., die einen risikobasierten Ansatz der gesamten Verordnung verneinen.

6 *EU-Kommission*, Verordnungsentwurf v. 25.1.2012, COM(2012) 11 final.

7 *Kühling/Martini*, Datenschutz-Grundverordnung (Fn. 5), S. 449.

8 Allein in Fragen des internationalen Datenschutzes hat die EU-Kommission ihre Vorrangstellung behauptet. Es liegt an ihr, mittels Durchführungsrechtsakts zu entscheiden, ob das Datenschutzniveau eines Drittstaats sich als mit dem Unionsrecht gleichwertig erweist (Art. 45 DSGVO). Weiterführend *J. Botta*, Eine Frage des Niveaus: Angemessenheit drittstaatlicher Datenschutzregime im Lichte der Schlussanträge in „Schrems II", Der Prüfungsmaßstab der Gleichwertigkeit und seine Reichweite im Bereich der nationalen Sicherheit, CR 2020, S. 82 f.

II. Datenschutz als Selbstzweck?

Schon Art. 1 Abs. 2 DSGVO scheint indes vermeintlich Gewissheit darüber zu bringen, was die Verordnung bezwecken soll: den Schutz der Grundrechte und Grundfreiheiten natürlicher Personen sowie insbesondere ihres Datenschutzgrundrechts. Danach formt die DSGVO in erster Linie Art. 8 GRCh sekundärrechtlich aus, der dem Recht auf Schutz personenbezogener Daten – im Gegensatz zur EMRK und zum GG – eigenständige Grundrechtsqualität verliehen hat. Erweist sich der Datenschutz demnach als reiner Selbstzweck der DSGVO?[9]

Dies legt zumindest ein Vergleich mit Art. 1 Abs. 1 DSRL nahe, der noch ausdrücklich auf den Schutz der Privatsphäre Bezug genommen hatte. ErwGr. 1 DSGVO nennt nunmehr allein Art. 8 Abs. 1 GRCh und den gleichlautenden Art. 16 Abs. 1 AEUV als grundrechtliches Fundament des Datenschutzrechts. Dabei hätte der Unionsgesetzgeber am Schutzziel der Privatheit – zumindest auch – festhalten können, findet diese doch ebenfalls Grundlage im Primärrecht (Art. 7 GRCh). ErwGr. 4 S. 2 und S. 3 DSGVO legen gleichwohl nahe, dass das Recht auf Achtung des Privatlebens im unionalen Datenschutzrecht ausschließlich im Rahmen von Interessenabwägungen mit Art. 8 GRCh zu berücksichtigen sei.[10]

Eine solche Sichtweise stünde indes im Widerspruch zur ständigen Rechtsprechung des EuGH.[11] Der Gerichtshof prüft Art. 8 Abs. 1 GRCh im Regelfall nicht allein, sondern in Verbindung mit anderen Grundrechten, insbesondere der Achtung des Privatlebens.[12] Auch das Bundesverfassungsgericht hat „die selbstbestimmte Persönlichkeitsentfaltung gegen-

---

9 Nur der Vollständigkeit halber ist zu betonen, dass der Datenschutz trotz seiner irreführenden Bezeichnung nicht dem Schutz der Daten als solcher, sondern der Personen, auf die sich die Informationen beziehen (lassen), dient. S. *K. von Lewinski*, Die Matrix des Datenschutzes, Besichtigung und Ordnung eines Begriffsfeldes, Tübingen 2014, S. 4; vgl. hierzu auch schon *W. Steinmüller/B. Lutterbeck/C. Mallmann*, et al., Grundfragen des Datenschutzes, Gutachten im Auftrag des Bundesministeriums des Inneren, BT-Drs. VI/3826, Anlage 1, 1971, S. 82.
10 Auch der Bundesgerichtshof verortet den Schutzzweck der DSGVO allein in Art. 8 GRCh und grenzt die Verordnung auf diese Weise von der ePrivacy-Richtlinie ab, die wiederum Art. 7 GRCh schützen soll. S. BGH, GRUR 2020, S. 891 (896) mit Rn. 61.
11 EuGH, Urt. v. 9.11.2010, vb. Rs. C-92/09 u. C-93/09 (Schecke), ECLI:EU:C:2010:662, Rn. 52; Urt. v. 24.11.2011, vb. Rs. C-468/10 u. C-469/10 (ASNEF), ECLI:EU:C:2011:777, Rn. 42; Urt. v. 17.10.2013, Rs. C-291/12 (Schwarz), ECLI:EU:C:2013:670, Rn. 24 ff.
12 Der ehemalige Präsident des EuGH *Vassilios Skouris* hat Art. 7 und Art. 8 GRCh sogar übergreifend als die „Grundrechte auf Datenschutz" bezeichnet. S. *V. Skou-*

über der Datenverarbeitung Dritter" auf Art. 7 i. V. m. Art. 8 GRCh ge-stützt.[13] Diese kombinierte Grundrechtsprüfung folgt einerseits daraus, dass sich die Schutzbereiche der beiden Grundrechte überschneiden.[14] Denn der Schutzbereich des Art. 7 GRCh erstreckt sich auf jede Informati-on, die eine bestimmte oder bestimmbare natürliche Person betrifft, wes-halb die Verarbeitung personenbezogener Daten stets auch die Achtung des Privatlebens berührt.[15] Andererseits spiegelt sich im gemeinsamen Prü-fungskanon auch der instrumentelle Charakter des Datenschutzgrund-rechts wider, vornehmlich andere Grundrechte zu gewährleisten.[16] Der grundrechtliche Schutz personenbezogener Daten erweist sich folglich – unabhängig davon, inwieweit Art. 8 GRCh auch ein selbständiger und nicht nur ein akzessorischer Schutzgehalt inhärent ist – nicht als reiner Selbstzweck.

Art. 1 Abs. 2 DSGVO steht einer Schutzgutkombination zudem nur scheinbar entgegen. Die Vorschrift ist in Wahrheit Ausdruck des gesetzge-berischen Handlungsauftrags aus Art. 8 GRCh, entsprechendes Daten-schutzsekundärrecht zu erlassen.[17] Dass sich Art. 1 Abs. 2 DSGVO somit dem Wortlaut nach „insbesondere" auf das Recht auf Schutz personenbe-

---

ris, Leitlinien der Rechtsprechung des EuGH zum Datenschutz, NVwZ 2016, S. 1359 (1363 f.).

13 BVerfG, DÖV 2020, S. 391 (399) mit Rn. 101.

14 *C. Gusy*, Datenschutz als Privatheitsschutz oder Datenschutz statt Privatheits-schutz?, EuGRZ 2018, S. 244 (254); *H. D. Jarass*, in: ders. (Hrsg.), EU-Grundrechte-Charta, 4. Aufl., München 2021, Art. 8 Rn. 4; a. A.: *W. Michl*, Das Verhältnis zwi-schen Art. 7 und Art. 8 GRCh – zur Bestimmung der Grundlage des Datenschutz-grundrechts im EU-Recht, DuD 2017, S. 349 (353), der Art. 7 und Art. 8 GRCh als konzentrische Kreise begreift, aber sich dennoch für die Verbindungslösung des EuGH ausspricht.

15 EuGH, Urt. v. 16.7.2020, Rs. C-311/18 (Schrems II), ECLI:EU:C:2020:559, Rn. 170 m.w.N.

16 *J. Eichenhofer*, Privatheit im Internet als Vertrauensschutz, Eine Neukonstruktion der Europäischen Grundrechte auf Privatleben und Datenschutz, Der Staat 55 (2016), S. 41 (61 f.); *N. Marsch*, Das europäische Datenschutzgrundrecht, Grundla-gen – Dimensionen – Verflechtungen, Tübingen 2018, S. 109; *Reinhardt*, Kontu-ren des europäischen Datenschutzgrundrechts (Fn. 3), S. 538; vgl. für das deut-sche Verfassungsrecht *G. Britz*, Informationelle Selbstbestimmung zwischen rechtswissenschaftlicher Grundsatzkritik und Beharren des Bundesverfassungsge-richts, in: W. Hoffmann-Riem (Hrsg.), Offene Rechtswissenschaft, Tübingen 2010, S. 561 (573 f.).

17 *Gusy*, Datenschutz (Fn. 14), S. 245; *Marsch*, Datenschutzgrundrecht (Fn. 16), S. 128 ff.; *W. Veil*, Die Datenschutz-Grundverordnung: des Kaisers neue Kleider, NVwZ 2018, S. 686 (694).

zogener Daten bezieht, verdeutlicht lediglich, dass der Unionsgesetzgeber diesem Regelungsbefehl nachgekommen ist.

Das Schutzgut bzw. besser gesagt die Schutzgüter der DSGVO allein unter dem Oberbegriff des Datenschutzes zusammenzufassen, verkürzt mithin strenggenommen den Schutzzweck der Verordnung. Dem alternativen Begriff des Betroffenenschutzes fehlt es indes – autonom verwendet – an einer informationellen Dimension. Trotz aller (aufgezeigten) Limitationen ist deshalb am Begriff des Datenschutzes (i. S. e. Schutzes vor der Verarbeitung personenbezogener Daten) festzuhalten.[18]

III. Primat des Datenschutzes?

Auch wenn der Datenschutz als Schutzgut der DSGVO kein Selbstzweck ist,[19] könnte ihm ein allgemeiner Vorrang bei Interessenkollisionen im Verarbeitungskontext zukommen. Das wäre dann der Fall, wenn die Rechtspositionen des Verantwortlichen einer Datenverarbeitung stets nur nachrangig zu berücksichtigen wären (1.). Um einem solchen Primat des Datenschutzes vorzubeugen, könnte es eines alternativen Regelungsansatzes bedürfen, um die Verarbeitung personenbezogener Daten zu regulieren (2.).

---

18 Ebenso *von Lewinski*, Matrix des Datenschutzes (Fn. 9), S. 5. Gleichwohl hat das Datenschutzrecht in der EU kein einheitliches Schutzgut. Die Öffnungsklauseln in der DSGVO gestehen den Mitgliedstaaten weitreichende Gestaltungsspielräume zu (*Kühling/Martini*, Datenschutz-Grundverordnung [Fn. 5], S. 449). Verabschieden die nationalen Gesetzgeber auf ihrer Grundlage eigenes Datenschutzrecht, finden in diesem Regelungsbereich die jeweiligen mitgliedstaatlichen Grundrechte Anwendung. Das Recht auf informationelle Selbstbestimmung nach Art. 2 Abs. 1 i. V. m. Art. 1 Abs. 1 GG ist mit Geltung der DSGVO daher keineswegs obsolet geworden, was auch das Bundesverfassungsgericht bestätigt hat (BVerfG, DÖV 2020, S. 374 [380] mit Rn. 74; weiterführend *A. Edenharter*, Die EU-Grundrechte-Charta als Prüfungsmaßstab des Bundesverfassungsgerichts, DÖV 2020, S. 349 ff.; *J. Kühling*, Das „Recht auf Vergessenwerden" vor dem BVerfG – November(r)evolution für die Grundrechtsarchitektur im Mehrebenensystem, NJW 2020, S. 275 ff.).

19 Weitere Schutzgüter finden sich bei *Veil*, Datenschutz-Grundverordnung (Fn. 17), S. 690 f.

1. Schutz der Verarbeitungsinteressen

Trotz seines öffentlich-rechtlichen Ursprungs[20] gilt das Datenschutzrecht schon lange nicht mehr allein im Bürger-Staat-Verhältnis, sondern auch für Private, die personenbezogene Daten verarbeiten. Die DSGVO – wie schon die DSRL – unterscheidet im Gegensatz zum BDSG noch nicht einmal zwischen nicht-öffentlicher und öffentlicher Datenverarbeitung.[21] Private können sich jedoch auf den grundrechtlichen Schutz ihrer Verarbeitungsinteressen berufen.[22]

Im Verarbeitungskontext stellt sich die Interessenkollision zwischen Betroffenem und Verantwortlichem daher regelmäßig als grundrechtliches Spannungsfeld dar.[23] Dem Grundrechtsschutz aus Art. 7 i. V. m. Art. 8 GRCh kann insbesondere die unternehmerische Freiheit (Art. 16 GRCh) oder der Eigentumsschutz (Art. 17 GRCh) gegenüberstehen. Zudem kommen nicht nur ökonomische Interessen in Betracht. Vielmehr kann sich der Verantwortliche etwa auch auf seine Forschungs- (Art. 13 S. 1 GRCh), Meinungs- oder Informationsfreiheit (Art. 11 GRCh) berufen. Denn das Datenschutzrecht erweist sich zuvorderst als Kommunikationsregulierung.[24]

Da sich die Grundrechte des Betroffenen und des Verantwortlichen im Ausgangspunkt gleichwertig gegenüberstehen, muss das einfache Datenschutzrecht im Kollisionsfall die widerstreitenden Interessen in einen schonenden Ausgleich zueinander bringen. Das unterstreicht ErwGr. 4 S. 2 DSGVO, nach dem das Datenschutzgrundrecht unter Wahrung des Verhältnismäßigkeitsprinzips gegen andere Grundrechte abzuwägen ist. Ein

---

20 § 1 des HDSG von 1970 nannte noch ausschließlich staatliche Stellen als Regelungsadressaten.

21 Dies kritisiert *D. Grimm*, Der Datenschutz vor einer Neuorientierung, JZ 2013, S. 585 (587 ff.).

22 Inwieweit sie zugleich an die Grundrechte der Betroffenen gebunden sind, ist umstritten. Aus dem EuGH-Urteil v. 13.5.2014 in der Sache „Google und Google Spain" (Rs. 131/12, ECLI:EU:C:2014:317) ließe sich ableiten, dass der Gerichtshof im Anwendungsbereich des Datenschutzrechts sogar eine unmittelbare Drittwirkung der GRCh unter Privaten annimmt. So zumindest *Marsch*, Datenschutzgrundrecht (Fn. 16), S. 253 ff.

23 Ebenso die *EU-Kommission*, Verordnungsentwurf v. 25.1.2012, COM(2012) 11 final, S. 7.

24 *P. Schantz/H. A. Wolff*, Das neue Datenschutzrecht, Datenschutz-Grundverordnung und Bundesdatenschutzgesetz in der Praxis, München 2017, Rn. 1316; *J. Schneider/N. Härting*, Datenschutz in Europa – Plädoyer für einen Neubeginn, CR 2014, S. 306 (307); *Veil*, Datenschutz-Grundverordnung (Fn. 17), S. 690.

Erwägungsgrund, der der ständigen Rechtsprechung des EuGH entlehnt ist, der zufolge das Recht auf Schutz personenbezogener Daten „kein uneingeschränktes Recht" sei.[25]

Gleichwohl hat der Verordnungsgeber es überwiegend den Gerichten[26] und Mitgliedstaaten[27] überlassen, die Grundrechtskollisionen im Einzelfall aufzulösen.[28] Die fortwährende Kritik am Datenschutzrecht lautet daher, dass sein Regime der grundrechtlichen Gemengelage im Verarbeitungskontext nicht gerecht werde, sondern den Betroffenenschutz einseitig über andere rechtliche Interessen stelle.[29] Insbesondere mit den Kommunikationsfreiheiten seien seine starren Vorschriften unvereinbar. Ein Verarbeitungsverbot mit Erlaubnisvorbehalt, umfassende Betroffenenrechte und das Sanktionsregime der Datenschutz-Aufsichtsbehörden gefährdeten potenziell die Freiheit des Einzelnen, sich zu äußern und zu informieren.[30] Darüber hinaus bremsten die Datenschutzvorschriften technologische In-

---

25 EuGH, Urt. v. 24.9.2019, Rs. C-507/17 (Google/CNIL), ECLI:EU:C:2019:772, Rn. 60 m.w.N.

26 Das unionale Datenschutzniveau hängt folglich im besonderen Maße davon ab, wie der EuGH die DSGVO auslegt. Zwar hat er in seiner Rechtsprechung keinen generellen Vorrang des Datenschutzrechts – beispielsweise vor Transparenzvorschriften (EuGH, Urt. v. 9.11.2010, vb. Rs. C-92/09 u. C-93/09 [Schecke], ECLI:EU:C:2010:662, Rn. 76 ff.) – statuiert (*J.-P. Schneider*, Stand und Perspektiven des Europäischen Datenverkehrs- und Datenschutzrechts, Die Verwaltung 44 [2011], S. 499 [515]). In den letzten Jahren hat der Gerichtshof indes eine äußerst datenschutzfreundliche Linie eingeschlagen. Exemplarisch sei auf die extensive Auslegung der gemeinsamen Verantwortlichkeit (noch unter Anwendung der DSRL) verwiesen. S. EuGH, Urt. v. 5.6.2018, Rs. C-210/16 (Wirtschaftsakademie SH), ECLI:EU:C:2018:388, Rn. 25 ff.; Urt. v. 10.7.2018, Rs. C-25/17 (Jehovan todistajat), ECLI:EU:C:2018:551, Rn. 63 ff.; Urt. v. 29.7.2019, Rs. C-40/17 (Fashion ID), ECLI:EU:C:2019:629, Rn. 64 ff.

27 Ein Beispiel hierfür ist die Vorschrift des Art. 85 DSGVO. Sie untermauert, dass die Verordnung den Konflikt zwischen Datenschutz und Kommunikationsfreiheit selbst nicht zu befrieden vermag, sondern letztere explizit aus ihrem Anwendungsbereich ausnimmt. S. *M. Cornils*, in: H. Gersdorf/B. P. Paal (Hrsg.), BeckOK InfoMedienR, 30. Ed., München 2020, Art. 85 DSGVO Rn. 2.

28 *Kühling/Martini*, Datenschutz-Grundverordnung (Fn. 5), S. 449.

29 *G. Duttge*, Was bleibt noch von der Wissenschaftsfreiheit?, Die Hypertrophie des Datenschutzes, NJW 1998, S. 1615 (1617); *M. Kloepfer*, Geben moderne Technologien und die europäische Integration Anlaß, Notwendigkeit und Grenzen des Schutzes personenbezogener Informationen neu zu bestimmen?, Gutachten D für den 62. Deutschen Juristentag, München 1998, S. 94; *Veil*, Datenschutz-Grundverordnung (Fn. 17), S. 689 f.

30 *Cornils* (Fn. 27), Art. 85 DSGVO Rn. 9.1; *Veil*, Datenschutz-Grundverordnung (Fn. 17), S. 688 f. Insofern unterscheidet sich das Datenschutzrecht hinsichtlich seiner Regelungstiefe vom allgemeinen Persönlichkeitsrecht, das § 823 Abs. 1

novationen nachhaltig aus, für die die Verarbeitung personenbezogener Daten längst essentiell geworden sei.[31]

2. Die Idee einer Datenverkehrsordnung

Um den Ordnungsrahmen für die moderne Informationsgesellschaft nicht mehr primär am Datenschutz, sondern – zumindest gleichberechtigt – an der Funktionsfähigkeit freier Informationsflüsse auszurichten, keimte bereits im vergangenen Jahrhundert die Idee einer sogenannten Datenverkehrsordnung auf.[32] Als deren Fürsprecher trat allen voran *Michael Kloepfer* in seinem Gutachten für den 62. Deutschen Juristentag im Jahr 1998 hervor, mit dem er ein Modernisierungskonzept für das damalige Datenschutzrecht präsentierte. Den Anlass hierfür gab die DSRL, die der Bundesgesetzgeber in deutsches Recht umsetzen musste.

Von der bevorstehenden Gesetzesreform erhoffte sich *Kloepfer* einen schonenden Ausgleich zwischen dem Datenschutz und der Informations- bzw. Kommunikationsfreiheit.[33] Diesen Ausgleich vermochte nach seiner Ansicht das Regelungsmodell einer Datenverkehrsordnung zu gewährleisten, das anstatt auf eine weitere Verrechtlichung der Informationsverarbeitung und mehr staatliche Verbote insbesondere auf private Selbstregulie-

---

BGB lediglich als Rahmenrecht garantiert. S. *A. Lauber-Rönsberg*, Internetveröffentlichungen und Medienprivileg, Verhältnis zwischen datenschutz- und medienzivilrechtlichem Persönlichkeitsschutz, ZD 2014, S. 177 (178).

31 *W. D'Avis/T. Giesen*, Datenschutz in der EU – rechtsstaatliches Monster und wissenschaftliche Hybris, CR 2019, S. 24 (26 f.); *F. Leucker*, Die zehn Märchen der Datenschutzreform, PinG 2015, S. 195 (200 f.).

32 Ursprünglich war der Begriff der Datenverkehrsordnung zwar noch nicht in Abgrenzung zum Datenschutzrecht verwendet worden. So betitelte der Hessische Landesdatenschutzbeauftragte Mitte der 1970er Jahre seinen Fairnesskodex für die elektronische Datenverarbeitung als „Datenverkehrs-Ordnung" (*Hessischer Landtag*, Drs. 8/435, Anlage I, S. 29). Doch bereits wenige Jahre später firmierte unter derselben Bezeichnung der Vorwurf *Rudolf Schomerus'*, dass sich das Datenschutzrecht zunehmend von seinem einstigen Regelungsziel, dem Schutz des Persönlichkeitsrechts, entferne und stattdessen nur noch allgemein die Verarbeitung personenbezogener Daten reguliere, d. h. zu einer Datenverkehrsordnung mutiere (*R. Schomerus*, Datenschutz oder Datenverkehrsordnung?, ZRP 1981, S. 291 [293 f.]). Ein Vorwurf, dem *Schomerus'* damaliger Vorgesetzter, *Hans Peter Bull*, entschieden entgegentrat, da er eine Datenverkehrsordnung zu diesem Zeitpunkt schon längst als gegeben ansah (*H. P. Bull*, Echo zu Schomerus, ZRP 1982, S. 55 f.).

33 *Kloepfer*, Gutachten D (Fn. 29), S. 79.

rung setzen sollte.[34] Denn „[ä]hnlich wie die Straßenverkehrsordnung nicht der Verkehrsverhinderung, sondern der Verkehrsermöglichung durch Verkehrsregelung dien[e], wäre dies bei einer Datenverkehrsordnung für den Datenumgang" der Fall.[35] Die Vorschriften des klassischen Datenschutzrechts sollten hingegen vornehmlich nur noch den Schutz von Personengeheimnissen bezwecken.[36] Als normative Klammer für beide Regulierungsmodelle strebte *Kloepfer* ein Informationsgesetzbuch an.[37] Die DSRL schien diesem dualen Regelungsansatz den Weg zu bereiten, da sie festschrieb, dass der Datenschutz nicht den freien Verkehr personenbezogener Daten zwischen den Mitgliedstaaten verhindern dürfe (Art. 1 Abs. 2 DSRL).[38] Die Hoffnung auf eine Kodifikation des gesamten Datenrechts wurde jedoch enttäuscht.[39]

B. Die Datenverkehrsfreiheit: das zweite Schutzgut der DSGVO?

Mit der DSGVO könnte der Unionsgesetzgeber nunmehr jedoch die einst als Gegensätze beschworenen Modelle des Datenschutzrechts und der Datenverkehrsordnung wirksam miteinander versöhnt haben – vorausgesetzt, er hätte im neuen Schutzregime neben dem Datenschutz auch die Datenverkehrsfreiheit als materielles Schutzgut verankert. Die Gewährleistung freier Informationsflüsse für die zwischenmenschliche Kommunikation und den technologischen Fortschritt wäre dann nicht erst nachrangig als

---

34 *Kloepfer*, Gutachten D (Fn. 29), S. 101 ff.; ebenso *R. Pitschas*, Informationelle Selbstbestimmung zwischen digitaler Ökonomie und Internet, Zum Paradigmenwechsel des Datenschutzrechts in der globalen Informationsgesellschaft, DuD 1998, S. 139 (140 f.).

35 *Kloepfer*, Gutachten D (Fn. 29), S. 87; ähnlich bereits *Bull*, Echo (Fn. 32), S. 55.

36 Vgl. *Kloepfer*, Gutachten D (Fn. 29), S. 94.

37 *Kloepfer*, Gutachten D (Fn. 29), S. 90 ff. Mit dem ähnlich anklingenden Begriff der Informationsordnung beschrieb *Dirk Pohl* jüngst das Streben nach vereinheitlichten Datenformaten auf dem Weg zu einer effizienten Verwaltungsdigitalisierung (*D. Pohl*, Die Datenmacht des digitalen Staates: Datenformate und Datenstrukturen, in: R. Greve/B. Gwiasda/T. Kemper et al. [Hrsg.], Der digitalisierte Staat, Chancen und Herausforderungen für den modernen Staat, Baden-Baden 2020, S. 245 ff.).

38 *Kloepfer*, Gutachten D (Fn. 29), S. 106; vgl. auch *A. Dix*, Bedroht der Datenschutz die Informationsfreiheit?, in: J. Bizer/B. Lutterbeck/J. Rieß (Hrsg.), Umbruch von Regelungssystemen in der Informationsgesellschaft, Freundesgabe für Alfred Büllesbach, 2002, S. 169 (171).

39 Bedenken hinsichtlich einer solchen Gesetzeskodifikation äußerte etwa *B. Sokol*, Datenschutz in der Informationsgesellschaft, MMR 1998, S. VIII f.

Zulässigkeitsgrenze datenschutzrechtlicher Schutzvorschriften zu berücksichtigen, sondern stets gleichwertiger Auslegungs- und Abwägungskompass. Dafür müsste der Unionsgesetzgeber die Datenverkehrsfreiheit aber tatsächlich mit einem entsprechenden Schutzgehalt im Primär- (I.) bzw. Sekundärrecht (II.) versehen haben.

I. Verankerung im Primärrecht

Um den möglichen Regelungsgehalt der Datenverkehrsfreiheit bestimmen zu können, ist es unausweichlich, ihr primärrechtliches Fundament näher zu beleuchten. Zentrale Norm ist die Datenschutzkompetenz des Unionsgesetzgebers. Denn in Art. 16 Abs. 2 UAbs. 1 S. 1 AEUV ist nicht nur die Rechtsetzungsbefugnis der Union für den Schutz personenbezogener Daten (Var. 1 und Var. 2), sondern auch für den freien Datenverkehr (Var. 3) niedergelegt.

1. Rechtsetzungsbefugnis des Art. 16 Abs. 2 UAbs. 1 S. 1 Var. 3 AEUV

Ausgehend vom Wortlaut der Norm, ließe sich vertreten, dass die Kompetenz für den freien Datenverkehr dem Unionsgesetzgeber einen Gestaltungsspielraum eröffnet, der über die Kompetenz für den Schutz personenbezogener Daten hinausgeht. Denn Art. 16 Abs. 2 UAbs. 1 S. 1 Var. 3 AEUV verweist weder auf konkrete Akteure – im Gegensatz zu Var. 1 und Var. 2, die die Datenverarbeitung durch die Union bzw. die Mitgliedstaaten adressieren – noch beschränkt sich die Datenverkehrsfreiheit ausdrücklich auf personenbezogene Daten. Demnach könnte Art. 16 Abs. 2 UAbs. 1 S. 1 Var. 3 als Grundlage dafür dienen, ein umfassendes Datenrecht zu erlassen, was zur Regulierung des gesamten digitalen Raumes verhelfen könnte.[40] Der einstigen Idee eines deutschen Informationsgesetzbuches wären somit auf unionaler Ebene Tür und Tor geöffnet.

Eine solche Auslegung blendete gleichwohl die Systematik des Art. 16 Abs. 2 UAbs. 1 S. 1 AEUV aus. War unter Geltung der DSRL noch allein ein Rückgriff auf die Binnenmarktkompetenz in Art. 95 EGV (dem heuti-

---

40 *H. A. Wolff*, in: M. Pechstein/C. Nowak/U. Häde (Hrsg.), Frankfurter Kommentar zu EUV, GRC und AEUV, Tübingen 2017, Art. 16 AEUV Rn. 22, der Art. 16 Abs. 2 UAbs. 1 S. 1 Var. 3 daher auch als den „dunklen Fleck" der Kompetenzgrundlage bezeichnet.

gen Art. 114 AEUV) möglich, finden sich nun ausdrücklich zwei[41] normative Säulen, die das Gewölbe des unionalen Datenschutzrechts stützen. Zum einen die Rechtsetzungsbefugnis zum Schutz personenbezogener Daten bei der Verarbeitung durch staatliche Stellen (Art. 16 Abs. 2 UAbs. 1 S. 1 Var. 1 und Var. 2).[42] Zum anderen die Rechtsetzungsbefugnis für den freien Datenverkehr. Sie ist Ausfluss der Binnenmarktkompetenz und geht ihr als *lex specialis* vor.[43] Im neuen Kompetenzregime stützt sie jedoch im Umkehrschluss aus Art. 16 Abs. 2 UAbs. 1 S. 1 Var. 1 und Var. 2 allein die Regulierung privater Datenverarbeitung.[44] Daraus erfolgt zugleich die Eigenständigkeit der Datenverkehrsfreiheit, der es entgegenstünde, sie als bloße Auffangkompetenz zu den Var. 1 und Var. 2 anzusehen.[45]

Dass in der Gesetzgebungskompetenz für den staatlichen Verarbeitungssektor explizit auf den Schutz personenbezogener Daten hingewiesen wird, liegt zudem in der Grundrechtsbindung der Union und der Mitgliedstaaten begründet (Art. 51 Abs. 1 GRCh). Sie müssen Art. 8 GRCh (bzw. Art. 16 Abs. 1 AEUV) unmittelbar achten, was der Unionsgesetzgeber mit dem Wortlaut der Art. 16 Abs. 2 UAbs. 1 S. 1 Var. 1 und Var. 2 lediglich noch einmal unterstrichen hat. Aus der fehlenden Erwähnung „personenbezogener Daten" in Art. 16 Abs. 2 UAbs. 1 S. 1 Var. 3 AEUV folgt daher nicht, dass die Rechtsetzungsbefugnis für den freien Datenverkehr auch die Regulierung nicht-personenbezogener Datenströme ermöglicht.[46] Hierfür muss sich der Unionsgesetzgeber immer noch auf Art. 114

---

41 Genauer gesagt drei Säulen, da noch einmal zwischen Union und Mitgliedstaaten zu unterscheiden ist.

42 *Marsch*, Datenschutzgrundrecht (Fn. 16), S. 335 ff.; *M. Martini/T. Kienle*, Die Verwaltung 52 (2019), S. 467 (472 ff.); *M. Schröder*, in: R. Streinz (Hrsg.), EUV/AEUV, 3. Aufl., München 2018, Art. 16 AEUV Rn. 10.

43 *T. Kingreen*, in: C. Calliess/M. Ruffert (Hrsg.), EUV/AEUV, 5. Aufl., München 2016, Art. 16 AEUV Rn. 7; a. A.: *U. Brühann*, in: H. von der Groeben/J. Schwarze/ A. Hatje (Hrsg.), Europäisches Unionsrecht, 7. Aufl., Baden-Baden 2015, Art. 16 AEUV Rn. 36 und *K. von Lewinski*, in: M. Eßer/P. Kramer/K. von Lewinski (Hrsg.), DSGVO/BDSG, 7. Aufl., Köln 2020, Art. 1 Rn. 3, nach denen Art. 16 Abs. 2 UAbs. 1 S. 1 AEUV keinen Binnenmarktbezug hat bzw. voraussetzt.

44 *J. Brauneck*, Marktortprinzip der DSGVO: Weltgeltung für EU-Datenschutz?, EuZW 2019, S. 494 (498 f.); *J. H. Klement*, Öffentliches Interesse an Privatheit, Das europäische Datenschutzrecht zwischen Binnenmarkt, Freiheit und Gemeinwohl, JZ 2017, S. 161 (164); *Marsch*, Datenschutzgrundrecht (Fn. 16), S. 335; *Schröder* (Fn. 42), Art. 16 AEUV Rn. 10.

45 In diese Richtung aber *Wolff* (Fn. 40), Art. 16 AEUV Rn. 22.

46 Vgl. *T. Zerdick*, in: E. Ehmann/M. Selmayr (Hrsg.), DS-GVO, 2. Aufl., München 2018, Art. 1 Rn. 9, der zutreffend im Rahmen von Art. 1 DSGVO vom „Grundsatz

AEUV berufen, was er auch tut, beispielsweise bei der Verordnung (EU) 2018/1807 und der Digitale-Inhalte-Richtlinie (EU) 2019/770 (dazu C.).[47]

2. Garant des (digitalen) Binnenmarktes

Der Verankerung der Datenverkehrsfreiheit in Art. 16 Abs. 2 UAbs. 1 S. 1 Var. 3 AEUV kommt indes nur eine formelle und keine materielle Dimension zu. Letztere könnte allein aus der Verbindung mit anderen Vorschriften aus dem Primärrecht folgen.[48] Als entscheidend erweist sich in diesem Zusammenhang der Binnenmarktbezug der Datenverkehrsfreiheit als *lex specialis* zu Art. 114 AEUV. Denn die Verwirklichung des gemeinsamen Binnenmarktes ist ein zentrales Ziel der EU (Art. 3 Abs. 3 UAbs. 1 S. 1 EUV). Trotz der fehlenden Verankerung in Art. 26 Abs. 2 AEUV zählt zu ihm nicht nur der freie Verkehr von Waren und Dienstleistungen, sondern auch von (personenbezogenen) Daten, da ein innereuropäischer Markt grenzüberschreitende Datenübermittlungen zwingend voraussetzt. Insoweit dient der freie Informationsverkehr auch der Wahrung der unionalen Grundfreiheiten.[49] Hieraus erfährt die Datenverkehrsfreiheit einen materiellen Regelungsgehalt: Als Garant des (digitalen) Binnenmarktes bezweckt sie eine umfassende Rechtsharmonisierung im unionalen Datenschutzrecht.

---

des freien Verkehrs von personenbezogenen Daten" spricht. Dass sich die Gesetzgebungskompetenz für den freien Datenverkehr nur auf personenbezogene Daten bezieht, geht auch ausdrücklich aus der englischsprachigen Fassung des Art. 16 AEUV hervor („the rules relating to the protection of individuals with regard to the processing of personal data [...] and the rules relating to the free movement of such data").

47 In den Präambeln beider Rechtsakte heißt es wörtlich: „gestützt auf den Vertrag über die Arbeitsweise der Europäischen Union, insbesondere auf Artikel 114".

48 Auch im deutschen Verfassungsrecht kann den Gesetzgebungskompetenzen ausnahmsweise in Verbindung mit anderen Vorschriften des Grundgesetzes oder bei gleichzeitigem Erlass eines einfachen Gesetzes, das die jeweilige Kompetenz ausfüllt, ein materieller Schutzgehalt zukommen. Hierzu weiterführend *C. Degenhart*, in: M. Sachs (Hrsg.), Grundgesetz, 8. Aufl., München 2018, Art. 70 Rn. 70 ff. Zumindest für das nationale Datenschutzrecht lehnt *Marsch*, Datenschutzgrundrecht (Fn. 16), S. 320 dies hingegen ab.

49 *G. Hornung/I. Spiecker gen. Döhmann*, in: S. Simitis/G. Hornung/I. Spiecker gen. Döhmann (Hrsg.), DSGVO, Baden-Baden 2019, Art. 1 Rn. 41. Die Datenverkehrsfreiheit selbst ist jedoch noch keine „fünfte Grundfreiheit" geworden. S. *von Lewinski* (Fn. 43), Art. 1 Rn. 10; *S. Pötters*, in: P. Gola (Hrsg.), DS-GVO, 2. Aufl., München 2018, Art. 1 Rn. 16.

Aus dem primärrechtlichen Fundament der Datenverkehrsfreiheit erfolgt indes keine Pflicht für den Unionsgesetzgeber, freie Informationsströme unabhängig von einem Binnenmarktbezug zu fördern. Nichtsdestotrotz stellt sich die Frage, in welchem Verhältnis die Funktionsfähigkeit des Binnenmarktes und der grundrechtlich verbriefte Betroffenenschutz im Datenschutzsekundärrecht zueinanderstehen. Zudem könnte der Unionsgesetzgeber den Regelungsinhalt der Datenverkehrsfreiheit in der DSGVO losgelöst von ihrem originären Binnenmarktbezug ausgestaltet haben, dies legt zumindest ein Vergleich mit der DSRL nahe. Eine solche Datenverkehrsfreiheit i. w. S. garantierte Informationsübermittlungen unter Umständen umfassend (hierzu II. 2. a.).

II. Verankerung im Sekundärrecht

Der in der Praxis übliche Gebrauch der Abkürzungen „DSGVO" oder „Datenschutz-Grundverordnung" lässt oftmals vergessen, dass sich der Begriff der Datenverkehrsfreiheit ebenfalls im Verordnungstitel wiederfindet.[50] Auch in einzelnen Vorschriften hat der Unionsgesetzgeber den Schutz des freien Datenverkehrs ausdrücklich festgeschrieben, etwa in Art. 4 Nr. 24, Art. 35 Abs. 6 oder auch Art. 51 Abs. 1 DSGVO. Ob daraus zugleich folgt, dass das unionale Datenschutzrecht tatsächlich der Verwirklichung des Binnenmarktes dienen oder sogar den Informationsverkehr im Allgemeinen fördern muss, hängt entscheidend davon ab, welche normativen Vorgaben in der Schlüsselnorm des Art. 1 DSGVO verankert sind. Ihr Abs. 1 und Abs. 3 geben Auskunft über die Schutzgutqualität der Datenverkehrsfreiheit.

1. Dualität von Datenschutz und Datenverkehrsfreiheit?

Nach Art. 1 Abs. 1 DSGVO beinhaltet die Verordnung Vorschriften zum Schutz personenbezogener Daten und zum freien Verkehr solcher Daten. Sollte diese Regelung materiellrechtlich zu verstehen sein, folgte aus ihr, dass das unionale Datenschutzregime zwei Schutzgütern verpflichtet ist:

---

50 Verordnung (EU) 2016/679 des Europäischen Parlaments und des Rates v. 27.4.2016 zum Schutz natürlicher Personen bei der Verarbeitung personenbezogener Daten, zum freien Datenverkehr und zur Aufhebung der Richtlinie 95/46/EG.

dem Datenschutz und der Datenverkehrsfreiheit. Beide hat die EU-Kommission in ihrem ersten Evaluationsbericht zur DSGVO explizit als die Regelungsziele bezeichnet, die die Verordnung erfolgreich verwirklicht habe.[51] Auch das könnte die Existenz eines dualistischen Schutzgutkonzepts im Datenschutzrecht untermauern.

Zwar trifft Art. 1 Abs. 1 DSGVO keine Aussage darüber, ob jeder Verordnungsartikel den Schutz beider Güter zu gleichen Teilen bezwecken soll oder bestimmte Regelungen vorrangig dem Datenschutz und andere der Datenverkehrsfreiheit dienen. Fest steht aber jedenfalls, dass die Vorschrift kein Rangverhältnis zwischen ihnen konstituiert, sodass sie im Konfliktfall in Ausgleich miteinander zu bringen wären.[52] Ob eine Datenverarbeitung rechtmäßig ist, richtete sich in diesem Sinne nicht allein danach, ob hierbei der Schutz der personenbezogenen Daten ausreichend gewahrt ist. Ein zu enger Rechtmäßigkeitsmaßstab verstieße vielmehr gegen das gleichrangige Schutzgut freier Informationsflüsse. Zu berücksichtigen wäre stets, dass die Verordnung auch einen (grenzüberschreitenden) Datenverkehr ermöglichen soll. Bei der Auslegung offener Rechtsbegriffe wie „erforderlich" im Rahmen der Erlaubnistatbestände (Art. 6 Abs. 1 UAbs. 1, Art. 7 Abs. 4 DSGVO) wäre mithin dem dualen Regelungsansatz der Verordnung gerecht zu werden.

Ein solches Verständnis des Art. 1 Abs. 1 DSGVO setzte gleichwohl voraus, dass die Regelung überhaupt die materiellen Schutzgüter der Verordnung benennt. Naheliegender ist aber, dass die Vorschrift eine rein formale Funktion hat, indem sie die primärrechtliche Grundlage des Gesetzes aufzeigt.[53] Tatsächlich deckt sich Art. 1 Abs. 1 DSGVO mit der zweigliedrigen Datenschutzkompetenz des Art. 16 Abs. 2 UAbs. 1 S. 1 AEUV. Dass die Verordnung Artikel zum Schutz personenbezogener Daten und zum freien Datenverkehr beinhaltet, verdeutlicht folglich nur, dass sie sich sowohl auf den öffentlichen als auch den privaten Verarbeitungssektor bezieht, trifft aber keine Aussage über ihren Regelungsgehalt. Diese Auslegungs-

---

51 *EU-Kommission*, Data protection as a pillar of citizens' empowerment and the EU's approach to the digital transition – two years of application of the General Data Protection Regulation, Brüssel 24.6.2020, COM(2020) 264 final, S. 4.

52 *G. Buchholtz/R. Stentzel*, in: S. Gierschmann/K. Schlender/R. Stentzel/W. Veil (Hrsg.), DSGVO, Köln 2018, Art. 1 Rn. 37 f.; *G. Hornung/S. Sädtler*, Europas Wolken, Die Auswirkungen des Entwurfs für eine Datenschutz-Grundverordnung auf das Cloud Computing, CR 2012, S. 638 (639); *von Lewinski* (Fn. 43), Art. 1 Rn. 4; *K.-U. Plath*, in: ders. (Hrsg.), BDSG/DSGVO, 3. Aufl., Köln 2018, Art. 1 Rn. 6.

53 Vgl. *Marsch*, Datenschutzgrundrecht (Fn. 16), S. 319; wohl a. A.: *S. Ernst*, in: B. P. Paal/D. A. Pauly (Hrsg.), DS-GVO/BDSG, 3. Aufl., München 2021, Art. 1 Rn. 2; *Klement*, Privatheit (Fn. 44), S. 164.

weise stützt außerdem, dass Art. 1 Abs. 2 DSGVO, der ausdrücklich den Schutzgehalt der Verordnung formuliert, sich zur Datenverkehrsfreiheit ausschweigt. Art. 1 Abs. 1 DSGVO begründet somit keine duale Schutzgutsystematik im Datenschutzsekundärrecht.

2. Kollision von Datenschutz und Datenverkehrsfreiheit

Gemessen an ihrem Wortlaut erschöpft sich die Vorschrift des Art. 1 Abs. 3 DSGVO hingegen nicht darin, die Kompetenzgrundlage des Datenschutzrechts zu wiederholen. Sie besagt, dass der freie Datenverkehr aus Datenschutzgründen weder eingeschränkt noch verboten werden dürfe. Der Vergleich mit Art. 1 Abs. 1 zeigt, dass der Verordnungsgeber den beiden Absätzen nicht denselben Regelungsgehalt hat zukommen lassen. Während Abs. 1 einen rein formalen Bezug zu Art. 16 Abs. 2 UAbs. 1 S. 1 AEUV herstellt, könnte Abs. 3 eine materielle Entscheidung darüber treffen, wie sich Datenschutz und freier Datenverkehr im Kollisionsfall zueinander verhalten. Eine solche Deutungsweise implizierte aber, dass es sich bei beiden um gleichwertige Schutzgüter der DSGVO handelt.

a. Vorrang einer Datenverkehrsfreiheit i. w. S.?

Die Verordnung könnte der Datenverkehrsfreiheit sogar vorrangig, d. h. auch zu Lasten des Datenschutzes, verpflichtet sein. Darauf ließe zumindest ihr Art. 1 Abs. 3 schließen. Ein ähnlich wirtschaftsaffines Verständnis des Datenschutzrechts herrschte bereits unter der DSRL vor, stützte sich diese doch noch allein auf die Binnenmarktkompetenz. So analysierte etwa der Generalanwalt *Antonio Tizzano* in der Sache „Österreichischer Rundfunk", dass das Regelungsziel der DSRL, ein einheitliches Schutzniveau in allen Mitgliedstaaten, zwar auch dem Grundrechtsschutz diene, aber der Hauptzweck der Richtlinie darin liege, den freien Datenverkehr zu fördern.[54] Auch wenn der EuGH den Schlussanträgen des Ge-

---

54 Schlussanträge des GA v. 14.11.2002, vb. Rs. C-465/00 u. a. (ORF), ECLI:EU:C:2002:662, Rn. 52; dieselbe Ansicht hatte *Tizzano* bereits in seinen Schlussanträgen v. 19.9.2002, Rs. C-101/01 (Lindqvist), ECLI:EU:C:2002:513, Rn. 40 vertreten.

neralanwalts im Ergebnis nicht folgte,[55] sah er jedoch ebenfalls den freien Datenverkehr als das vorrangige Ziel des Datenschutzrechts an.[56]

Zur Geltungszeit der DSRL waren es die Mitgliedstaaten, die grenzüberschreitende Informationsübermittlungen durch ihre nationalen Umsetzungsvorschriften gefährden konnten. Es war daher nur konsequent, dass der Unionsgesetzgeber sie in Art. 1 Abs. 2 DSRL explizit nannte. Mit dem Rechtsformwechsel zur Verordnung hätte diese Regelung jedoch theoretisch in Gänze entfallen können. Dass der Unionsgesetzgeber dennoch weitestgehend an ihr festgehalten hat, aber in Art. 1 Abs. 3 DSGVO nicht mehr ausdrücklich die Mitgliedstaaten adressiert, könnte bedeuten, dass die Verordnung nun noch stärker dazu dienen soll, Informationstransfers zu ermöglichen.

Denn mit dem Beschränkungsverbot des freien Datenverkehrs könnte sich der Unionsgesetzgeber nunmehr selbst in die Pflicht genommen haben. Art. 1 Abs. 3 DSGVO beinhaltete demnach im Unterschied zu Art. 1 Abs. 2 DSRL kein Harmonisierungsgebot für die Mitgliedstaaten, durch einheitliche Datenschutzvorschriften den freien Informationsverkehr negativ zu gewährleisten, sondern ein neues Regelungsziel des Unionsgesetzgebers, die Verarbeitung personenbezogener Daten positiv zu fördern. Die Datenverkehrsfreiheit könnte sich mithin von ihrem ursprünglichen Binnenmarktbezug entfernt und sich zu einer Datenverkehrsfreiheit i. w. S. gewandelt haben. Der Datenschutz als das Recht auf Schutz vor Datenverarbeitung korrespondierte fortan mit einem Recht auf Datenverarbeitung. Eine derartige Fortentwicklung des unionalen Datenschutzregimes hin zu einer Art Datenverkehrsordnung könnte sich auch darin widerspiegeln, dass in die DSGVO explizit Vorschriften Eingang fanden, die Datenübermittlungen begünstigen sollen, etwa das Recht auf Datenübertragbarkeit (Art. 20).[57]

b. Negative Gewährleistungspflicht freier Datenströme

Art. 1 Abs. 3 DSGVO begründet jedoch weder ein vom Binnenmarkt losgelöstes allgemeines Schutzgut freier Informationstransfers noch dessen Vor-

---

55 Vgl. EuGH, Urt. 20.5.2003, vb. Rs. C-465/00 u. a. (ORF), ECLI:EU:C:2003:294, Rn. 41 ff.
56 EuGH, Urt. v. 9.3.2010, Rs. C-518/07 (Kommission/Deutschland), ECLI:EU:C:2010:125, Rn. 20.
57 Vgl. *Artikel-29-Datenschutzgruppe*, Leitlinien zum Recht auf Datenübertragbarkeit, WP 242, Brüssel 5.4.2017, S. 3.

rang vor dem Datenschutz. Stattdessen steht die Norm trotz der fehlenden Nennung der Mitgliedstaaten immer noch in der Tradition des Art. 1 Abs. 2 DSRL.

Denn auch unter Geltung der DSGVO können vornehmlich die Mitgliedstaaten das Ziel eines funktionsfähigen Binnenmarktes gefährden. Schließlich steht es ihnen im Rahmen der zahlreichen Öffnungsklauseln grundsätzlich frei, nationale Sonderregelungen zu erlassen.[58] Auch wenn der Unionsgesetzgeber sie in Art. 1 Abs. 3 DSGVO nicht mehr ausdrücklich adressiert hat, können ihre Datenschutzvorschriften grenzüberschreitende Informationstransfers weiterhin erschweren oder unmöglich machen, wenn sie vom Schutzniveau der DSGVO (unzulässigerweise) abweichen.[59]

Dass der Unionsgesetzgeber dieses Risiko klar vor Augen hatte, als er die Verordnung verabschiedete, beweist etwa ErwGr. 53 S. 5 DSGVO. Danach sollen mitgliedstaatliche Normen für die Verarbeitung genetischer, biometrischer oder gesundheitsbezogener Daten – die auf Grundlage der Öffnungsklausel des Art. 9 Abs. 4 DSGVO grundsätzlich zulässig sind – den freien Datenverkehr nicht beeinträchtigen. Die scheinbar adressatenfreie Formulierung des Art. 1 Abs. 3 DSGVO lässt sich zudem damit erklären, dass infolge der unmittelbaren Anwendbarkeit der Verordnung nicht mehr die Mitgliedstaaten, sondern die Verantwortlichen (und Auftragsverarbeiter) einer Datenverarbeitung die vorrangigen Regelungsadressaten der Verordnung sind.[60]

Art. 1 Abs. 3 DSGVO beinhaltet deshalb keine generelle Entscheidung des Verordnungsgebers zugunsten ungehemmter Datenströme. Vielmehr bringt die Vorschrift ausschließlich das übergeordnete Regelungsziel eines funktionierenden Binnenmarkts zum Ausdruck, das weder durch nationale Datenschutzvorschriften für private noch für öffentliche[61] Stellen gefährdet werden soll.[62] Der Weg zu diesem Ziel ist aber nicht weniger Datenschutz zugunsten freier Informationsflüsse, sondern freie Informationsflüsse dank einheitlich hoher Datenschutzstandards in den Mitgliedstaaten

---

58 Es überrascht daher kaum, dass die EU-Kommission in ihrem ersten Evaluationsbericht zur DSGVO einen zurückhaltenderen Gebrauch der Öffnungsklauseln angeregt hat. S. *EU-Kommission*, Data protection (Fn. 51), S. 14.

59 *B. Schmidt*, in: J. Taeger/D. Gabel, DSGVO – BDSG, 3. Aufl., Frankfurt am Main 2019, Art. 1 Rn. 48.

60 Vgl. ebenda.

61 Vgl. *Marsch*, Datenschutzgrundrecht (Fn. 16), S. 336.

62 *Marsch*, Datenschutzgrundrecht (Fn. 16), S. 339; *Zerdick* (Fn. 46), Art. 1 Rn. 11; vgl. auch *von Lewinski* (Fn. 43), Art. 1 Rn. 9.

(vgl. ErwGr. 10 S. 1 DSGVO).[63] Es wäre daher verfehlt, die Vorschrift des Art. 1 Abs. 3 DSGVO als eine Kollisionsnorm zweier gleichwertiger Schutzgüter zu begreifen. Alleiniges Schutzgut der DSGVO ist der Datenschutz i. S. e. umfassenden Betroffenenschutzes im Verarbeitungskontext. Ein dualer Regelungsansatz ist dem unionalen Datenschutzrecht fremd.

Die Gewährleistung der Datenverkehrsfreiheit in Art. 1 Abs. 3 DSGVO ist lediglich eine „rote Linie" für mitgliedstaatliche Vorschriften im Rahmen der Öffnungsklauseln, um zu verhindern, dass diese vom Schutzniveau der Verordnung abweichen.[64] Für den privaten Verarbeitungssektor bedeutet dies, dass nationale Normen das Schutzniveau der DSGVO weder unter- noch überschreiten dürfen.[65] Da das Binnenmarktziel für den öffentlichen Verarbeitungssektor nur abgeschwächt gilt, können die Mitgliedstaaten dort hingegen auch strengere Schutzstandards etablieren.[66]

Die DSGVO enthält demnach – dem Wortlaut des Art. 1 Abs. 1 DSGVO zum Trotz – keine Vorschriften zum Schutz des freien Datenverkehrs in der Union,[67] was auch im Einklang mit der primärrechtlichen Befugnisnorm steht.[68] Denn auf Grundlage des Art. 16 Abs. 2 UAbs. 1 S. 1 Var. 3 AEUV kann der Unionsgesetzgeber nur Vorschriften für den Schutz personenbezogener Daten erlassen.[69] Im Ergebnis gewährt das unionale Datenschutzrecht grenzüberschreitende Informationstransfers nur negativ durch seinen Anwendungsvorrang vor nationalen Vorschriften.

C. Die Gewährleistung des freien Datenverkehrs außerhalb der DSGVO

Dass Datenschutz und freier Datenverkehr in der DSGVO nicht als gleichrangige Schutzgüter verankert sind, wirkt sich auch auf die unionale Datenrechtsordnung in ihrer Gesamtheit aus. Denn in den letzten Jahren hat

---

63 *Hornung/Spiecker gen. Döhmann* (Fn. 49), Art. 1 Rn. 49.
64 *Schmidt* (Fn. 59), Art. 1 Rn. 11.
65 Vgl. *P. Schantz*, in: H. A. Wolff/S. Brink (Hrsg.), BeckOK DatenschutzR, 34. Ed., München 2020, Art. 1 Rn. 10.
66 *Marsch*, Datenschutzgrundrecht (Fn. 16), S. 340.
67 *Schantz* (Fn. 65), Art. 1 Rn. 1; *Schmidt* (Fn. 59), Art. 1 Rn. 9; *G. Sydow*, in: ders. (Hrsg.), DS-GVO, 2. Aufl., Baden-Baden 2018, Art. 1 Rn. 22.
68 Insbesondere bei der Prüfung außereuropäischer Datenübermittlungen nach den Art. 44 ff. DSGVO ist die Datenverkehrsfreiheit daher nicht zu berücksichtigen, da in diesem Fall schon kein Bezug zum Binnenmarkt gegeben ist. S. *Botta*, Angemessenheit (Fn. 8), S. 84 f.; *Hornung/Spiecker gen. Döhmann* (Fn. 49), Art. 1 Rn. 45; *Schantz* (Fn. 65), Art. 1 Rn. 4.
69 *Marsch*, Datenschutzgrundrecht (Fn. 16), S. 335.

der Unionsgesetzgeber weitere Rechtsakte verabschiedet, die einen freien Datenverkehr – teilweise sogar positiv – gewährleisten sollen, insbesondere die Verordnung (EU) 2018/1807 und die Digitale-Inhalte-Richtlinie (EU) 2019/770. Ob diese Rechtsakte aber freie Informationsflüsse unberührt vom datenschutzrechtlichen Regelungsregime garantieren, hängt davon ab, wie ihr Verhältnis zur DSGVO ausgestaltet ist.

I. *Die Verordnung (EU) 2018/1807 über einen Rahmen für den freien Verkehr nicht-personenbezogener Daten*

Der Unionsgesetzgeber hat die Verordnung (EU) 2018/1807 ausdrücklich als Ergänzung zur DSGVO beschlossen. Sie soll den Rechtsrahmen für einen gemeinsamen europäischen Datenraum und den freien Verkehr aller – personenbezogener wie nicht-personenbezogener – Daten vervollständigen (ErwGr. 10). Um die grenzüberschreitende Verarbeitung nicht-personenbezogener Daten – vornehmlich durch Cloud-Diensteanbieter[70] – zu erleichtern, verbietet die Verordnung in erster Linie nationale Datenlokalisierungsauflagen[71] (Art. 4 Abs. 1).[72] Des Weiteren soll sie der Anbieterabhängigkeit (vendor-lock-in) im privaten Bereich entgegenwirken (Art. 6 Verordnung [EU] 2018/1807).[73]

Die Abgrenzung zur DSGVO erfolgt scheinbar eindeutig über das Kriterium des Personenbezugs.[74] Zwischen personenbezogenen und nicht-per-

---

70 *EU-Kommission*, Leitlinien zur Verordnung über einen Rahmen für den freien Verkehr nicht-personenbezogener Daten in der Europäischen Union, COM(2019) 250 final, Brüssel 29.5.2019, S. 2.

71 Darunter fallen Vorschriften der Mitgliedstaaten wie § 113b TKG, nach denen Daten nur in ihrem Hoheitsgebiet verarbeitet werden dürfen oder die jedenfalls die Datenverarbeitung in einem anderen Mitgliedstaat behindern.

72 Im Gegenzug dürfen Diensteanbieter den zuständigen Behörden nicht den Datenzugang mit der Begründung verweigern, dass sie die Daten in einem anderen Mitgliedstaat verarbeiten (Art. 5 Abs. 1 S. 2). Eine Ausnahme vom Lokalisierungsverbot macht die Verordnung (EU) 2018/1807, wenn sich die nationalen Auflagen durch Gründe der öffentlichen Sicherheit rechtfertigen lassen und sie verhältnismäßig sind.

73 Im Gegensatz zur DSGVO, die mit ihrem Art. 20 ausdrücklich ein Recht auf Datenübertragbarkeit beinhaltet, setzt die Verordnung (EU) 2018/1807 aber lediglich auf die Selbstregulierung der Unternehmen, um Anbieterwechsel zu begünstigen (Art. 6).

74 Als Beispiel für nicht-personenbezogene Daten führt die Verordnung (EU) 2018/1807 aggregierte und anonymisierte Datensätze für Big-Data-Analysen an (ErwGr. 9 S. 2).

sonenbezogenen Daten lässt sich jedoch oftmals nicht trennscharf unterscheiden. Der Unionsgesetzgeber hat den Begriff des personenbezogenen Datums weit definiert und fasst darunter alle Informationen, die sich auf eine identifizierte oder identifizierbare natürliche Person beziehen (Art. 4 Nr. 1 DSGVO). Ein Personenbezug scheidet nur aus, wenn die Identifizierung einen unverhältnismäßigen Aufwand an finanziellen, personellen und zeitlichen Ressourcen erforderte, sodass das Risiko einer Identifizierung minimal ist.[75]

Gerade diese Grenzen des tatsächlich Möglichen lösen sich aber stetig auf. Den Entwicklern moderner Algorithmentechnologie gelingt es immer besser, vermeintlich unpersönliche Informationen mit konkreten Individuen zu verbinden und anonymisierte Daten wieder zu deanonymisieren.[76] Eine dauerhafte Anonymisierung personenbezogener Daten ist de facto unmöglich geworden.[77] Im Zweifel müssen Rechtsanwender daher die Vorgaben der DSGVO beachten. Das gilt insbesondere für Datensätze, in denen personenbezogene und nicht-personenbezogene Daten untrennbar miteinander verbunden sind. Auf sie findet allein das Regelungsregime der DSGVO Anwendung (Art. 1 Abs. 2 Verordnung [EU] 2018/1807). Gemischte Datensätze sind jedoch in der Digitalwirtschaft der Regelfall.[78] Die Daten, die in ihnen enthalten sind, gelten als untrennbar miteinander verbunden, wenn ihre Trennung unmöglich ist oder der Diensteanbieter eine Trennung zumindest als wirtschaftlich ineffizient oder technisch nicht machbar ansieht.[79]

II. Die Richtlinie (EU) 2019/770 über bestimmte vertragsrechtliche Aspekte der Bereitstellung digitaler Inhalte und digitaler Dienstleistungen

Die Digitale-Inhalte-Richtlinie bezweckt, den grenzüberschreitenden elektronischen Handel zu fördern, indem sie Verbrauchern einen besseren Zu-

---

75 EuGH, Urt. v. 19.10.2016, Rs. C-582/14 (Breyer/Deutschland), ECLI:EU:C:2016:779, Rn. 46.
76 *M. Martini*, Blackbox Algorithmus – Grundfragen einer Regulierung Künstlicher Intelligenz, Heidelberg 2019, S. 159 ff.; *Reinhardt*, Konturen des europäischen Datenschutzgrundrechts (Fn. 3), S. 532 f.
77 *Artikel-29-Datenschutzgruppe*, Stellungnahme 5/2014 zu Anonymisierungstechniken, WP 216, Brüssel 10.4.2014, S. 4; *N. Marnau*, Anonymisierung, Pseudonymisierung und Transparenz für Big Data, Technische Herausforderungen und Regelungen in der Datenschutz-Grundverordnung, DuD 2016, S. 428 (429).
78 *EU-Kommission*, Leitlinien (Fn. 70), S. 8.
79 Ebenda, S. 9.

gang zu digitalen Inhalten und Dienstleistungen eröffnet und es Unternehmen erleichtert, derartige Angebote bereitzustellen (Art. 1, ErwGr. 1 S. 2 DI-RL). Da digitale Inhalte Daten sind, die in digitaler Form erstellt und bereitgestellt werden und digitale Dienstleistungen auf der Verarbeitung solcher Daten basieren (Art. 2 Nr. 1 und Nr. 2 DI-RL), dient die Richtlinie zugleich auch dem freien Datenverkehr in der Union.

Im Gegensatz zur Verordnung (EU) 2018/1807 findet die DI-RL auf nicht-personenbezogene wie personenbezogene Daten Anwendung.[80] Einschränkend hat der Unionsgesetzgeber jedoch festgehalten, dass die DSGVO der DI-RL im Falle von Widersprüchen vorgeht (Art. 3 Abs. 8 DI-RL). Ein Widerspruch kann sich insbesondere daraus ergeben, dass die DI-RL grundsätzlich die Preisgabe personenbezogener Daten als eine vertragliche Gegenleistung[81] für entgeltfreie digitale Inhalte und Dienstleistungen anerkennt und ihren Anwendungsbereich auf derartige Verbrauchergeschäfte erstreckt (Art. 3 Abs. 1 UAbs. 2 Hs. 1).[82] Die DSGVO verbietet ein Geschäftsmodell „Daten gegen Leistung" zwar nicht ausdrücklich. Wenn die Verarbeitungsgrundlage das Vertragsverhältnis selbst sein soll, verlangt sie aber, dass die Datenverarbeitung erforderlich ist, um den jeweiligen Vertrag zu erfüllen (Art. 6 Abs. 1 UAbs. 1 lit. b DSGVO).[83]

Unter der DI-RL stellen jedoch überhaupt nur solche personenbezogenen Daten eine wirksame Gegenleistung dar, die der Unternehmer nicht allein deshalb verarbeitet, weil er sie zur Bereitstellung seiner digitalen Angebote benötigt oder weil er rechtlichen Anforderungen nachkommen muss (Art. 3 Abs. 1 UAbs. 2 Hs. 2). Da es der Grundsatz der Einheit der Unionsrechtsordnung gebietet, „erforderlich zur Vertragserfüllung" in Art. 6 Abs. 1 UAbs. 1 lit. b DSGVO und „benötigt zur Angebotsbereitstellung" in Art. 3 Abs. 1 UAbs. 2 Hs. 2 DI-RL kohärent auszulegen, be-

---

80 Vgl. *A. Sattler*, Personenbezogene Daten als Leistungsgegenstand, Die Einwilligung als Wegbereiter des Datenschuldrechts, JZ 2017, S. 1036 (1041).

81 Auch wenn ErwGr. 24 S. 3 DI-RL ausdrücklich festhält, dass personenbezogene Daten keine Ware sind.

82 *A. Metzger*, Verträge über digitale Inhalte und digitale Dienstleistungen: Neuer BGB-Vertragstypus oder punktuelle Reform?, JZ 2019, S. 577 (579); *D. Staudenmayer*, Die Richtlinien zu den digitalen Verträgen, ZEuP 2019, S. 663 (669).

83 Ob eine Datenverarbeitung als erforderlich anzusehen ist, bestimmt sich vorrangig nach dem objektiven Vertragszweck und nicht nach dem subjektiven Parteiwillen. S. *Europäischer Datenschutzausschuss*, Guidelines 2/2019 on the processing of personal data under Article 6(1)(b) GDPR in the context of the provision of online services to data subjects, Brüssel 8.10.2019, S. 9; a. A.: *M. Engeler*, Das überschätzte Kopplungsverbot, Die Bedeutung des Art. 7 Abs. 4 DS-GVO in Vertragsverhältnissen, ZD 2018, S. 55 (58).

schränkt sich der Anwendungsbereich der Richtlinie mithin auf die Preisgabe personenbezogener Daten, deren Verarbeitung für die Vertragserfüllung nicht erforderlich ist.[84] Damit kommt regelmäßig nur eine Einwilligung als Erlaubnistatbestand in Betracht (Art. 6 Abs. 1 UAbs. 1 lit. a DSGVO).[85] Doch auch dieser kann entgegenstehen, dass die Datenverarbeitung für die Vertragserfüllung nicht erforderlich ist (Art. 7 Abs. 4, ErwGr. 43 S. 2 DSGVO).[86] Im Ergebnis droht die Vorschrift des Art. 3 Abs. 1 UAbs. 2 DI-RL gänzlich ins Leere laufen.

III. Normenkollisionen in der unionalen Datenrechtsordnung

Die unionale Datenrechtsordnung beinhaltet mit der Verordnung (EU) 2018/1807 und der Digitale-Inhalte-Richtlinie (EU) 2019/770 nur auf den ersten Blick zwei Rechtsakte, die dem freien Datenverkehr, aber nicht dem Schutz personenbezogener Daten verpflichtet sind. Denn sobald sich ihre Anwendungsbereiche mit der DSGVO überschneiden, treten sie hinter dieser zurück. Konkret gilt das, wenn in gemischten Datensätzen nichtpersonenbezogene und personenbezogene Daten untrennbar miteinander verbunden sind bzw. wenn Verbrauchervertragsvorschriften im Widerspruch zu datenschutzrechtlichen Vorgaben stehen. Die Gewährleistung

---

84 Vgl. *Metzger*, Verträge über digitale Inhalte (Fn. 82), S. 579; *L. Mischau*, Daten als „Gegenleistung" im neuen Verbrauchervertragsrecht, ZEuP 2020, S. 335 (342).

85 Vgl. *A. Golland*, Das Kopplungsverbot in der Datenschutz-Grundverordnung, Anwendungsbereich, ökonomische Auswirkungen auf Web 2.0-Dienste und Lösungsvorschlag, MMR 2018, S. 130.

86 Teile des Schrifttums vertreten sogar, dass eine Einwilligung in nicht erforderliche Verarbeitungsvorgänge infolge eines „absoluten Kopplungsverbots" stets unzulässig sei. S. *B. Buchner*, Grundsätze und Rechtmäßigkeit der Datenverarbeitung unter der DS-GVO, DuD 2016, S. 155 (158); *U. Dammann*, Erfolge und Defizite der EU-Datenschutzgrundverordnung, Erwarteter Fortschritt, Schwächen und überraschende Innovationen, ZD 2016, S. 307 (311); *M. Funke*, Dogmatik und Voraussetzungen der datenschutzrechtlichen Einwilligung im Zivilrecht, Unter besonderer Berücksichtigung der Datenschutz-Grundverordnung, Baden-Baden 2017, S. 268 f.; a. A.: *J. Botta*, Datenschutz bei E-Learning-Plattformen, Rechtliche Herausforderungen digitaler Hochschulbildung am Beispiel der Massive Open Online Courses (MOOCs), Baden-Baden 2020, S. 128 f.; *P. Hacker*, Daten als Gegenleistung: Rechtsgeschäfte im Spannungsfeld von DS-GVO und allgemeinem Vertragsrecht, ZfPW 2019, S. 148 (182 f.); *J. Heberlein*, Datenschutz im Social Web, Materiell-rechtliche Aspekte der Verarbeitung personenbezogener Daten durch Private in sozialen Netzwerken, Baden-Baden 2017, S. 187; *Schantz/Wolff*, Datenschutzrecht (Fn. 24), Rn. 516.

des freien Verkehrs (personenbezogener) Daten reicht demnach regelmäßig nur so weit, wie es der Unionsgesetzgeber in der DSGVO statuiert hat.[87]

D. *Fazit und Ausblick*

Seit über 40 Jahren streiten Wissenschaft und Praxis darüber, wen oder was das Datenschutzrecht eigentlich schützen soll. Eine Frage, die angesichts der Wertungsoffenheit des unionalen Datenschutzrechts nicht unbeantwortet bleiben darf. Die in Art. 1 DSGVO verankerte Datenverkehrsfreiheit hat die Hoffnung genährt, dass dem unionalen Datenschutzregime zusätzlich zum originären Datenschutz ein Schutzgut freier Informationsflüsse inhärent sei. *Thomas de Maizière* erklärte als Bundesinnenminister den Grundsatz des freien Datenverkehrs sogar zu einem „weitere[n] Stück Zukunft" neben der Reform des originären Datenschutzrechts.[88]

Mit der DSGVO ist indes kein neues Regelungsmodell nach der Art einer Datenverkehrsordnung – wie sie bereits vor Jahrzehnten in der deutschen Rechtswissenschaft diskutiert worden war – Wirklichkeit geworden. Trotz seines irreführenden Wortlauts bestimmt Art. 1 Abs. 1 DSGVO nicht Datenschutz und Datenverkehrsfreiheit als gleichwertige Schutzgüter des unionalen Datenschutzrechts. Vielmehr spiegelt die Regelung lediglich die duale Rechtsgrundlage der Verordnung in Art. 16 Abs. 2 UAbs. 1 S. 1 AEUV wider. Dieser Bewertung steht auch nicht Art. 1 Abs. 3 DSGVO entgegen, obwohl er nicht lediglich die primärrechtliche Kompetenzbefugnis wiederholt, sondern das übergreifende Ziel der Rechtsharmonisierung im Unionsrecht verkörpert. Dadurch erweist sich die Vorschrift aber als ein bloßes Echo der Binnenmarktkompetenz. Denn mangels einer Vollharmonisierung im Datenschutzrecht steht es den Mitgliedstaaten weiterhin frei, in zahlreichen Regelungsbereichen wie dem Beschäftigten- und Gesundheitsdatenschutz eigene Normen zu erlassen. Diese dürfen nach Art. 1 Abs. 3 DSGVO nicht das einheitliche Datenschutzniveau in der EU und damit den freien Verkehr personenbezogener Daten gefährden.

Freier Informationsfluss und effektiver Grundrechtsschutz sind somit keine Gegensätze, sondern werden beide durch ein gleichwertiges Daten-

---

87 Denn die Kollisionsvorschriften des Art. 1 Abs. 2 Verordnung (EU) 2018/1807 und des Art. 3 Abs. 8 DI-RL greifen infolge der Abgrenzungsschwierigkeiten der beiden Gesetzestexte zur DSGVO eher im Regel- als im Ausnahmefall.
88 Zitat aus seiner Rede anlässlich des 17. EUROFORUM Datenschutzkongresses am 27.4.2016 in Berlin.

schutzniveau in den Mitgliedstaaten gewährleistet. Ein eigenständiges Schutzgut der Datenverkehrsfreiheit kennt das unionale Datenschutzrecht gleichwohl (bislang) nicht. Insbesondere garantiert es keine Datenverkehrsfreiheit i. w. S., die das geltende Datenschutzregime dazu verpflichtete, Informationstransfers generell zu fördern.

Der Unionsgesetzgeber hat zwar auch Rechtsakte erlassen, die freie Datenströme bezwecken sollen und keine Datenschutzvorschriften beinhalten. Die Verordnung (EU) 2018/1807 und die Digitale-Inhalte-Richtlinie (EU) 2019/770 ergänzen den Rechtsrahmen für den digitalen Binnenmarkt um das Verbot nationaler Datenlokalisierungsauflagen und neue Verbraucherrechte bei Verträgen über digitale Inhalte und Dienstleistungen. Die DSGVO ist in der unionalen Datenrechtsordnung aber der vorrangige Prüfungsmaßstab für den freien Verkehr personenbezogener Daten.

Der Umsetzung der neuen EU-Datenstrategie ist dennoch mit Spannung entgegenzusehen, da sie mehrere Gesetzesvorhaben einleitet. Im November 2020 hat die EU-Kommission bereits ihren Entwurf eines „Daten-Governance-Gesetzes" veröffentlicht.[89] Die Verordnung soll einen unionsweiten Rahmen für den Zugang zu Daten und für deren Verwendung schaffen (ErwGr. 3). Für das Jahr 2021 sieht die Datenstrategie zudem einen Durchführungsrechtsakt über hochwertige Datensätze („Implementing Act on High-Value Data Sets") und einen Rechtsakt über Daten („Data Act") vor.[90] Auch das Verhältnis dieser neuen Datengesetze zur DSGVO ist klärungsbedürftig, sodass die Abwägungsfrage zwischen Datenschutz und freiem Datenverkehr weiterhin nicht final entschieden ist. Entgegen der 2016 geäußerten Vermutung *de Maizières* ist es deshalb längst nicht mehr verfrüht, über den Grundsatz des freien Verkehrs personenbezogener Daten nachzudenken.[91]

---

89 *EU-Kommission*, Vorschlag v. 25.11.2020 für eine Verordnung über europäische Daten-Governance (Daten-Governance-Gesetz), COM(2020) 767 final.

90 *EU-Kommission*, Eine europäische Datenstrategie, Mitteilung v. 19.2.2020, COM(2020) 66 final, S. 15 f.

91 Wörtlich sagte *de Maizière* in seiner Rede (Fn. 88) in Bezug auf die Datenverkehrsfreiheit: „Vielleicht ist es zu früh darüber nachzudenken. Vielleicht ist das Zukunftsdenken."

Selbstbegünstigung durch Vorinstallation von Apps und deren privilegierte Listung im App Store: Ausbeutungsmissbrauch mit Behinderungswirkung gem. Art. 102 AEUV?

David Korb[*]

A. Einführung

Auf den Schreibtischen der Kartellbehörden häufen sich die Beschwerden über die GAFAM[1] wegen Missbrauchs ihrer marktbeherrschenden Stellung. Oftmals geraten die Tech-Giganten wegen Begünstigung der eigenen Tochterunternehmen in den Fokus der Wettbewerbshüter. Darunter werden auch Vorwürfe gegen das Technologieunternehmen Apple Inc. („Apple") erhoben. Im Jahr 2020 erfolgte die Bekanntgabe der Kommission zweier offizieller Ermittlungsverfahren gegen Apple. Ausweislich der Pressemitteilung wird sich die Kommission allerdings lediglich mit den AGB des App Store[2] bzw. dem Zahlungssystem Apple Pay auseinandersetzen.[3] Darüber hinaus ergeben sich indes weitere Anknüpfungspunkte für ein wettbewerbswidriges Verhalten von Apple. Zum einen könnte Apple durch die Vorinstallation von Anwendungsprogrammen („Apps") auf dem iPhone, zum anderen durch gezielte Einstellung des Ranking-Algorithmus zugunsten der eigenen Apps in der Suchfunktion des App Store den Wettbewerb beschränkt haben.[4] Zudem drängt Apple in beiden Fällen iPhone-Nutzern seine eigenen Apps auf. Der folgende Beitrag erläutert einleitend Apples Geschäftsmodell (B), bevor das wettbewerbsrechtliche Spannungsverhältnis marktbeherrschender Hybridplattformen aufgezeigt wird (C).

---

[*] David Korb, Promotionsstudent an der Universität Leipzig. Besonderer Dank für den fachlichen Austausch gilt Dr. Sven Asmussen.
1 Akronym für die fünf großen Tech-Giganten aus den USA: Google, Amazon, Facebook, Apple und Microsoft.
2 Pressemitteilung der Kommission IP/20/1073 vom 16.6.2020 – *App Store*.
3 Pressemitteilung der Kommission IP/20/1075 vom 16.6.2020 – *Apple Pay*.
4 *J. Nicas/ K. Collins*, How Apple's Apps Topped Rivals in the App Store It Controls, The New York Times vom 9.9.2019; *T. Mickle*, Apple Dominates App Store Search Results, Thwarting Competitors, Wall Street Journal vom 23.7.2019.

Anschließend wird ein Verstoß der genannten Praktiken gegen das wettbewerbsrechtliche Missbrauchsverbot gem. Art. 102 AEUV diskutiert (D).[5] Sodann werden die Auswirkung der am 20.6.2020 in Kraft getretenen Plattform-to-Business Verordnung[6] (im Folgenden: P2B-VO) auf das Ranking im App Store kritisch untersucht (E), bevor ein Fazit den Beitrag beschließt (F).

B. Das „Apple Erlebnis"

Das erste iPhone wurde 2007 vorgestellt und sollte den Markt der Smartphones revolutionieren. Die Kunden kaufen aber nicht allein das iPhone, sondern das sog. „Apple Erlebnis", das aus Hardware, Software und weiteren Anwendungsprogrammen besteht. Auf dem iPhone operiert das proprietäre Betriebssystem „iOS".[7] Apps werden über den App Store, einer 2008 exklusiv für iOS konzipierten Online-Verkaufsplattform, heruntergeladen und installiert. Apple vermittelt mit iOS bzw. dem App Store zwischen den Nutzergruppen der App-Entwickler und iPhone-Nutzern. Zu den App-Entwicklern und iPhone-Nutzern steht Apple in einem vertikalen Verhältnis. Durch das eigene Angebot von Apps konkurriert Apple zudem auf horizontaler Ebene mit den App-Entwicklern.

C. Spannungsverhältnis marktbeherrschender Hybridplattformen

Plattformen wie Betriebssysteme oder App Stores sind zu einem wesentlichen Kennzeichen der digitalen Wirtschaft avanciert. Gemessen an der Marktkapitalisierung sind Unternehmen, die ein plattformbasiertes Geschäftsmodell in ihre Wertschöpfungskette integriert haben, die bedeu-

---

5 Weitere problematische Verhaltensweisen, etwa die Auswertung der über die Plattform ermittelten Daten zur Verbesserung des eigenen Angebots (sog. „sherlocking"), wie es die Kommission Amazon vorwirft (vgl. Pressemitteilung der Kommission IP/20/2077 vom 10.11.2020 – *Amazon*) sind nicht Gegenstand dieses Beitrags.

6 Verordnung des Europäischen Parlaments und des Rates vom 20.6.2019 zur Förderung von Fairness und Transparenz für gewerbliche Nutzer von Online-Vermittlungsdiensten, VO (EU) Nr. 2019/1150.

7 Betriebssysteme sind Systemprodukte, die die Grundfunktionen eines Endgerätes steuern und dem Anwender die Bedienung des Gerätes sowie die Ausführung von Apps ermöglichen, Kommission vom 16.12.2009 (Rz. 18), COMP/C-3/39.530 – *Microsoft (Kopplung)*.

tendsten der Welt.[8] Eine Plattform ermöglicht als Vermittlerin die direkte Interaktion zwischen zwei oder mehreren Nutzergruppen.[9] Auf digitalen Plattformen werden Leistungen wie auch bei analogen Plattformen (Börse, Flughafen, etc.) in Austausch gebracht. Die zwei- oder mehrseitigen Märkte sind über die Plattform nicht direkt, sondern indirekt durch Netz(werk-)effekte miteinander verbunden.[10] Infolge spezifischer Effekte der Digitalwirtschaft (Datenmacht, Skaleneffekte, etc.) sind die Märkte der Plattformökonomie meist hoch konzentriert und die Betreiber dieser Plattformen marktbeherrschend.[11] Über die Marktbeherrschung hinaus erlangen Plattformen zum Teil die vollständige Kontrolle über den Zugang der jeweiligen Nutzergruppen zueinander als sog. Torwächter.[12]

Da durch die Kontrolle mehrere Stufen einer Vertriebskette Margen eingespart werden, kann durch vertikale Integration effizienter gearbeitet werden.[13] So sind Plattformen oftmals als Akteur auf der eigenen Plattform tätig (sog. Hybridplattform). Grundsätzlich hat jedes Unternehmen ein ökonomisches Interesse am wirtschaftlichen Erfolg seiner Tochterun-

---

8 *R. Podszun*, Kartellrecht in der Datenökonomie, Aus Politik und Zeitgeschichte (APuZ), S. 28 (30); *J. Haucap*, Markt, Macht und Wettbewerb: Was steuert die Datenökonomie?, Berlin 2018, S. 6.

9 *J. Mohr*, Kartellrechtlicher Konditionenmissbrauch durch datenschutzwidrige Allgemeine Geschäftsbedingungen, EuZW 2019, S. 265 (266 ff.); BKartA, Arbeitspapier, Marktmacht von Plattformen und Netzwerken, B6-133/15, Bonn 2016, S. 8 ff.; *H. Schweitzer* et al., Modernisierung der Missbrauchsaufsicht für marktmächtige Unternehmen, Baden-Baden 2018, S. 15 ff.; *R. Schönau* in: T. Sassenberg/ T. Faber (Hrsg.), Rechtshandbuch Industrie 4.0 und Internet of Things, 2. Aufl., München 2020, § 22 Rn. 88 f.

10 *C. Ewald*, in: G. Wiedemann (Hrsg.), Handbuch des Kartellrechts, 4. Aufl., München 2020, § 7 Grundzüge der Wettbewerbsökonomie, Rn. 71 f.; *N. Grothe*, Datenmacht in der kartellrechtlichen Missbrauchskontrolle, Baden-Baden 2019, S. 76 f.; BKartA, Arbeitspapier (Fn. 9), S. 9 f.

11 BKartA, Arbeitspapier (Fn. 9), S. 50 f.; *Podszun*, Datenökonomie (Fn. 8), S. 28 (30); *Schweitzer* et al., Modernisierung (Fn. 9), S. 21.

12 *R. Podszun*, Empfiehlt sich eine stärkere Regulierung von Online-Plattformen und anderen Digitalunternehmen?, Gutachten zum 73. DJT, München 2020, S. F 45 f.; *Schweitzer* et al., Modernisierung (Fn. 9), S. 17 f.; *H. Schweitzer*, Digitale Plattformen als private Gesetzgeber: Ein Perspektivwechsel für die europäische „Plattform-Regulierung", ZEuP 2019, S. 1 (2 f.); *L. M. Khan*, Sources of Tech Platform Power, Georgetown Law Technology Review (GLTR) 2018, S. 325 (326 f.). *T. Höppner*, Wie kann eine effektive Regulierung von Internet-Plattformen aussehen?, relevant 2020, S. 17 f.

13 BKartA, Leitfaden zur Marktbeherrschung in der Fusionskontrolle, Bonn 2012, Rn. 131; *L. M. Khan*, Amazon's Antitrust Paradox, The Yale Law Journal (Yale L. J.) 2017, S. 710 (731 f.).

ternehmen. Gerade aus dem zur Verfügung Stellen der für die Intermediärstätigkeit benötigten Infrastruktur ergibt sich aber für den Plattformbetreiber die Möglichkeit der Ausgestaltung einer Marktordnung, die sich nicht mehr auf die Optimierung der Interaktionen auf der Plattform, sondern auf den wirtschaftlichen Erfolg der vertikal integrierten Tochterunternehmen konzentriert.[14] Infolge der wirtschaftlichen Abhängigkeit einer Nutzergruppe von der marktmächtigen Plattform und der fehlenden Ausweichmöglichkeiten werden die nachteiligen Vertragsbedingungen der Plattform nicht durch Abwanderung zur Konkurrenz diszipliniert.[15]

Marktmacht, Missbrauch und dessen Auswirkungen sind zwar oftmals im gleichen Markt lokalisiert.[16] Ein Missbrauch kann aber auch vorliegen, wenn durch eine Handlung auf dem beherrschten Markt der Wettbewerb auf einem angrenzenden Markt beschränkt wird.[17] Das Phänomen der Ausdehnung der Marktmacht ist grundsätzlich auch aus vertikalen Produktions- bzw. Vertriebsketten ohne Plattformbezug bekannt: Verweigert oder beschränkt ein Unternehmen die Lieferung seines Produkts oder seiner Dienstleistung an Abnehmer, die auf den Bezug angewiesen sind und auf dem Folgemarkt mit dem vertikal integrierten (Tochter-)Unternehmen des Lieferanten konkurrieren, so überträgt das vertikal integrierte Unternehmen seine Marktmacht in den Folgemarkt und missbraucht sie dort.[18] Es ist zu beachten, dass Plattformunternehmen, die auf mehrseitigen Märkten tätig sind, im Verhältnis zu Unternehmen vertikalen Vertriebs- bzw. Produktionsketten klassischer einseitiger Märkte nicht nur den Zugang zwischen dem jeweils vor- bzw. nachgelagerten Markt kontrollieren, sondern als eine Art Nadelöhr zwischen einer Vielzahl von angrenzenden (Sekundär-)Märkten auftreten. In der Folge kann eine Plattform ihre

---

14 *Schweitzer*, Plattform-Regulierung (Fn. 12), S. 1 (9 f.); *J. Crémer* et al., Competition policy for the digital era, Brüssel 2019, S. 60 f.; *Khan*, Tech Platform Power (Fn. 12), S. 325 (327); *Podszun*, Gutachten zum 73. DJT (Fn. 12), S. F 45 und F 52 f.

15 *T. Höppner/ A. Schulz*: Die EU-Verordnung 2019/1150 für Fairness und Transparenz von Online-Vermittlungsdiensten ("P2B-Verordnung"), ZIP 2019, S. 2329 (2337); *Höppner*, Regulierung (Fn. 12), S. 17 (18).

16 *W. Deselaers*, in: E. Grabitz/ M. Hilf/ M. Nettesheim (Hrsg.), Das Recht der EU, 71. EL, München 2020, Art. 102 AEUV Rn. 455.

17 *Deselaers* (Fn. 16), Art. 102 AEUV Rn. 455 ff.; *Khan*, Antitrust (Fn. 13), S. 710 (731 f.); *Khan*, Tech Platform Power (Fn. 12), S. 325 (328); *Podszun*, Gutachten zum 73. DJT (Fn. 12), S. F 46; Kommission vom 27.6.2017, AT.39740 (Rz. 334) – Google Search (*Shopping*).

18 *C. Jung*, in: E. Grabitz/ M. Hilf/ M. Nettesheim (Hrsg.), Das Recht der EU, 71. EL, München 2020, Art. 102 AEUV Rn. 314 f.

Marktmacht auf eine Vielzahl von Märkten ausdehnen. In Apples App Store etwa werden ca. 2 Millionen Apps angeboten. Mit der Kontrolle über den Zugang des App Stores entscheidet zunächst Apple über Erfolg oder Misserfolg jeder einzelnen App. Außerdem können Benachteiligungen deutlich subtiler als Lieferverweigerungen bzw. -beschränkungen ausfallen, etwa durch Ausgestaltung eines Suchfilters zugunsten der Tochterunternehmen.[19] Die Gefährdungslage für den Wettbewerb der angrenzenden Märkte ist dementsprechend bei marktmächtigen Hybridplattformen um ein Vielfaches größer als bei marktmächtigen Unternehmen, die auf klassischen einseitigen Märkten tätig sind.

D. Missbrauch einer marktbeherrschenden Stellung gem. Art. 102 AEUV: Ausbeutung mit Behinderungseffekt

Gem. Art. 102 S. 1 AEUV ist die missbräuchliche Ausnutzung einer beherrschenden Stellung verboten. Art. 102 S. 2 AEUV nennt einige (nicht abschließende) Regelbeispiele für missbräuchliches Verhalten marktbeherrschender Unternehmen. Damit kennt das Europäische Kartellrecht kein allgemeines Monopolisierungsverbot. Auch das Streben nach einer marktbeherrschenden bzw. monopolistischen Stellung ist gesetzlich nicht untersagt.[20] Vielmehr trägt ein Unternehmen ab dem Zeitpunkt der Marktbeherrschung eine besondere Verantwortung. Es darf sich keiner Mittel bedienen, die außerhalb den das marktwirtschaftliche System prägenden Prinzipien des Leistungswettbewerbs stehen, um seine Stellung weiter zu stärken.[21] Das heißt, ein marktbeherrschendes Unternehmen darf Wettbewerber weder in unangemessener Weise in ihren Entfaltungsmöglichkeiten beschränken (Behinderungsmissbrauch) noch Marktpartner (Zulieferer, Abnehmer) in einer bei funktionierendem Wettbewerb nicht möglichen Weise benachteiligen (Ausbeutungsmissbrauch).[22] Die Ausbeutung

---

19 *Schweitzer*, Plattform-Regulierung (Fn. 12), S. 1 (10); *Podszun*, Gutachten zum 73. DJT (Fn. 12), S. F 52 f.

20 *J. Mohr*, Sicherung der Vertragsfreiheit durch Wettbewerbs- und Regulierungsrecht, Tübingen 2015, S. 28 f.; *R. Geiger/ D.-E. Khan*, in: R. Geiger/ D.-E. Khan/ M. Kotzur (Hrsg.), EUV/AEUV, 6. Aufl., München 2017, Art. 102 AEUV Rn. 11; *Jung* (Fn. 18), Art. 102 AEUV Rn. 117.

21 *Geiger/ Khan* (Fn. 20), Art. 102 AEUV Rn. 11; EuGH Slg. 1979, 464 (38 f.) – *Hoffmann-La Roche*; EuGH Slg. 1983, 3466 (Rz. 57) – *Michelin*; EuGH Slg. 1991, I-3439 (Rz. 70) – *Akzo*; EuG Slg. 1997, II-1695 (Rz. 78) – *Deutsche Bahn*.

22 *Geiger/ Khan* (Fn. 20) Art. 102 AEUV Rn. 11; *Ewald* (Fn. 10), §7 Grundzüge der Wettbewerbsökonomie, Rn. 174.

von vertikalen Marktpartnern kann u.a. bei Koppelungsgeschäften[23] und Diskriminierungen[24] mit der Behinderung von horizontalen Wettbewerbern zusammentreffen (Ausbeutung mit Behinderungseffekt).[25]

I. Vorinstallation von Apps: Verbotenes Koppelungsgeschäft gem. Art. 102 S. 2 lit. d) bzw. Art. 102 S. 1 AEUV

Apple bietet für iOS etwa 70 eigene Apps an,[26] von denen rund die Hälfte bei erster Inbetriebnahme eines iPhones vorinstalliert ist.[27] Was sich zunächst praktisch für den iPhone-Nutzer anhört, könnte sich als Ausbeutungsmissbrauch entpuppen. Denn im Ergebnis zahlt ein iPhone-Nutzer für ein Gesamtpaket von Leistungen, obwohl vielleicht nur Teilleistungen erwünscht sind.[28] In dieser Ausbeutung der iPhone-Nutzer läge dann zugleich eine Behinderung des App-Wettbewerbs. Denn anstelle sich die Mühe zu machen, eine konkurrierende App herauszusuchen, zu vergleichen und herunterzuladen, könnte ein iPhone-Nutzer auch einfach auf eine der vorinstallierten Apps zurückgreifen.

Derartige Koppelungsgeschäfte können daher gegen. Art. 102 AEUV verstoßen. Bei Koppelungen werden Kunden faktisch gezwungen, neben der Hauptleistung eine Zusatzleistung zu beziehen, die in keinem sachli-

---

23 *V. Emmerich*, in: M. Dauses/ M. Ludwigs (Hrsg.), Handbuch des EU-Wirtschaftsrechts, 51. EL, München 2020, § 3. Art. 102 AEUV Rn. 132 ff.; *Jung* (Fn. 18), Art. 102 AEUV Rn. 184, 194 ff.

24 *Jung* (Fn. 18), Art. 102 AEUV Rn. 184, 187 ff.

25 Vgl. auch BGH, Zum Ausbeutungs- und Behinderungsmissbrauch (Facebook), NZKart 2020, S. 473 (Rz. 64).

26 Vgl. https://apps.apple.com/de/developer/apple/id284417353?mt=12, abgerufen am 16.12.2020.

27 Vgl. https://support.apple.com/de-de/HT211833, abgerufen am 16.12.2020.

28 Beispielsweise musste sich Microsoft für die Koppelung des Desktop-PC Betriebssystems Windows mit den Anwendungsprogrammen Windows Media Player bzw. Internet Explorer vor der Kommission bzw. dem EuG verantworten, Kommission vom 24.3.2004 COMP/C-3/37.792 – *Microsoft*, bestätigt durch EuG Slg. 2007, II-3619 – *Microsoft*; Kommission vom 16.12.2009, COMP/C-3/39.530 – *Microsoft (Kopplung)*; Alphabet (Google) soll der Kommission zufolge mithilfe seines mobilen Betriebssystems Android Apps und den Android App Store (Play Store) wettbewerbswidrig miteinander gekoppelt haben, Kommission vom 18.7.2018, AT.40099 – *Google Android*; EuG C 445/21 (anhängig) – *Google Android*.

chen Zusammenhang mit der Hauptleistung steht.[29] *Huttenlauch*[30] konstatiert, es existiere noch keine gesicherte Rechtspraxis, wann ein Koppelungsgeschäft missbräuchlich i.S.d. Art. 102 AEUV sei. In der folgenden Untersuchung sollen die in der jüngsten Entscheidung der Kommission aufgestellten Kriterien einer gegen Art. 102 AEUV verstoßenden Koppelung zugrunde gelegt werden. Danach müsste es sich bei den gekoppelten Erzeugnissen um zwei separate Produkte handeln (1); das Unternehmen ließe den Kunden keine Wahl über einen separaten Bezug (2); ferner müsste das betreffende Unternehmen auf dem Markt des Produkts, an das das andere Produkt gekoppelt wird, eine beherrschende Stellung innehaben (3); weiterhin müsste die Koppelung grundsätzlich geeignet sein, den Wettbewerb einzuschränken (4). Schließlich dürfte das Verhalten objektiv nicht zu rechtfertigen sein (5).[31]

Zunächst müsste es sich bei iOS und den Apps um separate Leistungen handeln. Da eine zusätzliche Leistung angenommen werden kann, wenn Haupt- und Zusatzgeschäft verschiedenen Märkten angehören,[32] müssen die Begriffe Haupt- und Nebenleistung nicht das Verständnis des Käufers widerspiegeln. Denn auch wenn dieser wohl in dem Kauf eines iPhones das Hauptgeschäft sieht, kann der Bezugspunkt der Hauptleistung auch das Betriebssystem iOS sein, das mit Zusatzleistungen versehen wird. Erforderlich ist nur, dass die Leistungen – iPhone, iOS und Apps – getrennten Märkten angehören. Dies ist der Fall, wenn aus Verbrauchersicht eine getrennte Nachfrage besteht.[33] Zwar werden die Leistungen iOS und Apps technisch miteinander verbunden und als ein Gesamtprodukt vertrieben. Aber weder die technische Integration zweier getrennter Produkte[34] noch die gemeinsame Vermarktung der Leistungen[35] sprechen für die Annahme eines einheitlichen Marktes.[36] Denn wenngleich die Verbraucher ein kom-

---

29 W. *Weiß*, in: C. Callies/ M. Ruffert (Hrsg.), EUV/AEUV, 5. Aufl., München 2016, Art. 102 AEUV Rn. 66.

30 A. B. *Huttelauch*, in: U. Loewenheim/ K. Meessen/A. Riesenkampff/ C. Kersting/ H. Meyer-Lindemann (Hrsg.), Kartellrecht, 4. Aufl., München 2020, Art. 102 AEUV Rn. 196.

31 Kommission vom 18.7.2018, AT.40099 (Rz. 741 f.) – *Google Android*.

32 I. *Brinker*, in: J. Schwarze/ U. Becker/ A. Hatje/ J. Schoo (Hrsg.), EU-Kommentar, 4. Aufl., Baden-Baden 2019, Art. 102 AEUV Rn. 31; *Weiß* (Fn. 29) Art. 102 AEUV Rn. 69; *Jung* (Fn. 18) Art. 102 AEUV Rn. 196.

33 Prioritätenmitteilung der Kommission vom 24.2.2009, Abl. 2009, C45/7, Rz. 51; *Emmerich* (Fn. 23) § 3. Art. 102 AEUV Rn. 134.

34 Kommission vom 18.7.2018, AT.40099 (Rz. 745) – *Google Android*.

35 EuG Slg. 2007, II-3619 (Rz. 335) – *Microsoft*.

36 Mit weiteren Beispielen: *Brinker* (Fn. 32), Art. 102 AEUV Rn. 31.

plementäres Produkt aus Software und Hardware kaufen wollen, könnte ein komplementäres Produkt mit Einzelleistungen von verschiedenen Herstellern gewünscht sein.[37] Gibt es andere Hersteller, die die Produkte einzeln vertreiben, indiziert dies die Existenz einer Verbrauchernachfrage.[38] Das einzige ernsthaft in Konkurrenz zu iOS stehende Betriebssystem für Smartphones, Googles Android,[39] wird an Dritthersteller von Hardware lizenziert, mitunter auch ohne vorinstallierte Apps. Ebenso bieten iOS App-Entwickler ihre Leistung ohne Betriebssystem an. Damit handelt es sich bei dem Betriebssystem iOS und Apples Apps um separate Produkte.[40] Außerdem lässt Apple den Nutzern keine Wahl eines getrennten Bezugs. Somit sind die ersten beiden Kriterien erfüllt.

Weiterhin müsste Apple auf dem relevanten Markt des koppelnden Produkts iOS aus Sicht der Nutzer eine beherrschende Stellung innehaben. Die Abgrenzung des relevanten Marktes besteht im Wesentlichen darin, das den Kunden tatsächlich zur Verfügung stehende Alternativangebot zu bestimmen.[41] Die Möglichkeit der Nachfrager, das Produkt zu substituieren, ist die unmittelbarste und die ein Unternehmen am wirksamsten disziplinierende Kraft.[42] Innerhalb des relevanten Marktes sind demnach alle Erzeugnisse zusammenzufassen, die sich auf Grund ihrer Merkmale zur Befriedigung eines gleichbleibenden Bedarfs besonders eignen und mit an-

---

37 Kommission vom 18.7.2018, AT.40099 (Rz. 744) – *Google Android*; EuG Slg. 2007, II-3619 (Rz. 921 f.) – *Microsoft*.

38 EuG Slg. 2007, II-3619 (Rz. 873) – *Microsoft*; Prioritätenmitteilung der Kommission vom 24.2.2009, Abl. 2009, C45/7, Rz. 51.

39 Android und iOS operieren gemeinsam auf über 99 % aller Smartphones, vgl. https://gs.statcounter.com/os-market-share/mobile/europe, abgerufen am 14.12.2020.

40 Separate Produkte sind etwa: Anwendungsprogramme (Windows Media Player) und Desktop-PC-Betriebssysteme (Windows): Kommission vom 24.3.2004 COMP/C-3/37.792 (Rz. 404 ff., 800 ff.) – *Microsoft*, bestätigt durch EuG Slg. 2007, II-3619 (Rz. 859, 919 ff.) – *Microsoft*; Anwendungsprogramme (Internet Explorer) und Desktop-PC-Betriebssysteme (Windows): Kommission vom 16.12.2009, COMP/C-3/39.530 (Rz. 2, 36) – *Microsoft (Kopplung)*; App Store (Play Store) und Apps (Google Chrome und Google Search): Kommission vom 18.7.2018, AT.40099 (Rz. 756 ff., 879 ff.) – *Google Android*.

41 Nachfolgend erfolgt eine stark vereinfachte Marktabgrenzung nach dem Bedarfsmarktkonzept unter alleiniger Berücksichtigung einer Marktseite. Eine ausführliche Prüfung müsste in einer einheitlichen Marktabgrenzung die andere Marktseite berücksichtigen, vgl. *Volmar*, ZWeR 2017, S. 386 ff.

42 Kommission vom 18.7.2018, AT.40099 (Rz. 213) – *Google Android*; Prioritätenmitteilung der Kommission vom 9.12.1997, Abl. 1997, 97/C 372/03, Rz. 13; *Geiger/Khan* (Fn. 20), Art. 102 AEUV Rn. 8.

deren Erzeugnissen austauschbar sind.[43] Im Rahmen dessen gilt es zu überprüfen, wodurch iOS aus Verbrauchersicht ersetzt werden kann, ob Android bei der Wahl eine Alternative darstellt und damit wie hoch die Wechselbereitschaft von iOS-Nutzern zu bewerten ist.[44]

Das Betriebssystem stelle bei der Entscheidung des Kaufs eines Smartphones nur einen von vielen Faktoren da, so die Kommission.[45] Allerdings stützt sich diese Ansicht u.a. auf Zahlen aus den Jahren 2012 bzw. 2013, als die Marktanteile von iOS und Android noch verhältnismäßig volatil waren.[46] Die Anteile von iOS und Android haben sich nach anfänglichen Schwankungen in den letzten fünf Jahren nicht mehr erheblich verändert.[47] 2015 fiel die Wahl von 78 % der US-amerikanischen iPhone-Nutzern beim Erwerb eines neuen Smartphones auf ein iPhone.[48] Dieser Grad an Loyalität hinsichtlich des bestehenden Betriebssystems ist zurückzuführen auf unterschiedliche Zielgruppen infolge unterschiedlicher Preise von iOS- bzw. Android-Smartphones[49] sowie anfallender Wechselkosten. Wechselkosten können pekuniärer Art sein, aber auch durch eine Umgewöhnung der Benutzer an ein neues Betriebssystem entstehen. Im Ergebnis lässt sich sagen, dass die Entscheidung für iOS bzw. ein iPhone infolge der geringen Wechselbereitschaft der Nachfrager von länger anhaltender Dauer ist. In *Hilti* galt der Umstand, dass auf mehrere unterschiedliche Befestigungssysteme während langer Zeiträume jeweils ein bedeutender Teil der Gesamtnachfrage nach Befestigungen entfiel, als Nachweis, dass zwischen den verschiedenen Systemen nur eine verhältnismäßig geringe Sub-

---

43 EuGH Slg. 1983, 3461 (Rz. 37) – *Michelin.*
44 Die Frage nach der Substitutionsmöglichkeit von iOS kann auf die Wechselbereitschaft zu Android eingegrenzt werden, da im Verhältnis aller Smartphone-Käufer wenige Kunden die Entscheidung hinsichtlich eines Betriebssystems „unbefangen" treffen: Lag der Anteil an Smartphone-Nutzern in Deutschland 2010 noch bei unter 10 %, so stieg er bis 2020 auf 83 % an und soll in den nächsten fünf Jahren im Schnitt um 1 % jährlich auf insgesamt 88 % ansteigen, vgl. Forecast of the smartphone penetration in Germany from 2010 to 2025, vgl. https://w ww.statista.com/forecasts/1144607/smartphone-penetration-forecast-in-germany, abgerufen am 20.12.2020.
45 Kommission vom 18.7.2018, AT.40099 (Rz. 483 ff.) – *Google Android.*
46 Kommission vom 18.7.2018, AT.40099 (Rz. 485) – *Google Android.*
47 iOS hält in Europa seit 2015 einen relativ konstanten Anteil von etwa 30 %, vgl. https://gs.statcounter.com/os-market-share/mobile/europe/#monthly-201106-2020 12, abgerufen am 14.12.2020.
48 Kommission vom 18.7.2018, AT.40099, (Rz. 533) – *Google Android.*
49 Kommission vom 18.7.2018, AT.40099 (Rz. 502 ff.) – *Google Android.*

stituierbarkeit bestand.[50] In *Tetra Pak II* war u.a. infolge der zusätzlichen Kosten, die bei Übergang von einem Verpackungssystem zu einem anderen Verpackungssystem anfielen, keine hinreichende Austauschbarkeit der Systeme aus Sicht der Nachfrager gegeben.[51] Sofern sich die genannten Entscheidungen für die Beurteilung der Wahl der Betriebssysteme aus Sicht eines Endverbrauchers fruchtbar machen ließen, wäre aus Nutzersicht Android dem relevanten Markt nicht hinzuzurechnen.[52] Damit wäre Apple, das an dem Betriebssystem iOS einen Marktanteil von 100 % hält, aus Sicht der iPhone-Käufer marktbeherrschend i.S.d. Art. 102 AEUV.

Nach Bejahung der Eignung zur Wettbewerbsbeschränkung bedarf es nach h.M. regelmäßig gerade keiner gesonderten Feststellung, ob diese auch tatsächlich vorliegt.[53] Trotz alledem prüfte die Kommission in der Microsoft-Entscheidung, ob die Koppelung den Wettbewerb beschränke.[54] In einem einige Jahre später ebenfalls gegen Microsoft ergangenen Beschluss ließ es die Kommission dann genügen, dass das Verhalten wahrscheinlich den Wettbewerb beschränke.[55] Schließlich verlangte die Kommission dann in der Google Android-Entscheidung nur noch, dass eine Koppelung zumindest grundsätzlich geeignet sei, den Wettbewerb zu beschränken.[56] Da hier die in der Google Android-Entscheidung aufgestellten Kriterien beleuchtet werden und Koppelungsgeschäfte wie das vorlie-

---

50 EuG Slg. 1991, II-1441 (Rz. 70 ff.) – *Hilti*, bestätigt durch EuGH Slg. 1994, I-693 (Rz. 23) – *Hilti*.
51 EuG Slg. 1994, II-762 (Rz. 69 f.) – *Tetra Pak II*, bestätigt durch EuGH Slg. 1996, I-5987 (Rz.19) – *Tetra Pak II*.
52 Aus Sicht der Hersteller von Hardware entschied sich die Kommission für getrennte Märkte: Kommission vom 18.7.2018, AT.40099, (Rz. 238 ff.) – *Google Android;* offen hingegen: Kommission vom 13.2.2012, COMP/M.6381 (Rz. 12 ff.) – *Google/ Motorola Mobility;* Kommission vom 4.12.2013, COMP/M.7047 (Rz. 102) – *Microsoft/ Nokia;* Kommission vom 14.2.2014, vgl. https://www.europarl.europa. eu/doceo/document/E-7-2013-013770-ASW_EN.html?redirect, abgerufen am 25.11.2020; a.A. Google: Kommission vom 18.7.2018, AT.40099, (Rz. 241 ff.) – *Google Android; T. Körber,* Machtmissbrauch durch Android? – Zum Wettbewerb auf den Märkten für mobile Betriebssysteme und Anwendungen, NZKart 2014, S. 378 (380); *T. Körber,* Let's talk about Android – Observations on competition in the field of mobile operating systems, 2014 (https://papers.ssrn.com/sol3/papers.cf m?abstract_id=2462393, abgerufen am 14.12.2020), S. 1 (11 f.).
53 *Emmerich* (Fn. 23), § 3. Art. 102 AEUV Rn. 137, m.w.N.
54 Kommission vom 24.3.2004, COMP/C-3/37.792 (Rz. 794) – *Microsoft*, bestätigt durch EuG Slg. 2007, II-3619 (Rz. 842, 859) – *Microsoft*.
55 Kommission vom 16.12.2009, COMP/C-3/39.530 (Rz. 33) – *Microsoft (Koppelung)*.
56 Kommission vom 18.7.2018, AT.40099 (Rz. 742) – *Google Android*.

gende grundsätzlich geeignet sind, den Wettbewerb zu beschränken,[57] ist das Kriterium der Wahrscheinlichkeit einer Wettbewerbsbeschränkung in Bezug auf das Apple vorgeworfene Verhalten als erfüllt anzusehen.

Schließlich dürfte die Koppelung nicht objektiv gerechtfertigt sein.[58] Das wäre u.a. der Fall, sofern ein Sachzusammenhang zwischen den Leistungen besteht, also etwa überzeugende technische oder wirtschaftliche Gründe für eine Zusammenfassung der Leistungen sprechen. Auf beherrschten Märkten ist allerdings eine besonders sorgfältige Prüfung vorzunehmen, ob diese Bindungen im Interesse des erfolgreichen Absatzes der Produkte des marktbeherrschenden Unternehmens wirklich unvermeidbar sind.[59] Apple könnte darlegen, dass gerade die Integration der Apps Anreize setze, den iPhone-Nutzern eine bestmögliche Zusammenarbeit der Leistungen zu präsentieren. Letztlich wären wohl aber noch größere Anreize zu erwarten, wenn Apple die Nutzer im freien Leistungswettbewerb von seinen Apps überzeugen müsste. Im Ergebnis dürfte damit bei Annahme der Marktbeherrschung von iOS durch die Vorinstallation der Apps ein verbotenes Koppelungsgeschäft gem. Art. 102 AEUV anzunehmen sein.[60]

II. Privilegierte Listung im App Store: Diskriminierung gem. Art. 102 S. 2 lit. c) bzw. Art. 102 S. 1 AEUV

Über Apples App Store können iPhone-Nutzer Apps herunterladen. Rund zwei Drittel der Downloads im App Store basieren dabei auf der Nutzung der internen Suchfunktion des App Store.[61] In der entsprechenden Ergebnisanzeige der Suchfunktion wird zwischen organischen und bezahlten Ergebnissen differenziert. Unter den organischen Ergebnissen sinken die Klickzahlen der iPhone-Nutzer in der Ergebnisanzeige mit abnehmender Platzierung. Entsprechend begehrt sind die ersten Plätze in der Anzeige,

---

57 "In any event (…) pre-installation (…) provides a significant competitive advantage that competing [apps] (…) cannot offset", Kommission vom 18.7.2018, AT.40099 (Rz. 839) – *Google Android*.
58 A. *Fuchs*, in: U. Immenga/ E.-J. Mestmäcker (Begr.), Wettbewerbsrecht, 6. Aufl., München 2019, Art. 102 AEUV Rn. 289 ff.
59 *Fuchs* (Fn. 58), Art. 102 AEUV Rn. 290.
60 Auch hinsichtlich der Vorinstallation des App Store auf iOS bzw. iPhones könnte ein verbotenes Koppelungsgeschäft anzunehmen sein, *J. Schwarz*, Zugang zu App Stores, Baden-Baden 2017, S. 126 f.
61 *Nicas/ Collins*, App Store (Fn. 4).

da sie die Anzahl der Downloads erheblich beeinflussen. Über die organischen Ergebnisse der Reihenfolge entscheidet der App Store-Suchalgorithmus. Der Algorithmus berücksichtigt verschiedene Parameter, darunter den Namen der App und deren Beschreibung, die Bewertungen der App sowie deren Downloadzahlen.[62] In einer Vielzahl von Fällen fanden sich Apples Apps an erster Stelle, obgleich die Apps aus Nutzersicht offenkundig weniger relevant waren.[63] Später beseitigte Apple bei einer Vielzahl von eigenen Apps die Bewertungsfunktion, sodass die Relevanz aus Nutzersicht zumindest auf den ersten Blick nicht mehr nachvollzogen werden konnte. Apple bestreitet allerdings eine gezielte Bevorzugung. Vielmehr zeige der Algorithmus den iPhone-Nutzern immer die relevantesten Ergebnisse an.[64]

Im Falle eine privilegierte Listung könnte Apple die Marktmacht des App Store auf angrenzende Sekundärmärkte, auf denen Apple mit dem Angebot von eigenen Apps tätig ist, übertragen und dort missbraucht haben. Hierfür müsste der App Store aus Sicht der iPhone-Nutzer marktbeherrschend sein. Dabei ist entscheidend, welche Leistungen dem Markt der Softwaredistribution auf iPhones zugerechnet werden. Da Smartphone-Nutzer in aller Regel nicht zwischen den Betriebssystemen wechseln (vgl. oben), sind Android App Stores kein geeignetes Substitut für Apples App Store, um aus Sicht der iPhone-Nutzer Apps zu beziehen. Android App Stores sind nicht Teil des relevanten Marktes.[65] Um Apples App Store

---

62 "The four factors that most influence the rankings are downloads, ratings, relevance and 'user behavior,'" vgl. *Mickle*, App Store (Fn. 4).

63 Subcommittee On Antitrust, Commercial And Administrative Law Of The Committee On The Judiciary, Investigation Of Competition In Digital Markets, United States 2020, S. 359 ff.; *Nicas/ Collins*, App Store (Fn. 4): Das US-Nachrichtenmagazin „The New York Times" berichtet über Zahlen von „Sensor Tower", einer App Analyse Firma mit Sitz in den Vereinigten Staaten von Amerika. Ob die Daten weltweit oder nur in den USA erhoben wurden, geht nicht hervor. Ein Selbstversuch am 15.12.2020 in Deutschland deckt sich mit den Ergebnissen in dem Artikel bei der Suche von „books" „music", „maps", „tv" im App Store: Apples Apps werden als erstes Ergebnis gelistet. Trotz unterschiedlicher App Store Versionen der Länder (laut Apple gibt es über 175 App Store Versionen in über 40 Sprachen, vgl. https://www.apple.com/de/app-store/, abgerufen am 14.12.2020) wird davon ausgegangen, dass die von Sensor Tower festgestellten Praktiken auch in den App Store Versionen der Mitgliedsstaaten der Union zur Anwendung kommen.

64 *Mickle*, App Store (Fn. 4); Der ehemalige CEO des App Store *P. Shoemaker* widerlegte diese Behauptung, Subcommittee On Antitrust, Investigation Report (Fn. 63), S. 371 f.

65 Vgl. Kommission vom 18.7.2018, AT.40099 (Rz. 652 ff.) – *Google Android*.

zu umgehen, könnten die iPhone-Nutzer über ihren jeweiligen mobilen Browser auf die mobile Version der Website zugreifen (sog. Web-Apps, etwa: m.youtube.com). Da die Smartphone-Nutzer aber mehrheitlich Apps gegenüber Web-Apps präferieren,[66] stellen Web-Apps keinen adäquaten Ersatz für Apps dar und sind nicht Teil des relevanten Marktes.[67] Da die meisten App-Entwickler ihre Apps sowohl für iOS als auch Android anbieten,[68] könnten Android App Stores wie Googles Play Store dem Markt hinzugerechnet werden. Allerdings ist auf iOS nur die Nutzung von Apples App Store vorgesehen.[69] Apple hegt auch keine Absichten, andere App Stores auf iOS zuzulassen.[70] Insofern dürfte Apple mit dem App Store den relevanten Markt der Softwaredistribution auf iPhones mit einem Marktanteil von 100 % beherrschen.[71]

Gem. Art. 102 S. 2 lit. c) AEUV ist die Anwendung unterschiedlicher Geschäftsbedingungen durch ein marktbeherrschendes Unternehmen bei gleichwertigen Leistungen gegenüber Handelspartnern, wodurch diese im Wettbewerb benachteiligt werden, untersagt. Das Merkmal „Handelspartner" erfasst alle Marktteilnehmer, die mit dem womöglich benachteiligten Geschäftspartner (Drittanbietern von Apps) in horizontalem Wettbewerb stehen, also auch Tochterunternehmen.[72] Durch die Begünstigung der eigenen Apps im Ranking des App Store werden weiter unten gelistete Apps benachteiligt und damit im Ergebnis der Wettbewerb beschränkt. Eine bloße Beschränkung des Wettbewerbs genüge für eine Bejahung eines Verstoßes gegen Art. 102 AEUV allerdings nicht, wenn Tochterunternehmen im Gegensatz zu fremden Unternehmen unterschiedlich behandelt wurden, so *Vesterdorf*.[73] Denn wo es schon keine Pflicht zum Kontrahieren gäbe, da dürfe ein Unternehmen auch nicht zur Bevorzugung der Konkurrenz gezwungen werden. Mit anderen Worten könne erst dann ein Miss-

---

66 Subcommittee On Antitrust, Investigation Report (Fn. 63), S. 335.
67 Kommission vom 18.7.2018, AT.40099 (Rz. 377 ff.) – *Google Android*; a.A. *Körber*, Android (Rn. 53) S. 1 (22, 28).
68 Kommission vom 18.7.2018, AT.40099 (Rz. 553) – *Google Android*.
69 Subcommittee On Antitrust, Investigation Report (Fn. 63), S. 335.
70 Subcommittee On Antitrust, Investigation Report (Fn. 63), S. 96.
71 So auch im Ergebnis sowohl die amerikanischen als auch russischen Wettbewerbshüter, vgl. Pressemitteilung des Federal Antimonopoly Service of the Russian Federation vom 11.8.2020 bzw. Subcommittee On Antitrust, Investigation Report (Fn. 63), S. 334.
72 EuGH Slg. 1997, I-4453 (Rz. 41 ff.) – *GT Link*.
73 „Favouring one's own business or product is not anti-competitive", *B. Vesterdorf*, Theories of self-preferencing and duty to deal – two sides of the same coin?, COMPETION LAW & POLICY DEBATE (CLPD) 2015(1), S. 4 ff.

brauch der Marktmacht bejaht werden, wenn die erheblich höhere Hürde – die Beseitigung jeglichen Wettbewerbs – gerissen werde. Das aber wäre hier nicht der Fall, denn die Apps, die weiter unten angezeigt werden, konkurrieren nach wie vor mit Apples Apps. Eine Beseitigung jeglichen Wettbewerbs wäre etwa erst bei Entfernung aus dem App Store anzunehmen. Allerdings ist die Verweigerung des Zugangs zu wesentlichen Einrichtungen notwendiges Merkmal nach der sog. *essential-facility-Lehre*.[74] Im Falle einer Diskriminierung sollte aber die Verweigerung des Zugangs nicht einfach hinzugedacht werden können, um dann die Beseitigung jeglichen Wettbewerbs als notwendiges Tatbestandsmerkmal prüfen zu können.[75] Zudem bestätigen EuG[76] und EuGH[77] in ständiger Rechtsprechung, dass diskriminierende Verhaltensweisen gerade nicht geeignet sein müssen, jeglichen Wettbewerb zu beseitigen.[78] Damit ist die Ansicht *Vesterdorfs* abzulehnen. Eine Beschränkung des Wettbewerbs ist ausreichend. Im Ergebnis ist der Tatbestand des Missbrauchs einer marktbeherrschenden Stellung gem. Art. 102 S. 2 lit. c) AEUV im Falle einer diskriminierende Listung in der App-Suche im App Store als erfüllt anzusehen.

E. *Platform-to-Business Verordnung*

Der Normzweck der Verbotstatbestände des Kartellrechts liegt nicht in der einzelfallbezogenen *ex post*-Sanktionierung eines konkreten Fehlverhaltens, sondern vor allem in der Wiederherstellung wirksamen Wettbewerbs.[79] Dieses Ziel kann nur dann erreicht werden, wenn Wettbewerbsbeschränkungen einerseits schnell beseitigt werden und andererseits keine weiteren Verstöße erfolgen. Hierzu müssten die Verbotstatbestände eine präventive und abschreckende Wirkung entfalten. Anders als Koppelungspraktiken sind Begünstigungen der eigenen Tochterunternehmen mithilfe von Algorithmen in weniger offensichtlichen Fällen kaum feststellbar ge-

---

74 *W. Deselaers* (Fn. 16), Art. 102 AEUV Rn. 465 ff.

75 So auch *N. Petit*, Theories of Self-Preferencing under Article 102 TFEU: A Reply to Bo Vesterdorf, 2015 (zuletzt geändert 2020: https://papers.ssrn.com/sol3/papers.cfm?abstract_id=2592253, abgerufen am 14.12.2020), S. 1 ff.

76 EuG Slg. 2007, II-3619 (Rz. 563) – *Microsoft*.

77 EuGH Slg. 1997, I-4453 (Rz. 38) – *GT Link*.

78 So auch zuletzt Kommission vom 27.6.2017, AT.39740 (Rz. 341) – *Google Search (Shopping)*.

79 *Mohr*, Vertragsfreiheit (Fn. 20), S. 220 ff.; *M. Schallbruch* et al. (Kommission Wettbewerbsrecht 4.0), BMWi (Hrsg.), Ein neuer Wettbewerbsrahmen für die Digitalwirtschaft, Berlin 2019, S. 76 f.

schweige denn nachweisbar.[80] Gerade wenn die Unternehmen, wie Apple beim App Store, eine gezielte Privilegierung der eigenen Dienste bestreiten, haben es die benachteiligten Unternehmen schwer. Denn die Kartellbehörden haben nicht die Kapazitäten, die sich zum Teil täglich mehrfach ändernden Algorithmen[81] einer effizienten kartellrechtlichen Überwachung zu unterziehen.[82] Ferner lässt sich aus der Frequenz der gegen die GAFAM geführten Verfahren der Schluss ableiten, dass auch Rekordbußgelder in Milliardenhöhe[83] die Tech-Giganten nicht zum Einlenken bewegen.[84] Da die bestehenden kartellrechtlichen Regelungen in ihrer derzeitigen Form keinen wirksamen Wettbewerb gewährleisten, wird der Normzweck des Kartellrechts verfehlt.[85] Daher entschloss sich der Gesetzgeber die P2B-VO zu erlassen. Die P2B-VO beansprucht nicht für sich, wirksamen Wettbewerb wiederherstellen zu können, sondern soll lediglich die Ermittlungsbehörden bei der Erfüllung ihrer Aufgaben sekundieren. Die neuen Vorgaben sollen dabei helfen, effektiver gegen bislang intransparente Praktiken vorgehen zu können.[86] Vor diesem Hintergrund muss die P2B-VO auch gesehen und bewertet werden. Im Folgenden soll auszugsweise beleuchtet werden, wie sich die P2B-VO auf Apples vermeintliche Begünstigung des eigenen Angebots im App Store auswirkt.

---

80 *Haucap*, Datenökonomie (Fn. 8), S. 32 f.

81 Im Schnitt erfuhr der Google Algorithmus 2019 nahezu zehn Änderungen pro Tag, Wie funktioniert die Google-Suche?, Fokus auf den Nutzer, vgl. https://www.google.com/intl/de/search/howsearchworks/mission/users/, abgerufen am 18.8.2020.

82 Ähnlich: *Höppner*, Regulierung (Fn. 12) S. 17 (28 f.).

83 Kommission vom 27.6.2017, AT.39740 (Rz. 754) – *Google Search (Shopping)*; Kommission vom 18.7.2018, AT.40099 (Rz. 1480) – *Google Android*; Pressemitteilung der Kommission IP/19/1770 vom 20.3.2019 – *Goolge Search (AdSense)*; *Haucap*, Datenökonomie (Fn. 8), S. 26.

84 "As they say in Silicon Valley, you have not made until competition watchdogs start investing you", F. *Bostoen*, Online Platforms and Vertical Integration: The Return of Margin Squeeze?, Journal of Antitrust Enforcement (JAE), 2018 (zuletzt geändert 2019: https://papers.ssrn.com/sol3/papers.cfm?abstract_id=3075237, abgerufen am 14.12.2020), S. 1 (17).

85 *Schallbruch* et al., Digitalwirtschaft (Fn. 79), S. 77 f.; *C. Busch*, Mehr Fairness und Transparenz in der Plattformökonomie?, GRUR 2019, S. 788 (789); *R. Podszun*, Muss das Kartellrecht schneller werden?, WuW 2017, S. 577; *Podszun*, Gutachten zum 73. DJT (Fn. 12), S. F 36 f.; *Höppner*, Regulierung (Fn. 12), S. 17 (19 f.).

86 *R. Polley* et al., Die P2B-Verordnung und ihre Bedeutung für das Kartellrecht, WuW 2019, S. 494 (501).

I. Transparenz der Rankingkriterien gem. Art. 5 P2B-VO

Zunächst ist ein Mindestmaß an Transparenz des Algorithmus nunmehr obligatorisch. Gem. Art. 5 Abs. 1, 2 P2B-VO muss Apple in seinen Geschäftsbedingungen die das Ranking bestimmenden Hauptparameter und die Gründe für die relative Bedeutung dieser Parameter gegenüber anderen Parametern erläutern. Ferner müssen Plattformen gem. Art. 5 Abs. 3 P2B-VO offenlegen, ob die Möglichkeit der Beeinflussung des Rankings besteht. Zunächst könnte die Transparenz das Ungleichgewicht zwischen großen und kleinen bzw. mittelständischen App-Entwicklern beseitigen, da kleine Entwickler bislang keinen Zugang zu kostspieligen Algorithmus-Optimierungsdienstleistern hatten.[87] *Höppner* meint, dass damit das Problem aber nicht wirklich beseitigt werden könne, denn entscheidend sei vor allem die Gewichtung einzelner Nebenparameter. Deren Gewichtung könne aber als Geschäftsgeheimnis deklariert werden und bliebe damit intransparent.[88] Auch die reine Offenlegung der Möglichkeit der Beeinflussung des Rankings verbessere die Lage nicht wirklich, da Verbraucher nach bisherigen Erkenntnissen nicht gründlich genug hinsehen, auf den Algorithmus vertrauen und/ oder intuitiv immer auf die obersten Ergebnisse klicken.[89]

II. Diskriminierung gem. Art. 7 P2B-VO

Weiterhin werden nach Art. 7 Abs. 1 P2B-VO Vermittlungsdienste und Suchmaschinen verpflichtet, offenzulegen, ob sie eigene Waren oder Dienstleistungen gem. Art. 7 Abs. 4 P2B-VO – insbesondere Ranking, Zugang zu relevanten Daten, Funktionen oder Schnittstellen – anders behandeln als die Dienste anderer Unternehmen. App-Entwickler wissen allerdings längst, dass sie im App Store benachteiligt werden. Aufgrund der monopolistischen Struktur des App Store bleibt ihnen aber kaum eine andere Wahl, als diese Nachteile in Kauf zu nehmen. Apple muss nicht befürchten, durch Begünstigung der Tochterunternehmen von den App-Entwicklern oder iPhone-Nutzern abgestraft zu werden, selbst wenn die Be-

---

87 Statt vieler: www.appannie.com/de/, abgerufen am 16.12.2020.
88 So *Höppner/ Schulz*, P2B-Verordnung (Fn. 15), S. 2329 (2334).
89 So *Höppner/ Schulz*, P2B-Verordnung (Fn. 15), S. 2329 (2334); a.A. *Haucap*, Datenökonomie (Fn. 8), S. 30.

günstigungen offenlegt werden.[90] Das regulierungsbedürftige Marktversagen liegt damit weniger in der Intransparenz als in der wirtschaftlichen Abhängigkeit.[91]

F. Fazit

Obwohl der Gesetzgeber durchaus erkannt hat, dass Selbstbegünstigungspraktiken ausschließlich solcher Plattformen, die für gewerbliche Nutzer als Zugangstor zum Verbraucher dienen, also marktmächtige Plattformen wie der App Store, das Problem darstellen,[92] überraschte der Gesetzgeber in der P2B-VO mit einem symmetrischen, von der Marktmacht der Normadressaten unabhängigen und damit alle gleich behandelnden Regulierungsansatz.[93] Aber auch wenn die P2B-VO nur marktbeherrschende Plattformen adressieren würden, gehen die Regelungen nicht weit genug, sodass sich über weitere Maßnahmen nachdenken ließe.

Zunächst könnten Plattformbetreiber wie Apple verpflichtet werden, weitere App Stores zuzulassen. Diese Maßnahme kann ihr Ziel aber nur erreichen, wenn auch die Vorinstallation von Apples App Store in Frage gestellt wird. Ansonsten werden konkurrierende App Stores infolge der Trägheit der Endverbraucher nur schleppend ernsthafte Marktanteile erzielen können.

Weiterhin wäre an eine Neutralitätsvorgabe von Plattformen wie dem App Store zu denken. Der App Store wäre dann verpflichtet, alle Vertragspartner gleich zu behandeln.[94] Dabei gilt es allerdings zu beachten, dass eine *ex ante*-Regulierung eines Suchalgorithmus ohne den Verlust von Innovationsanreizen nicht denkbar ist.[95] Und wenngleich so zumindest ausgeschlossen werden könnte, dass Algorithmen zugunsten der eigenen Apps programmiert werden, so bliebe eines der markantesten Probleme unbehoben: Eine gezielte Anpassung der eigenen Apps an den Algorithmus des App Store. Denn solange der App Store und Apples Apps unter

---

90 Vgl. *Höppner*, Regulierung (Fn. 12), S. 17 (20).
91 *Höppner/ Schulz*, P2B-Verordnung (Fn. 15), S. 2329 (2337); vgl. auch *Podszun*, Gutachten zum 73. DJT (Fn. 12), S. F 65.
92 P2B-VO, Erwgr. 12, 30, 31, 33; Vorschlag für eine Verordnung zur Förderung von Fairness und Transparenz für gewerbliche Nutzer von Online-Vermittlungsdiensten vom 26.4.2018, 2018/0112 (COD), S. 2.
93 *Höppner/ Schulz*, P2B-Verordnung (Fn. 15), S. 2329 (2332).
94 *Khan*, Tech Platform Power (Fn. 12), S. 325 (332).
95 So auch *Haucap*, Datemacht, (Fn. 8), S. 32.

dem gleichen Firmendach residieren, kann nicht ausgeschlossen werden, dass die Tochterunternehmen die Kenntnisse über den Inhalt des Algorithmus und dessen womöglich anstehende Änderungen ausnutzen, um sich besser zu positionieren. Genau wegen dieser Manipulationssorgen sieht Apple auch von einer Veröffentlichung aller Parameter des App Store Algorithmus ab.[96] Und warum sollte dann ausgerechnet Apple von der verlockenden Verwertung dieser wertvollen Informationen absehen?[97]

Schließlich ließe sich erwägen, marktmächtigen Plattformen aufzugeben, nicht gleichzeitig als Akteur auf der eigenen Plattform tätig zu sein. Ohne vertikal integrierte Tochterunternehmen würde den Unternehmen der ökonomische Anreiz, die Marktmacht in benachbarte Sekundärmärkte auszudehnen, genommen. Eine solche Regulierung wird bereits zum Teil von der Literatur als *ultima ratio* in Form einer strukturellen, buchhalterischen, funktionalen, gesellschaftsrechtlichen bis hin zu einer eigentumsrechtlichen Trennung von den anderen Geschäftsbereichen erwogen.[98] Da nach bisherigen Erkenntnissen die Nachteile die Vorteile nicht aufwiegen,[99] liegt eine tatsächliche Umsetzung aber noch in weiter Ferne.

---

96 Apples "engineers said they had to be vague when talking about how their algorithm worked, to avoid revealing too much to fraudsters looking to game it", *Nicas/ Collins*, App Store (Fn. 4).

97 Dieses Misstrauen teilt *T. Körber*, Google im Fokus des Kartellrechts, WRP 2012, S. 761 (772).

98 *Khan*, Tech Platform Power (Fn. 12), S. 325 (332 f.); *Höppner*, Regulierung (Fn. 12), S. 17 (22); *Schallbruch* et al., Digitalwirtschaft (Fn. 79), S. 78.

99 *Podszun*, Gutachten zum 73. DJT (Fn. 12), S. F 86.